**权威·前沿·原创**

皮书系列为
"十二五""十三五""十四五"国家重点图书出版规划项目

**B**

**BLUE BOOK**

智 库 成 果 出 版 与 传 播 平 台

跨境电商蓝皮书

**BLUE BOOK** OF CROSS-BORDER E-COMMERCE

# 中国跨境电商发展报告（2022）

ANNUAL REPORT ON THE DEVELOPMENT OF CROSS-BORDER
E-COMMERCE IN CHINA (2022)

## 以制度型开放打通跨境电商发展堵点

研　创／河南国际数字贸易研究院
　　　　全球（郑州）跨境电商研究院
主　编／张大卫　苗晋琦　喻新安
副主编／薛培军　王小艳

社会科学文献出版社
SOCIAL SCIENCES ACADEMIC PRESS (CHINA)

**图书在版编目（CIP）数据**

中国跨境电商发展报告 . 2022：以制度型开放打通
跨境电商发展堵点 / 张大卫，苗晋琦，喻新安主编 . --
北京：社会科学文献出版社，2022.5
（跨境电商蓝皮书）
ISBN 978 - 7 - 5201 - 9996 - 4

Ⅰ . ①中…　Ⅱ . ①张…　②苗…　③喻…　Ⅲ . ①电子商
务－产业发展－研究报告－中国－2022　Ⅳ . ①F724.6

中国版本图书馆 CIP 数据核字（2022）第 057267 号

**跨境电商蓝皮书**
## 中国跨境电商发展报告（2022）
### ——以制度型开放打通跨境电商发展堵点

研　　　创／河南国际数字贸易研究院
　　　　　　全球（郑州）跨境电商研究院
主　　　编／张大卫　苗晋琦　喻新安
副 主 编／薛培军　王小艳

出 版 人／王利民
责任编辑／张　超
责任印制／王京美

出　　　版／社会科学文献出版社·皮书出版分社（010）59367127
　　　　　　地址：北京市北三环中路甲 29 号院华龙大厦　邮编：100029
　　　　　　网址：www.ssap.com.cn
发　　　行／社会科学文献出版社（010）59367028
印　　　装／天津千鹤文化传播有限公司

规　　　格／开　本：787mm×1092mm　1/16
　　　　　　印　张：28.25　字　数：422 千字
版　　　次／2022 年 5 月第 1 版　2022 年 5 月第 1 次印刷
书　　　号／ISBN 978 - 7 - 5201 - 9996 - 4
定　　　价／168.00 元

读者服务电话：4008918866

# 主要编撰者简介

　　**张大卫**　经济学博士，博士生导师，中国国际经济交流中心副理事长兼秘书长，河南省政府原副省长，河南国际数字贸易研究院学术委员会主任。长期从事区域经济和产业经济的研究工作，发表经济社会发展领域研究论文多篇。参与指导编制河南省"十二五"规划，主持编制河南省"十五""十一五"规划、中原城市群规划、郑州航空港经济综合实验区发展规划等。对跨境电子商务的政策理论和创新模式有深入的研究，著有《打造中国经济升级版》《航空经济概论》《国际著名智库机制比较研究》《E 国际贸易——下一代贸易方式的理论内涵与基础框架》，主编《中国跨境电商发展报告（2021）》等。

　　**苗晋琦**　工学博士，教授，中国机械研究总院博士研究生导师，北京交通大学兼职教授、博士后合作导师，郑州大学兼职教授，华北水利水电大学兼职教授，郑州师范学院兼职教授。曾任郑州市科技局局长、党委书记，郑州市工业和信息化委员会主任、党委书记，现任郑州职业技术学院党委书记，郑州市工业经济、科技和安全领导小组副组长，全球（郑州）跨境电商研究院执行院长。组织编制郑州市科技创新"十二五"规划、郑州市工业七大主导产业发展规划；参与组织编制郑州市工业、科技创新"十三五"规划等。发表高水平科技、经济社会发展论文 60 余篇，主持或参与编写（含跨境电商蓝皮书）著作 17 部。

**喻新安** 经济学博士，教授，研究员，河南省第十一届政协常委，河南省社会科学院原院长，享受国务院政府特殊津贴专家，河南省优秀专家，河南省杰出专业技术人才，河南经济年度人物（2011年），中国区域经济学会副会长，国家统计局"中国百名经济学家信心调查"特邀经济学家，河南省高校智库联盟理事长，河南国际数字贸易研究院首席专家，河南省"十五"至"十四五"规划专家委员会成员。主持国家级、省部级课题40余项，在《人民日报》《光明日报》《求是》《中国工业经济》《改革》《中国改革》等报刊发表论文400余篇，出版著作50多部（个人专著8部）。获省部级特等奖、一等奖10项。

# 序

2021 年，是党和国家历史上具有里程碑意义的一年。面对百年变局和世纪疫情交织叠加、世界动荡变革的复杂形势，以习近平同志为核心的党中央准确把握新时代中国和世界发展大势，统揽全局、沉着应对，团结带领全国人民奋勇前进、攻坚克难，我国经济发展和疫情防控保持全球领先，经济增速达 8.1%，对世界经济增长的贡献率约为 30%；货物进出口总额 39.1 万亿元，首次突破 6 万亿美元，增速达 21.4%，货物贸易规模跃居世界第一，实现了"十四五"良好开局。

2021 年，也是我国跨境电商行业动荡变革的一年。在全球疫情反复、传统外贸下滑的大背景下，跨境电商经历了亚马逊平台封控升级、物流运费暴涨、原材料价格持续走高、供应链断链危机等事件，却依然保持稳定增长态势。海关数据显示，2016~2020 年我国跨境电商规模增长近 10 倍，2021 年跨境电商进出口规模达 1.98 万亿元，同比增长 15%，有力支撑了我国进出口贸易的增长，成为带动作用最强的外贸新业态。

后疫情时代，百年变局加速演进，新一轮科技革命和产业变革深入发展，大国博弈、地缘政治冲突、逆全球化愈演愈烈，全球生产链、供应链、价值链和服务链加速重构，我国经济发展的国内国际环境更趋复杂严峻。2021 年 12 月 8 日召开的中央经济工作会议，在总结 2021 年经济工作、分析当前经济形势的基础上，首次做出"我国经济发展面临需求收缩、供给冲击、预期转弱三重压力"的重要判断，并提出"主动对标高标准国际经贸规则，推动制度型开放"。制度型开放的本质，就是要构建与高标准国际经贸规则相衔接的国内规则和制度体系，加快建设统一开放、竞争有序的现代市场体系。这也是跨境电商行业历经十年发展进入纵深发展阶段需要突破解决的问题，就是要从制度、规则等方面打通各种壁垒，加快形成与国际通行规则相衔接的制度体系，畅通国内国际双循环，进一步推动跨境电商高质量发展。

深入推进高水平制度型开放，一方面，要加快国内的制度、规则与国际通行规则或先进标准接轨。近年来，我国积极推动跨境电商综试区建设，出台监管、财税、物流、外汇、保险等不同方面的支持政策，构建了较为完善的跨境电商政策框架和制度体系，为全球数字贸易发展及全球经济治理体系完善提供了有益借鉴。另一方面，要推动国际经贸规则体系向更加公平、包容的方向发展。继"一带一路"倡议深入推进和《区域全面经济伙伴关系协定》（RCEP）落地生效后，我国又在 2021 年正式递交了加入《全面与进步跨太平洋伙伴关系协定》（CPTPP）和《数字经济伙伴关系协定》（DEPA）的申请，在国际经贸规则的调整和完善过程中，我国积极参与并发挥引领作用，坚决支持多边贸易体制，着力推动打造公平、公正、透明、非歧视性的全球贸易和投资便利化体制机制及制度环境。

在新的发展阶段，随着双循环新发展格局的深入推进，跨境电商综试区考核评估体系持续完善，综试区先行先试范围不断扩大，跨境电商领域的改革创新也进入深水期。2022 年开年，国务院批复新增鄂尔多斯等 27 个跨境电商综试区，至此全国跨境电商综试区达到 132 个，形成陆海内外联动、东西双向互济的发展格局。站在国家战略需求的角度巩固我国对外贸易大国地位，跨境电商无疑面临重大的发展机遇，也肩负了重要的历史责任。但我国跨境电商仍存在国际性交易平台缺失、跨境物流散而不强、跨境支付服务能力亟待提升、产业生态尚待培育、监管政策有待完善等方面的发展瓶颈，唯有进一步探索推动监管、财税、外汇、金融、政策等改革，以制度型开放打通和解决全球供应链堵点和痛点问题，才能助推我国跨境电商适应当前的新形势，实现持久健康可持续发展。

本年度《中国跨境电商发展报告》聚焦"以制度型开放打通跨境电商

发展堵点"主题，立足国内国际形势，全面分析我国跨境电商发展面临的新环境、新挑战和新趋势，梳理总结跨境电商如何通过制度型开放打通发展堵点，推动传统产业转型升级和产业数字化发展，以高水平开放促进深层次改革，推动高质量发展。本书由河南国际数字贸易研究院、全球（郑州）跨境电商研究院联合研创，希望书中的观点和内容，能够对行业发展有所参考、启迪和帮助。

中国国际经济交流中心副理事长兼秘书长

河南国际数字贸易研究院学术委员会主任

张大卫

2022 年 3 月 1 日

# 摘　要

《中国跨境电商发展报告（2022）》由河南国际数字贸易研究院、全球（郑州）跨境电商研究院组织创研，是第三部对我国跨境电商发展情况进行跟踪研究的年度报告。在世纪疫情冲击下，百年变局加速演进，外部环境更趋复杂严峻，我国经济发展面临"三重压力"。如何适应新的形势，通过制度型开放打通跨境电商发展堵点，是推动我国跨境电商更好更快发展的重大现实问题。本书聚焦"以制度型开放打通跨境电商发展堵点"主题，全面总结了2021年我国跨境电商运行的新环境、新特点和主要挑战，深入分析了2022年我国跨境电商的发展趋势，并对新形势下跨境电商如何通过制度型开放打通跨境电商发展堵点提出对策建议，以期构建以跨境电商为代表的新型数字贸易政策制度和标准规则体系，助力我国经济的高质量发展和高水平开放。全书深度融入了2021年中央经济工作会议、《"十四五"商务发展规划》、《"十四五"电子商务发展规划》、《"十四五"对外贸易高质量发展规划》的新思想、新提法、新要求，以期为新形势下稳定跨境电商产业链供应链、提升跨境电商制度型开放水平提供理论参考和智力支持。

全书由总报告、专题篇、案例篇、探索篇、附录组成。总报告在深入分析2021年我国跨境电商发展环境和存在问题的同时，站在全球视角总结下一阶段跨境电商的发展趋势，并阐述了跨境电商在构建"双循环"新发展格局、打造安全自主可控产业链供应链体系中面临的重大发展机遇以及肩负的重要历史责任。专题篇从国家供应链体系、数字服务税、跨境数据流动、数字贸易国际规则、数字平台治理等方面，探讨如何通过跨境电商制度设计全面提升数字贸易的全球竞争力和规则制定能力。案例篇聚焦天津、南京、威海、泉州、南阳跨境电商综试区，以及许昌假发产业带、宁波慈溪家电产业带、常熟服装产业带，通过具有创新性、示范性的跨境电商综试区和跨境电商产业带，归纳和提炼它们的创新改革成果和典型经验做法，以期为全国其他跨境电商综试区建设和产业带转型升级提供参考借鉴。探索篇立足跨境电商行业理论研究和实践探索的前沿问题，从大变局时代的跨境电商物流、后疫情时代跨境电商发展模式、区块链与跨境支付、跨境电商供应链本地化等方面，深入探究跨境电商发展过程中的重点、难点、热点问题，并提出跨境电商可持续健康发展的思路和相应举措。附录部分是2021年跨境电商行业大事记和全国跨境电商综试区重点政策和重大活动汇总，希望能为跨境电商行业相关管理部门和从业者提供基础资料。

2021年，跨境电商行业遭遇一轮突变式周期，内外部环境变化也使我国跨境电商发展呈现新特点。跨境电商市场规模不断扩大，2021年跨境电商进出口额达到1.98万亿元，同比增长15%，充分发挥了疫情冲击下稳外贸的重要作用。跨境电商出海渠道日益多元，社交电商新玩法不断涌现，短视频、直播快速兴起，独立站异军突起，跨境电商去中心化多平台布局成为发展潮流。同时，跨境物流供应链体系更趋完善，2021年我国海外仓数量超过2000个。更重要的是，我国物流市场的"国家队"——中国物流集团有限公司正式成立，这是我国以综合物流为主业的新央企，将打破中国跨境电商产业对国际物流巨头的依赖。此外，跨境电商进一步与医药服务、农产品、文化旅游等领域融合发展，河南省获批首个国家级跨境电商零售进口药品试点，"跨境电商+"新业态持续涌现。

在百年变局和世纪疫情背景下，世界经济形势和市场环境风云突变，全球产业链、价值链、供应链、服务链加速重构，以跨境电商为代表的新业态新模式迅速崛起，已经成为国际贸易的主要趋势和全球经济复苏的重要引擎。但在疫情常态化的2021年，全球经济的复苏在人类抗疫和病毒变异的较量中艰难前行。疫情的反复造成全球供应链拥堵，并对全球经济造成威胁。但正所谓"不破不立"，跨境电商行业的加速洗牌，推动了跨境电商合规经营、稳健增长时代的到来，坚持走长期主义的"品牌出海"之路成为行业共识。面对新的发展形势，跨境电商竞争已经从前端的流量竞争转移到后端的供应链较量，无论是从国家供应链安全角度还是企业长远健康发展角度看，建立快速响应需求的柔性供应链将成为企业应对未来风险和构筑核心竞争力的重要力量。

**关键词：**　跨境电商　制度型开放　数字贸易　供应链

# 目 录 ⇖⟩

## V　附　录

皮书数据库阅读**使用指南**

# 总 报 告

## General Report

**B.1**

# 以制度型开放推动跨境电商发展

### ——2021~2022 年中国跨境电商发展形势、任务与政策取向

河南国际数字贸易研究院、全球（郑州）跨境电商研究院课题组 *

**摘　要：**　在世纪疫情冲击下，百年变局加速演进，外部环境更趋复杂严
峻，我国经济发展面临"三重压力"。如何适应新的形势、通过
制度型开放打通跨境电商发展堵点，是推动我国跨境电商更好
更快发展的重大现实问题。结合当前国内外经济形势，本报告
分析了 2021~2022 年中国跨境电商发展新环境、现状和面临的

---

\*　课题组组长：喻新安、苗晋琦；副组长：王小艳、薛培军；课题组成员：王岳丹、张煜坤、
常秉琨、李豪强、侯东伟、郇淑娟、马欣、毛瑞娟、徐唯、王贝宁、于慧杰。执笔：王小
艳，河南国际数字贸易研究院院长助理，主要研究方向为跨境电商、数字贸易；薛培军，教
授，郑州职业技术学院院长，全球（郑州）跨境电商研究院副院长，主要研究方向为区域发
展、跨境电商；王岳丹，河南国际数字贸易研究院办公室副主任，主要研究方向为跨境电
商、数字贸易；张煜坤，河南国际数字贸易研究院政策研究部副部长，主要研究方向为跨境
电商、跨境支付结算；常秉琨，副教授，郑州职业技术学院现代管理系主任，全球（郑州）
跨境电商研究院研究助理，主要研究方向为区域发展、跨境电商；李豪强，河南国际数字贸
易研究院助理研究员，主要研究方向为电子商务与物流；侯东伟，河南国际数字贸易研究院
助理研究员，主要研究方向为跨境电商、数字贸易。

挑战，归纳出跨境电商迈入品牌出海新时代、市场主体加速多
渠道多平台布局、跨境电商与外贸新业态加速融合、跨境电商
与产业集群协同效应更加显著、跨境电商品牌出海成为资本聚
集新蓝海等发展趋势。立足新发展阶段，我国应加强跨境电商
规则制度的顶层设计，从积极参与全球电子商务规则谈判和设
计、推动跨境电商综试区与自贸区统筹发展、持续完善跨境金
融服务、提升数字平台治理水平、优化知识产权保护机制、完
善数据跨境流动体系等六个方面，构建以跨境电商为代表的新
型数字贸易政策制度和标准规则体系，助力我国经济的高质量
发展和高水平开放。

**关键词：**　跨境电商　规则制度　制度型开放

　　2021 年，在全球新冠肺炎疫情起伏跌宕、国际环境变幻莫测、世界贸
易显著萎缩的背景下，中国经济表现出强劲的韧性和长期向好态势，主要预
期目标全面实现，经济增长全球领先，国内生产总值（GDP）达到 114.4 万
亿元，同比增长 8.1%，人均 GDP 12551 美元（按年均汇率折算），超过世
界人均 GDP 水平，外贸进出口规模再创新高，达到 39.1 万亿元，同比增长
21.4%，① 成为全球商品的重要生产制造基地和消费市场。作为世界第二大
经济体、制造业第一大国、货物贸易第一大国、外资流入第一大国，开放的
中国与世界同频共振，以高水平对外开放深度融入国内国际双循环。国家
"十四五"规划和 2035 年远景目标纲要提出"稳步拓展规则、规制、管理、
标准等制度型开放"，2021 年中央经济工作会议提出"主动对标高标准国际
经贸规则，推动制度型开放"。同时，我国在 2020 年末签署《区域全面经

---

① 国家统计局：《2021 年国民经济持续恢复　发展预期目标较好完成》，http://www.gov.cn/
shuju/2022-01/17/content_ 5668692. htm。

济伙伴关系协定》（RCEP）后，又在 2021 年正式递交了加入《全面与进步跨太平洋伙伴关系协定》（CPTPP）和《数字经济伙伴关系协定》（DEPA）的申请，这些都对我国推进制度型对外开放提出了更深层次、更宽领域要求。在百年变局和世纪疫情背景下，全球产业链、价值链、供应链、服务链加速重构，以跨境电商为代表的新业态新模式迅速兴起，已经成为国际贸易的重要趋势和我国外贸发展的生力军。如何适应新的形势，通过制度型开放打通跨境电商发展堵点，有许多相关的理论和实际问题需要深化研究。

# 一　中国跨境电商发展新环境

## （一）百年变局加速，全球供应链发生重构

伴随着经济全球化的持续深入，世界格局和国际秩序发生深刻变化，世界经济体系由美国主导转变为多区域经济主体，全球产业链、供应链延伸范围不断扩大，跨国公司的数量迅速增加，互联网技术、数字技术应用场景不断创新和升级，数字贸易逐渐成为主流。全球供应链涉及物流、采购、外包等供应链流程的全球化，从欧美等发达国家，到亚洲、南美、非洲、中东等新兴市场经济体，均不同程度参与进来。然而，近年来西方阵营高举"逆全球化"旗帜，企图阻碍以中国为代表的新兴市场经济国家的对外开放步伐。当今中国处于实现"两个一百年"奋斗目标、实现中华民族伟大复兴的关键时期，对外开放水平持续提升，自加入世界贸易组织 20 年来，积极对接国际规则，承接跨国企业产业链转移，深度融入全球供应链体系。我国将推动构建新型国际关系、国际秩序，将被动式对外开放改变为主动式，以融入国际经济为路径，以中国变革自身为基础，以循序渐进为方式，积极参与并引领全球供应链重构。

## （二）世纪疫情冲击，跨境电商发展迎来风口

2020 年新冠肺炎疫情大流行以来，病毒不断发生变异，全球疫情形势

尚不明朗，各国纷纷出台"居家令"，线下消费场景大幅度减少，电商"免接触"模式有效满足人们日常消费需求，推动大部分消费场景加速由线下向线上电商平台转移，线上购物群体大幅增加，据 Statista 全球统计数据库报告，全球网购人数逐年攀升，2021 年超过 21.4 亿人实现在线购物，①《2021～2022 跨境出口电商增长白皮书》报告显示，全球平均在线购物时长增长 47%，海外用户正在逐渐养成在线购物的消费习惯。另外，在疫情对全球供应链和传统贸易造成重大冲击的情况下，我国运用正确的方法较好地控制住疫情，在全球范围内快速实现复工复产。依托我国规模最大、门类最全、配套最完备的制造业体系，以及国家外贸政策红利，中国成为全球市场重要的商品来源地，跨境电商等外贸新业态新模式实现跳跃式发展，通过电商平台、独立站等跨境电商模式实现产品出海成为当下跨境贸易主流。

### （三）双循环加速构建，外贸发展面临新形势

面对百年未有之大变局和错综复杂的国际形势，我国提出构建以国内大循环为主体、国内国际双循环相互促进的新发展格局，并进一步明确了打造安全可靠、自主可控产业链供应链体系的重要性。加速构建双循环新发展格局，就是要发挥我国超大规模市场优势，更加注重扩大进口，推动出口和进口平衡发展，以更加开放的市场让世界更多分享我国经济增长、消费繁荣带来的红利。2021 年是我国加入世界贸易组织 20 周年，20 年来，我国货物贸易进口年均增长 11.8%，2009 年我国成为世界第二大进口国，2021 年前三季度我国进口的国际市场份额达到了 12.1%，② 为世界各国提供更加广阔的市场机会。站在国家战略需求角度审视供应链安全，巩固我国对外贸易大国地位，跨境电商面临重大发展机遇，也肩负重要历史责任。跨境电商链接国内国际两个市场、两种资源，创新国内市场需求拉动方式，满足国内消费者多样化个性化需求，是打造国内大循环的强劲动力源；同时，通过跨境电商

---

① 《2021 年跨境数据：全球 21.4 亿买家，70% 喜欢国外网站购物》，https：//baijiahao. baidu. com/s？id=1707263479035371715&wfr=spider&for=pc。

② 国务院新闻办公室：《国新办举行 2021 年全年进出口情况新闻发布会》，2022 年 1 月 14 日。

增加出口，推动我国经济深度融入全球产业链和供应链，打造国内国际双循环的强大链接点。

## （四）区域合作深化，"丝路电商"朋友圈逐渐扩大

截至2021年底，中国与145个国家和32个国际组织，签署了200多份共建"一带一路"合作文件，① 区域间经济交流活动日益频繁。在全球经济进入疲软期的背景下，"丝路电商"成为带动共建"一带一路"国家经贸合作的新亮点和经济复苏的关键力量，通过跨境电商领域的务实合作，让沿线国家共享电子商务发展红利。我国与共建"一带一路"国家进出口总值持续增长，从2013年的6.46万亿元增长至2021年的11.6万亿元，年均增长7.5%，占同期我国外贸总值的比重从25%提升至29.7%。② 2022年1月1日，《区域全面经济伙伴关系协定》（RCEP）正式生效，给"丝路电商"发展带来新机遇。RCEP协定中有关于电子商务的专章，核心内容是通过关税减免、原产地规则、贸易数字化等鼓励电子商务发展，这将为我国跨境电商企业提供更广阔的市场空间，同时也为中国参与和引领全球跨境电商规则制定提供重大机遇。目前，中国已与22个国家建立"丝路电商"双边合作机制，积极拓展丝路电商全球布局，共同开展政策沟通、规划对接、产业促进、地方合作、能力建设等多层次多领域的合作，为共建"一带一路"国家电商发展创造有利环境。

## （五）三重压力来袭，经济发展亟须新活力

2021年中央经济工作会议提出，现阶段中国经济发展面临需求收缩、供给冲击、预期转弱三重压力。在市场需求端，2021年社会消费品零售总额为44.08万亿元，同比增长12.5%，11月、12月相比2021年前10个月

---

① 《中国已与145个国家、32个国际组织签署200多份共建"一带一路"合作文件》，https://baijiahao.baidu.com/s? id=1719400993763151940&wfr=spider&for=pc。

② 国务院新闻办公室：《国新办举行2021年全年进出口情况新闻发布会》，2022年1月14日。

增速有所下降,① 增速整体呈现回落态势,国内消费市场处于弱复苏状态;同时,以美国为首的西方经济体阵营延续冷战思维,维护其全球霸权地位,屡次推行制造业回流,不断打击中国供应链链条,导致国际投资需求收缩。在市场供给端,国际大宗商品价格高位运行,价格上涨连锁反应引起工业产业链受创;同时,由于国外的技术封锁,中国外源性技术供给受到抑制,核心部件还不能完全自给,对中国经济、产业持续稳定运行带来威胁和冲击,严重阻碍产业结构优化升级。跨境电商作为我国外贸增长的新动能,倒逼国内供应链产业链转型升级,推动传统产业数字化发展,为国内消费市场带来活力,让千千万万的中小企业直接参与全球贸易,在未来相当长的时间内,跨境电商将成为一支"活力剂",为我国经济发展注入澎湃动力。

## 二 中国跨境电商发展的现状和新特点

### (一)跨境电商市场规模不断扩大

#### 1. 跨境电商进出口额快速增长

在疫情对全球供应链和传统贸易造成严重冲击下,跨境电商逆势而上。目前,我国已是全球第二大消费市场、第一贸易大国,2021 年我国内需对经济增长的贡献率达 79.1%,比上年上升了 4.4 个百分点,其中电商消费、跨境电商消费等新消费热点,对内需的拉动作用非常显著。② 同时,2021 年我国国际市场份额占比更高,2021 年前三季度,出口、进口国际市场份额分别占比 14.9% 和 12.1%,同比分别提升 0.6 个百分点和 0.5 个百分点。③ 其中,我国跨境电商发挥在线营销、在线交易、无接触交付等优势,进出口

---

① 国家统计局:《2021 年国民经济持续恢复 发展预期目标较好完成》,http://www.stats.gov.cn/tjsj/zxfb/202201/t20220117_1826404.html。
② 国家统计局:《2021 年内需对经济增长的贡献率达 79.1%》,https://baijiahao.baidu.com/s?id=1722178020615866383&wfr=spider&for=pc。
③ 《中国外贸再攀高峰,未来如何高开稳走?》,新华网,http://www.news.cn/mrdx/2022-01/17/c_1310427625.htm。

规模持续快速增长，2021 年达到 1.98 万亿元，同比增长 15%。① 跨境电商持续领跑外贸新业态，在外贸中的占比也持续提升，充分发挥了疫情冲击下稳外贸的重要作用（见图 1）。

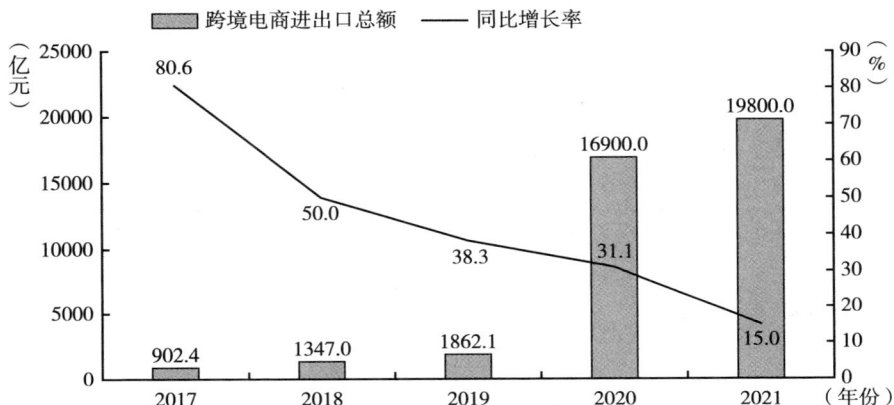

**图 1　2017～2021 年全国跨境电商进出口总额及增速**

注：2017～2019 年数据均为跨境电商零售（B2C）进出口额，2020 年 7 月海关增列跨境电商企业对企业（B2B）出口代码，海关统计口径随之进行调整，2020 年同比增长率 31.1%按照可比口径计算而来。

资料来源：海关总署。

### 2. 跨境电商行业渗透率持续走高

2015～2021 年我国跨境电商交易额占进出口总值的比重稳步提升，传统外贸线上化趋势愈加明显。根据网经社电子商务研究中心预测数据，2021年我国跨境电商交易额将达到 14.6 亿元，占我国货物贸易进出口总值的37.34%，相比 2020 年的 38.86% 略有下降（见图 2）。2021 年由于疫情影响，我国跨境电商"危"与"机"并存，国际物流运输通道不畅、海外市场网购增长趋缓、国外平台政策收紧等因素导致我国跨境电商交易额整体增速放缓。但随着跨境电商出口保持平稳增长、我国消费者对优质进口商品的需求与日俱增，跨境电商行业渗透率将持续增长。

① 国新办：《我国外贸额首次突破 6 万亿美元》，http://www.scio.gov.cn/34473/34474/Document/1719019/1719019.htm。

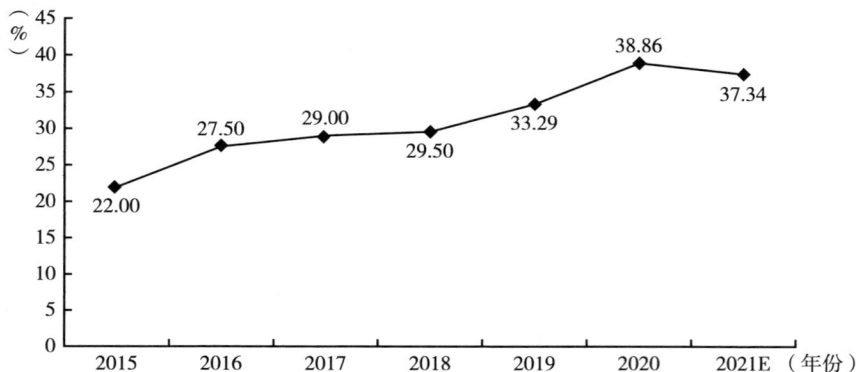

**图 2　2015~2021 年中国跨境电商行业渗透率**

资料来源：海关总署、网经社电子商务研究中心。

### 3. 市场主体规模爆发式增长

跨境电商大幅降低国际贸易专业化的门槛，使一大批"不会做、做不起、不能做"的小微主体成为新型贸易的经营者，尤其是后疫情时代，跨境电商行业迎来新一轮增长机遇，跨境电商经营主体持续增多，跨境电商发展潜力进一步释放。商务部数据显示，我国跨境电商综试区线上综合服务平台备案企业超过 3 万家。① 另据天眼查数据，截至 2021 年上半年我国共有60 多万家跨境电商相关企业，其中 2021 年上半年新增跨境电商相关企业超过 4.2 万家。② 从跨境电商平台上的卖家数据来看，截至 2021 年第三季度，我国存量跨境电商 B2C 企业为 52.46 万家，全国卖家数量 TOP10 省份分别为：广东省、浙江省、福建省、山西省、河南省、江苏省、山东省、上海市、四川省和湖北省（见表 1）；全国跨境电商 B2B 卖家数量约为 16 万家，卖家数量 TOP5 省份为广东、浙江、江苏、山东、福建（见表 2）。此外，随着跨境电商服务生态体系的逐步完备，未来跨境电商相关服务机构也将继续增加。

---

① 数据来源于国务院新闻办公室于 2021 年 7 月 12 日举行的国务院政策例行吹风会。
② 《我国有超 60 万家跨境电商相关企业》，央视财经，2021 年 6 月 23 日。

**表1　全国跨境电商 B2C 卖家 TOP10 省份分布情况**

单位：家，%

| 省份 | B2C 卖家数量 | 全国占比 |
|---|---|---|
| 广东 | 222960 | 42.50 |
| 浙江 | 37354 | 7.12 |
| 福建 | 29166 | 5.56 |
| 山西 | 27351 | 5.21 |
| 河南 | 20178 | 3.85 |
| 江苏 | 16819 | 3.21 |
| 山东 | 13385 | 2.55 |
| 上海 | 11197 | 2.13 |
| 四川 | 11004 | 2.10 |
| 湖北 | 10076 | 1.92 |

资料来源：城云科技（中国）有限公司，《2021年度1~9月图说跨境》，2021年12月。

**表2　全国跨境电商 B2B 卖家 TOP5 省份分布情况**

单位：家，%

| 省份 | B2B 卖家数量 | 全国占比 |
|---|---|---|
| 广东 | 45000 | 28.13 |
| 浙江 | 26000 | 16.25 |
| 江苏 | 11000 | 6.88 |
| 山东 | 9000 | 5.63 |
| 福建 | 6000 | 3.75 |

资料来源：城云科技（中国）有限公司，《2021年度1~9月图说跨境》，2021年12月。

### 4. 行业投融资活动更趋活跃

在跨境电商火热的风口下，社会资本不断加大跨境电商领域的布局力度。网经社电子商务研究中心数据显示，自2017年起我国跨境电商融资金额总体呈上升趋势，其中2021年跨境电商行业有77起融资事件，同比上涨133.33%；融资金额超207亿元，同比增长191.96%（见图3）。① 从2021年跨境电商企业融资轮次的数量来看，排名前三的分别是A轮25起、B轮14起、天使轮9起，

---

① 网经社：《2021年中国跨境电商投融资数据报告发布》，http：//www.100ec.cn/detail--6605999.html。

说明投资机构资金逐渐流向更具成长性的企业（见图4）。同时，资本支持不断涌入，跨境电商正掀起一波上市热潮，2021年敦煌网、子不语、致欧科技、三态股份等跨境电商平台和企业纷纷IPO，走上资本化发展道路。

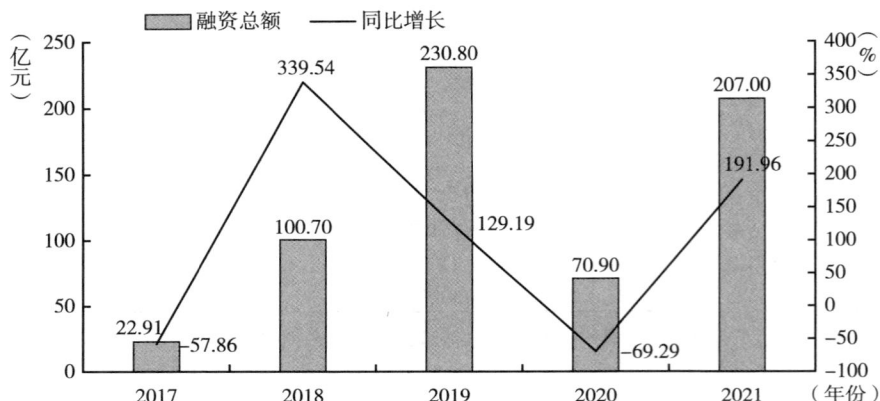

**图3　2017~2021年跨境电商行业融资金额及增长率**

资料来源：网经社电子商务研究中心。

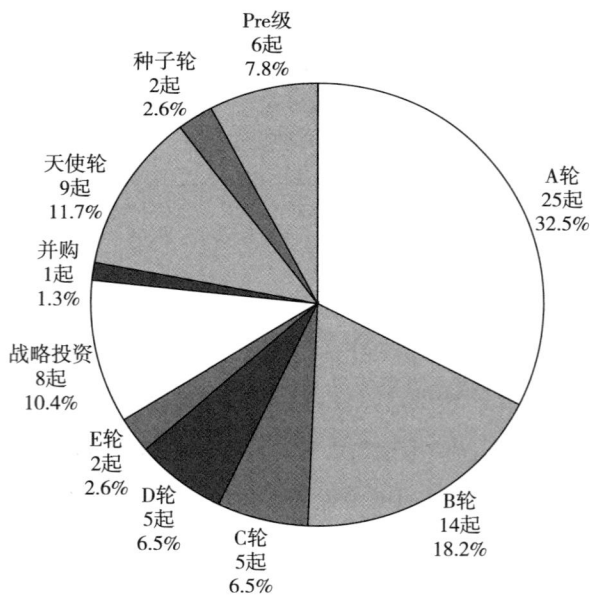

**图4　2021年度跨境电商融资事件轮次数量**

资料来源：网经社电子商务研究中心。

## （二）跨境电商出海渠道日益多元

随着数字技术快速发展，跨境电商新平台、新业态、新模式不断迭代更新，跨境电商获客渠道愈发多元化和碎片化。社交电商新玩法不断涌现，短视频、直播快速兴起，独立站异军突起，跨境电商去中心化多平台布局成为发展潮流。

### 1. 独立站成为跨境电商新选择

受 2021 年 4 月以来的亚马逊"封号潮"影响，很多跨境电商卖家意识到"不能把鸡蛋放到一个篮子里"，加速多平台布局以分散经营风险，并纷纷转型自建独立站，以打造私域流量、自有品牌和个性化营销体系。以 SHEIN、PatPat、Cider、Cupshe 等为代表的品牌独立站相继获得大额融资，吸引了愿景基金、今日资本等顶级风投。同时，独立站 SaaS 服务商 Shopify 全面爆发，Similarweb 的数据显示，2021 年第二季度 Shopify 的流量首次超过亚马逊，Shopify 2021 年第三季度净利润 11.48 亿美元，暴涨 501%，[①] 而亚马逊同期净利润同比大幅下降了 50%。此外，在"黑五""网一"整体不如 2020 年的北美市场，Shopify 取得了超 40% 的同比增长率。"成为下一个 SHEIN"成为很多跨境电商企业的发展目标，推动我国跨境电商独立站数量水涨船高，商务部预测数据显示，我国独立站已经达到了 20 万个左右；[②] 独立站市场份额也将从 2020 年的 0.8 万亿元、占比 25%，上升到 2025 年的 5.5 万亿元、占比 41%，[③] 独立站已经成为跨境电商卖家实现品牌化发展的重要阵地。

### 2. 跨境电商平台推陈出新

全球跨境电商平台呈现"一超多强"格局，亚马逊依然占据市场头把交椅，Facebook、TikTok 等社交平台纷纷入局，Shopee、速卖通等电商平台

---

① 《超越亚马逊！Shopify 第三季度净利润暴涨 501%》，https：//baijiahao.baidu.com/s? id = 1715185930068586604&wfr=spider&for=pc。
② 数据来源于国务院新闻办公室于 2021 年 7 月 12 日举行的国务院政策例行吹风会。
③ 浙江省电子商务促进会：《中国跨境电商独立站研究》，2022 年 3 月。

后劲十足，Shopify 等独立站平台分庭抗礼，新玩家加码布局，老玩家动作频频，跨境电商平台的沉浮起落与推陈出新也反映着整个行业的风起云涌。根据应用分析平台 Apptopia 数据，Shopee 成为 2021 年全球下载量最高的购物 App，我国快时尚电商 SHEIN 是全球下载量第二的购物应用，较 2020 年增长 70%，亚马逊在美国区购物应用中下载量居首，但全球下载量从 2020 年的第 1 位掉至 2021 年的第 4 位①（见图 5）。此外，社交平台入局电商，不断验证"流量的尽头是电商"这句话。TikTok 早在 2020 年便在美国市场试水直播电商带货，2021 年底推出的独立电商平台 Fanno 在欧洲五国上线。2021 年，快手海外版"Kwai"在巴西与当地最大的家电百货零售商进行直播电商的测试，同年 5 月 25 日，快手电商上线跨境电商业务"快手进口店"。Facebook（现在改名为 Meta）2020 年 5 月推出 Facebook Shop 功能后，不断扩大电商生态，2022 年将通过旗下 Facebook、Instagram 等 App 直接销售更多商品。线下零售巨头沃尔玛也开始发力线上零售电商，2021 年沃尔玛的第三方卖家达到 13 万家。2021 年 3 月沃尔玛美国站正式面向中国开通官方招商通道，这是沃尔玛电商平台首次开放中国公司主体入驻。

### 3. 跨境直播快速兴起

跨境电商是技术驱动商业模式变革的典型代表，随着 5G、人工智能、虚拟现实等信息技术的发展，跨境电商直播新业态异军突起。此外，新冠肺炎疫情全面激活了直播电商发展，跨境直播、视频电商、短视频带货等成为跨境电商增长的重要引擎。目前，亚马逊、Shopee、Lazada 等电商平台，Instagram、Facebook 等社交平台，YouTube、TikTok 等视频平台，全都开通了直播带货功能。大量网红在线"直播带货"，通过直接与消费者持续互动，结合丰富多样的场景和形式，有效提升了跨境电商场景化服务体验。"直播带货"已经成为我国跨境贸易发展的出入口，自

①《Apptopia：2021 年全球下载量最高的购物 App 是 Shopee》，http://www.199it.com/archives/1374820.html。

| Rank | App | Downloads in 2021 |
|------|-----|-------------------|
| 1 | Shopee | 203M（46%） |
| 2 | Shein | 190M（70%） |
| 3 | Meesho | 153M（744%） |
| 4 | Amazon | 148M（−12%） |
| 5 | Flipkart | 93M（29%） |
| 6 | AliExpress | 84M（6%） |
| 7 | Wish | 72M（−47%） |
| 8 | Pinduoduo | 67M（−25%） |
| 9 | Lazada | 67M（−2.8%） |
| 10 | Alibaba B2B | 62M（+48%） |

**图 5　2021 年全球主流零售电商 App 下载情况**

注：统计范围包含全球来自 iPhone 和 Android 应用商店的总和，中国地区只包含 iPhone。

资料来源：应用分析平台 Apptopia，2022 年 1 月。

2020 年以来，俄罗斯、韩国、马来西亚、新加坡、西班牙、卢旺达、南非、卢森堡、保加利亚、斯里兰卡等数十个国家的驻华大使和领事、参赞曾出镜我国电商平台直播间，变身"好物推荐官"。[①] 跨境电商直播带货这种外贸新方式为中国商品"走出去"和世界产品"引进来"打开了发展新空间。

### （三）跨境物流供应链持续延展

#### 1.海外仓覆盖范围持续扩大

海外仓是支撑跨境电商发展的新型外贸基础设施，也是带动外贸高质量发展的重要平台，在畅通稳定全球外贸产业链、供应链方面起到了调节和缓冲的作用，已经成为提高我国外贸企业国际竞争力的重要手段。近两年，国内外疫情持续反复，国际航班锐减、海运费暴涨、港口拥堵，跨境电商货物运输时效无法保障，而海外仓以空间换时间，通过提前备货、库存前移，具

---

① 武慧敏：《直播让跨境贸易"跑更远"》，《人民日报》（海外版）2022 年 1 月 3 日。

有平滑生产、提高物流时效、规避突发风险的优势,降低了企业的运营成本,提高了消费者的购物体验。同时,为促进我国外贸稳定增长和优化升级,国家多次出台政策鼓励企业海外仓建设。国家的支持政策为企业扩大海外仓布局提供了强有力的支撑,加快了全球物流供应链和境外物流服务体系的建设速度。国家政策鼓励支持以及疫情催生,推动我国跨境电商海外仓数量迅猛增长。2021年我国海外仓数量已经超过2000个,总面积超1600万平方米,业务范围辐射全球,其中北美、欧洲、亚洲等地区海外仓数量占比将近90%。① 在跨境电商出口总订单中,海外仓发货量已达40%,跨境电商大卖家更是80%以上订单从海外仓发货。2022年国家将持续加大对海外仓的支持力度,商务部表示将通过强化主体培育、推进标准建设、推动数字化发展、创新金融服务、引导优化布局等政策举措进一步促进海外仓高质量发展。

**2.跨境物流运输方式日益丰富**

目前,跨境电商物流已经构建起海运、空运、陆运、TIR跨境国际公路等立体国际物流网络。一是在疫情导致海运受到冲击、飞机腹舱运力减少的情况下,我国大力发展跨境电商货运包机,支持"跨境专线包机+物流特色产品"发展,如河南省2021年跨境货运包机累计飞行242架次483班次,货运量超3.5万吨,成为推动内陆省份与世界深度链接的重要贸易通道。② 二是在全球物流不畅、运力不足的逆风中,中欧班列成为支撑全球产业链供应链的"大动脉",从2011年3月首趟中欧班列从重庆发出开往德国杜伊斯堡,到2022年1月29日,中欧班列累计开行突破5万列,通达欧洲23个国家180个城市,为保障国际产业链供应链稳定、推动共建"一带一路"高质量发展做出积极贡献。同时,中欧班列和跨境电商已经形成协同联动发展局面,"上合示范区—明斯克""义新欧""苏新欧"以及合肥至德国汉堡、威廉港等跨境电商专列先后开通并常态化开行。三是跨境电商企业开始

---

① 严赋憬、刘红霞:《我国海外仓总面积超1600万平方米》,新华社,2021年12月30日。

② 《483班!2021河南每天都有跨境货运包机》,《河南日报》2022年1月20日,https://m.gmw.cn/2022-01/20/content_1302772114.htm。

尝试补充性物流解决方案，中欧 TIR 跨境国际公路卡车货运运输已成为中欧进出口货物在原有运输渠道上的有益补充，成为"中欧第四物流通道"，为跨境电商产品和跨境工业贸易产品提供了高效低价的运送渠道。

### 3. 物流快递企业加速全球布局

随着我国出口跨境电商蓬勃发展，我国跨境物流需求也逐渐在全球占据主导地位，这就给我国物流企业带来了国际化发展契机，如顺丰国际、纵腾集团等物流企业凭借可靠稳定的物流服务逐渐走出国门，得到了世界物流市场的认可。目前，我国主要有纵腾集团、递四方（4PX）等第三方物流服务商，顺丰国际、中通国际等快递企业，中外运、华贸物流等传统外贸货代企业涉足跨境电商物流业务。2021 年我国跨境电商物流业务收入以纵腾集团 186 亿元营业收入领跑，其中"百亿俱乐部"中还包含中外运和递四方，2021 年已启动 IPO 的燕文物流、顺丰国际等也榜上有名（见表 3）。目前东南亚市场成为我国物流快递企业国际化布局的第一站。如顺丰国际自 2010 年踏入东南亚市场，从新加坡起步再拓展越南、缅甸等国，不断战略投资国际物流公司扩大其东盟市场，2021 年 8 月又收购 51.8% 的嘉里物流股权，也是继收购香港 DHL 以来的又一次投资收购大动作，加速了东盟物流市场和中国物流市场的融合协同。百世快递于 2019 年重点布局东亚市场，目前已在东南亚拥有 29 个自营快递分拨中心、1300 多个站点。更重要的是，物流领域的"国家队"终于面世，2021 年 12 月经国务院批准的以综合物流为主营业务的央企——中国物流集团有限公司正式成立，将大大提高我国在国际物流市场的竞争力，并确保供应链产业链稳定。

**表 3　2021 年中国跨境电商物流企业 TOP10**

单位：亿元，%

| 排名 | 企业名称 | 营收 | 同比增速 | 主营业务 |
|---|---|---|---|---|
| 1 | 纵腾集团 | 186 | 30 | 专线、海外仓 |
| 2 | 中外运 | 155 | 180 | FBA、专线、干线 |
| 3 | 递四方 | 124 | 24 | 专线、FBA、海外仓 |
| 4 | 燕文物流 | 90 | 45 | 邮政、专线、FBA |
| 5 | 顺丰国际 | 53 | 15 | 专线、海外仓 |

| 排名 | 企业名称 | 营收 | 同比增速 | 主营业务 |
|------|----------|------|----------|----------|
| 6 | 港中旅华贸 | 35.5 | 80 | 邮政、FBA、海外仓 |
| 7 | 万邑通 | 35 | 35 | 海外仓、专线 |
| 8 | 递一物流 | 31 | 100 | 专线 |
| 9 | COPE | 21.3 | 84 | 商业快递、海外仓、FBA |
| 10 | 盈和 | 20 | 80 | FBA、商业快递 |

资料来源：运联智库，《2021 中国跨境电商物流 TOP30》，2022 年 1 月。

### （四）跨境电商与产业融合持续深入

跨境电商在促进制造业转型升级的同时，进一步与医药服务、农产品、文化旅游等领域融合发展，"跨境电商+"新业态持续涌现，跨境电商与产业融合成为贸易方式创新和促进开放型经济发展的又一新动能。

**1. 跨境电商带动特色产业集群发展成效显著**

近年来，各地区依托地方资源和产业优势，加快推动传统产业数字化升级，融合发展跨境电商新模式新业态，实现跨境电商与地区优势产业联动发展，探索出特色化和差异化的跨境电商发展路径，深圳 3C 电子、中山灯具、义乌小商品、常熟服装、建德电器工具、许昌假发、河南鹿邑化妆刷等已经成为跨境电商产业带的发展典范。如许昌发制品产业带在全球销售占比超 60%，整个产业带年交易额超 300 亿元，产业带聚集生产主体超 2000 家，拥有超千个产品种类，相关从业者超 30 万人，集群带动效应明显。[①] 河南鹿邑化妆刷产业带货销全球 20 多个国家，产业带内化妆刷企业超 1000 家，年产值超 50 亿元，吸纳就业超 5 万人，在打造自主品牌的同时带动乡村振兴。[②] 特色产业带利用跨境电商开拓国际市场，促使生产制造型企业工贸一体化发

---

[①] 《河南日报聚焦许昌"小"改革撬动大市场 | 中国（许昌）国际发制品交易市场交易额突破 2 亿美元的背后》，《河南日报》2021 年 9 月 20 日，https：//baijiahao. baidu. com/s? id = 1711427075937754779&wfr = spider&for = pc。

[②] 《河南省化妆刷产品质检中心正式运营 化妆刷"刷"出产值超 50 亿元》，新蔡县人民政府网，https：//www. xincai. gov. cn/web/front/news/detail. php? newsid = 10375。

展，加快制造业、服务业等向集群区域流动，并促进产业集群数字化、网络化、智能化转变，从而实现产业结构调整和升级。

2. "跨境电商+医疗"进一步释放发展潜力

自2018年4月国务院常务会议提出利用跨境电商渠道解决进口药品"贵"和"难"问题后，北京、上海、海南、河南等地纷纷上报药品进口试点方案。2020年前后的新冠肺炎疫情，进一步推动"互联网+医疗"的迅猛发展。因此，将药品与跨境电商零售进口相结合，解决进口药品价格虚高和对百姓的可及性问题，成为监管部门和市场的共同诉求。2019年12月，北京药监局、北京海关、北京商务局发布了《北京市跨境电商销售医药产品试点工作实施方案》，试点品类是在境内已经注册上市且在财政部等13部门联合发布的《跨境电子商务零售进口商品清单》内的药品和医疗器械。北京试点自启动至2021年9月，已完成超过107万单业务，货值超1.1亿元，北京海关已验放跨境电商医药商品价值逾5800万元。① 2021年5月8日，国务院批复同意在河南省开展跨境电商零售进口药品试点，试点品种为取得我国境内上市许可的13个非处方药。同年11月18日，河南省人民政府办公厅发布《河南省开展跨境电子商务零售进口药品试点工作实施方案》，意味着全国唯一的跨境电商零售进口药品试点真正进入实施阶段。这是我国跨境电商政策在医药产品方面的破冰，将探索构建安全、规范、高效的跨境电商零售进口药品监管流程和风险防控机制，形成可复制推广的试点经验。

3. "跨境电商+农产品"助力打造特色农产品产业优势

随着对外开放、乡村振兴、数字乡村等战略深入实施，"跨境电商+农产品"协同创新效应逐步显现。2020年我国农产品跨境电商零售进出口总额为63.4亿美元（进口额为61.8亿美元，出口额为1.6亿美元），同比增长19.8%。② 农产品跨境电商综试区建设取得积极进展，2020年10月，由国

---

① 《药品海外直购次日送达　跨境医药电商试点启动以来已超107万单》，《北京日报》2021年9月5日。

② 中华人民共和国农业农村部：《全国农产品跨境电子商务发展报告（2020~2021）》，2021年12月。

家市场监督管理总局（国家标准化管理委员会）会同地方共同实施和建设的全国唯一的"国家农产品跨境电商标准化示范区"落户东莞，探索制定和实施可复制、可推广的农产品跨境电商标准体系。2020 年，广东省农业农村厅先后批复佛山市南海区里水镇、汕头市澄海区创建"农产品跨境电商综试区"，探索适合农产品特点的跨境电商发展模式，加快建立健全农产品跨境贸易产业链和服务生态体系。农业农村电商与跨境电商进一步融合，带动农产品跨境电商新业态新模式蓬勃发展，2021 年 8 月，甘肃天水 1.3 吨"秦安蜜桃"通过跨境电商 B2B 9710 模式出口至新加坡，2021 年 9 月，青岛海关创新"跨境电商+转关"申报模式出口 29 吨济宁新鲜大蒜至马来西亚，我国更多优质农产品以更便捷的跨境电商新模式实现出口。"跨境电商+农产品"又催生跨境农产品直播销售新模式，带动食品品牌快速出海，李子柒螺蛳粉、王老吉凉茶、王致和腐乳等纷纷借助跨境电商开启国货食品出海新征程。

## （五）我国产业政策红利不断释放

我国政府高度重视跨境电商发展，逐渐建立起从中央到地方的政策支持体系，并不断完善跨境电商进出口海关监管、税收、支付、物流、检验检疫等政策措施。从我国关于跨境电商的政策发布轨迹来看，无论是中央还是地方，对跨境电商产业的支持政策具有高度持续性。2021 年，国家与地方政府出台了多项支持政策，政策叠加效应日益显现。

### 1. 国家利好政策

2021 年跨境电商利好政策、措施不断释放，助力跨境电商加速步入发展快车道。国家"十四五"规划纲要对"跨境电商""丝路电商""贸易数字化"等做出重要部署，首次提出"海外仓"和"贸易数字化"，首次将"数字经济"纳入经济社会发展主要指标，为新发展阶段跨境电商产业发展指明新方向。2021 年 6 月 22 日国务院常务会议提出完善跨境电商支持政策、推动海外仓发展、积极参与相关国际规则，此后跨境电商利好政策开始集中高密度发布。7 月，国务院办公厅发布《关于加快发展外贸新业态新模式的意见》，指出以跨境电商为代表的新业态新模式是我国外贸发展的有生力量，将有力促进外贸新业态新模式健康持续创新发展。此后，《"十四五"电子商务发展规划》《"十四五"对外贸易高质量发展规划》等从不同方面提出支持跨境电商发展的政策和措施。12 月 23 日李克强总理主持召开国务院常务会议，确定跨周期调节措施，推动外贸稳定发展，进一步鼓励跨境电商等外贸新业态发展，加强对企业的配套服务，缓解国际物流压力等（见表 4）。

表 4　2021 年我国颁布的重点跨境电商政策

| 时间 | 政策名称 | 颁布机构 | 主要内容 |
|---|---|---|---|
| 2021 年 3 月 13 日 | 《中华人民共和国国民经济和社会发展第十四个五年规划和 2035 年远景目标纲要》 | 中央人民政府 | 加快发展跨境电商、市场采购贸易等新模式，鼓励建设海外仓，保障外贸产业链供应链畅通运转 |
| 2021 年 3 月 18 日 | 《关于扩大跨境电商零售进口试点、严格落实监管要求的通知》 | 商务部、国家发改委、财政部、海关总署、国家税务总局、国家市场监管总局 | 将跨境电商零售进口试点扩大至所有自贸试验区、跨境电商综试区、综合保税区、进口贸易促进创新示范区、保税物流中心(B 型)所在城市(及区域) |
| 2021 年 6 月 30 日 | 《"十四五"商务发展规划》 | 商务部 | 推动外贸创新发展，开展跨境电商"十百千万"专项行动、规则和标准建设专项行动、海外仓高质量发展专项行动等，到 2025 年跨境电商等外贸新业态进出口占比达到 10% |
| 2021 年 7 月 2 日 | 《关于加快发展外贸新业态新模式的意见》 | 国务院办公厅 | 新业态新模式是我国外贸发展的有生力量，也是国际贸易发展的重要趋势。支持跨境电商、海外仓、市场采购贸易、外综服、保税维修、离岸贸易等外贸新业态发展 |
| 2021 年 9 月 10 日 | 《关于全面推广跨境电子商务零售进口退货中心仓模式的公告》 | 海关总署 | 全面推广"跨境电子商务零售进口退货中心仓模式"，促进跨境电商零售进口业务规范健康持续发展 |

| 时间 | 政策名称 | 颁布机构 | 主要内容 |
|------|---------|---------|---------|
| 2021 年 10 月 9 日 | 《"十四五"电子商务发展规划》 | 商务部、中央网信办、国家发改委 | 2025 年跨境电商交易额预期目标 2.5 万亿元。从支持跨境电商高水平发展、推动数字领域国际合作走深走实、推进数字领域国际规则构建等方面发力,鼓励电子商务开拓国际合作新局面 |
| 2021 年 11 月 18 日 | 《"十四五"对外贸易高质量发展规划》 | 商务部 | 支持加快发展贸易新业态,包括促进跨境电商持续健康发展、推进市场采购贸易方式发展、发挥外贸综合服务企业带动作用、加快海外仓发展、推动保税维修发展、支持离岸贸易发展等 |

资料来源:根据公开资料综合整理。

## 2. 地方政府支持政策

随着跨境电商对外贸和国民经济的带动作用进一步增强,各省市立足自身发展定位和产业优势,纷纷出台促进跨境电商产业高质量发展的政策措施,为本地区跨境电商企业拓展更大发展空间。多维度、多元化的跨境电商支持政策推动地方特色产业与跨境电商深度融合,进一步发挥跨境电商对区域经济的集聚和带动作用(见表5)。

**表 5　2021 年我国部分省市跨境电商支持政策**

| 地区 | 时间 | 政策名称 | 相关政策内容 |
|------|------|---------|-------------|
| 江苏省 | 2021 年 2 月 | 《关于促进全省跨境电子商务高质量发展工作意见的通知》 | 扎实开展载体平台建设、市场主体培育、业态模式融合、贸易便利提升、发展环境优化"五项工程" |

| 地区 | 时间 | 政策名称 | 相关政策内容 |
|---|---|---|---|
| 浙江省 | 2021 年 6 月 | 《浙江跨境电子商务高质量发展行动计划》 | 提出大力支持跨境电商平台发展,打造国际贸易新渠道;培育龙头企业和中小网商,打造国际贸易新主体;支持数字化营销,打造自主国际新品牌;加快人才培养和引进,打造国际贸易新队伍;扩大开放合作,开创高质量发展新空间;推进供应链智慧化;推进贸易便利化;推进服务优质化;营造良好发展环境等九方面主要任务 |
| 北京市 | 2021 年 9 月 | 《北京市外经贸发展资金支持北京市跨境电子商务发展实施方案》 | 明确跨境电商平台、产业园、通关业务、仓储物流、跨境体验消费、服务支撑体系建设等方面的支持方式和标准 |
| 河南省 | 2021 年 11 月 | 《河南省开展跨境电子商务零售进口药品试点工作实施方案》 | 加强跨境电商零售进口药品事前、事中、事后全流程监管,建立试点药品信息化追溯体系,构建安全、规范、高效的跨境电商零售进口药品监管流程和风险防控机制 |
| 天津市 | 2021 年 12 月 | 《天津市加快发展外贸新业态新模式的若干措施》 | 支持跨境电商创新发展,推进跨境电商综试区建设,培育布局海外仓,推进新技术与传统贸易融合 |
| 广东省 | 2021 年 12 月 | 《关于推进跨境电商高质量发展若干政策措施的通知》 | 从培育跨境电商龙头企业、加强跨境电商产业园区建设、开展"产业集群+跨境电商"试点、提升仓储物流效率、支持跨境电商海外仓建设、提高跨境电商通关便利化水平、优化跨境电商税收政策、加强对跨境电商企业的金融支持、引进培育高层次跨境电商人才、提高跨境电商企业海外风险防范能力十个方面推动跨境电商高质量发展 |
| 广州市 | 2021 年 3 月 | 《广州市把握 RCEP 机遇促进跨境电子商务创新发展的若干措施》 | 从优化口岸营商环境、培育创新发展主体、加强自主创新能力、拓展国际营销网络、强化专业人才培训等方面,把握 RCEP 机遇,加快推动跨境电商创新发展,培育外贸新动能 |

| 地区 | 时间 | 政策名称 | 相关政策内容 |
|---|---|---|---|
| 连云港市 | 2021 年 4 月 | 《关于推进连云港市跨境电子商务高质量发展的实施意见》 | 明确从支持跨境电商载体平台建设、培育壮大跨境电商经营主体、支持跨境电商物流体系建设、提升跨境电商贸易便利化水平、营造跨境电商优良发展环境五个方面推进跨境电商高质量发展 |
| 菏泽市 | 2021 年 5 月 | 《关于加快跨境电子商务发展的实施意见》 | 从主体培育、聚集发展、人才招培、物流体系、通关效率等十个方面着手,推动跨境电商融合发展 |
| 宁波市 | 2021 年 6 月 | 《宁波市支持跨境电商高质量发展的若干政策意见》 | 围绕九大方面出台 21 条具体举措,包括支持跨境电商产业集聚、平台发展、主体培育、仓储建设、物流建设、金融支撑、人才引育、氛围营造、优化配套监管政策 |
| 沈阳市 | 2021 年 6 月 | 《沈阳市支持跨境电子商务发展的若干政策措施》 | 政策包含 16 条具体支持方向和 2 条其他补充规定,涵盖跨境电子商务经营主体培育、平台建设、企业落户、园区建设、物流基础设施建设、服务体系建设、人才培训等方面 |
| 深圳市 | 2021 年 7 月 | 《〈深圳市关于推动电子商务加快发展的若干措施〉实施细则》 | 围绕加速发展大型电子商务平台、大力推进电子商务应用、强化跨境电商发展优势、完善电子商务支撑服务体系、加大政府扶持服务力度等方面提出对应的资助或奖励项目的扶持方向和标准 |

资料来源:根据公开资料综合整理。

# 三 中国跨境电商发展面临的挑战

## (一)全球不确定性风险增加

### 1.疫情为大国博弈增添新变量

大国博弈成为当前国际关系常态,国与国之间的贸易摩擦直接影响跨境电商发展。近年来，全球经济增长放缓叠加新冠肺炎疫情影响，贸易保护主义和单边主义抬头，贸易壁垒增多，与世界贸易组织（WTO）推动经济全球化和贸易自由化的初衷背道而驰。目前中美贸易摩擦仍在持续，美方想通过"贸易摩擦"实现中美经济"脱钩"，尤其是在关税方面，中美先后开展了多轮的磋商谈判，美方同意启动关税豁免程序，允许美国企业申请对中国部分出口美国产品免除关税，但该程序重新审议并征求公众意见的中国输美产品类别仅占提出豁免申请的1%。2021年美国证监会（U. S. Securities and Exchange Commission，SEC）暂停中国企业赴美IPO和其他证券销售注册申请，并要求赴美上市企业提供更详尽的信息披露，无形之中提高了企业赴美融资的门槛，阻碍了我国跨境电商企业海外扩张和资金募集之路。此外，印度政府先后四次颁布对中国App的封禁令，已下架超过250款中国App，印度财政部税务局又突击检查了包括小米、OPPO在内的中国企业，试图通过一切手段打压中国企业生存空间。国际政治环境和经济形势的不确定性、不稳定性增多，导致我国跨境电商的发展面临潜在风险和严峻形势。

### 2. 汇率波动影响企业经营稳定性

汇率波动是影响跨境电商成本与利润的关键因素之一。截至目前，我国共经历了四次外汇存款准备金率的上调，仅2021年央行就实施了两次上调外汇存款准备金率的行动，通过外汇市场收紧美元供给和流动性，以达到稳定人民币汇率的目的。不同于国内贸易，跨境交易从商家发货到收到货款有一定的时间差，这无疑会给跨境电商企业带来汇率风险，尤其是支付结算和物流环节。当人民币汇率上涨时，会增加跨境电商进口企业海外采购成本；当人民币汇率下降时，跨境电商出口企业的价格优势将会降低，利润也会大幅压缩。若不能预判和规避汇率风险，跨境电商企业将面临价格竞争和汇率波动的双重压力。人民币汇率的经常性波动也增加了我国跨境电商企业规模扩张和境外投资的不确定性，提高了跨境电商市场的准入门槛，尤其是对于融资困难的中小微企业群体，提高了企业风险承受压力。此外，跨境人民币国际化进程缓慢，国际支付市场份额较小，使人民币汇率波动较大，也使我国跨境电商企业不可避免地遭受汇率风险。为了避免汇率风险，一些跨境电商企业将结算资金留在海外，造成了我国外汇流失和外汇回流合规风险等问题。

### 3. 大宗商品成本上升挤压利润空间

2021 年，受全球经济逐渐复苏、供需关系短期调整、全球流动性持续宽松等因素影响，全球各类大宗原材料商品价格和采购成本轮番上升，供需不平衡矛盾较为突出。作为全球贸易第一大国和全球最大的大宗商品进口国，我国企业受大宗商品成本上升的影响尤为明显。2021 年全年中国工业生产者出厂价格（PPI）上涨了 8.1%，创下 2003 年有数据记录以来新高，工业生产者购进价格上涨了 11%，[①] 从第二季度开始，PPI 涨幅明显扩大，对产业链供应链中下游企业和相关企业带来更大压力，进一步压缩了企业的利润空间。目前，我国产业链供应链中下游企业多为中小微企业，难以在短时间内消耗掉由原材料成本大幅上涨带来的压力，极大限制了企业的生产经营活动。此外，虽然我国是大宗商品的进口大国和消费大国，但长期以来，中国对大宗商品进口价格缺乏定价权，进口议价能力相对较低，使我国跨境电商出口企业在面对大宗商品成本上涨时往往处于较为被动的地位，海外竞争力减弱。同时，国家多地推进能耗"双控"措施也给跨境电商行业带来不小影响。

### 4. 供应链调整及外迁

当前，国际供应链转移趋势从全球化转向区域化，即通过再工业化策略引导本国企业回归，或者迁移到生产成本更低的国家（或地区）。欧美日等发达经济体降低对中国供应链的依赖和将产业从中国转移出去等诉求依旧迫切，例如，拜登政府签署《供应链安全行政令》和启动《国防生产法》，旨在加强本国制造业供应链的建设和海外企业回归；欧盟实施供应链多元化计划，强调减少六个战略领域对中国的依赖，且中欧投资协定的签署也暂时搁

---

① 《2021 年 12 月份工业生产者出厂价格同比上涨 10.3% 环比下降 1.2%》，国家统计局网站，http://www.stats.gov.cn/tjsj/zxfb/202201/t20220112_1826174.html。

置。同时，东南亚等新兴市场因要素价格的低廉、市场管制的宽松，吸引跨国企业逐渐将供应链从中国迁出。受国内人力成本上涨和贸易摩擦等影响，部分跨境电商企业也开始寻找海外供应链。当然，跨境电商企业布局海外供应链不一定是趋势，但将产能往境外转移或者寻找海外供应链已经成为部分卖家供应链多元化布局的手段。

### （二）跨境物流全球服务能力不强

#### 1.国际物流运输不畅

"爆舱""一箱难求""一舱难求""甩柜"成为2021年外贸热词，也让中国跨境电商企业苦不堪言。相比疫情前，全球范围内物流受阻、航空运能下降、海运成本暴涨，2021年全球航空运力比2019年降低了35%，全球海运成本是过去十年的5~10倍。而且受苏伊士运河堵塞事件影响，以及疫情下境内外港口的工作能力和承载力不能适应进出口需求的强劲增长，大量船只滞留港口附近，造成跨境电商货物大面积积压，国际物流运输时效大打折扣。同时，疫情大流行后，全球各国在物流、通关、检验检疫等环节采取一系列防疫措施，因此国际物流运输不畅局面短期内仍将继续。此外，我国的外贸市场规模与我国的国际运力不相匹配，中国拥有庞大的进出口市场，但我国国际物流企业的规模、体量和覆盖范围缺乏国际竞争力，尤其是国外段的物流运输基本依赖境外企业完成。外部环境的严峻性以及我国物流企业的全球化服务能力较弱，一定程度上限制了我国跨境电商企业出海步伐。

#### 2.国际速递配送竞争力弱

国际速递是服务于高时效、高附加值跨境物流的运输方式，也是最契合跨境电商产业特征的物流解决手段。目前，中国的国际速递发展规模和能力与国内需求仍不匹配，庞大的国际速递市场被 FedEx、UPS、DHL 等国际巨头分割。当前我国的国际速递方式比较单一，过度依赖邮政出口渠道。据17Track 的数据，2020年4月到2021年3月，我国通过邮政方式发送的国际快递占比达57%，顺丰占比仅为2%，低于DHL和FedEx，呈现邮政小包一家独大的局面。[①] 同时我国速递国际网络薄弱，作为货物贸易出口大国，中国已对 220 多个国家和地区出口跨境产品，但目前还没有任何中国快递企业拥有全球速达的能力，全球速递网络还有待延伸和加固。虽然近年来我国快递企业纷纷出海，海外仓也迎来了新的发展契机，但整体规模很难满足中国出口市场需求。目前，我国对物流供应链无法做到自主可控，终端市场过度依赖国外，也使我国出口企业在物流议价和经营决策方面面临诸多障碍。因此，当前对我国来说，提升中国国际速递配送业务能力、覆盖范围和对供应链的自主可控已迫在眉睫。

**3. 货代企业支撑能力不足**

随着行业细分、运输方式多元化发展，国际货代业务已渗透到国际贸易之中，成为跨境电商发展必不可少的一部分。但目前国际货代行业市场集中度较低，对跨境电商的服务支撑力不足。2020 年中国海运集装箱吞吐量为 2.6 亿 TEU，而国内货代排名第四的华贸物流仅占不到 1%，我国机场货邮吞吐量为 2054.5 万吨，但华贸物流空运业务量仅占 1.7%。[②] 此外，我国货代企业服务项目单一，缺少为跨境电商企业提供供应链解决方案的能力。此外，我国货代企业在鲜活易腐、医药、危险品等专业领域的服务功能并不完善，同时也缺乏快消品、电子等细分行业供应链解决能力，与跨境电商碎片化、多品类的特征不匹配。总体来说，我国国际货代企业的服务能力还远远不能满足我国跨境电商企业出口需求。

## （三）出口产品创新能力有待提高

### 1. 出口产品附加值不高

我国"十四五"规划中明确提出要"优化商品质量和结构，提高出口商品附加值"。基础研究投入占比过低是制约我国出口产品附加值提高的关键因素。2020 年我国基础经费投入占比为 6.01%，与美国相比还有

---

① 头豹研究院：《2021 年中国跨境电商物流行业概览》，2021 年 10 月。
② 闫海：《中国物流集团扬帆起航，实现全球物流自主可控——2022 跨境物流行业年度报告》，2021 年 12 月 15 日。

很大的差距，仅为美国的 1/2，主要用来提升制造业工艺，这也就意味着如果制造业后劲不足将严重影响我国出口产品附加值。此外，目前大多数跨境电商企业经费投入主要用来营销宣传和引流，对产品研发投入重视度也不够，如安克创新非常注重科技创新和产品研发，2020 年研发投入占营业收入比例达到 6.07%，而同为跨境电商的其他大卖家，研发投入占比基本不超过 2%，行业平均的研发投入占比甚至不到 1%。[①] 作为货物贸易出口大国，我国出口产品主要是 3C 数码、服装、家具等，大部分为附加值较低的初级产品或者中间品，而高技术附加值产品占比较小；其中在 3C 数码产品的出口方面，我国更多是作为加工组装者来参与，而非核心技术研发和生产出口，缺乏掌握核心技术的出口产品。提升出口产品附加值是打开我国品牌出海的钥匙，也是推动我国跨境电商高质量发展的关键。

**2. 自主品牌建设滞后**

过去中国跨境电商出口多以"量"或"价"来抢占市场份额，普遍采用低成本、快回报的铺货模式，注重"流量为王"，而忽视对"质"的把控，导致当前跨境电商企业对产品创新研发投入不够，自主品牌建设能力不足，据统计我国庞大的出海中小微企业，仅有不到 20% 建立了自主品牌。[②] 此外，铺货模式也导致出口商品同质化严重、缺少品牌溢价和客户黏性不强问题，与越来越多用户追求高品质产品的趋势冲突，使企业陷入价格战中。品牌代表着消费者的认可，目前海外消费者更加注重品牌赋予的精神价值，如果跨境电商卖家只注重产品层面的营销效果，而忽略了精神层面的营销，将难以与海外消费者建立心智连接。在跨境电商进入精细化运营阶段，忽视品牌建设的铺货模式并不是长久之计，坚持长期主义的跨境电商品牌出海已势在必行。

---

① 《三大视角解析安克首份成绩单：充电类占比首次跌破 50%，研发投入 5.67 亿》，https://www.kuajingyan.com/article/16939。
② 王晨露：《一文揭秘跨境电商的 4 个新趋势》，商业评论网，2021 年 12 月 1 日。

### （四）跨境金融创新水平仍需加强

**1. 跨境电商外汇回流缺少顺畅高效渠道**

"收汇难""结汇难"是跨境电商企业收结汇过程中普遍遇到的阻碍。首先，外贸企业跨境线上收款周期长、结算路径长。当前，外贸企业的外汇收入回流流程还十分烦琐，货款需要经过多个金融组织与银行之间的流通、交易、合规、结算等中间环节，使回款周期变长，也增加了企业资金占用和经营风险。其次，缺乏有效的针对跨境电商中小微企业回款方式。当前我国中小微企业多无进出口权，不能直接收汇，而且大多数跨境电商中小微企业是通过代理报关、邮政小包等非自营报关方式发货，缺少有效的单证和票据，不能在境内银行正常办理收结汇，导致很多企业选择风险大的地下钱庄或者个人分拆等灰色渠道回款，也造成我国税收的流失。此外，独立站成为商品出海新渠道，跨境电商B2B出口监管全面推广，但针对两者的跨境回款服务还有待提高，尤其是大额B2B交易，目前多采用银行账户和B2C类收款工具，增加了企业的交易成本。因此，搭建一条阳光、合法、高效的外汇收入回款渠道成为行业迫切需求。

**2. 跨境电商金融创新能力不足**

跨境电商是跨境金融创新的重要驱动力和应用场景，但目前跨境金融配套体系对跨境电商发展的支撑能力还亟须提高。首先，跨境电商中小微企业融资难题仍待破解。目前，贷款仍旧是中小微企业主要融资方式，虽然国家和地方出台了相关政策以加强对中小微企业的纾困帮扶和普惠金融支持，但轻资产运营的跨境电商中小微企业的融资难问题依然突出。2021年第一季度数据显示，我国普惠贷款余额同比增长了34.3%，但小微企业贷款余额仅占9.2%，整体获贷水平也仅有20%。[①] 其次，跨境电商金融产品创新不足。目前针对跨境电商企业的抵押贷款、信用贷款、保值避险、供应链金融等的配套金融服务能力还有待提升，尤其是中小微企业因抵押物不多、波动

---

① 《2021 年一季度金融机构贷款投向统计报告》，中国人民银行网站，http://www.pbc.gov.cn/goutongjiaoliu/113456/113469/4241312/index.html。

性较大、缺乏长期的经营数据，往往不受银行青睐，贴合其自身特点的金融产品并不多。因此，推动金融机构与跨境电商深度融合，加大在线金融产品创新力度，方能更好地支持我国跨境电商主体发展。

### 3.金融数字化水平较低

近年来，金融机构数字化水平得到大幅度提升，但银行等金融机构整体数字化经营能力不强，数字化更多停留在操作层面，缺少在构生态、建场景、扩用户等层面的突破，尤其是同商务、海关、税务、邮政等部门以及与跨境电商平台间的数据共享、互联互通方面还存在障碍。数据是数字化时代中最重要的产物。跨境电商平台掌握了外贸企业大量的信息数据，包括订单信息、物流信息、信用信息、交易信息等，如果能打通金融机构与跨境电商平台、海关、税务、商务等之间的数据共享渠道，将更方便银行等金融机构通过大数据、云计算等数字技术对跨境企业进行精准画像，打破信息孤岛屏障，提供更加精准的抵押贷款、信用贷款、收结汇、保险等金融服务。此外，金融产品的数字化水平不高，对区块链、大数据等数字技术的利用率较低，基于跨境电商等新业态的数字金融产品还有待设计。因此，提升金融数字化水平是畅通跨境电商服务链条的关键。

### （五）跨境电商合规水平有待提高

#### 1.跨境电商平台政策收紧

跨境电商平台是企业出海的主要载体，近年来，受大国博弈、公平竞争、合规化等多种因素的交叉影响，各大跨境电商平台政策呈现收紧趋势，导致中国出海商品的性价比优势正在被削弱。作为中国卖家出海的第一平台，亚马逊2021年先后实施了保险要求、视频和地址验证、严查刷单和刷评、严查小卡片、查处关联账号、禁止价格垄断和操纵搜索排名等一系列新规和行动，并掀起了一场规模浩大的封号浪潮，很多中国卖家包括一些超级大卖家都受到严重冲击，其中近5万中国卖家被封号，造成行业损失金额近千亿元；2020年谷歌针对广告商和发布商增加或更新了40多项政策，屏蔽和删除了31亿条不良广告，同比增长14.82%，并限制了64亿条广告，停用广告账号数量达 100 万个，增长了 70%。① 速卖通也实施了商家企业信息认证、商品发布数量限制等细则。总的来看，无论是基于大国博弈还是合规角度，平台政策都朝着收紧趋势演变，这将大大提高我国跨境电商企业的合规运营要求。

### 2.跨境电商企业财税合规意识薄弱

2021 年是跨境电商行业的合规元年，从政府监管到平台整治都剑指跨境电商企业。2021 年跨境电商领域出现多起被税务稽查罚款事件，如深圳某公司利用香港空壳公司收取境外机构支付的业务款隐瞒收入被深圳税务局罚款 816 万元，杭州某跨境电商企业通过内外两套账偷逃漏税被追缴处罚 210 万元，帕拓逊公司违规向高管发放巨额税前奖金，导致母公司环球易购及上级母公司跨境通被问责，这些事件表明当前我国对跨境电商企业的税务监管趋于严格，也从侧面暴露出部分跨境电商企业或者个人财税合规意识薄弱。目前进口跨境电商常见的财税不合规行为有跨境电商商品二次销售、将一般贸易商品通过跨境电商名义化整为零进口销售等，出口跨境电商财税不合规行为主要有虚开增值税发票骗取退税、瞒报收入、资金非法外流借道跨境电商等。目前金税四期已经运行，"以数控税"使企业偷税漏税行为无处遁形，对跨境电商企业税务合规化提出了更高要求。

### 3.知识产权保护意识薄弱

跨境电商知识产权风险除来自制度层面外，跨境电商卖家知识产权保护意识薄弱也是其遭到惩罚的主因。首先，主观上对知识产权重视度不够。目前，我国大多数出口产品附加值并不高，特别是生活用品、纺织和玩具等商品，缺少竞争力优势，使一些中小微企业通过对境外知名产品的模仿和设计来提高销量，进而导致知识产权侵权事件频发，并面临大量产权纠纷与司法赔偿。其次，不熟悉域外法律和司法实践。当前我国很多外贸企业尤其是中小微企业对目的国法律不熟悉，往往处于畏难情绪而对境外起诉置之不理。例如部分商家认为自己侵权数额不大，或者海外账户余额有限，如果不能胜

---

① 谷歌:《广告安全报告》，2021 年 3 月 18 日。

诉，损失也会很小。以美国为例，当侵权企业败诉时，其现有账户余额如果不够支付高昂罚款，则涉诉店铺的其他账户也将面临强制执行，对于开展铺货的跨境电商企业来说将是沉重的打击。

**4. 国际税制体系面临重塑**

随着跨境电商等外贸新业态的发展，数字税成为全球关注的热点，国际税制体系正面临重塑。一是跨境电商增值税。自2021年1月1日，英国开始实施对所有在线交易产品增收增值税，标准税率为17.5%，优惠税率为7%。继英国之后，欧盟、加拿大、越南、哈萨克斯坦等经济体也开始执行针对跨境电商的增值税，要求电商平台对非本国第三方卖家代扣代缴增值税。同时，此次税改英国、欧盟取消了行邮税、增值税免税额度，俄罗斯等经济体也在逐步降低进口商品免税额度。二是数字服务税。欧美英加等发达经济体早已开始数字服务税的研究，各发展中经济体也纷纷跟进着手研究数字服务税方案，虽然目前各国暂停征收数字服务税，但利益的不对等也使其谈判进度缓慢，数字服务税重启的可能性极大。三是欧美等发达国家加强了对外贸企业关税申报的审查力度，美国两个州开始对跨境电商商品征收销售税。中国作为出口大国，国际税制体制的重塑对我国企业影响更大，面临的监管环境也将更加严格，我国跨境电商企业税务合规的重要性更加凸显。

## （六）跨境电商人才缺乏问题突出

### 1. 跨境电商人才缺口大

跨境电商企业既需要熟悉国际贸易、国际商务英语、国际贸易法律法规、清关通关等综合型人才，也需要店铺运营与推广、独立站建设与维护、跨境电商物流、大数据分析、供应链管理等专业技能型人才。"人才少""招聘难"已成为跨境电商行业常态。同时随着数字强国建设加速以及受疫情冲击，越来越多的传统外贸企业和内贸企业触网上线，把注意力转移到跨境电商上来，进一步加剧了对跨境电商技能型人才的需求。智联招聘发布数据显示，我国500人以下的中小微跨境电商企业中人才需求达到93.2%，其中微型企业对电商运营人才的需求增长了 235.2%，[①] 约 70% 的跨境电商企业认为专业型人才的缺乏是制约跨境电商发展的主要因素，[②] 预计未来五年我国跨境电商人才缺口将达 985 万。[③] 此外，跨境电商人才大部分集中在发达的一线城市，内陆等欠发达城市对人才吸引力不足，导致人才供需不平衡、分布不均的矛盾将持续存在，并深深影响欠发达地区跨境电商的发展步伐。

**2. 跨境电商人才培养体系尚不成熟**

随着跨境电商行业的多元化发展，企业对跨境电商复合型人才的要求不断提升。高校是复合型人才的培养基地，但目前跨境电商人才培养相对滞后，不能满足行业市场需求。高校毕业生实操能力不强、专业知识不牢固、视野狭窄成为跨境电商企业普遍反映的问题。首先，高校在人才培养方案制定上忽视了专业间的关联性和知识的综合性，如跨境电商涉及电子商务、国际贸易、外语等专业，而这些专业课程往往开设在不同学院，彼此独立开设，并未有效结合各专业资源来培养复合型跨境电商人才。其次，师资力量短缺严重，尤其是理论和实操兼备的"双师型"教师，实践教学大部分停留在观摩与案例分析阶段，缺少实操技能培养和实践检验，导致培养人才与市场需求脱轨。此外，专业培训机构也在参与跨境电商人才培养工作，但尚未形成较为成熟的模式。

## （七）国际规则话语权亟须提升

跨境电商在国际上还属于新生事物，利益诉求不对等、相关概念界定不统一、各国国内相关法律法规不健全等因素使 WTO 电子商务谈判很难取得实质性进展，我国跨境电商新模式逐步上升为 WTO 贸易规则还有很长的路要走。目前，我国在已签署的区域贸易协定（RTA）中涉及电子商务的相关条款较少，条款覆盖范围较宽泛，也未形成有国际影响力的条款。同时，数字化贸易、数字品贸易、数字服务贸易等新业态新模式的国际规则体系也尚未建立，与欧美日等发达经济体规则对接还面临诸多障碍，尤其是在数字产品非歧视待

---

① 智联招聘：《2021 外贸人才形势研究报告》，2021 年 6 月 7 日。
② 阿里巴巴国际站、清华大学：《跨境电子商务 B2B 数据运营职业技能标准》，2021 年 5 月 18 日。
③ 商务部、中央网信办、国家发展改革委：《"十四五"电子商务发展规划》，2021 年 10 月 9 日。

遇、源代码、跨境数据自由流动和计算设施的位置等方面的监管存在较大差异。此外，从国内层面来看，目前，我国跨境电商相关法律法规和政策以及跨境支付、电商信用体系建设都有待于进一步完善，跨境电商的监管对象、监管范围、监管智慧化等问题仍需持续优化。这些跨境电商发展过程中存在的规则、规制、管理、标准等制度型开放内容是跨境电商纵深发展面临的挑战。

# 四 中国跨境电商未来发展趋势

## （一）跨境电商迈入品牌出海新时代

### 1. "品牌出海"成行业发展共识

早期，很多跨境电商企业选择铺货发展模式，以低附加值、中低端商品出口为主，行业同质化、低价竞争严重，海量的商品数量占据了企业、平台的资金流，也导致大量的不良存货积压，进货成本、运营成本、破损成本等都成为企业的资金压力。随着合规大潮下的加速洗牌，纯粹铺货型卖家的生存环境变得举步维艰，过去那种靠低价取胜、吃免费流量红利的野蛮生长时代已经一去不复返了，走长期主义的"品牌出海"之路成为行业共识。此外，随着DTC模式的兴起，越来越多的生产商、供应商从供应链后端来到前端，通过跨境电商向国际品牌发展，跨境电商的竞争更加激烈，跨境电商企业的合规化、精细化运营和数据化管理成大势所趋。

### 2. "去芜存菁"成平台发展新方向

后疫情时代，随着传统品牌商和工厂商家进入跨境电商领域，跨境电商平台卖家侧增长速度超过流量侧增长。因此跨境电商平台纷纷对供给侧进行变革，逐渐淘汰铺货走量卖家，通过严格准入政策提高出海行业门槛，把流量向知名品牌和实力工厂卖家倾斜，不断扶持培育全球化品牌。目前多个跨境平台提出国际化品牌建设计划，如2021年5月速卖通启动"G100出海计划"，2022年1月亚马逊全球开店中国提出"共创全球品牌新格局"，以帮助中国企业和中国品牌充分发挥供应链优势，在海外市场建立品牌心智，让中国制造在世界市场上"从幕后走到台前"。从多个跨境电商平台的动作来看，"去芜存菁"已成为未来平台政策的发展趋势，平台不仅是销售渠道和流量平台，也将成为品牌建设的助力者。

### 3.跨境品牌化和品牌跨境化齐头并进

近年来，很多铺货型卖家向品牌化靠拢，部分跨境电商卖家更是一直坚持品牌化发展道路，跨境电商领域的全球化品牌正在逐步形成，Google 和凯度 BrandZ 联合发布的《2021 年中国全球化品牌 50 强》显示，有 4 家跨境电商企业入榜，分别是 SHEIN、ANKER、AUKEY、ZAFUL。同时，很多国内品牌看到跨境电商的发展空间，纷纷走上跨境电商转型之路，如林氏木业、喜临门、以纯等国内传统品牌开始涉足跨境电商领域，花西子、完美日记、三顿半等近些年崛起的新消费品牌也纷纷布局了海外业务。跨境电商品牌化和品牌跨境电商化正在同时发生，越来越多的中国品牌通过跨境电商走出国门，"品牌出海"时代已经来临。

### （二）市场主体加速多渠道多平台布局

#### 1.多平台多渠道运营成趋势

亚马逊封号事件给跨境电商行业带来的影响不亚于一场大地震，于是卖家逐渐意识到，布局更多渠道更多平台将是规避风险的最优选择。同时，独立站模式帮助卖家打造私域流量，有效规避第三方电商平台的运营风险，目前正处于快速增长阶段，是外贸新业态模式下的新趋势新动向。此外，很多垂直型、本土化跨境电商平台的影响力也不容小觑，也是跨境电商卖家进入目标市场的重要渠道。受跨境平台风险规避、独立站和本土电商平台快速崛起等多方面因素影响，多平台布局正成为越来越多跨境卖家的选择。如曾经的亚马逊超级大卖家泽宝 2021 年通过独立站、沃尔玛、线下等非亚马逊渠道的营收约 6 亿元，飙升 90.48%，非亚马逊收入占比达 23%（2020 年占比仅 6.6%），通过多平台布局逐渐摆脱对亚马逊单一平台的依赖。①

---

① 《跨境大卖"泽宝"被封亚马逊站点 367 个　冻结资金 3224 万元》，网经社，http：//www.100ec.cn/detail--6607669.html。

### 2. 跨境大卖家转型服务商

伴随中国跨境电商规模日益扩大和跨境电商发展格局的加速变化，我国跨境电商服务体系薄弱的弊端逐渐暴露，构建完善的跨境电商服务体系成为行业诉求。此外，近年来国家出台多项支持政策鼓励跨境服务发展，进一步推动跨境服务商迈入快速发展赛道。从安克创新做代运营、通拓科技做培训，到傲基和泽宝做生态链孵化、吉宏股份做 Saas 平台，很多拥有成熟跨境电商运营经验的大卖家转型跨境电商服务商，将进一步优化跨境电商生态体系，为中小微卖家跨境出海提供更高的便利度，提升中国跨境电商行业国际竞争力，在全球跨境电商行业占据更多市场资源。

### 3. 跨境电商企业开始进军国内市场

在双循环新发展格局背景下，我国很多跨境电商企业在推进市场多元化战略过程中，将全球市场"中国分场"作为其中一个重要组成部分，开始积极开拓国内市场，实现内外贸一体化发展。如最成功的出海品牌安克创新从 2021 年开始发力中国市场，2021 年前三个季度实现国内收入 2.82 亿元，占总营收比例达到 3.35%，相较于 2020 年占比不足 2% 提升了 1.35 个百分点。另一位知名的出海品牌乐歌也在国内市场打响了知名度，并提出未来三年每年内销增速不低于 100%。[①] 中国作为全球主要的消费市场之一，国内消费能级不断提升，市场消费潜力巨大，这是任何一个全球化品牌都不会放弃的庞大市场。

## （三）跨境电商与外贸新业态加速融合

### 1. 数字技术开辟跨境贸易新赛道

新一代数字技术向跨境贸易加速渗透，深化延伸了跨境电商的表现形式，推动更多跨境贸易新业态的发展。一方面，大数据、区块链、人工智能、云计算等现代信息技术的创新发展，促使数字贸易逐渐深入商业流程的核心，加快信息流、物流、资金流、商流等供应链要素流动，极大拓展了国

---

① 《安克创新、乐歌相继布局国内市场，这些经验能否复制？》，雨果跨境网，https://www.cifnews.com/article/109424。

际贸易的广度和深度，成为全球经贸复苏和经贸格局重塑的重要驱动力量；另一方面，数字技术丰富了产品的表现形式，赋予产品更多的文化内涵，增强消费者的心理归属感，跨境直播、短视频、社交媒体等数字技术打破跨语言、跨地域、跨文化的限制，拓展跨境电商出海渠道。此外，新一轮信息技术革命与跨境电商的碰撞，诞生了更多新业态、新事物，数字产品、数字藏品等产品形式为跨境电商注入更多活力。

### 2. 业态融合创造跨境贸易新场景

跨境电商具有较强的延伸性，与文旅、社区、酒店等多类场景融合发展，创造出多维度的跨境购物新场景，拓展了跨境贸易渠道，增加了用户购物体验新鲜感，激发了市场消费活力。此外，跨境电商和医疗的融合发展也是未来趋势，2021 年 5 月，国务院批复同意河南省开展跨境电子商务零售进口药品试点，拓展了"互联网+医疗健康"应用场景。跨境电商与服务贸易的融合扩大了新业态新模式的创新空间，为跨境电商进一步发展创造便利性，多种贸易业态的交互融合、一体发展，创造出更多贸易新场景、新模式，为中国经济发展提供更多活力。

### （四）跨境电商与产业集群协同效应更加显著

#### 1. 工业品跨境电商迎来出海新机遇

我国跨境电商行业经过多年发展，销售品类愈加丰富，从原来的日用消费品逐步拓展到工业品类，通过跨境电商获取订单成为国内很多工业企业国际营销新趋势。跨境电商模式加速工业企业供应链产业链数字化、智能化升级，提升"商品数字化、订单数字化、履约数字化、运营数字化"等能力，促进企业和全球客户之间的快速响应需求、精准匹配订单，增强工业品国际竞争力。此外，监管创新、工业品平台建设、装备物流等配套服务体系的逐渐完善，为工业品跨境电商出海提供支撑。依托制造业大国的全球竞争优势，把握供应链全球化、数字化、多元化的新趋势，凭借"工业+互联网"电商模式，工业品跨境电商正迎来快速发展的重要机遇。

### 2. 多元需求反哺柔性供应链

跨境电商给产业链供应链带来技术、生产模式、成本效率等方面的革新，是当前经济全球化、智能化、数字化的典型代表。企业通过跨境电商模式直接触达海外消费者，通过电商消费大数据指导产品研发和生产，实现了多元化需求反哺柔性生产，进一步促进特色集群实现品牌化发展和产业转型升级。目前，跨境电商竞争已经从前端的销量竞争转移到后端供应链的较量，快速响应需求的柔性供应链成为企业应对未来风险和构筑核心竞争力的重要力量。如出海快时尚行业龙头 SHEIN 高频、大量上新的背后，是一套更敏捷的柔性供应链系统，大部分订单在 100 ~ 300 件，3 ~ 10 天内出货。①"得供应链者得天下"，拥有强大的设计和生产能力的"柔性供应链"将成为跨境电商供应链体系的未来发展方向。

## （五）跨境电商品牌出海成为资本聚集新蓝海

### 1. 出海产业链颇受资本市场青睐

出口跨境电商作为尚未被完全发掘的万亿级赛道，正呈现高速增长趋势，整体出海产业链展现出巨大的商业潜力；此外，Anker、杰美特、澳鹏等头部跨境电商企业成功上市、估值暴涨，也不断鼓舞着资本入局的信心，其中 DTC 出海品牌商和专业出海服务商尤受资本市场青睐。2021 年快时尚出口跨境电商品牌全量全速、母婴跨境电商 PatPat、时尚女装 Cider、户外家居品牌 Outer 等都获得大额投资，这些坚持长期主义的 DTC 出海品牌商带来的超额品牌价值成为资本市场关注焦点。此外，专业出海服务商也是资本市场的宠儿，在 2021 年 77 起跨境电商领域融资事件中，跨境电商服务商融资事件共 50 起，融资金额总计超 71.5 亿元，全球跨境支付企业"空中云汇"更是一年内完成了 3 轮融资，融资总额达 4 亿美元，② 这些跨境电商服

---

① 黎佳瑜：《阿里 vs 字节，谁能再造 SHEIN 神话？》，"未来消费"微信公众号，2022 年 2 月 10 日。

② 网经社：《2021 年中国跨境电商投融资数据报告发布》，http：//www.100ec. cn/detail--6605999. html。

务领域的"送水人"将继续吸引资本布局。

**2. 跨境电商迎来企业上市潮**

2020 年 7 月 16 日安克创新正式在深交所上市,成为跨境电商自主 IPO 第一股,也成为跨境电商产业与资本市场交汇的标志事件。安克创新上市三个月市值突破 700 亿元,让跨境电商从业者感受到资本的力量,同样也让投资机构关注到跨境电商产业。火热的行业叠加资本加持,2021 年上半年跨境电商企业扎堆启动上市进程,先后有赛维时代、敦煌网、子不语、三态股份、飞书深诺、致欧家居、燕文物流等跨境电商企业开启上市计划。火爆的行业热潮却突遭平台规则改变,给依托亚马逊平台生存的拟资本化企业带了发展变局。但亚马逊"封号风波"是把双刃剑,铺货型卖家、不遵守平台规则的电商企业面临封号危机,而一些具有全球运营能力且合规发展的行业头部公司依然备受市场关注。因此可以说,我国跨境电商上市潮不会被阻断,那些规范化、品牌化、差异化发展的跨境电商企业仍会迎来上市的"高光"时刻。

## (六)区域贸易合作深化带来跨境电商发展新机遇

**1. 中国积极参与并引领区域贸易合作**

中国持续加强区域贸易合作,"一带一路"合作伙伴不断增加,《区域全面经济伙伴关系协定》(RCEP)落地生效,为跨境电商发展营造了良好的国际营销环境,也带来了巨大的市场需求。在中国持续推动"一带一路"倡议下,沿线国家基础设施互联互通能力加强、贸易通关效率提升,为双方开展跨境电商合作带来便利。政策红利释放、跨境电商物流效率提升、通关程序简化、贸易便利化等新优势为跨境电商发展带来更多活力,推动我国与更多共建"一带一路"国家开展跨境电商领域的经贸合作。"丝路电商"已成为拓展经贸合作的新亮点、助力"一带一路"合作的新引擎。

**2. 全球数字治理成各国关注焦点**

全球跨境电商发展如火如荼,数字经济则是当前和未来全球经济的前沿领域,因此越来越多的经济体、国际贸易组织开始重视跨境电商和数字经济规则制定，积极探索数据流动、数字税、知识产权等方面的规则，争取在跨境电商和数字经济"大蛋糕"中获得更多利益。我国作为跨境电商发展的先锋和高峰，积极探索跨境电商国际规则构建，一方面不断完善国内法律体系，出台《电子商务法》《中华人民共和国数据安全法》等相关法律法规；另一方面，与欧盟谈判《中欧全面投资协议》（CAI），积极申请加入《全面与进步跨太平洋伙伴关系协定》（CPTPP），不断加强国际规则体系对接和国际经贸规则治理。各国围绕数字规则的竞争和博弈日益激烈，也凸显了达成基本兼顾各方利益、规则体系基本对接的全球数字治理体系的重要性。中国积极参与、建设、引领国际规则，尤其是在跨境电商领域形成制度创新和规则探索，对全球数字贸易发展具有借鉴意义，这也是中国制度型开放在跨境电商领域的重要体现。

## 五　以制度型开放推动跨境电商高质量发展

随着我国对外开放步伐的加快和数字贸易强国建设的推进，跨境电商发展突飞猛进，但也存在国际物流供应链、出口产品创新能力、跨境金融、出海企业合规运营、跨境电商人才培养等方面的问题，面临外部压力激增与内部服务能力不匹配的双重挑战。更为重要的是，我国跨境电商规则体系尚未与欧美经贸治理体系接轨，成为制约我国跨境电商发展的最大问题。目前，全球正加速迈入以数字贸易为代表的数字经济时代，现有贸易规则制度与新型数字贸易方式的不适配问题突出，亟须整合和发挥我国自由贸易试验区、跨境电商综试区、综合保税区等开放平台和政策叠加优势，从规则制度等顶层设计方面，完善以跨境电商为代表的新型数字贸易政策制度和标准规则体系。

### （一）积极参与全球电子商务规则谈判和设计

主动参与和引领全球电子商务规则的谈判和制定，形成以电子商务为核心的数字贸易国际规则。一是深度参与全球电子商务规则的制定。健全数据确权相关制度体系建设，积极完善和制定国内数字治理相关法律法规，加快与全球电子商务规则对接；凝聚发展中国家共识，探寻与发达国家互利共赢的模式，平衡各方利益，推动构建顾全发展中国家与发达国家的差异化规则体系。二是积极参与双边、多边全球电子商务的谈判与合作。全面了解各方立场，精准把握各方关切点，开展对等谈判，实现规则对接；积极推动建立常态化的规则谈判、制定、合作机制；推动区域贸易协定条款升级，加强与"一带一路"电子商务规则共建互认，积极申请加入 CPTTP、DEPA 等相关区域贸易协定。三是推动建立与国际接轨的税收规则。注重国际国内税收政策衔接，强化税收制度与数字经济发展的同步性，适时推出数字税试点方案；提前谋划和应对全球数字经济的税收制度改革冲击，探索分阶段、分批次、分类目实施数字化税收行动。

### （二）推动跨境电商综试区与自贸区统筹发展

主动嫁接自由贸易试验区制度创新成果，利用自贸区先行先试等政策优势，加强跨境电商在投资、财税、金融、产业等领域的制度创新。一是探索建立服务贸易领域外商投资"负面清单"管理制度，扩大服务贸易准入准营领域。扩大国际贸易"单一窗口"功能，逐步将服务贸易管理事项纳入"单一窗口"，研究基于"单一窗口"的服务贸易出口退免税制度。二是探索数字贸易统计监测体系建设，实现数字贸易按不同产品形式、服务内容和内涵归类统计，完善相应税收制度。推动制定数字平台、海外仓、产业园区载体等新型基础设施标准规则，完善跨境物流、跨境支付、电子认证、信用体系等方面的标准规则体系。探索在数据跨境流动、数据分级分类管理、重要数据出境安全评估和技术出口管制等领域开展制度创新。强化新技术在数字贸易治理中的应用，完善数字贸易司法、仲裁等体系建设，推动数字治理与国际标准规则对接。三是探索外贸新业态融合发展创新，深化"网购保税+线下自提"新零售模式，支持利用电子围网监管技术将网购保税线下自提店向商业中心延伸，丰富消费业态；探索跨境电商与离岸贸易融合发展，建立完善离岸大宗商品供应链体系，优化提升国内国际市场联通和辐射能力。不断加强跨境电商与自贸区的联动发展，促进相关政策的互通互用，放大政策叠加优势，释放市场活力，丰富跨境电商业态和服务模式，提升价值链，做强创新链，开拓多元化国际市场。

### （三）持续完善跨境金融服务

完善跨境金融体系，提升跨境金融精准政策支持。一是畅通跨境支付与收结汇渠道。进一步放宽外汇管制，打造针对跨境电商中小微企业及大额跨境电商 B2B 交易的合规化便捷收结汇渠道；深化跨境贸易人民币结算试点和本外币一体化账户功能试点，加快人民币国际化进程，完善人民币跨境支付结算基础设施，丰富跨境人民币应用场景。二是拓宽融资渠道，丰富跨境电商企业融资方式。鼓励金融机构开发针对跨境电商企业的创新型信贷产品，运用电商供应链物流、资金流等信息，开展仓单质押、应收账款融资、纯信用融资等金融产品创新，缓解企业融资难问题；持续优化跨境电商中小企业上市标准，提高审查的包容度。三是提升跨境金融数字化水平。加强数字技术在跨境金融领域的应用，支持银行运用区块链等技术，建立适应产业发展的征信体系、融资体系、保险体系，创新跨境供应链金融服务产品；支持探索区块链在跨境支付结算体系的应用，提升资金流动便利化，缩短资金周转周期。

### （四）提升数字平台治理水平

近年来，我国平台经济快速发展，在经济社会发展全局中的地位和作用日益凸显。探索完善数字平台监管制度和治理体系，对推动我国数字经济发展由要素流动型开放向制度型开放转变意义重大。一是聚焦规制体系建设，构建平台经济发展制度体系。完善平台竞争监管政策制度，加强重大资本垄断并购事件的预警，打击垄断等不正当竞争行为；优化平台数据流动规则，探索平台数据共享与管理，释放数据要素潜能。二是鼓励数字平台与产业融合，创新平台经济新业态。大力支持各产业与数字平台融合发展，推动各产业提质增效、高质量发展；提升平台监管数字化水平，打造双向全覆盖的

"数字+平台+政务"政务服务监管体系，提升政务服务效率和监管能力。三是强化平台数据监管和治理，提升个人隐私保护。健全平台自治和平台机制，搭建以信用背书为依据的平台企业信用和管理规范，加强应用软件获取用户信息审核力度，持续完善个人隐私保护立法，构建法制化、规范化、全面化的数字平台治理体系。

### （五）优化知识产权保护机制

优化知识产权保护机制，积极对标国际知识产权标准规范，提升跨境电商主体知识产权意识。一是扩大专利、地理标志、老字号、商标等知识产权的覆盖范围，强化知识产权保护的顶层设计，优化专利法、著作权法、商标法等相关法律法规体系，出台跨境电商、数字贸易等领域的知识产权保护措施，营造良好的自主品牌发展环境。二是推动知识产权服务机构围绕知识产权跨境保护、人才培养等领域，加强与有关国家的交流与合作。推动建设知识产权海外服务中心，搭建知识产权海外服务平台，建立跨境电商等海外市场知识产权风险预警机制，切实提高和保障我国跨境出海企业合法权益。深入推进涉外企业知识产权保护宣传培训，提高出海企业知识产权保护意识。三是构建知识产权国际合作协调机制，深化与国际组织、重点国家和地区的知识产权合作，将知识产权纳入丝路电商、RCEP 等区域合作内容，推动制定跨境电商等领域的知识产权国际标准规则。加强与周边国家边境海关的知识产权交流与合作，推动建设国际知识产权涉外风险防控体系和知识产权侵权等跨境执法协作机制，重点研究跨境电商企业产品出海、互联网企业数据保护等热点问题，完善国际知识产权服务保障机制。

### （六）完善数据跨境流动体系

构建数据跨境流动体系，是新时代数字贸易国际规则体系建设的重要基础，也是中国积极参与全球数字贸易规则建设的重要体现。一是积极参与跨境数据流动规则谈判和制定。继续扩大与共建"一带一路"国家和地区跨境电商、数字贸易领域合作，推动金砖国家领导人会议、G20 峰会、APEC

峰会等国际高端会议在数据自由安全流动方面达成原则共识；积极寻求全球范围合作，紧抓 RCEP 生效、申请加入 CPTPP 等重要契机，积极探索数据治理体系、协作监管机制、个人隐私立法完善程度以及全球征信体系等方面的国际规则合作，提出跨境电商等数字贸易新业态的具体规则方案，进一步增强中国在全球贸易规则制定和区域贸易协定中的影响力。二是持续完善和推进国内在跨境电商及其他数字服务领域的政策体系和制度创新，推动构建高水平的市场化、法治化、国际化营商环境。不断优化建设中国的跨境数据流动立法体系，依托各地自由贸易试验区数字领域制度创新基础，加强数据信息安全评估、数据跨境流动、国际数字贸易等方面的创新研究，探索切实可行、监管有效的跨境数据流动方案，推动政府和市场主体联动创新数据流动机制，营造跨境电商、数字贸易发展良好市场环境。

## 参考文献

网经社：《2021 年（上）中国跨境电商市场数据报告》，2021 年 8 月，http：//www. 100ec. cn/home/detail--6598833. html。

罗兰贝格：《疫情背景下中国跨境物流新机遇白皮书》，2021 年 10 月，https：//www. rolandberger. com/publications/publication_ pdf/RB_ PUB_ TCC. pdf。

亿欧智库：《2021 中国出口跨境电商发展研究报告》，2021 年 4 月，https：//pdf. dfcfw. com/pdf/H3_ AP202105081490449413_ 1. pdf？1620480188000. pdf。

Google& 德勤：《2021 中国跨境电商发展报告》，2021 年 3 月，https：//pdf. dfcfw. com/pdf/H3_ AP202103301478368213_ 1. pdf？1617119027000. pdf。

亿邦智库：《预见风险——2021 跨境电商发展报告》，2021 年 10 月，http：//oss. anhuiec. com/20211020/0. 7450954212700207. pdf。

商务部电子商务和信息化司：《中国电子商务报告 2020》，2021 年 9 月，https：//www. 100ec. cn/detail--6601387. html。

广发证券：《跨境电商物流行业：需求升级引领产业繁荣，资源获取与整合能力定胜负》，2021 年 8 月，https：//new. qq. com/omn/20210822/20210822A03UHJ00. html。

城云科技（中国）有限公司：《2021 年度图说跨境》，2022 年 2 月。

运联智库：《2021 中国跨境电商物流 TOP30》，2022 年 1 月。

# 专 题 篇
## Thematic Reports

# B.2
# 国家供应链体系建设战略：
# 如何突破跨境电商发展瓶颈[*]

张大卫[**]

**摘　要：** 目前跨境电商已成为数字贸易中最活跃、最普惠、最能代表时代技术进步特征的贸易方式，在打造安全可靠、自主可控产业链供应链，巩固我国对外贸易大国地位方面发挥了重要作用。但在我国跨境电商纵深发展阶段，也遇到了交易平台、跨境物流、跨境支付、产业生态和监管政策五个方面的发展瓶颈。下一步要在分类指导综试区发展、推动 eWTP 建设、培育国际速递龙头企业、完善发展环境和政策体系等方面着力，进一步提升我国跨境电商的全球竞争力和规则制定能力。

---

[*] 本文是在 2021 年 8 月 19 日在银川举办的"第五届中阿博览会跨境电商创新发展高峰论坛"上发表演讲的基础上丰富而成。

[**] 张大卫，经济学博士，博士生导师，中国国际经济交流中心副理事长兼秘书长，河南国际数字贸易研究院学术委员会主任，曾任河南省发展和改革委主任、河南省人民政府副省长、河南省人大常委会副主任等职务，长期从事区域经济、产业经济研究工作。

**关键词：**　跨境电商　数字贸易　供应链体系

# 一　跨境电商在数字贸易中发展最为活跃

伴随全球进入数字经济时代，"互联网+经济全球化"推动全球贸易业态发生重大变化，产生了"数字贸易"这种新经济形态。跨境电商与数字品贸易、数字化贸易、数字服务贸易共同构成真正意义上的"数字贸易"。目前阶段，跨境电商已成为数字贸易中最活跃、最普惠、最能代表时代技术进步特征的贸易方式。

2014年5月10日，习近平总书记视察河南保税物流中心"跨境贸易电子商务服务试点"时，鼓励全国试点工作要朝着"买全球、卖全球"的目标迈进。当时很多同志对跨境电商的概念和发展路径是不清楚的，没有理解总书记指示的深刻内涵，导致后来出台了不利于跨境电商发展的政策。很快，国家和有关部门改变了政策方向，特别强调对新业态要秉持鼓励创新、包容审慎的原则，要制定符合新兴产业的监管规则。

海关总署为推动监管创新，推出"1210""9610"两种代码，解决了跨境电商B2C零售进口模式的监管问题，并由世界海关组织向各国进行推介。2020年4月，国务院批复雄安新区、大同等46个跨境电商综试区，全国跨境电商综试区城市达到105个。2020年6月，海关总署又增设了"9710""9810"两种新的监管模式，促进跨境电商B2B出口业务发展。近年来，国务院陆续发布多个文件，从税收、清单管理、物流、融资、保险等配套业务上对跨境电商发展给予强力支持。这些措施成为我国外贸新业态新模式基本政策框架的重要组成部分，极大地激发了跨境电商的市场活力。

在新冠肺炎疫情对全球供应链和传统经贸造成冲击的情况下，我国跨境电商逆势而上，2020年实现进出口1.69万亿元，同比增长31.1%，比五年前的规模增长了近10倍，2021年继续发力，全年实现进出口1.98万亿元，同比增长15%，有力支撑了我国对外贸易的增长。

自 2012 年 8 月国家开展"跨境贸易电子商务服务试点"以来，跨境电商经历了十年的艰难探索，在创新中不断发展壮大，走过了由异端化到边缘化再到主流化的过程。全球供应链的深刻变革和新冠肺炎疫情的大流行，进一步推动了跨境电商理念的创新及业态生态的发展。今天，跨境电商已不再仅仅是"新零售"（B2C、B2B2C）或"互联网+一般贸易（B2B）"，它已经成为国际贸易的重要形式，成为一种由"电商+社交网络"融合而成的"社交商业"。跨境电商具有自己设计的供应链体系、线上线下结合的全渠道零售场景，并且正在通过平台对数据和其他信息资源的配置作用形成一种新的"产业组织"，从而打通了消费与生产的渠道，带动制造业的升级和高质量发展。

跨境电商重构了全球供应链体系，优化并正在重塑全球产业生态及消费市场结构，它汇集了几十亿的消费者，使无数的中小微企业和众多从业者融入全球产业链供应链之中，直接进入全球性的消费市场。

## 二　我国跨境电商发展遭遇瓶颈

2020 年以来，面对百年未有之大变局以及国际环境错综复杂的形势，中央提出了"构建以国内大循环为主体、国内国际双循环相互促进的新发展格局"战略部署，并进一步明确了打造安全可靠、自主可控的产业链供应链体系的重要性。

站在国家战略需求的角度审视供应链安全，巩固我国对外贸易大国地位，跨境电商无疑面临重大的发展机遇，肩负重要的历史责任。但在我国跨境电商纵深发展阶段，也遇到了交易平台、跨境物流、跨境支付、产业生态和监管政策五个方面的发展瓶颈。

### （一）缺少具有国际影响力的跨境电商交易平台

跨境电商平台是跨境电商生态系统的核心，是最重要的应用场景。它具有科技革命促进产业变革的典型案例特征，以平台代替了传统的产业组织，把新业态的所有关联企业聚合成一种新的市场关系，把碎片化的消费行为集结成巨大的贸易流量。

中国跨境电商对全球贸易方式变革做出了突出贡献，首先表现在跨境电商零售进口 B2C 的监管模式创新和一批跨境电商平台的成长。但由于政策创新不足，一些平台调整了业务方向，跨境电商零售进口业务量的增长与国内消费升级的趋势不相匹配。"9710""9810"监管模式推出后，跨境电商 B2B 出口业务大增，其比重约占全部跨境电商业务量的 75%。

我国跨境电商市场规模持续扩大，跨境电商市场主体也呈快速增长之势，据统计，我国已有 60 多万家跨境电商相关企业。目前我国跨境电商商品交易严重依赖海外电商平台，我国卖家大多在亚马逊、eBay、Wish、Shopee 等平台上开店。2021 年 1 月，中国卖家占亚马逊新卖家的比例达到了 75%。① 国内虽有全球速卖通、阿里巴巴国际站等平台，但全球影响力仍然不够。缺少具有国际影响力的跨境电商交易平台，成为我国跨境电商发展的一大掣肘，这使我国跨境电商在各种规则和服务上受制于人。

2021 年 4 月开始，亚马逊平台以中国卖家刷单"违规"等理由，强制性关闭了大量平台上的中国卖家店铺，使中国卖家的货、款损失严重。据深圳跨境电商协会统计，亚马逊平台上被封店的中国卖家超过 5 万家，已造成的行业损失预估超千亿元。由于很多企业运至美国海外仓的货物无法退回，货主只能廉价处理，在墨西哥形成了一个回收这些货物后再高价转卖至拉丁美洲的新产业。

## （二）缺少具有全球服务能力的物流集成商

高时效性是跨境电商的重要特征，成本、效率和专业化是跨境物流业务的生命线。跨境物流的流程由集成、运输、储存、分拨、配送及相应的关务、税收监管等环节组成。我国的运输网络、综合枢纽等物流基础设施建设

---

① Marketplace Pulse 数据显示，2021 年 1 月加入亚马逊平台的 4 万多新卖家中，中国卖家占比达 75%，与 2020 年 1 月的 47% 有了显著增加。

具有国际先进水平，国内运输能力堪称强大，在进口商品物流的分拨配送上，菜鸟、京东、顺丰、"三通一达"等快递物流表现优异。

但我国在出口物流的全球业务上则相当薄弱。Fedux、UPS、DHL等国际巨头垄断了国际速递业的市场，中国邮政速递物流虽有较好发展，顺丰国际、中通国际等也都加快了出海步伐，但其规模和能力仍与国内需求不适配。疫情期间，海运和中欧班列一箱难求、价格暴涨，而我国的国际航空货运能力又严重缺乏，广大商户只能通过包租航空公司的"客改货"飞机解决跨境货运问题。

目前我国跨境电商物流市场空间广阔，据运联智库估算，2021年我国跨境电商物流市场总量约为2.5万亿元（含跨境电商进出口物流、仓储），但呈现极度分散的市场竞争格局。从跨境电商物流市场TOP30企业来看，主要包括第三方服务商（纵腾集团、递四方、燕文物流等）、快递企业跨境电商物流业务（顺丰国际、中通国际等）、传统大贸货代企业的跨境电商物流业务（中国外运股份、华贸物流等），TOP30企业营业收入共计为987.3亿元，[①] 占比仅为4%左右，相对于庞大的市场容量，可谓冰山一角。跨境电商物流市场集中度低，也导致我国物流企业在国际市场上的话语权较弱。总之，我国缺乏具有全球服务能力的物流集成商和服务跨境电商业务的专业化、国际化供应链管理商和大型航空承运商，这成为制约我国跨境电商发展的一大短板。

## （三）跨境收款依赖境外支付服务商

由于支付宝、微信的存在，我国跨境电商在零售进口方面拥有很大的优势，一些第三方支付公司、银行也与跨境电商交易平台合作，服务卖家，开展收款业务。

但业务量最大的出口业务，虽有连连支付、Pingpong等成长性很好的支

---

① 运联智库：《2021中国跨境电商物流30强解读及市场洞察：混战中难见分晓》，2022年1月4日。

付服务公司，但中国卖家的收单、收款以及其他个性化、金融衍生服务业务，仍需依赖 PayPal 等美国公司。据有关方面数据，境外 70% 的在线跨境买家喜欢 PayPal 的支付服务。在结算等环节，包括银行和卡组织在内的中国跨境支付商亟须提升自己的规模和服务质量，而困扰中国卖家的外汇收入回流问题仍长期未得到解决。

### （四）大部分城市尚未建立起富有生机的产业生态

任何新业态的形成和可持续发展，都离不开技术、人才和产业体系的强力支撑，离不开环境的营造和模式的不断创新。新技术革命催生的产业组织往往与传统规则和模式之间摩擦系数很大，跨境贸易更是涉及国际通则、标准、管理，涉及格局的调整和多双边利益的博弈，是一个典型的系统工程。

在原有 105 个跨境电商综试区的基础上，国务院于 2022 年 2 月批复了第六批 27 个跨境电商综试区，至此我国跨境电商综试区达到 132 个，在广东、江苏、浙江三省实现地级市全覆盖，也拓展到中西部外贸发展基础较好的三、四线城市。跨境电商综试区是我国跨境电商先行先试的试验田，实际上就是"试验"两条路子：一是蹚出一条新路，创造新的政府监管和产业发展模式，形成新的行业标准和规则，使之能与世界对标接轨；二是形成一种新的产业生态，使其能与其他产业系统共生共荣，实现能量互补。

跨境电商生态系统极为复杂，除交易、技术、人才、信息、物流、金融、品牌营销、知识产权关系、供应链管理、咨询、设计、法律、财务等众多的服务外，还有政府监管和税收、统计、外汇、卫生、市场等公共服务行业自律性组织。更重要的是，它还连通着庞大的制造业体系和国内外消费市场。但目前除深圳、杭州、广州形成了较好的发展生态外，大多数城市并未培养起富有生机的跨境电商产业生态系统。

### （五）跨境电商监管规则尚未与国际接轨

在国际经贸治理体系上，当前最大的问题是与欧美发达国家规则的对接障碍，在推动我国跨境电商创新模式逐步上升为 WTO 贸易规则方面还有很长的路要走。另外是否要将跨境电商与数字化贸易、数字服务贸易一并作为我国对外"数字贸易"谈判的一揽子内容也需要抓紧确定，毕竟跨境电商是中国较有国际竞争力的新业态。目前，美国正在准备牵头开启针对中国的环太平洋国家数字贸易谈判，这个动向要密切关注。国家"十四五"规划提出要"稳步拓展规则、规制、管理、标准等制度型开放"，2021 年中央经济工作会议也提出"主动对标高标准国际经贸规则，推动制度型开放"，这些都对我国国际经贸治理，尤其是跨境电商国际规则对接提出了新的要求。

在国内环节上，一些跨境电商政策还需要继续调整优化。一是我国跨境电商零售进口实行正面清单和限额管理，消费者有较大需求的轻奢类商品和药品等都不在清单品类里，与个人物品进境清单的"负面清单"相比，存在一定的不公平现象。二是一些城市正在试点的跨境新零售 O2O 模式尚不能向城市商圈推行。目前"网购保税+线下自提"模式只能在海关特殊监管区域内开展，但很多海关特殊监管区域都远离城区，不便于消费者就近购物。这些监管政策在一定程度上抑制了消费，与国家鼓励消费升级和"双循环"大思路仍有一定差距。跨境电商已成为我国扩大开放的重要推动力，试点城市如何加快监管政策共享，如何推动功能性口岸和海关特殊监管区功能构建，都需要在政策上持续发力。

## 三 跨境电商成为"外贸新动能"

2020 年 11 月 4 日，习近平总书记在第三届中国国际进口博览会上发表视频讲话时强调："中国将挖掘外贸增长潜力，为推动国际贸易增长、世界经济发展作出积极贡献。中国将推动跨境电商等新业态新模式加快发展，培育外贸新动能。"贯彻总书记重要讲话精神，就是要在国家大战略的视角下去思考和谋划。

（1）跨境电商被总书记定位为"外贸新动能"，实际上就是要依靠跨境电商释放的动力去助推中国外贸与国际贸易、中国经济与世界经济的增长。

（2）跨境电商是我国扩大对外开放，特别是全域对外开放的重要平台，是我国参与全球数字贸易、促进国际规则制定的重要场景。

（3）跨境电商是我国构建"双循环"新发展格局的重要支撑，是新形势下实现产业链、供应链安全可靠的重要保障。

（4）跨境电商是增加地方经济发展活力的重要途径，促进制造业、农业、服务业等多业态发展，使其更快融入全球供应链体系、带动就业和人才聚集、提升城市国际化水平。

从以上几点可以看到，中国跨境电商发展已经被时代赋能，站在新的风口上，要解放思想、补上短板，用新发展理念促进监管不断改革、模式不断创新，加强顶层设计实现流程再造，全面提升跨境电商的全球竞争力和规则制定能力。

# 四 对跨境电商发展的建议

## （一）对全国132个综试区城市进行分类指导

跨境电商综试区城市要立足城市发展定位、区位优势和产业特色，因地制宜，实现跨境电商与地区优势产业联动发展，发展具有显著区域和专业化特征的跨境电商园区，吸引相关企业入驻，形成区域特征明显的产业生态区，如深圳3C电子、中山灯具、义乌小商品、常熟服装、许昌假发等已经成为跨境电商产业生态发展的典范。如银川市可发挥"中国—阿拉伯国家博览会"平台优势，建设面向阿拉伯国家、上合组织国家及中亚地区市场的跨境电商枢纽园区；哈尔滨毗邻俄罗斯，可建设面向俄罗斯的枢纽园区，南宁则可发挥紧邻东盟国家的区位优势，利用"中国—东盟博览会"平台；建设面向东南亚的枢纽园区，以巩固和加强区域供应链。同时，基于目前跨境电商综试区城市的发展特色，通过规划指导，在一些综试区城市推动构建跨境电商的专业功能。如支持杭州、深圳培育跨境电商交易平台和跨境支付平台，郑州打造跨境物流供应链平台和专业化的农产品、食品跨境电商平台，深圳构建文化产品跨境交易平台等。

## （二）积极推动 eWTP 建设

习近平总书记曾在杭州 G20 峰会上肯定过 eWTP 建设，但国内对其研究重视不够，它实际上是用跨境电商业态在全球区域市场构筑的供应链枢纽平台，在这一平台上将汇聚政府监管服务、社会化服务和交易支付、信息撮合、物流集疏分拨等功能，并通过商业实践探索数字贸易新规则。目前，eWTP 共在 6 个国家的 9 个地区开展合作试点。国外有马来西亚、卢旺达、比利时、泰国和埃塞俄比亚 5 个国家；在国内，与杭州、义乌、海南和香港 4 个地区开展合作。eWTP 通过搭建数字服务平台和海外物流网络，以商业繁荣当地产业，并将中国在跨境电商领域推出的数字化、智能化和便利化监管模式以及保税零售政策等创新贸易举措向海外推广。

目前，通过 eWTP 建设以及企业"走出去"，我国跨境电商企业根据国内外市场交通物流等基础条件，已基本形成了规则模式对接顺畅、跨境运输便利、海外仓相对集中建设、终端配送本地化的一些重要节点城市，把这些城市与国内跨境电商业态发展好的城市进行对接，即可成为一种能够支撑"双循环"新发展格局的全球性网络。

## （三）培育中国国际化速递物流龙头企业

速递物流是以邮政包裹、快消品、零组件、高附加值产品、冷链产品为主的专业物流。随着我国产业和消费升级以及跨境电商业态快速发展，中国缺乏比肩 UPS、DHL 等国际快递龙头企业的弊端逐渐凸显。

在传统跨境物流中，主要采取 FOB（离岸价）模式，由海外买方承担运费并指定货运代理人，因此国内货代或物流承运商只负责国内报关和将货物运输至国内的港口/机场，干线运力订购以及海外清关和运输部分由买家指定的海外物流商负责，大量的市场份额被海外物流商所占据。在跨境电商贸易形式中，通常采用 CIF（到岸价）模式，由境内的跨境电商企业承担运费并指定货运代理人，因此国内的货代企业得以整合全链，提供门到门运输。这种物流货主与定价模式的变化，意味着中国物流货代企业已具备产业链延展能力，将极大释放中国物流货代企业的定价能力和潜在利润空间。

目前我国国内快递业态发展势头良好，要打破中国跨境电商产业对国际物流巨头的依赖，就要整合资源，加快建设集国际集运、分拨、海外仓、终端配送和供应链服务于一体的国际快递龙头企业。可喜的是，我国物流市场的"国家队"开始出现，2021年12月6日，中国物流集团有限公司正式成立，国务院国资委和中国诚通控股集团有限公司分别持股38.9%，并引进了中国东方航空集团有限公司、中国远洋海运集团有限公司、招商局集团有限公司3家战略投资者，以"综合物流服务方案提供者、全球供应链组织者"为定位，致力于打造全球性物流企业集团。

同时，也要提升中欧班列和海运对跨境电商发展的支持能力，发展高铁速递及国际运输卡车快递，开拓跨境电商的陆运市场，推进全球范围的"门到门"服务。

### （四）进一步完善跨境电商发展环境和政策体系

加强综试区城市交通、物流、口岸、保税仓及中国企业公共海外仓设施建设，为区域跨境电商发展提供完善的配套服务支撑；降低海关特殊监管区域准入门槛，在继续严格监管的同时，适度下放审批权限，并加大区块链、大数据等技术应用，通过电子围网等方式代替传统围网、卡口等物流监管方式，提高海关特殊监管区域的数字化、智能化监管水平。

加强国际业务互认和对等谈判工作，促进"1210"进口模式与"9810"出口模式的衔接转换，争取我国有条件的试点城市与欧、美、日以及东南亚的重点城市形成互动、互认的格局。

用个人物品进境清单代替现有跨境电商正面清单，适当放宽进口额度限制。调整关税、增值税及消费税政策，与国际通行税制进行衔接，降低我国出口商品经营成本。选择国家确定的若干"国际性消费中心城市"，利用电子围网监管技术，将跨境电商O2O模式向中心城区商圈复制，让更多的消费者从中受益。

拓宽融资渠道，创新开发服务跨境电商中小微企业的金融产品，破解轻资产运营的跨境电商中小微企业融资难问题；改革现有信保机制，支持银行运用供应链金融+区块链技术，建立适应产业发展的征信体系。

加强跨境电商数据管理及合理开发利用，建立试点城市考评机制，对发展速度慢、运营质量低的可实施停牌整顿或予以撤销。2021年7月国务院办公厅发布的《关于加快发展外贸新业态新模式的意见》（国办发〔2021〕24号）明确提出"建立综试区考核评估和退出机制，2021年组织开展考核评估"。2021年底前商务部完成了全国跨境电商综试区的首次考评工作，并约谈了20多个跨境电商综试区，指出了这些跨境电商综试区存在的一些建设发展问题。国家已经释放出对跨境电商综试区动态调整的信号，这意味着跨境电商综试区会增加，也会因发展情况不理想而被取消，这一点必须引起全国跨境电商综试区城市的重视。

数据显示，目前我国直接从事跨境电商业务的企业已达60万家，还有大量个人开店的工商户在这一领域从业，应支持建立全国性跨境电商行业组织，加强行业自律、信息交流和业务培训。

跨境电商是新科技革命推动产业变革的产物，它引领了贸易方式的创新，推动了全球经贸治理体系的改革，彰显了良好的发展前景。有人预测，在未来的国际贸易份额中将三分天下有其一。各综试区城市要掌握它的发展规律，使其真正为地方经济发展注入更多的活力。

# B.3
# 数字经济时代数字服务税的
# 国际实践及应对措施

张煜坤[*]

**摘　要：** 随着数字技术发展和商业模式不断创新，数字经济的巨大发展潜力不断显现，原有的商业模式和交易半径得以突破，大型跨国科技型企业部分应征收入处于税收征管之外，造成税收流失、税负不公的问题。当前我国经济发展面临需求收缩、供给冲击、预期转弱"三重压力"，制定合理有效的税收政策，加强制度型开放，是激活市场发展的动力。本文梳理数字经济背景下的税收特征及挑战，对比欧盟各国单边数字服务税背景及应对方案，同时结合我国数字经济发展现状和税收制度特征，提出探索适合我国数字经济层面的短期、长期税收政策与路径，最后明确了多边合作且统一的数字服务税收制度方案的重要性及我国的积极参与有利于国际税改的推进。

**关键词：** 数字经济　数字服务税　国际税收规则

数字技术不断更新，数字化逐渐渗透经济活动，数字经济发展成为创新范围最广泛的经济活动。经济数字化进程加快不断创新和颠覆传统经济形态，催生了新经济形态下的商业模式和价值链机制，并促进产业结构调整和

---
\* 张煜坤，河南国际数字贸易研究院政策研究部副部长，主要研究方向为跨境电商、国际金融、跨境支付结算、国际及国内税制。

产业转型升级。2018 年经济合作与发展组织（Organization for Economic Co-operation and Development，OECD）在《经济数字化带来的税收挑战中期报告》中指出，影响数字经济化主要有三个因素，即跨区域的实体规模、高度依赖无形资产、数据和用户参与度。数字数据创造和实现了价值，促使传统市场经济治理做出了改变。经济数字化冲击了国际税制原有的规则体系，松动了联结度规则和独立交易原则"两大基石"。数字经济背景下的新国际税收制度体系的重要性日渐突出。

# 一　数字经济下税收特征与挑战

在数字经济高速发展的时代，税制是否适应新的国情已经成为一些国家尤为重视的问题。

## （一）数字经济的发展状况

1994 年，美国经济学家 Don Tapscott 最早提出了"数字经济"的概念。2016 年，G20 峰会通过的《二十国集团数字经济发展与合作倡议》提出，数字经济是借助信息技术提高经济效率的一种新型生产要素和生产组织方式。[①]

数字经济是一种新经济形态，具有巨大的发展潜力。我国政府高度重视数字经济的发展，并把数字经济发展上升到国家战略高度。2017 年 3 月，"数字经济"首次被写入我国政府工作报告。此后，2019 年政府工作报告中也提及"深化大数据、人工智能等研发应用，培育新兴产业集群，壮大数字经济"。2020 年 5 月政府工作报告中明确指出"全面推进'互联网+'，打造数字经济新优势"。而后在 2021 年 3 月 5 日政府工作报告中提出"加快数字化发展，打造数字经济新优势，协同推进数字产业化和产业数字化转型，加快数字社会建设步伐，营造良好数字生态，建设数字中国"。2019 年 G20 峰会习近平主席指出："数字经济发展日新月异……要共同完善数据治

---

① 《二十国集团数字经济发展与合作倡议》，2016 年 9 月。

理规则，确保数据的安全有序利用；要促进数字经济和实体经济融合发展，加强数字基础设施建设，促进互联互通；要提升数字经济包容性，弥合数字鸿沟。"国家重视新兴产业发展，数字经济优势不断显现，在经济发展中发挥着日益重要的作用。

## （二）数字经济的税收特征

数字经济的商业模式包括电子商务、网络平台以及网络交易、支付等，其涉税特点：一是数据资源运用的不可分割性，数字技术本身可衍生出商业价值；二是随数据流动而转移，数字技术和数字服务的涉税对象流动性较强；三是数字经济下存在虚拟交易，交易存在于虚拟世界，交易过程不使用传统流通票据，数字经济使原有交易半径得以突破，涉及无形资产、知识产权或数据转移等方面，针对这部分附加值增量的税目、税率及税款抵扣方式不易确定，且课税对象界限模糊，难以辨别；四是用户数量越多商业价值越大，数字科技型企业可在消费者使用过程中创造价值，用户数量决定商业价值的高低；五是数字科技型企业自主创新技术先进。随着信息通信技术对行业的渗透，科技型企业数字技术创新能力加强，呈现行业垄断的特征。

## （三）数字经济带来的国际税收挑战

传统的企业经营模式是当发生采购、生产或销售、品牌推广等经济活动时，根据取得的收入向经营所得来源地国家主管税务机关缴纳税款。但在数字经济快速发展下，很多跨国数字科技型企业无须设立经营实体，仅通过信息通信技术在虚拟空间完成交易，并有效地躲避纳税责任，明显降低税负。然而被赚取经营所得的国家不能合理征收税款或征收部分税款，近年税收流失的问题迫使税收来源国将数字经济税收征管逐渐提上日程。2018年3月欧盟委员会发布的《数字经济公平课税》报告指出，采用数字化商业模式的企业平均支付的有效税率仅为采用传统商业模式的企业的一半，造成了税负不均、营商环境不公，亟待调整现有税制。

我国数字经济发展迅猛，企业避税手段愈发隐蔽和多样，税收征管也不断受到挑战。我国相关领域专家逐渐形成了一些理论研究成果，李时等人[①]认为数字经济下常设机构面临固定经营场所不再是经济活动联结度的主要表现形式，存在分散化经营的问题。崔晓静、赵洲[②]提出需根据"显著经济存在"的原则改变传统常设机构，同时运用"公式分摊法"和"公平交易法"来解决利润分配问题。经济学家张泽平[③]认为未来需以"价值创造"和"实际经济活动原则"来确立数字经济的税收管辖权。

## 二 数字服务税的兴起与发展

OECD、EU 等多边组织正在探索在全球范围内统一解决数字经济税收问题，2015 年 OECD 提出了 BEPS（Base Erosion and Profit Shifting）一揽子方案，并拟在 2020 年提出初步解决方案。与此同时，一些国家探索并迫切提出了单边数字税收政策。2018 年以来，欧盟、英国、法国、西班牙等国为促进税收公平，纷纷提出数字服务税来应对数字经济发展的税收挑战。2020 年 1 月 31 日，OECD 宣布 BEPS 包容性框架，137 个成员国承诺在年底就数字税框架解决方案达成共识。2020 年 10 月，OECD 发布新国际税收框架下的"两大支柱"BEPS2.0 报告。第一支柱是通过公式法重新分配征税权，侧重于数字经济征税权分配机制和纳税地点。第二支柱是大型跨国企业至少按最低水平纳税（利率在 12%~15% 区间，待定）。

### （一）数字服务税的缘起

数字服务是通过在线方式为客户提供服务的活动。数字服务税（Digital

---

① 李时、宋宁、熊艳、丁娜娜：《对数字经济环境下常设机构税收问题的思考》，《国际税收》2015 年第 11 期。
② 崔晓静、赵洲：《数字经济背景下税收常设机构原则的适用问题》，《法学》2016 年第 11 期。
③ 张泽平：《数字经济背景下的国际税收管辖权划分原则》，《学术月刊》2015 年第 2 期。

Service Tax，DST）是对大型数字科技型企业通过远程销售和服务平台（包括社交媒体公司、电子商务市场、云服务和基于网络的服务平台在内的商业模式）提供特定数字产品或服务的收入征税。[①] 它是统一国际税制改革前的临时措施，目的是让国际税收体系与经济数字化相适配，做到公平合理地征税。

## （二）数字经济与数字服务税的推演

数字经济是信息通信技术数字化转型升级的产物，包含电子商务和数字服务，极大降低了市场交易环节的费用和成本。数字经济包含数字服务，数字服务进一步推动数字经济发展（见图1）。

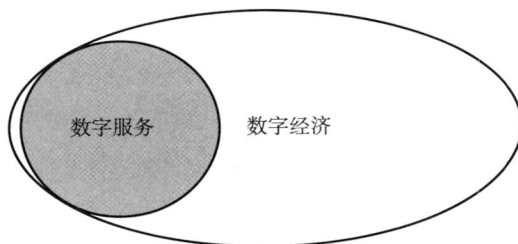

**图1 数字经济与数字服务的关系**

数字服务税是从20世纪末国际社会开始酝酿的电子商务税收政策。2018年3月，欧盟委员会指出一些大型数字科技型企业通过跨国用户参与数字业务赚取巨额利润后并未缴纳相应税款，且现行国际税收体系中缺少与数字服务匹配的税种，为了公平公正地缴纳税款，需要对四类收入纳税：一是对提供定向广告服务的收入；二是对提供在线市场服务的收入；三是对提供社交媒体平台服务的收入；四是通过销售收集在线用户的数据而获利的服务。

---

① Asen E.，Daniel B.，Cristina E.，"Digital Taxation Around the World"，https：//taxfoundation.org/digital-tax/.

# 三 国际数字服务税规则梳理及局限性分析

国际税法中关税、增值税、消费税占据了较大比重。各国政府对电子商务收入征收增值税的同时，也发起了对提供数字服务的收入征收数字服务税的讨论和研究。

## （一）数字服务税的主要理论依据

### 1. 税基侵蚀和利润转移理论

2013 年 OECD 和 G20 在圣彼得堡峰会发起的国际税收改革项目指出，国际税收规则改革、遏制跨国企业避税、防止各国税基侵蚀已势在必行。2015 年 10 月 OECD 公布的国际税收新规则"BEPS1.0"报告中强调征税权与"价值创造地"的一致性，对基本税收规则和管理制度达成一致，包括转让定价、防止协定滥用、弥合国内法漏洞、应对数字经济挑战、促进税收规则重构、多边税收合作等。

税基侵蚀严重危害了新国际税收框架下的税收收入、税收主权和税收公平。造成税基侵蚀的一个主要原因是利润转移。有专家曾指出国内税收制度的相互作用可能导致双重征税，国际上另一些专家提出可以通过修改国内和国际税收准则来解决双重征税问题，避免税权重叠。然而，国内外税收制度的相互作用或产生一些政策漏洞，一些跨国公司会利用各国间税收制度差异来免除或减少纳税。为了妥善解决 BEPS 的问题，减少国家间税收规则差异，避免双重和多重征税，降低对投资、就业和全球经济增长产生的负面影响，需要采取创新型的综合解决方案。

### 2. 税收公平理论

税收理论中的税负公平是税收制度设计的基本准则。欧盟委员会在2018 年披露，一些大型数字业务模式的企业通过激进的税收筹划使企业的平均税率低于 9.5%，而传统商业模式下的企业平均税率为 23.2%，这造成了税负不公。[①] 现行数字经济背景下的数字企业税负情况明显违背了税收公平理论。数字服务税的建立使一国可以针对达到一定收入门槛的数字企业缴纳相应的税收，减少一国税收损失，促进各企业纳税公平。

### 3. 税收管辖权理论

国家主权在税收领域表现为税收管辖权，并制定税种、税率、纳税主客体及征税方式等。在国际法和国际公约的背景下，税收管辖权平衡各国间的税收权益。

数字经济下的新型商业模式在税收管辖权上冲击了现行国际税收体系。例如，现今的税法主要是通过是否拥有跨国常设机构来确定经营所得来源，而从事数字活动的公司，往往在居民国未设置常设机构，其收入却存在"显著数字化"应税活动。以提供线上销售的跨境电子商务平台 Amazon 为例，它在 A 国拥有大量用户但并未在该国设置实体营业场所，服务器、员工或代理商也不在 A 国，A 国的 Amazon 用户通过该平台在线购买商品并支付后，Amazon 来源于 A 国用户创造的收入因缺失 A 国常设机构，致使 A 国无法主张对该部分的收入征收相应的税收。这在一定程度上造成了对数字经济市场国（来源国）的税基侵蚀，引起税收分配不公平的问题，也挑战了税收管辖权权利。而数字服务税的提出，更多关注"实质经济活动"和"价值创造"原则，税收应当在价值被创造的国家征收，并根据用户参与来确定收入来源地，数字经济收入来源国具有公平征税的税收管辖权。

## （二）国际税收规则演变及分析

### 1. 国际税收受益原则（Benefit Principle）

20 世纪 20 年代，经济学家根据受益原则确定了来源国和居民国之间的征税权划分问题，来源国具有优先征税权，居民国具有无限征税权且承担避免国际重复征税的责任。来源国优先征税的前提是有常设机构。发达国家更偏

---

① Dr. Matthias Bauer, " Digital Companies and Their Fair Share of Taxes: Myths and Misconceptions", ECIPE Occasional Paper, March , 2018。

向于居民国独享征税权，发展中国家则认为来源国也有一定征税权。新的联结度规则是以销售额为基础，当数字科技型企业在一国的销售收入达到一定门槛，则该纳税人已具有数字经济活动，收入来源国拥有优先征税权（见表1）。

**表1 新旧规则对标**

| 概念 | 旧规则 | 新规则 |
|------|--------|--------|
| 联结度规则 | 过去用常设机构作为联结度判断标准是定性分析，即需要通过判断是否有固定、连续且存在人员和设备等 | 新规则是基于销售额，根据市场规模作为基本标识，是定量分析 |

资料来源：笔者综合整理。

### 2. 利润归属的公式法

通过调整联结度标准重新分配跨国公司利润。OECD 提出"三段式利润分配法"，第一段从集团汇总报表先剔除常规利润，再用公式法将剩余利润按比例划分给来源国；第二段按照跨国企业在国家间的分销活动分配；第三段根据在某国存在的特殊数字经济活动分配。而独立交易原则存在于第二段和第三段划分中，是更科学的解决方案（见表2）。

**表2 利润分配机制中不同业务之间关系**

| 由财务报表确定的总利润 | | |
|------|------|------|
| 非常规业务 | 常规业务 | |
| 完全由数字业务创造的新增利润 | 传统基础业务创造的利润 | 传统非基础业务创造的利润 |
| 无物理存在 | 有物理存在 | 有物理存在和无物理存在之间的协调机制 |
| 公式法解决方案 | 适用独立交易原则 | |
| 转让定价规则 | | |

资料来源：笔者综合整理。

### 3. 国际税收不重征原则（Single Tax Principle）

针对一笔所得仅应缴纳一次所得税，可不重复征税，且这笔所得不得在来源国和居民国之间双重不征税。根据 OECD 和联合国税收协定，双边税收协定规定要避免双重征税，以促进经济合作和跨境投资。①

20 世纪末，国际税收规则中的不当竞争税制和逃避税收活动带来的双重不征税问题，经过 OECD 及其合作伙伴多年的沟通和协作，国际社会对 BEPS 行动计划已达成广泛共识，并推动包括发展中国家在内的世界各国积极参与。

4. 国际税收独立实体原则和独立交易原则

在国家间合理划分所得问题和常设机构利润归属问题尤为重要。跨国集团成员间的商品核算和服务交易可视同为企业间的行为，可将常设机构独立核算确认收入。关联企业间的转让交易可按照无关联企业间的交易来分配各国间所得。

多年来，独立交易原则有利有弊。以集团模式跨国经营是经济全球化的趋势，在全球范围内跨国集团通过市场竞争合理配置生产要素，但将集团间各实体的经营活动划为无关方交易，是过分干预行为，并不合理。常设机构过分使用独立交易原则分配利润，则会增加双方纳税负担。促进国际社会达成多边共识是解决数字经济下纳税问题的关键。

## （三）各国数字服务税背景及应对方案

为了重塑国际税收体系，国际上已有一些国家开始试行单边数字服务税来维护本国利益。这里以欧洲和亚太地区的部分典型国家为案例，分析其制定数字服务税的背景、方案及影响。

1. 英国

（1）征税背景。英国政府早在 20 世纪 90 年代就开始打造数字化政府，建立跨部门公共服务标准。现已基本实现各政府部门间的信息共享和政务协作，为税务数字化打下坚实的基础。2012 年英国税务海关总署（HMRC）通过《税务数字化行动计划》为纳税人和纳税中介提供了更加便捷的纳税服务。2020 年 4 月，英国政府对数字化企业通过英国用户参与所得的收入征收数字服务税。经相关部门测算，至少 30 家数字化企业受到数字服务税

---

① Renven S. Avi-Yonah, "The International Tax Regime: A Centennial Reconsideration", The University of Michigan, http://ssrn.com/abst-ract=2622883.

的影响，预计每年将增加 4 亿多英镑数字服务税收。[①]

英国政府以数字经济时代的消费者是否参与创造价值作为征税的重要依据，并从四个方面考虑应当重新制定利润分配规则：一是用户在使用平台软件时产生数据及流量；二是平台建设与维护，用户深度参与；三是通过用户在平台软件的使用为平台企业带来额外收入；四是平台企业通过为用户提供内容和服务提高核心竞争力和价值。

（2）应对方案及影响。根据英国税务和海关总署（HMRC）关于数字服务税的内部手册，[②] 当企业满足在连续 12 个月内的会计期间，数字服务的全球收入超过 5 亿英镑，且至少有 2500 万英镑的数字服务收入属于英国境内用户时，需要缴纳 DST。数字服务收入包括该企业内部所有相关数字服务活动，触发税收的阈值同时也适用于所有数字服务活动的合并收入。当会计期间少于连续 12 个月时，可按比例降低，如 6 个月内的会计期间，则 12 个月内 5 亿英镑的全球总数字服务收入的阈值，同比例降低为 2.5 亿英镑；同时，英国境内数字服务收入的阈值从 2500 万英镑按比例降为 1250 万英镑。另外，企业每年有 2500 万英镑的免征额，企业在英国境内数字服务收入在扣除 2500 万英镑免征额之后按照 2% 的税率缴纳 DST，不足 12 个月的会计期间的免征额也按比例扣除；若不止一项数字服务活动时，可根据各项不同数字服务收入占企业总数字服务收入的比例抵减。2020 年 7 月 11 日，英国财政部又公布了新一轮的 DST 征求意见稿。

2. 法国

（1）征税背景。2013 年法国数字经济税收工作组提出关于电子商务及经济数字化的税收改革方案，指出应该对企业收集、管理和商业开发过程中涉及法国个人用户数据的行为征收特殊税。2017 年法国向欧盟委员会提出实施数字服务税的建议，由于部分欧盟成员国的反对，建议被搁置。在美国政府的减税竞争压力下，法国在 2019 年也实施企业所得税优惠税率，由

---

[①] 《英国瞄准科技巨头开征 2% "数字服务税" 财政收入每年增加超 4 亿英镑》，https://t. qianzhan. com/caijing/detail/181030-bd0d1075. html。

[②] 英国税务和海关总署（HMRC）网站，https://www. gov. uk/hmrc-internal-manuals/digital-services-tax/dst45000。

33.3%降低至31%，到2022年降至25%。[①] 2019年3月法国财政部长勒梅尔提交征收数字服务税法律草案，7月法国参议院通过数字服务税法案。

（2）应对方案及影响。法国数字服务税的征税范围包括数字广告服务、个人数据销售服务及数字平台提供的中介服务等。法国数字服务税不以纳税企业是否有常设机构或物理存在为条件。

根据法国政府网站公布的DST法案[②]，2019年法国政府对全球年数字服务总收入超过7.5亿欧元，同时源于法国境内的数字服务收入超2500万欧元的互联网科技企业征收数字服务税，税率为3%；用法国市场用户数量占全球用户的比例来计算法国市场数字服务收入份额。以数字科技型企业提供数字服务或以消费者用户参与而取得的销售收入为纳税依据，包括由数字平台向用户收取佣金和订阅费、对客户的广告服务收取广告费等。

法国为了避免境内数字科技型跨国公司通过向境外关联公司转移利润而避税，规定关联方资产转移或集团内部财产转让等必须以公平交易为前提，并动态监测关联公司之间的交易。据测算，2019年该法案可为法国带来5.5亿欧元的数字服务税收收入，2020年或将达到6.5亿欧元。[③]

3. 印度

（1）征税背景。印度作为亚洲发展中国家，人口10亿以上，是庞大的数字消费大国，2016年印度开始实施单边衡平税（Equalisation Levy），税率为6%，是全球对数字经济征税的先行者，为其他国家数字经济下的纳税制度体系提供范本。

（2）应对方案及影响。印度电子商务税收委员会（CTEC）指出纳税依据为非居民企业在境内是否具有"显著经济存在"，即单笔应税交易额是否超过10万卢比（约合1万元人民币）或12个月内一个付款方支付同一收款方的应

---

① 赵珂艺：《英法两国数字服务税制度研究及启示》，云南财经大学硕士学位论文，2020，第29页。

② 法国政府网站，www.impots.gouv.fr/portail/。

③ 《法国通过征收数字服务税法案美四大互联网公司都将是征税目标》，https://baijiahao.baidu.com/s?id=1638796177428895439&wfr=spider&for=pc。

税交易额是否超过 100 万卢比。当非居民企业的应税收入和客户数量超过阈值，即为在印度有常设机构。征税范围也包含数字类非居民企业纳税人。

印度的衡平税是 2016 年引入的税种，参考了 2015 年 BEPS 行动报告中描述的均衡税，对向印度居民提供广告服务的非居民企业征税。由于纳税人可能在印度境内未设机构、场所，采取源泉扣缴的方式。如果付款方在一年内向同一非居民付款超过 10 万卢比，则该付款人为代扣代缴义务人，按照 6% 税率向中央政府缴纳衡平税。印度的衡平税是以总收入为计税基础，相当于流转税。据统计，2016 年 6 月至 2017 年 3 月，印度财政收入约 100 亿美元的衡平税。但印度国内法和双重税收协定，加大了印度国内的外国企业税务负担。

4. 美国

多年来，美国数字经济发展规模一直遥遥领先，拥有大型跨国企业 Google、Facebook、Apple、Amazon 等。欧洲是美国重要的海外市场，美国数字科技型企业在欧洲赚取高额利润，又通过国际税法漏洞，在欧洲采用激进避税方式（Aggressive Tax Avoidance），引起了欧盟国家的关注。

美国高度重视税基安全，2013 年 5 月参议院通过《市场公平法案》（Marketplace Fairness Act）提案，允许各州对互联网电商企业征收地方消费税。2018 年 6 月美联邦最高法院裁决将对互联网销售、跨境电商业态征收消费税。这意味着美国各州政府正式向电商企业收税。

2017 年 12 月又通过《减税和就业法》，将企业所得税从 35% 降到 21%，对美企海外收入仅征收 10.5% 的所得税，可抵减 80% 海外已纳税收，鼓励美国境外资本和利润回流，保护美国税基。2019 年 7 月 10 日，美国公告启动针对法国征收数字服务税的 "301 调查"，指出全球销售收入 7.5 亿欧元且在法国的数字服务年收入超 2500 万欧元的公司大部分涉及大型美企，且法国从 2019 年初追溯执行数字服务税，使美企无法预先评估及采取措施，显失公平。[①] 且数字服务税对销售收入征税，不仅直接税和间接税的标准与界限模

---

① 励贺林、姚丽：《法国数字服务税与美国"301 调查"：经济数字化挑战下国家税收利益的博弈》，《财政科学》2019 年第 7 期。

糊，还打破现行国际税制规则和税收管辖权。若调查结果被认定为不公平、不公正时，美国将做出单边、强制性报复性措施。特朗普时代对多国启动"301调查"，造成多边数字服务税谈判进展缓慢，欧亚非多国实施单边数字服务税，贸易争端不断；而拜登政府推行"回归多边"和"拉拢盟友"的政治策略，对于征收数字服务税或有积极态度。2021年10月，美国与奥、法、意、西、英暂时就数字服务税争端达成阶段性和解。根据协议，奥、法、意、西、英同意在2023年OECD推动的国际税改协议生效后，取消征收单边数字服务税。在统一方案生效前的过渡期内，企业缴纳的超额数字服务税将可用于新方案实施后的税金抵扣。同时，美国将暂时放弃针对这五国的关税报复措施。根据协议，若全球税收统一协议未能在2023年底前实施，欧洲将继续恢复征收单边数字服务税，美国也重新实施报复性关税措施。

表3、表4是对国际上各国对征收数字服务税的税收方案及立法进程的汇总。

**表3　欧盟国家数字服务税及有关单边措施**

| 国家 | 全球收入阈值 | 国内收入阈值 | 税率（%） | 生效日期 | 征税范围 | 法律状态 |
|---|---|---|---|---|---|---|
| 法国 | 7.5亿欧元 | 0.25亿欧元 | 3 | 2019年1月1日追溯适用 | 提供数字接口、线上广告、广告相关的用户数据、通过平台的中间活动 | 已通过 |
| 奥地利 | 7.5亿欧元 | 0.25亿欧元 | 5 | 2020年1月 | 在线广告 | 已通过 |
| 意大利 | 7.5亿欧元 | 0.055亿欧元 | 3 | 2020年1月 | 在数字接口上做广告、允许用户购买/销售商品和服务的多边数字接口、通过使用数字接口生成的用户数据的传输 | 已通过 |
| 西班牙 | 7.5亿欧元 | 0.03亿欧元 | 3 | 2021年1月 | 网络广告服务、网络广告销售、数据销售 | 提案 |
| 捷克 | 7.5亿欧元 | 0.02亿欧元 | 7 | 预计2021年 | 与欧盟相同 | 提案修订草案 |
| 波兰 | | | 2 | 2020年7月 | 点播服务商总收入来源于：使用视听媒体服务及视听的商业沟通 | 已通过 |

续表

| 国家 | 全球收入阈值 | 国内收入阈值 | 税率（％） | 生效日期 | 征税范围 | 法律状态 |
|---|---|---|---|---|---|---|
| 荷兰 | | | 5 | 待定 | 与欧盟相同 | 提案 |
| 匈牙利 | 306890 欧元 | | 7.50 | 2020 年 2 月 | 在线广告收入 | 已通过 |
| 斯洛文尼亚 | | | 5 | 2018 年 1 月 | 数字平台支付 | 已通过 |
| 德国 | | | | | | 未通过 |
| 土耳其 | 7.5 亿欧元 | 0.031 亿欧元 | 7.50 | 2020 年 3 月 | 包括广告、内容销售和社交媒体网站付费服务在内的在线服务 | 已通过 |
| 比利时 | 7.5 亿欧元 | 0.5 亿欧元 | 3 | | 销售用户数据 | 已通过 |
| 英国 | 5 亿英镑 | 0.25 亿英镑 | 2 | 2020 年 4 月 | 搜索引擎、社交媒体平台和在线市场的收入 | 已通过 |

资料来源：笔者综合整理。

表 4　亚太地区相关国家数字服务税的单边措施推进状态

| 国家 | 措施 | 重要特征 | 法律状态 |
|---|---|---|---|
| 印度 | 衡平税 | 适用于来自境外的数字服务，以显著经济存在为判定标准，对符合条件的外数字服务提供商自 2019 年 3 月向公众咨询核定和公示利润归属原则 | 已通过 |
| 缅甸 | 数字服务所得税 | 对海外提供的数字服务征收所得税扣除成本的净税基，核定利润率或贡献率 | 目前适用 |
| 澳大利亚 | 转移利润税及反常设机构避税措施引入数字服务税 | 对转移到境外的利润适用 40% 处罚税率，仅限于跨国公司和集团内部交易，涉及纳税最低门槛与经济实质测试 | 未通过，澳大利亚财政部长乔什·弗莱登伯格（Josh Frydenberg）已发布新闻宣布澳大利亚将不会继续进行临时数字经济的税收措施 |
| 印度尼西亚 | 视为常设机构 | 海外卖家与电子商务平台供应商必须在印度尼西亚指定一名代表，负责支付和申报与这些交易相关的税款 | 已通过 |

| 国家 | 措施 | 重要特征 | 法律状态 |
|------|------|----------|----------|
| 泰国 | 视为常设机构 | 泰国政府提出了一个 5% 的代扣代缴机制,用于对该国电子商务供应的商品和服务征税,包括在线广告、游戏、购物等。为交易提供便利的金融机构将负责代扣代缴税款 | 已提案 |
| 韩国 | 数字税 | 评估欧盟的数字服务税和转移利润税制 | 政策讨论中 |
| 马来西亚 | 销售与服务税 | 和数字服务税的影响一致 | 2020 年生效 |
| 新西兰 | 数字服务税转移利润税 | 2020 年 9 月 9 日,新西兰工党发布了一份文件,其中声明称,如果经合组织层面的谈判未能达成一致,新西兰可能会效仿其他国家,宣布引入数字服务税 | 政策讨论中 |
| 新加坡 | | 等待全球解决方案 | 未通过 |
| 美国 | | 2021 年 1 月,美国贸易代表办公室发布了针对印度、意大利、土耳其、奥地利、西班牙和英国采用的 DST 的 301 调查报告和调查结果。美国贸易代表办公室发现,DST 歧视美国公司,不符合国际税收的普遍原则,给美国商业带来负担或限制,因此可根据 301 条款提起诉讼 | 宣布 |

资料来源:笔者综合整理。

## (四)数字服务税的博弈及启示

### 1. 数字服务税的理论争议

英国财政部大臣飞利浦·哈蒙德曾表示新的数字服务税不会转嫁给用户,也不会加重初创企业的负担,是针对年数字服务收入超过 5 亿英镑的大型公司,征税范围包括通过英国"用户参与"的网购和流媒体娱乐平台等赚取的收入。税收对国家经济生活和社会文明有着重要的作用。从税负转嫁的一般法则上讲,企业的税负是可以转嫁给消费者的,但不同税种转嫁的难度和成本是不同的。在市场经济下,企业为了获取竞争优势,并非所有的税负都能转嫁给消费者。需求弹性越大,税负越容易向供给者转嫁;供给弹性越大,税负越容易向需求者转嫁。且间接税较直接税税负易于转嫁,即对自然人的所得直接课税,较难转嫁,而对商品征收的增值税,较易转嫁。经济学教授格里高利·曼昆在《经济学原理》曾提到税收最终由卖家和买家共同承担，而承担的多少由各自的弹性决定。弹性越大，选择权越多，回旋余地也就越大，受到的压力也越小，则承担的部分越少。当商品不可替代时，无论价格如何变化，买家都会接受，这时卖家会通过提高价格转嫁税负给买家。在完全市场化竞争的积极体系中，税负的比例是可以由供需双方的价格弹性决定的。

2020年9月1日起，亚马逊英国站点通知平台卖家，将对其销售佣金、亚马逊物流（FBA）配送费、亚马逊物流月度仓储费和多渠道配送（MCF）费均上调2%，这一行动正是继英国政府开始推行DST后，将成本上涨的影响转嫁给销售伙伴的举动。2020年8月eBay宣布针对英国政府开征的DST，将不会以任何形式转嫁给平台卖家。

2020年以来疫情蔓延，经济受创，线下实体店举步维艰，此时对线上销售加征DST，可能对零售行业雪上加霜，迫使商品提价将税负转嫁给消费者。而英国政府为了确保可持续性且有意义的征税，未来仍将DST与现有税制并行。美欧之间对数字服务税的博弈，各国打响"数字主权"保卫战，数字经济时代的新税收规则制定迫在眉睫。一些国家为避免持续的税基侵蚀，主动改革，为建立统一的国际税收新体系做出努力。

2. 数字服务税的国际案例及启示

国际税收制度是构建稳定国际税收秩序的基础。经济数字化打破原有国家利益间的平衡，新税收博弈出现。单边税收行动不仅可以保障国家税收利益，也可以抢占制定新国际税收规则的主导权和话语权。对于数字服务税的谈判，美国不仅为争夺税收利益，缓解巨大的财政赤字，也是为了维护本国税基安全。

美国税改的"税基侵蚀和反滥用税"（The Base Erosion and Antiabuse Tax，BEAT）规则，意在强化科技创新的同时，继续提升美国的全球科技竞争力。2018年以来，BEAT规则的执行切实保护了美国税基安全。法国数字服务税挑战了美国税收管辖权，美国不惜利用"长臂管辖"权来确保自己的税收利益，表明了单边主义仍然是维护国家税收利益的首选。

为应对经济数字化税收挑战，G20日本大阪峰会批准OECD的《工作计划》将重塑国际税制规则，构建公平、可持续和现代化的国际税收体系。只有各国之间的合作与协调才能推进国际税收制度的创新和国际税制规则重塑。

在工业化时代背景下形成的现行国际税制规则，显然对发达的工业国家更有利。在全球税收利益分配中，发达国家用税收管辖权捍卫自身利益。由于国际税收制度不利于发展中国家，发达国家企业从发展中国家赚取收益，但没有在发展中国家缴纳相应税收，发展中国家税收利益一直被不公平地侵蚀。当前，中国已经发展成为全球数字经济大国和重要领导者，是全球最大数字经济消费市场。因此，我国更需关注未来国际税收制度的改革和重塑，为参与全球数字经济竞争的我国企业争取建立更加公平公正的税收体系。

数字服务税以销售收入为税基，可能会带来一些潜在后果：一是数字服务税是对销售收入征税，未关注纳税企业整体损益，加重了低利润或负利润互联网科技公司税收负担；二是互联网科技公司在缴纳数字服务税之后，仍负有缴纳企业所得税的义务，有可能重复征税。

2020年新冠肺炎疫情发生以来，经济数字化的趋势因单边主义受阻，面对国家税收利益的重新分配，不可能存在绝对利己的方案，为确保数字经济健康和快速发展，各国需提供和制定更加包容、更加公平的多边解决方案。

# 四 我国税收制度梳理及数字经济税收可行性路径

经济全球化进程加快，数字经济兴起，我国对外经济联系不断加强，同时我国经济发展面临需求收缩、供给冲击、预期转弱"三重压力"，在这样的背景下，积极参与深化国际税收合作，制定合理有效的税收政策，促进制度型开放，是激活市场发展的动力。"十四五"期间我国还需要进一步完善现代税收制度，优化税制结构，让税负更合理化，更有效发挥税收的调节作用，使税收与新发展理念、高质量发展、新发展格局更适配，更好地发挥税收在国家治理体系和治理能力现代化中的作用。

## （一）我国税收制度梳理

近年来，我国逐步参与国际税收规则制定，加强国际税收征管合作，深入开展国际税收重大理论研究，在全球税收领域的参与度、话语权、影响力都在不断提升。2019 年，我国国际税收积极服务对外开放，服务支持"一带一路"建设，持续完善跨境税源管理，不断分享中国税改经验，使中国税收国际地位一再提升。

1.间接税

目前，我国并未建立针对数字经济的间接税征管法规，一些与数字经济相关的税收政策法规集中在跨境电商增值税领域，这表明我国对数字经济税收政策研究程度还有待提高（见表 5）。

表 5　2018 年以来跨境电商相关增值税政策

| 序号 | 时间 | 发布部门 | 名称 | 主要内容 |
|---|---|---|---|---|
| 1 | 2018 年 11 月 29 日 | 财政部、海关总署、国家税务总局 | 《关于完善跨境电子商务零售进口税收政策的通知》（财关税〔2018〕49 号） | 跨境电商零售进口商品的单次交易限值由人民币 2000 元提高至 5000 元，年度交易限值由人民币 20000 元提高至 26000 元。自跨境电商零售渠道进口，按照货物税率全额征收关税和进口环节增值税、消费税，交易额计入年度交易总额，但年度交易总额超过年度交易限值的，应按一般贸易管理 |
| 2 | 2019 年 3 月 5 日 | | 政府工作报告 | 增值税由 16% 的税率降至 13%，对于无消费税的商品，跨境综合税由 11.2% 降为 9.1% |
| 3 | 2019 年 4 月 3 日 | 国务院常务会议 | | 下调对进境物品征收的行邮税税率，调整后，行邮税税率分别为 13%、20%、50%。适用于 13% 一档的物品包括书报、食品、金银、家具、玩具和药品等。适用于 20% 一档的物品包括运动用品（不含高尔夫球及球具）、钓鱼用品、纺织品及其制成品等。适用于 50% 一档的物品包括烟、酒、贵重首饰及珠宝玉石、高档手表、高档化妆品等。目的是促进扩大进口和消费 |

| 序号 | 时间 | 发布部门 | 名称 | 主要内容 |
|---|---|---|---|---|
| 4 | 2019 年 7 月 3 日 | 国务院常务会议 | | 支持跨境电商等新业态发展,在现有 35 个跨境电商综合试验区基础上,根据地方意愿,再增加一批试点城市。对跨境电商综合试验区电商零售出口,落实"无票免税"政策,出台更加便利企业的所得税核定征收办法。完善跨境电商统计体系 |

资料来源:笔者根据公开资料综合整理。

## 2. 直接税

对直接税而言,与数字经济相关的征管法规以企业所得税为主。最初给予高新科技企业、软件开发企业税收优惠以促进数字经济发展,例如被认定为高新技术企业的阿里巴巴、阿里云计算等数字科技型企业享受优惠税率至今。近几年,我国开始加入国际税收合作体系,加强对跨境电商销售行为的监管,并制定了跨境电商相关税收政策。但我国对数字型企业的概念和业务还不够明确,对其价值创造、收入监管等方面的研究程度还有待加强(见表6)。

**表 6　2019 年以来跨境电商相关所得税政策**

| 序号 | 时间 | 发布部门 | 名称 | 主要内容 |
|---|---|---|---|---|
| 1 | 2019 年 10 月 23 日 | 国务院常务会议 | | ①要进一步完善出口退税、贸易融资、信用保险等政策,逐步实现综合保税区全面适用跨境电商零售进口政策。②增设跨境电商综合试验区,尽快出台跨境电商零售出口所得税核定征收办法。探索支持市场采购贸易试点、外贸综合服务企业发展的新举措。加快保税维修再制造先行先试 |
| 2 | 2019 年 11 月 14 日 | 国家税务总局 | 《关于跨境电子商务综合试验区零售出口企业所得税核定征收有关问题的公告》 | 跨境电商出口所得税采用核定征收办法,应税所得率统一按照4%确定 |

资料来源:笔者根据公开资料综合整理。

## （二）我国数字经济税收可行性路径及建议

2020 年我国数字经济规模 39.2 万亿元，同比增长 9.7%，占 GDP 的 38.6%，居全球第二；美国数字经济规模 98.73 万亿元居全球第一；然后是德国、日本和英国等国家。① 2020 年我国电子商务交易额 37.21 万亿元，同比增长 4.5%；电子商务服务业营业收入规模 5.45 万亿元，同比增长 21.9%。② 数字经济规模的不断扩大有利于新市场主体快速发展。推动数字经济发展，是我国实现网络强国战略和经济强国战略的必然选择。

### 1. 围绕数字经济权衡涉税政策目标

对数字服务征税是经济数字化的必然，我国应早做准备，适时推行数字税税改。我国数字经济对内贸易优势仍占主导地位，大多数的数字服务提供者来自国内企业，国外大型数字科技公司在中国的市场份额远不及在那些发起数字服务税国家。整体来说，目前我国征收数字服务税，外部驱动不足而内部阻力有余，容易导致国外数字科技公司更不愿进入中国市场。近年来美国一直对中国的数字科技型企业施加压力和阻力，比如陆续出海的 TikTok、Alipay 等中国互联网科技龙头企业一直是以美国为首的数字经济大国的排挤对象。未来，欧盟征收数字服务税的征税门槛或将进一步降低，我国数字科技企业也有被征税的风险。

我国围绕着数字经济进行税制改革是必然趋势，既要主动参与到研究数字经济税的队伍中来，积极参与国际税改的研究，又要综合权衡税收政策的短期、中期、长期目标，致力推动税收制度与数字经济发展同步。我国需要精细化研究数字服务税征收率与征收对象的合理性，避免被国际组织认定不合理征收率是贸易保护主义行为。我国也可以在维持现有税制的前提下，对现有税种再细分、再解释，从而分散税改压力。

---

① 《2020 年我国数字经济规模 39.2 万亿元　占 GDP 比重达 38.6%》，澎湃网，https://m.thepaper.cn/baijiahao_ 15199179。
② 《2020 年中国电子商务交易额达 37.21 万亿元　同比增长 4.5%》，https://baijiahao.baidu.com/s? id=1702002642588544248&wfr=spider&for=pc。

### 2. 积极推进国际税收合作，适时推出试点方案

虽然国际上部分国家推行的单边数字服务税是暂时性措施，但税改的"蝴蝶效应"已经辐射欧洲、影响世界。2015 年 7 月全国人大常委会批准中国加入《多边税收征管互助公约》，是中国开展国际税收征管、协助打击跨境逃避税行为的又一贡献。我国是数字经济大国，为兼顾"引进来"和"走出去"，应不断拓展税收合作广度与深度，促进国际税收多边合作。通过实施多边条例打击跨境数字科技企业利用税收漏洞避税行为，对完善我国数字经济税收制度有较强的推动作用，同时又可避免双重征税给企业增加税收负担。由于国际税收制度对全球经济有着重要影响，我国应与国际接轨，积极参与国际组织相关谈判与多边制度制定，共同促进国际税收制度改革。为促进数字经济的增长和创新，我国可先小规模推行数字服务税试点方案。通过试点经验总结，打通国际税收政策壁垒，规避税收征管风险，提升税收征管技术水平。

### 3. 互联网企业应敏锐把握税收新政策

越来越多的中国互联网企业跨国出海发展，像阿里巴巴国际站 2019 年 6 月提出"数字出海 2.0"计划、2020 年抖音海外版 TikTok 下载量位列全球之首。为避免激进的税收政策造成的负面影响，应积极引导跨国互联网企业主动学习相关国家的法律法规并及时缴纳当地税款。同时及时调整企业原有经营模式，打破单一数字收入模式，拓宽收入渠道，多元化盈利，并适当调整全球市场布局，主动寻求新的国际市场替代。鼓励有影响力的互联网企业多与国际社会互动，像阿里巴巴在跨境电商领域搭建 eWTP（Electronic world Trade Platform），在快速通关和税收优惠等方面提出了倡议，为推动跨境电商的发展做出了贡献。

### 4. 尝试分阶段、分批次、分类目推进数字化税收行动

我国可以在国际税改的背景下，多方参与税改行动，尝试分阶段、分批次、分类目推进数字经济税收，应对数字经济化带来的税收挑战。2020 年我国税改实行更大规模的减税降费，在当前全球经济增速放缓的背景下，进一步优化营商环境，提高企业创新能力和竞争力，遏制经济下行，有益于世

界经济稳定。例如，为进一步促进内地与港澳资本流动，减轻惠民合作项目的税收负担，国家税务总局出台《内地和澳门特别行政区关于对所得避免双重征税和防止偷漏税的安排》和《内地和香港特别行政区关于对所得避免双重征税和防止偷漏税的安排》，规定了纳税人、常设机构、财产收益的范围，以及享受安排优惠的资格判定。此公告纳入我国税基侵蚀和利润转移（BEPS）项目成果。

# 五　结论与展望

经济数字化下的国际税收制度除旧布新需要世界各国的合作，虽然国际社会在政策方针、问题成因、解决思路和技术方案等方面的一些细节上还有分歧，但总体认识趋于一致。

## （一）"统一方案"引导国际税收规则重塑

数字经济背景下 OECD 新税权划分方案是针对数字经济的非常规利润征税。虽然确定盈利能力和分割常规利润有多种方案，但 OECD 选择一种同时适用于传统业务和数字业务的简化方案，将在平等的基础上重新分配利润。OECD 方案将引发国际税收规则调整：一是需要修订利润分配领域的国际税收规则；二是引导国际税收规则和各国国内税法良性互动；三是形成多边税收征管协议，达成多边合作共识。

## （二）多边合作是国际税改的必要条件

对于跨国集团的税收管理必须在广泛参与和有较强权威性的多边征管合作机制下才能有效运转。国际税收多边征管在信息共享、国际遵从保障计划（International Compliance Assurance Program，ICAP）、联合审计等方面已经取得一定进展。新税改应该采取循序渐进、逐渐推开的模式，可以学习中国以往的实践经验，通过选择几个大型跨国企业集团进行试点，探索有效合作机制，逐步找寻稳妥可行方案。

## （三）我国积极参与有利于加速国际税改

中国是国际税收多边合作的倡导者和积极参与方，在跨境电商税收领域已经积累了一些重要经验。我国"一带一路"倡议对国际税改具有重要意义，为"一带一路"框架下的税收征管合作增加确定性，为发展中国家税收能力建设做出贡献，并能更切实际地为跨国企业投资经营解决税收障碍。"一带一路"税收征管合作，将对国际税收改革与发展发挥更积极、更突出的作用。

对于是否征收数字服务税，我国需要综合权衡国内外的税收政策目的、长短期目标，加快建立具有数字经济时代战略优势的数字服务税收政策与管理制度，提前防范数字服务税等相关国际税改冲击我国互联网企业出海。

我国在国际数字经济领域有着重要的地位，应积极参与国际税制规则重塑和顶层设计的制定，全面应对经济数字化税收挑战，结合我国经济数字化发展现状、趋势和特点，在税收管辖权设定、利润分割方法、反税基侵蚀和最低税率设计等核心问题上提出我国的意见建议，积极推进国际税收规则的改进和实施，为全球税收治理贡献中国方案。

**参考文献**

KPMG，"Taxation of the Digitalized Economy"，https：//www.ey.com/en_gl/webcasts/2020/10/taxation-of-the-digitalized-economy-whats-next.

马伟：《电子商务跨境反避税探究》，《国际税收》2016 年第 9 期。

陈咏升：《应对跨境数字产品交易的税收方案》，《税务研究》2016 年第 10 期。

张泽平：《全球治理背景下国际税收秩序的挑战与变革》，《中国法学》2017 年第 3 期。

励贺林、姚丽：《法国数字服务税与美国"301 调查"：经济数字化挑战下国家税收利益的博弈》，《财政科学》2019 年第 7 期。

Renven S.，Avi-Yonah，"The International Tax Regime：A Centennial Reconsideration"，The University of Michigan，http：//ssrn.com/abst-ract=2622883.

# B.4
# 数字贸易时代我国跨境数据流动
# 体系的探索与完善

张兰生*

**摘　要：** 随着数字贸易的不断发展，全球数据储备量呈爆发式增长，抢占数据信息资源成为全球焦点，数据跨境流动及规则体系建立也成为各国参与数字经济的重要突破口。本文首先对国际上主要的跨境数据流动规则进行了总结，然后从立法溯源、实践探索和未来趋势三个方面对我国跨境数据流动体系的建设现状进行了梳理，并分析了目前存在的不足以及面临的挑战。研究认为，在国际层面，我们要积极参与国际规则制定，主动适应国际贸易体系，要以双边贸易或多边贸易为重点突破口，深化国际合作与共赢；在国内层面，要继续加强数据保护，完善跨境数据流动体系建设，要进一步深化落实，探索切实可行的跨境数据流动中国方案，要充分发挥市场主体作用，考虑政企数据双边共享，建立数字贸易发展基础，营造良好的数字经济发展环境。

**关键词：** 跨境数据流动　规则　立法体系　数字贸易

近年来，随着经济活动的数字化转型不断加快，我国积极参与全球数字经济规则体系建设，2021 年 9 月，我国提交了正式申请加入《全面与进步跨太平洋伙伴关系协定》（CPTPP）的书面信函，数字经济正成为未来全球

---

\* 张兰生，河南国际数字贸易研究院助理研究员，主要研究方向为数字贸易、跨境电商。

经济发展最具潜力的力量。《2019 数字经济报告》显示，数字化服务领域发展速度惊人，全球数字化转型进程不断提速，成为服务贸易行业的新动力。2018 年，可数字化交付服务的出口已经占到全球服务出口的一半份额，同时在欠发达国家和地区，数字化服务也逐渐崛起，约占到其服务出口总额的16%，其数额在 2005~2018 年实现了翻倍增长。① 世界正朝着数字贸易时代稳步前进。在数字贸易活动中，跨境数据流动作为主要驱动力之一，对数字贸易的发展起着重要作用。跨境数据流动规则的制定和跨境数据流动体系的建立，已成为世界各国和主要经济体政治经济博弈、综合国力较量以及争夺世界主导话语权的重要方式。

# 一　跨境数据流动面临的局限性

在信息化、数字化、智能化的时代背景下，数据的跨境流动频繁增多，数据信息成为国际贸易的重要资源。数据的有效流动，对扩大信息交互、增加数据价值具有重要意义。但随着互联网水平的不断提高、数字经济的繁荣发展，数据跨越国界的流动，在全世界范围内遭到了不同程度的限制与控制，其背后是数字贸易时代，各国在国家安全、国家利益等方面的博弈与较量。

## （一）国家信息安全的需要

国家信息安全是世界各国跨境数据流动规则建立的首要考虑。在互联网传输方式和传输效率如此发达的今天，一条信息从地球的一端传输到另一端，可能只需要几秒的时间。国家战略机密、军事信息、国防情报等事关国家安全的数据，如果没有合理的存储机制以及对此类信息有效的监管途径，一旦被境外不法势力获取，可能很快就将被用于威胁国家安全的行为中。近年来，美国对我国中兴、华为、字节跳动等企业，以窃取技术信息、存在信

---

① 联合国：《2019 数字经济报告概述》，联合国贸易和发展会议，2019 年 9 月 4 日。

息漏洞等各种理由进行打压、胁迫，冠以最多的理由就是国家信息安全，这也侧面反映了国家信息安全在数字化时代的重要性。

## （二）个人隐私保护的需要

互联网拓展了人们认知世界的途径，但也留下了所有活动轨迹。衣、食、住、行、医疗等信息，如果有人刻意利用与分析，将可以完全再现一个人的生活；同时，如果获取一个国家民众的大量数据样本进行分析，甚至可以倒推出一个国家的战略发展规划。"斯诺登事件"为何会在全世界引起巨大反响？因为人们突然意识到，如果一个国家或团体通过技术手段获取到个人信息，那在他们面前人们将完全没有任何隐私，甚至更近一步，此类渗透如果悄无声息触及国家安全部门的工作人员或直接监控国家部门和核心企业，那么将对国家产生重大威胁。因此，出于对个人隐私权利的保护，各国以各种形式限制跨境数据的无节制流动。

## （三）贸易利益争夺的需要

国际贸易规则体系的建立与平衡，其实质都是国家利益的争夺与博弈。以美国为例，美国是世界上互联网、科技巨头公司最多的国家，谷歌、苹果等公司的跨国经营遍布世界各地，同时美国也是信息科技水平最高的国家。对美国来说，数据信息的巨大优势使其更倾向于自由化的数据流通规则和贸易体制，因为在这种情况下，它们才能充分发挥自身的数据优势，并转化为自身国家利益。与之相对应的，许多发展中国家或欠发达国家和地区，对于跨境数据流动则持相对保守的策略，要求数据的存储、流动必须限定在一定范围内，这也是保护自身国家经济发展和贸易利益的需要。

## （四）维护司法主权的需要

在国际事务的处理中，是存在国与国之间司法互助体系的，但程序烦琐、牵扯较多，加上数据提取与调动的特殊性，所以各国纷纷设法扩大自己调取数据证据的司法权。美国的《澄清境外数据的合法使用法案》，扩大了美国司法机关调取美国企业存储在境外服务器中的用户数据的权力。由于美国在全球数字产业上的强势地位，大部分的数据服务源于美国公司（或总部设在美国的公司），因此，美国的"长臂管辖"措施实质上严重损害了其他国家（特别是数字产业基础薄弱的地区）的司法主权。随着数据价值的逐渐体现，各国也意识到了与之相关的司法主权问题，提出数据本地化等保护举措。

## 二 国际上主要的跨境数据流动规则

跨境数据流动标准和规则体系的建立，其背后依赖的是一个国家强大的经济实力和政治影响力。目前，美国和欧盟在跨境数据流动方面的举措和探索，成为世界各国学习和研究的主要对象。此外，日本、俄罗斯作为世界强国、东亚邻国，其在跨境数据流动方面的态度和具体政策，也对我国跨境数据流动体系的建立具有借鉴意义。

### （一）美国

2015 年，以美国主导的《跨太平洋伙伴关系协定》（TPP）表露了美国对于跨境数据自由流动的主张，协定指出"各缔约方认识到每一缔约方对于通过电子方式跨境传输信息可能有各自的监管要求""当通过电子方式跨境传输信息是为涵盖的人执行其业务时，缔约方应允许此跨境传输，包括个人信息"。[①] 2018 年 3 月，美国通过《澄清境外数据的合法使用法案》，其中的"谁拥有数据谁就拥有数据控制权"原则，给予美国政府跨境收集数据的权利。美国跨国企业将会从中获取巨大利益，对全球市场信息数据的掌握，能极大提高企业的行业竞争力，扩大其全球影响力和垄断效应。同时美国更容易收集到其他国家的数据，其情报机构获取信息更加便捷，对他国的司法主权和国家信息安全产生较大影响。

---

① 商务部贸研院：《跨太平洋伙伴关系协定》，中国自由贸易区服务网，2015 年 12 月 8 日，http：//fta. mofcom. gov. cn/article/fzdongtai/201512/29714_ 1. html。

## （二）欧盟

相比美国，欧盟对于跨境数据的流动则更为严格，但存在一定程度的自由度。1995 年，欧盟的《关于个人数据处理保护与自由流动指令（95/46/EC）》，明确规定欧盟公民的个人数据不能传输到欧盟以外的缺乏对数据提供有效保护的国家，除非满足特定条件。后于 2016 年通过的《通用数据保护条例》（GDPR）中，严格规定数据主权和数据跨境流动范围，在满足特定条件情况下，才允许数据在欧洲地区以外自由流动。虽然欧盟对外跨境数据流动规则比较严格，但在欧盟内部的各国之间，支持数据的自由流动，并希望以此推动各国数字经济和国民经济的发展，如 2018 年的《欧洲企业间数据共享研究报告》，侧重促进市场主体之间的数据共享和流动，营造良好的数字经济发展环境；同年的《非个人数据在欧盟境内自由流动框架条例》，进一步推动非个人数据在欧盟区域内自由流动。

## （三）日本

日本为发挥数据最大价值，在国际上采用了实用主义策略，一方面迎合美国，坚持跨境数据自由流动，在《美日数字贸易协定》（UJDTA）中进一步禁止数字产品下载和数据本地化要求，以及跨境征税等条款；另一方面，对于欧盟制定的高水平隐私保护标准（GDPR），日本不断提高自身隐私保护水平，努力达到欧盟同等水平（白名单制度），如 2015 年 9 月，日本对《个人信息保护法》进行修改，增加了关于跨境数据流动的类似"白名单"的规定，只要某些国家在日本个人信息保护委员会的白名单里，那么日本国内与这些国家跨境数据流动就无须经过数据主体同意而自由开展。所以，日本整体的跨境数据流动规制，是选择了跨境数据自由流动以及建立高标准的隐私保护规则的组合，也就是说日本放弃了部分独立自主的数据保护权，选择跟随美国或欧盟等国家和地区的政策导向。

## （四）俄罗斯

出于在国际社会中自身处境和国家网络安全的考虑，俄罗斯的数据流动政策整体比较保守。普通情况下，俄罗斯不允许将数据流转到境外，同时规定跨国企业的部分数据需要在国内本地留存副本。另外，除《关于个人数据自动化处理的个人保护公约》（第 108 号公约)①成员国和签署国以及白名单国家外，对其他国家或地区的个人数据跨境传输须获得数据主体的书面同意。此外，俄罗斯提出了严格的数据本地化政策，针对境内数字网络领域的运营服务商，需要在本地建设服务器、数据库，并将相关情况告知政府部门，接受俄罗斯政府监督。

## 三　我国跨境数据流动体系现状及挑战

### （一）现状

近年来我国已经开始关注跨境数据安全流动问题，在数据安全、跨境数据流动方面的立法体系建设已取得初步成果，但是对数据跨境流动的研究及规则制定方面仍处于起步阶段。为详细了解我国跨境数据流动体系建设的现状，本文从立法溯源、实践探索、未来趋势三个方面，对我国跨境数据流动的发展进行梳理和总结。

#### 1. 立法溯源

公民个人隐私保护、国家信息安全保护等内容很早就出现在我国相关立法中，随着互联网的不断发展以及数字贸易在全球的爆发式增长，近年来，涉及跨境数据流动的相关立法才逐步进入人们的视野。部分行业率先开展跨境数据流动监管探索，在相关文件中提出不同情况下的数据本地化要求，对于个人敏感信息和涉及政府官方的数据必须留存在境内，避免跨境数据可能引发的未知风险。

2016 年颁布的《中华人民共和国网络安全法》（简称《网络安全法》）

---

① 《关于个人数据自动化处理的个人保护公约》（中译文），《安全内参》2019 年 4 月 17 日，https://www.secrss.com/articles/10012。

是我国第一部在法律层面规定数据监管方面的法律，为我国推动数据流动体系建设奠定了重要基础。《网络安全法》表明了我国对于跨境数据流动问题的基本态度，依旧是较为审慎和保守原则。2021 年出台的《中华人民共和国数据安全法》（简称《数据安全法》）是我国第一部有关数据安全的法律，主要包括数据安全与发展、数据安全制度、政务数据安全与开放等内容，本部法律将保护个人、组织的信息数据，保障消费者、市场主体的合法权益，维护国家主权安全，推进跨境数据自由流动和安全保障，推动建设数据安全协同治理体系，真正做到了让数据安全有法可依、有章可循，对我国数字经济、跨境贸易的安全可持续发展具有重大意义。

**2. 实践探索**

针对数字经济的高速发展以及对数字经济领域相关立法、制度的迫切需要，近年来，我国以自贸区、自贸港为依托，支持自贸区、自贸港开展数字经济的创新发展、跨境数据流动体系的探索，力求形成可参考、可复制的经验向全国推广，目前北京数字贸易试验区、上海自贸区临港片区等地，相关工作已经开始实施。

（1）北京。2020 年 9 月以来，政府出台《中国（北京）自由贸易试验区总体方案》《北京市促进数字经济创新发展行动纲要（2020～2022 年）》《北京市关于打造数字贸易试验区的实施方案》《北京国际大数据交易所设立工作实施方案》等文件，明确提出从跨境数据流动规则建设、加强跨境数据保护规制合作、提升信息技术安全等方面，探索切实可行的数字经济发展之路，全面促进北京市数字贸易发展，打造数字经济新业态新模式。北京自贸区建设依托北京良好的发展基础和营商环境，加之北京市政府对数字经济发展高度重视，陆续出台了一系列目标明确的支持数字贸易发展的举措，未来，北京自贸区有望在全国率先形成跨境数据流动体系建设的可参考经验。

（2）上海。上海市产业基础完备、信息技术水平高、对外开放程度和国际贸易总量均居国内城市前列，拥有优越的数字经济发展基础。2019 年以来，上海市紧抓机遇，先后出台《上海市数字贸易发展行动方案（2019～

2021 年）》《上海市全面深化服务贸易创新发展试点实施方案》等文件，提出快速拓展云计算、区块链、大数据、物联网等数字技术的应用场景，引育数字领域跨国龙头企业，探索参与数字规则国际合作，加大对数据的保护力度，加快推进上海市数字贸易发展。同时，以自贸区临港片区为重点，把握基础设施建设、数据安全评估以及国际合作规则试点三个方向，研究建设合适的跨境数据流动体系，其中《中国（上海）自由贸易试验区临港新片区管理办法》首次以政府规章的形式对跨境数据流动进行了法律规制。

（3）浙江。作为跨境电商发展高地、数字贸易先行示范区，浙江省依托自贸区也率先在全国范围内开启了跨境数据流动规则体系建设的探索之路。2020 年 9 月，国务院印发《中国（浙江）自由贸易试验区扩展区域方案》，2020 年 11 月浙江省印发《浙江省数字贸易先行示范区建设方案》，提出将分别在数据跨境流动安全评估、数据保护能力认证、跨境数据流动和交易风险评估等方面，探索切实可行的跨境数据流动规则体系。

（4）海南。海南自贸港的建设是培育数字贸易等新兴业态发展、探索国际贸易新规则、完善我国跨境数据流动体系的重要载体和土壤。2020 年《海南自由贸易港建设总体方案》显示，未来海南自贸港将"在确保数据流动安全可控的前提下，扩大数据领域开放，创新安全制度设计，实现数据充分汇聚，培育发展数字经济"。海南自贸港的建设目标是"具有较强国际影响力的高水平自由贸易港"，推动贸易、投资、人员进出、运输来往、跨境资金流动等方面的自由便利和数据安全有序流动，将成为海南自贸港未来建设的重点任务。

### 3. 未来趋势

在经济全球化进程加速的国际环境和"一带一路"倡议持续推动下，跨境数据流动不畅将阻碍区域经济发展，也不利于中国企业的国际化发展，可能会成为国家发展战略推动的瓶颈，近年来，在国际社会上我国逐渐重视跨境数据流动合作。在 2019 年以"携手共建网络空间命运共同体"为主题的世界互联网大会上，中国在网络空间方面表现出较强的双边或多边国际合作意向。截至 2021 年 12 月，中国已与五大洲的 26 个国家和地区签署 19 个自贸协定。[①] 其中，与韩国、澳大利亚、新加坡、柬埔寨等国家的自贸协定中，明确商议和制定了电子商务有关方面的规则。2020 年中国正式签署《区域全面经济伙伴关系协定》（RCEP），2022 年 1 月 RCEP 正式生效，将极大地促进数字贸易的发展，虽然目前成员国并未能在跨境数据流动规则方面达成一致，但伴随着区域间贸易活动的日趋频繁，对跨境数据流动规则的需求将愈加强烈，中国应主动参与引领有关规则标准制定，推动全球范围内数字贸易领域的规则探索，持续提升中国国际话语权。未来，我国将在保证国家利益的前提下，与国际上的其他国家开展更多的跨境数据流动交流与合作，形成更开放的国际贸易新环境。

## （二）不足

### 1. 完善的跨境数据流动立法体系有待建立

《数据安全法》作为我国首部针对数据领域的法律，是纲领性文件，在实际操作层面仍需要其他法律或办法进行更细致的补充，逐步形成我国较为完善的跨境数据流动立法体系。一是有关跨境数据流动的补充性法律文件还有所欠缺。跨境数据流动作为数字贸易时代不可或缺的关键环节，对数字贸易发展有着重要作用，然而现有法律文件中与数据跨境流动相关的条文并不多，《网络安全法》和《数据安全法》中部分条款与跨境数据流动有关，但篇幅有限且内容不具体，还不能形成对跨境数据流动全闭环的有效监管，也无法充分发挥跨境数据流动对数字贸易的重要促进功能。二是已出台措施有待进一步细化落实。如《数据安全法》第二十一条规定"对数据实行分级分类保护"，但文件中只提到"国家数据安全工作协调机制统筹协调有关部门制定重要数据目录，加强对重要数据的保护"。目前，还没有出台相应的文件明确"分级分类"的内容和具体标准，此外第二十二条的风险评估制度、第二十三条的安全应急处置机制、第二十四条的数据安全审查制度在文

---

① 《商务部：我国已与 26 个国家和地区签署 19 个自贸协定 贸易额占比 35% 左右》，https://baijiahao.baidu.com/s？id=1725002344234143490&wfr=spider&for=pc。

件中都有提到，但具体内容还不明确。三是数据确权与开放成为限制数字经济快速发展的突出问题。当前，数据产业竞争乱象频出，数据保护与数据利用之间的矛盾日益凸显，数据权利化已经成为通过数据交易进一步实现数据开放和共享的现实所需，明确数据权利是对其进行保护与利用的必经之路，也是数据能够安全跨境流动的重要基础。

**2. 实践探索与创新的进程亟待加快**

目前在北京、上海等地相继开展的关于数字经济和跨境数据流动的探索与发展，为我国规范数字经济发展以及建立完善的数据治理体系提供了保障，但整体来看，各地的探索创新还处于起步阶段，存在一些问题。一是还未形成较为成熟的成果。上海自由贸易试验区临港新片区已启动"信息飞鱼"等重大建设项目，为未来数字经济的发展奠定了坚实基础；但在政策制度创新方面，包括上海在内的北京、浙江等自贸区，目前较多处于政策方针制定和着手实施阶段，还没有形成切实可行、可推广的经验成果。二是部分地区工作缺乏明确方向。北京已有与国际合作伙伴探索数据跨境流动合作机制的初步工作计划，个别地区虽然也有完善跨境数据流动体系建设的积极意愿，但受限于国际政治和商贸环境的不稳定，加之对跨境数据流动的不熟悉，相关政策和规划仍缺乏更明确的方向。总体来说，目前我国在数字经济和数据治理等方面的创新实践，仍有较远的路要走。

**3. 缺乏更广泛的跨境数据流动领域的国际互信机制**

一方面，目前在国际层面，欧美一直主导着跨境数据流动方面的国际规则体系建设。欧美积极推行自己制定的数据流动规则，与其他国家签署有关协定，掌握更多主动权。例如《美墨加贸易协定》（USMCA）、《全面与进步跨太平洋伙伴关系协定》（CPTPP）、《日本—欧盟经济伙伴关系协定》（EPA）等协议均涉及有关数据流动方面的内容。相比而言，我国跨境数据流动规则体系建设滞后，国际合作较少，缺乏与其他国家和地区互相适应的跨境数据流动机制。另一方面，虽然我国在 2020 年加入了《区域全面经济伙伴关系协定》（RCEP），并在 2021 年已完成相关内容的核准，但具体合作内容有待进一步完善，国际多边合作的效益还需要时间来充分酝酿和发酵；同时 RCEP 中有关跨境数据流动的内容较少且未形成有效、完善的国际合作制度，成员国之间在信息交流、数据传输等方面的具体内容仍需要进一步探讨，我国与世界接轨的跨境数据流动体系建立依然任重道远。

**4. 企业作为市场主体的主人翁意识有待加强**

数据的跨境流动，多数场景都是基于交易的跨越国别的流动，因此，企业将是未来跨境数据流动的主要参与者。但从目前国内的情况看，仍存在不少问题。一是部分企业社会责任缺失。数字经济、数字贸易的发展速度很快，给不少企业带来了发展空间和利润点，但近年来个人信息泄露、数据信息贩卖等问题仍旧频发。这表现出部分企业、企业管理人员对数据安全和信息安全的不重视，同时也显露出此类企业社会责任感的缺失。二是大数据时代的企业数据垄断扩大了数据风险。滴滴公司赴美上市后的数据泄露事件，从侧面反映了企业进行数据垄断一方面存在极大的数据安全隐患，另一方面也会使数据在安全范围内的流动造成阻塞。三是企业主动参与数据安全立法的意识有待加强。作为数字贸易中数据的主要收集方、处理方、保存方，企业应主动在数据安全、数据交换、数据流动等方面，依据自身发展特点和实际业务需要，在符合国家政策规定和法律法规的基础上，形成具有可操作性、便于监管、有利于经济发展的建议方案，避免政府的政策制定与规划实施脱离市场需要。

## （三）挑战

**1. 贸易保护主义的抬头扩大了贸易壁垒，跨境数据流动难度更大**

近些年来，以美国为首的西方国家贸易保护主义盛行，"逆全球化"行为不断，频繁针对我国在信息技术领域、数字贸易领域等有所成就的企业实施技术封锁和无端控制，造成全世界范围内的贸易信任危机，极大阻碍了经济全球化的发展趋势。这直接导致各国刚形成的还不完善的双边或多边贸易条约面临巨大挑战，而涉及个人隐私保护、国际贸易利益和国家信息安全的跨境数据流动规则体系，则在此形势下更难进一步推进。

### 2.意识形态差异，导致跨境数据流动监管困难重重

跨境数据流动伴随着跨国贸易而产生，涉及贸易各方均对跨境数据流动的监管负有重大责任。但各国之间文化、信仰、法律制度等方面存在差异，对跨境数据流动的认识和工作措施也会有较大不同，很难形成较为统一的跨境数据流动共识。未来，优先维护自身国家利益仍是国际社会主流，一旦跨境数据流动触及本国利益，国际合作对话将有较大可能产生分歧，对达成跨境数据流动监管共识产生严重阻碍。同时，双边条约或多边协议的制定，会增加全球范围内的繁杂跨境数据流动规则，导致监管和执法的混乱冗杂。

### 3.信息技术水平差异阻隔了数据跨境流动的通道

数据能够跨境流动的前提，是数据所属国能够实现在数据流动的全过程做到数据泄露保护、数据流动监管和数据价值提升，这都需要数据所属国能够拥有较高水平的互联网信息技术水平。但现阶段，世界范围内的主要国家和地区，在信息技术水平方面仍存在较大差距，以美国为首的部分国家甚至意图通过打压关键技术的发展遏制其他国家的信息化水平，这就导致信息技术水平相对较低的国家不敢轻易打开数据跨境流动的大门，否则就要承担数据所属权丢失和国家安全受到威胁的风险。

### 4.企业利益与国家利益难以平衡成为数据跨境流动的重要方面

作为市场的主体，企业更希望的是通过数据的流动，能够充分发挥所拥有的数据在全球数字贸易过程中的作用，最大化其利用价值，扩大自身业务规模，为企业产生更多效益，因此，数据的跨境流动对企业来说，整体利大于弊。但是站在国家利益的角度，数据的跨境流动必然要承担起流动过程中产生的各种风险，在国家利益至上的前提下，关于跨境数据流动这一议题，相关政策制定者和执法监管部门，唯有慎之又慎，如何做到企业利益与国家利益的平衡，是未来跨境数据流动体系完善需要考虑的重要因素。

## 四　我国完善跨境数据流动规则体系的建议

完善的跨境数据流动体系的建立，既需要我们放眼世界，看清国际形势

和未来发展大势，深入研究、吸纳国际主要经济体在跨境数据流动规则体系方面的优势和长处，并做好适时的接入与合作，更需要国内立法、监管部门以及企业、高校、社会研究机构等共同努力，以我国的具体国情和未来发展战略为基础，充分释放国内市场活力和创新驱动潜力，逐步将立法体系建设、数据分类标准、监管审查制度等措施落到实处，形成具有可操作性、适应性强的、符合国家发展的完整体系。

## （一）国际层面

### 1. 积极参与国际规则制定，主动适应国际贸易体系

数字贸易时代，中国与世界的关系将更加紧密，建立完善的跨境数据流动体系，要逐步提升我国在国际上的话语权，增强自身实力，同时以开放、学习的态度，积极融入全球数字贸易体系，形成与世界良好的衔接与合作。一是充分发挥我国在国际上的影响力与经济带动力。国际影响力和国际话语权决定一个国家在参与全球贸易和政治博弈过程中的地位，我国应继续扩大与共建"一带一路"国家和地区的数字贸易领域合作，深化在金砖国家领导人会议、G20 峰会、APEC 峰会等国际高端会议的政治、经济促进作用，进一步促进我国与发展中国家共谋发展、同舟共济的合作意识，逐步在国际层面增强我国在全球贸易规则制定和区域贸易协定中的影响力，为发展中国家、经济欠发达国家争取更多合理的发展机遇和发展空间。二是依旧以和平发展的姿态继续融入全球数字经济、国际贸易体系。独立自主、自力更生不是闭关锁国，要在全球范围内积极寻求合作、谋求发展，努力搭建全球范围的贸易链条和供应链条，保证我国与世界各国良好的经济互动；要鼓励企业与其他国家和地区的企业开展更丰富的合作与贸易，以可信任的贸易理念、可靠的技术水平赢得全球更多消费者的青睐与信任，为中国国际贸易在全球留下良好的形象。

### 2. 以双边贸易和多边贸易为重点突破口，深化国际合作与共赢

在目前逆全球化的趋势下，全球范围内的跨境数据流动体系的建立短时间难以形成。我国可以在综合评估数据治理机制、个人隐私立法完善程度以

及国际贸易信用等多个方面的情况下，借鉴欧盟 GDPR 的"白名单"制度，将跨境数据流动试点引入双边贸易或多边贸易协定中，逐步探索基于国家信用背书的跨境数据流动机制，扩大各国数字贸易的合作范围和深度，促进良好的跨境数据流动体系的建立。

一是抓住中国参与 RCEP 的重要契机，加强同东盟的合作深度和广度。东盟是 RCEP 成员国和"一带一路"倡议的重点合作伙伴，也是我国第一大贸易伙伴，我国应考虑东盟的具体框架和条款，在保障国家安全和数据安全利益的基础上，与东盟对话合作出台相适应的认证手段和保障措施，完善跨境数据流动机制，形成 RCEP 范围内跨境数据流动方面的模板。二是以 RCEP 为基础，谋求更多合作的可能性。澳大利亚、新西兰和新加坡同时是 RCEP 和 CPTPP 的成员国，成为我国在跨境数据流动规则方面开展国际合作的潜在伙伴。2021 年 9 月，我国提交了正式申请加入 CPTPP 的书面信函，将来通过 CPTPP 逐步打开与三个国家的合作对话，同时基于 FTA 升级谈判以及 RCEP 的内部合作来形成符合各方利益的数据传输协议。三是考虑 APEC 框架下的跨境隐私规则体系（CBPR）。中国是 APEC 成员，CBPR 体系在《APEC 隐私框架》内执行，CBPR 体系要求实现最大范围的跨境数据流动，中国在网络空间方面表达出构建国际合作平台的意愿，与 CBPR 体系同是倡导构建开放合作的网络空间。

## （二）国内层面

### 1. 继续加强数据保护，完善跨境数据流动的立法体系建设

持续完善建设我的的跨境数据流动立法体系，是发展数字经济、促进数字贸易发展的重要基础。一是逐步完善已有的国际数字贸易领域的立法体系建设。跨境数据流动体系应存在于数字贸易规则体系内，完善数字贸易体系也要着重在跨境数据流动方面有所建树。数字贸易或者数据信息的流动，都是近年来互联网高度发达的产物，现行的许多法律法规并不能完全适应其贸易规则。虽然我国已经根据实际需要，出台了一系列限制性的、引导性的规章与办法，但从根本上来说成熟的法律文件依旧较少，已有的一些法律法规

其覆盖范围还不够广、监管制度还不够细，各贸易主管单位与立法单位应重视数字贸易领域的立法体系建设，加快对跨境数据流动分类、审查等标准的建立，巩固我国的发展成果，保护公民和国家数据信息的安全。二是继续大力发挥自贸区的试点功能，广泛开展制度创新。目前，数字领域的创新已经以自贸区为基础逐步开展，但从目前成果看，效果还不够明显。国家应持续加大对自贸区的政策、资金支持，并在保证国家信息安全的基础上，大胆鼓励各自贸区结合当地特色与实际情况，逐步开展具有创新性的数据信息安全评估、数据跨境流动、国际数字贸易等方面的制度设计，在形成较为成熟、适应性较强的做法以后，逐步扩大自贸区试点范围，并复制推广相关经验，逐步完善跨境数据流动的立法体系建设。

**2. 进一步深化落实，探索切实可行的跨境数据流动中国方案**

目前，我国跨境数据流动方面的立法依旧停留在原则性条款方面，对于跨境数据流动如何实施、如何监管等问题，还未形成较为科学、可行的方案，因此，尽快推动我国跨境数据流动体系的建立，必须将以下工作做实、做细。一是尽快建立清晰的跨境数据分类机制。通过对数据信息进行安全性评估、法律性评估以及复杂性评估等内容，可以考虑将我国数据信息监管以个人隐私数据、国家安全数据、商业贸易数据、科研研究数据等类别进行划分，通过明晰的跨境数据分类分级标准，为后续跨境数据流动的监管与审查奠定坚实的基础。二是确立跨境数据流动监管执法机构。尽快建立监管机构，根据实施情况在全国范围内形成数据监管执法体系，为我国的数据安全管理和跨境数据流动提供必要保障。三是明确跨境数据流动监管标准。通过分析借鉴 GDPR 和 CBPR 对跨境数据流动的监管标准，结合我国国情和发展理念，制定具有中国特色、符合我国发展需求的跨境数据流动监管标准体系，为监管执法机构提供翔实可靠的依据，为企业加强数据管理和扩大数据交易活动提供可参考、有限制的约束。

**3. 充分发挥企业在数字经济市场的主体作用，考虑政企数据双边共享**

企业是跨境数据流动活动中最为活跃的主体，我国完善跨境数据流动体系的建立，离不开企业的重要参与。一方面，充分发挥企业在数据治理、数据安全和数据监管方面的主观能动性。在目前国家开展自贸区试点的基础上，可以考虑以试验区内企业为目标，逐步向更深层次探索与创新，例如允许部分经营条件良好、信誉资质较高、数据安全管理全面的大型公司与境外其他企业建立合理、合法的数据共享机制，探索以商业为目的的跨境数据流动机制，在这个过程中，国家开展基于信任的监管与监督，在给予充分信任的基础上，做好事后的核查与监管。另一方面，探索政企数据共享的更多可能性。首先，政府主动向企业开放相关数据，增强企业获取政府数据的便利性和及时性，进一步挖掘政府数据的价值，激发更多市场经济发展活力。其次，由企业向政府分享更多发展数据，避免政府对市场数据的错误掌握，有利于做出更加准确的宏观决策，探索更加有效的政府监管创新模式。此外，在某些特殊行业中政府和企业合作共享，创造出更多可能。

4. 继续充实数字贸易发展基础，营造数字经济发展良好环境

跨境数据流动体系的完善，需要建立在更加繁荣的数字经济和数字贸易的基础上，我国要持续、大力推动数字贸易的发展，为跨境数据流动体系建设打下坚实的经济技术基础。一是继续推动以跨境电商为代表的数字贸易新业态的发展。近年来，跨境电商在我国的繁荣发展，为经济发展提供了强劲的动力。国家有关部门要持续加大在跨境电商领域以及其他数字服务领域的政策鼓励、制度创新，不断破解新产业、新业态在发展过程中的问题，促进数字贸易在我国的整体繁荣。二是加强技术研发水平，抢占数字贸易高地。一方面要加强数据安全和数据开发技术，提升我国数据安全保护和对数据分析处理的能力；另一方面是增强核心技术研发能力，当前在国际竞争日趋激烈的背景下，我国许多核心技术都严重依赖国外进口，数字贸易发展极易受制于人，为防范国外技术封锁，我国应在部分领域尽快取得突破。三是完善公共服务平台建设。全面提升公共服务平台的服务水平，完善服务功能，重点围绕技术服务、信息资源、区域合作和创新创意等方面，构建数字贸易公共服务体系。

**参考文献**

韩静雅：《跨境数据流动国际规制的焦点问题分析》，《河北法学》2016 年第 10 期。

魏远山：《论跨境数据流动的内涵与原理》，《政法学刊》2021 年第 1 期。

柯静：《WTO 电子商务谈判与全球数字贸易规则走向》，《国际展望》2020 年第 3 期。

张晓磊：《日本跨境数据流动治理问题研究》，《日本学刊》2020 年第 4 期。

刘宏松、程海烨：《跨境数据流动的全球治理——进展、趋势与中国路径》，《国际展望》2020 年第 6 期。

# B.5
# 数字贸易国际规则比较分析

## ——基于区域贸易协定文本

侯东伟*

**摘　要：** 区域贸易协定成为当前数字贸易规则共识的首选。本文通过对主要经济体已签署的区域贸易协定文本梳理，归纳出当前数字贸易国际规则主要围绕市场准入与贸易便利化、数据流动与数据安全、消费者权益保护、合作与国内监管框架四个方面，且呈现以下六个发展趋势：营造更加自由的数字产品和服务贸易环境、提倡跨境数据流动分级分类管理、注重消费者权益保护、加强数字产权保护、注重网络安全防护、统一规则是数字贸易国际规则未来发展趋势。中国应当积极推动数字贸易便利化，平衡数据流动与数据安全，注重消费者权益保护，积极参与数字贸易国际规则谈判和国际合作，提升规则制定话语权。

**关键词：** 数字贸易　数字规则　数字治理　区域贸易协定

当前，世界贸易组织（WTO）电子商务谈判进展缓慢、相关界定模糊不能有效满足实践需要以及日益增长的治理需求，使数字贸易规则成为当前各国迫切关注的焦点，也是新一轮全球数字经济治理中博弈主动权、谈判话语权和规则制定权争夺的核心。同时，经济体间规则诉求的差异性和对规则治理话语权的追求，加速了相关经济体间组建规则联盟，数字贸易（电子

---

\* 侯东伟，河南国际数字贸易研究院助理研究员，主要研究方向为跨境电商、数字贸易。

商务）条款被越来越多地纳入区域贸易协定（RTA）中。截至 2021 年 5 月，据 WTO RTA 数据库统计，向 WTO 通报并生效的 RTA 共有 306 个，其中包含数字贸易（电子商务）条款或章节的 RTA 共有 103 个。[①] 因此，在新发展理念、"双循环"新发展格局和"三重压力"下，我国应妥善处理好主权、安全、开放三者间的关系，对标国际先进制度和前沿议题，积极开展规则制度探索和申请加入相关 RTA，争取数字贸易治理话语权，推动我国数字经济稳中求进、高质量发展。

# 一　主要经济体的数字贸易规则主张

数字贸易规则主张反映了各方的博弈立场、治理需求与规则诉求，是全球数字贸易规则共识与分歧的出发点，也决定着 RTA 中数字贸易（电子商务）条款的签署。本文根据各经济体在 WTO 协议框架下电子商务谈判提案、国际会议宣言和国内立法，对美国、欧盟、日本、韩国、中国五个主要经济体数字贸易规则的主张归纳如下。

## （一）美国

作为全球数字经济和数字贸易大国，其规则模板是影响国际数字贸易规则演化的至关重要因素。美国的主张有五个方面。一是跨境数据的自由流动。强调消除跨境数据流动歧视，允许数据的自由流动，禁止政府网络封锁，同时为充分发挥投资的规模效应和制定经营策略，应禁止数据的本地化。二是数字产品的公平待遇。主张非歧视原则是自由贸易体系的核心，数字产品应享受非歧视性待遇和免税待遇。三是知识产权保护。主张不应以披露源代码、算法，进行技术转让或者使用某一国的技术作为进入东道国市场的准入条件，并在《美加墨协定》（USMCA）中将对源代码的开放延伸到基础设施软件。四是数据安全政策。主张通过一定的数字技术和安全策略来

---

① 数据来源于世界贸易组织（WTO）RTA 数据库。

提升数据安全，在数字技术的选择和使用上应减少政府干预，由参与者自由选择。五是开放的互联网服务和电信市场。主张应降低政府互联网服务和电信市场管制，对外开放与电信服务和市场服务相关的市场。

## （二）欧盟

为规范数字贸易行为和维护欧盟利益，欧盟制定和通过了一系列有关数字服务的法律文件，其关于数字贸易的主张与美国存在相似性，但也存在较大分歧。欧盟的主张有五个方面。一是单一数字市场战略。消除欧盟内部的数字贸易屏障，促进数字产品和服务在成员国之间自由流通。二是跨境数据的自由流动与数据安全。成员国间禁止以数据保护为由限制数据的自由流动，同时第三国只有获得欧盟的"充分认证"才能进行跨境数据的自由流动，采用"属人+属地+保护性"管辖的数据管辖原则，并赋予数据主体被遗忘权、删除权、数据可携权等权利。三是知识产权保护。主张源代码非本地化和禁止技术强制转移要求。四是公平竞争环境。强调应给予中小企业和创业者参与市场竞争的机会，通过强化反垄断调查来保障消费者权益。五是有效税收政策。主张在欧盟境内统一电子商务税的征收与管理，减少不必要的税收，数字税的纳税基础应依据收入、利润来源地来确认，以此来制约跨境企业的避税漏税行为。

## （三）日本

日本数字贸易规则致力于寻求与美欧兼容对接，其主张有四个方面。一是跨境数据的自由流动。基于制造业优势，提出可信数据自由流动，强调严格保护个人数据以及包含知识产权和国家安全情报的数据等，支持涉及健康、制造以及运输等领域的非个人的、有价值的数据的跨境自由流动。二是知识产权保护。除合法的公共政策目标之外，东道主国家不得强制要求公开源代码和算法、不得对包括加密技术在内的特定技术的使用施加任何强制性要求。三是数据安全保护。允许各国为实现个人数据合法保护的公共政策目标实施贸易有限制措施，同时各成员国应对政府访问个人隐私数据设置明确的正当行政程序。四是公平开放的数字贸易环境。改善电子商务或数字贸易相关服务中的市场准入标准，鼓励企业参与公平竞争；主张公开政府数据，对国外企业访问数据给予国民待遇。

### （四）韩国

在新兴经济体中，韩国的数字贸易发展较为活跃，其主张有三个方面。一是跨境数据流动采用分级分类监管。对重要敏感数据采取一事一议的审核监管，要求信息通信服务提供商应提供相关保护手段，除非第三国采取充分的信息保护措施，否则将限制涉及经济、工业等重要领域跨境数据流动。二是数据安全保护。主张数据的本地化储存和计算机设施的本地化，规定为本国公共部门提供服务的服务商应在本国建立数据储存中心，同时规定企业若需导出个人数据，应事先取得数据当事一方的允许。三是有效税收政策。主张数字税的征税对象应为数字服务行业而不是对所有行业征收数字税，同时不应对制造业领域的正常生产、投资活动限定最低限额税。

### （五）中国

作为世界第二大数字经济体，中国一直致力于数字贸易国内与国际规则的探索。中国的主张有四个方面。一是跨境数据流动的分级分类保护制度。主张除不得构成歧视或变相贸易限制的公共政策目标之外，不得阻止以商业行为为目的的数据跨境自由流动。二是数据安全保护。主张一方在未取得他国法律同意的情况下，不得直接调取本国公司或个人存放在他国的数据，同时不得要求本国公司将境外产生、收集的数据存放在国内；网络服务商在进行跨境数据传输前应通过中国相关部门的安全评估审核，尤其是个人信息的跨境传输。三是公平竞争环境。主张除基于合法理由进行调查外，否则不应对网络服务商选择技术、产品等过程施加禁止规定，同时，应开放与电子商务活动有关的工具、产品的供应链。四是关键领域源代码公开。主张在关键领域提供相关服务的设备或者产品应通过中国国家安全部门的安全评估审核，对关键信息基础设施的密码应用安全性必须进行分级评估。

## 二 数字贸易国际规则的比较分析

目前，有关数字贸易规则（电子商务）条款普遍出现在已签署的 RTA 中，成为经济体间达成共识的首选，因此本文选择包含数字贸易（电子商务）的区域贸易协定作为数字贸易国际规则比较分析对象。因美国、欧盟、中国、日本、韩国数字经济规模约占全球数字经济规模的 80% 以上，且当前众多最具有影响力的区域贸易协定中都有美欧日的参与，同时作为新兴经济体的中韩两国，数字经济突飞猛进，在推动数字贸易规则谈判中也扮演着重要角色，因此本文选择美欧中日韩五个经济体的区域贸易协定作为研究对象。根据美欧中日韩所签署的包含数字贸易（电子商务）的区域贸易协定提炼关键词，涉及的核心内容有：关税、电子签名与电子认证、无纸化贸易、数字产品的非歧视待遇、跨境数据流动、数据本地化、数字知识产权、线上消费者保护、个人信息保护、电子商务合作等。

### （一）市场准入与贸易便利化

#### 1.关税

目前，禁止对电子传输产品征收关税的做法普通被美欧中日韩接受和采纳，其中美欧日主张将电子传输免征关税永久化，中国同意暂时免征关税，同时保留了未来修改规定的权利，中韩 RTA 第 13.3 条规定电子商务免征关税，但缔约方保留调整惯例的权利。电子传输产品可能需要物理载体，关于载体税，当前各经济体普遍保留是否征收载体税的权利，仅个别 RTA 对是否征收载体税给出明确要求，如美澳 RTA 第 16.3 条规定载体永久免税，美国—新加坡 RTA 第 14.3 条则提出缔约方可以在不考虑电子内容价值的前提下征收载体税。

为防止出现非必要的市场扭曲和贸易转移，各国在提倡免征电子传输关税的同时也提出该规定并不限制缔约方征收国内税的权利。《全面与进步跨太平洋伙伴关系协定》（CPTPP）第 14.2 条提出不禁止缔约方对电子传输的内容征收国内税和其他相关费用，但是应当满足本协定所要求的方式征收，USMCA 沿用了该项规定。欧盟—加拿大、美国—韩国、美日数字贸易协定（UJDTA）等 RTA 也都保留了征收国内税或其他费用的权利，同时 UJDTA 明确数字税应基于非歧视原则来征收。当前数字贸易国内税的讨论主要集中在发达经济体间。

**2. 电子签名与电子认证**

承认电子签名的法律效力是各缔约方的共识，但在电子认证技术选择方面存在分歧。当前各缔约国普遍指出参与方可以自己决定认证方式的选择，同时禁止政府的强制干预，如美澳、美韩、日澳、欧盟—智利、区域全面经济伙伴关系协定（RCEP）等。但对于特定种类的电子交易，部分 RTA 中指出当基于合法的公共政策目标，且对实现目标至关重要时，政府有权对认证技术提出相关限制要求，如 RCEP 第 12.2 条。实现系统的互操作性将极大提升数字贸易的便利性，欧美中日韩已签署的 RTA 中均着重强调各方应鼓励使用可互操作的电子认证系统。

**3. 无纸化贸易**

无纸化贸易是指通过信息技术等手段，在贸易各主体之间进行贸易信息传递交换。已签署的无纸化贸易条款通常包含每一成员国应使电子形式的贸易管理文件可公开获得、电子形式的贸易管理文件与纸质版拥有同样的法律地位两项要素。目前，有关无纸化贸易条款中多采用"应努力""应鼓励"等软承诺词汇，而非硬承诺要求，比如，USMCA 第 19.9 条英文文本就采用"shall endeavor"一词，RCEP 第 12.2 条也同样使用"应努力"一词。此外，部分无纸化贸易条款鼓励各方应充分考虑国际已达成的方式，加强国际合作，提高对无纸化贸易的接受度，如 RCEP 第 12.2 条、日本—内蒙古 RTA 第 9.8 条等。

**4. 数字产品的非歧视待遇**

数字产品的非歧视待遇是将 WTO 框架下的国民待遇原则和最惠国原则扩展到数字产品领域。欧美日韩所签署的区域贸易协定中大多包含数字产品的非歧视待遇，要求成员国给予在另一成员国领土内创造、生产、出版或者代理的数字产品的待遇，或给予作者、表演者、生产者或所有者等为另一成员国个人的数字产品的待遇，不得因为国别或者所有者的不同而给予差异性待遇，但涉及政府提供的相关补助、担保等行为导致的差异性则例外。

当前数字产品的非歧视待遇条款的差异性主要表现在范围上，CPTPP第14.4条要求该义务应与知识产权规定的权利义务不一致，并将广播排除，出于对本国文化价值观受到国外文化侵蚀的担忧。欧盟也强调"视听例外"，在其签署的 RTA 中也将广播排除，UJDTA 也采用将广播例外与知识产权例外纳入非歧视性待遇条款中，并对广播例外范围作了细化，但在USMCA 第19.4 条中剔除了这两项例外规定，进一步扩大了数字产品的非歧视待遇范围。除了明确的范围划分外，一些区域贸易协定在范围划分上采用承诺表或不符合措施清单的方法，韩国—新加坡 RTA 第14.4 条规定对于具体承诺时间表可以采用正面清单或负面清单的方式。目前，中国所签署的区域贸易协定中并未就数字产品的非歧视待遇达成明确规定，RECP 第12.16条阐述在适当时间与利益相关方就数字产品的非歧视待遇展开对话。

## （二）跨境数据流动与数据安全

### 1.跨境数据流动

当前有关数据流动条款主要围绕"跨境数据自由流动"、"数据隐私保护"和"数据保护自主权"三方面。一是"跨境数据自由流动+数据保护自主权"，赋予缔约国更多数据保护自主权。CPTPP 第14.11 条规定"当通过电子方式跨境传输信息是为涵盖的人执行其业务时，缔约方应允许此跨境传输，包括个人信息"，同时，各缔约方政府保留有权制定措施来规范合法公共政策目标的信息流动。相较于 CPTPP，USMCA 取消了"监管需求"，虽然降低了缔约国数据保护自主权，但设定了不超过实现合法公共政策目标所需限度。二是"跨境数据自由流动+数据隐私保护"，对数据隐私保护提出更严格的标准。出于对数据隐私的保护，部分经济体间会就跨境数据流动要求对方采用相应的数据隐私保护，如基于《通用数据保护条例》（GDPR）等一系列数据保护条例，欧盟要求第三国需要以提供充分的数据保护为前提。三是"数据隐私保护+数据保护自主权",往往要求数据的本地化储存,通常会制约跨境数据的自由流动,中国多采用这种方式,要求对确需出境的数据必须通过专门机构的安全评估。

### 2. 数据本地化

目前数据本地化条款主要出现在欧美日签署的 RTA 中,中韩对于数据本地化规定主要体现在国内法律法规中。欧日主导的 RTA 中对于数据的本地化管理主要采用以下两种监管模式:一是"原则+例外"的跨境数据传输模式,即原则上允许数据的自由流动,同时设定基于公共合法政策目标的例外限制,如 CPTPP、欧盟—加拿大 RTA 禁止数据本地化要求,同时还保留了例外限制;二是禁止数据处理设施本地化,即不得将使用东道国境内的计算设施作为经营业务的前提,但不包括对金融服务供应商计算设施本地化要求的限制。美国则提倡跨境数据自由流动+禁止数据处理设施本地化,相较于 CPTPP,USMCA 和 UJDTA 则剔除了考虑缔约方具有各自监管要求的例外和计算设施的位置规则的公共政策目标例外等条款,增加了金融机构境外数据监管和计算设施非本地化。

### 3. 数字知识产权

当前已经签署的 RTA 中包含数字知识产权条款的协定很少,欧美日三方签署的 RTA 中有涉及具体条款,主要包含:源代码和使用密码的信息通信技术产品,中韩两国的 RTA 并未涉及数字知识产权条款。

(1)源代码。欧美日已签署 RTA 多要求非强制公开源代码,明确提出不得将源代码公开作为本国市场准入条件,同时部分条款保留了基于合法的公共政策目标、自愿转让等例外事项。已达成的源代码条款主要围绕"大众市场软件"和"关键基础设施软件"来对非强制公开源代码范围限定。CPTPP 第 14.17 条款将非强制公开源代码的对象限定在"大众市场软件",并作出了一定例外:允许政府要求网络服务商基于本国法律法规规定对源代码做相应的完善和修改,同时,不限制在商务合同中公开源代码。而USMCA 第 19.16 条在 CPTPP 基础上将对象延伸到"基础设施软件",同时也要求"缔约方监管机构或司法机关有权查看源代码,但未经授权不得披露"，虽然进一步强化了对源代码知识产权保护的力度，但这容易引起个人信息的泄露与安全风险等一系列风险，也与欧盟采取的软件开源战略冲突。

（2）使用密码的信息通信技术产品。因为各国加密标准不同和缺少信任背书，所以已达成的 RTA 中很少包含类似条款。USMCA 在《行业附件》第 12. C. 2 条提出"缔约方不可要求 ICT 货物的提供商和制造商将转移相关加密内容或提供加密技术权限作为在其领土内制造、销售、分销、进口和使用该 ICT 货物的条件"；UJDTA 在第 21 条中明确禁止政府强制要求相关主体公开加密算法、密钥等，同时也补充了例外情况，比如，金融监管部门基于合法的目的要求公开加密算法。

### （三）消费者权益保护

#### 1. 线上消费者保护

线上消费者权益保护是当前 WTO 框架下电子商务谈判的焦点议题之一。大部分包含线上消费者保护的 RTA 制定了约束性的条款，措施的透明性是避免欺诈活动出现和降低消费者损失的有效保障，要求各方应积极公开相关保护措施。完善和维护消费者保护法是各缔约国普遍采取保护线上消费者权益的主要措施，如 CPTPP 第 14.6 条、USMCA 第 19.5 条、RCEP 第 12.7 条等规定。为了增加相关条款的可操作性和目的性，通常会在具体条款下添加"在可能的情况下""依据国际法律法规"等定语。部分 RTA 也对线上消费者保护措施的有效性与效力做出了限定，如中澳 RTA 第 12.6 条规定双方对线上消费者保护的措施不应低于同等条件下对其他商业形式消费者的保护。

#### 2. 个人信息保护

当前各经济体对个人信息的保护范围存在较大分歧，使 RTA 并未就个人信息保护形成高标准的、统一的条款，且多为软承诺，对个人信息的保护多是基于经济体内法律法规和联合国相关标准。虽然 CPTPP 是迄今为止最高水平的经贸自由机制，USMCA 也被认为是目前针对数字贸易制定标准最高、效力最强的协定，但 CPTPP 和 USMCA 中个人信息保护的规定并非具有法律拘束力和一般性，CPTPP 第 14.8 条、USMCA 第 19.8 条是关于个人信息保护的规定，在强调制定法律框架时使用了"shall"，而且关于个人信息保护法律体系的要求仅适用于电子商务利用者，换而言之，如果公共部门的个人信息与电子商务活动没有交叉，则此类个人信息的保护就不适用本规则限定。目前部分 RTA 中就个人信息保护的内容和框架还是值得各经济体去借鉴的，如 USMCA 第 19.8 条指出"个人信息保护"主要包含采集限制、传播限制、安全保护、透明度等，各方应采取非歧视性做法保护数字贸易用户免受其管辖范围内发生的侵犯个人信息保护的行为。

3. 非应邀商业电子信息

部分 RTA 中存在对非应邀商业信息的规定，目的是降低在未取得消费者同意情况下垃圾短信、邮件、营销信息等基于商业目的的电子信息对消费者的影响，减少影响消费者选择行为的不利因素，营造良好的市场氛围。在 CPTPP 第 14.14 条中对非应邀商业电子信息给出了明确的限制规定：①向消费者发送深夜电子信息前应取得对方的允许；②信息发送者应为接收人屏蔽或者拒绝接受此类信息提供必要措施；③采取必要的措施最大限度降低非应邀商业电子信息对接受者的影响；同时应当针对未遵守根据第一款限制规定而实施措施的非应邀商业电子信息提供者，提供相关追索权。USMCA 第 19.8 条和 RCEP 第 12.9 条也均采用 CPTPP 第 14.14 条对非应邀商业电子信息的规定。

## （四）合作与国内监管框架

### 1. 电子商务合作

电子商务合作也是美欧中日韩相关 RTA 中普遍达成的意向之一。USMCA 第 19.14 条、欧盟—日本 RTA 第 8.80 条、中韩 RTA 第 13.7 条等，均体现出各方希望在电子商务各相关领域建立起长期有效的合作和协商机制。主要涉及个人信息保护、争端处理等方面。部分 RTA 也提到网络安全领域的国际合作，CPTPP 第 14.16 条、USMCA 第 19.15.1 条和 UJDTA 第 19 条要求：①强化负责计算机安全事件响应的国家实体的能力；②利用现有的合作机制，以识别和减少恶意入侵或传播影响缔约方电子网络的恶意代码，并利用这些机制迅速解决网络安全事件，以及共享信息以增强意识和达到最佳做法。RCEP 中也有提到网络安全。

2. 国内监管框架

为更好地规范数字贸易环境，部分数字贸易规则也会对国内监管框架进行规范，且当前已签署的包含数字贸易（电子商务）的区域贸易条款中涉及国内监管框架多集中在 2015 年及其后签署的 RTA，在 USMCA、欧盟—日本 RTA、中澳 RTA、RCEP 等区域贸易协定中都有所涉及。明确要求各缔约方应基于 WTO 相关电子商务规则、文件来制定和完善国内电子商务法律法规和监管模式。同时应确保监管框架支持产业主导的电子商务发展和促进有关人士加大在制定电子交易法律框架方面的投入，进而最小化监管负担。

# 三 数字贸易国际规则的发展趋势

## （一）营造更加自由的数字产品和服务贸易环境

数字贸易成为当前全球经济复苏的新动力，各国普遍采取便利化手段，营造更加自由的数字贸易环境，具体表现在三个方面。一是给予缔约国数字产品和服务非歧视待遇，扩大数字贸易的范围。欧美日韩已签署的大部分 RTA 要求给予数字产品非歧视待遇，同时也增加了文化例外、视听例外等例外条款，此外 USMCA 则剔除了广播例外条款，进一步扩大了数字产品非歧视的范围。二是普遍要求禁止对电子传输产品征收关税。强调对数字产品免征关税利于数字产品的传播，降低非必要的贸易壁垒和避免市场扭曲，推动跨境电商市场健康发展。此外，部分经济体保留了对数字产品载体征收关税的主张，在数字贸易国内税征收方面也存在较大分歧。三是鼓励使用可互操作的电子认证系统和接受电子签名的法律效力。电子签名和电子认证技术能提高数字贸易的效率和保障合同签署的安全合规，成为当前各经济体间普遍达成的共识。

## （二）提倡跨境数据流动分级分类管理

作为新型生产要素，数据的跨境流动是推动全球经济增长的关键因素，同时各国在对数据的保护和利用数据而产生的收益等方面并不对等。目前普遍采用有条件的数据流动，主要体现在三个方面。一是缔约国数据保护自主权。虽然美墨加签署的 USMCA 协议取消了"监管需求"的限制条款，但在其签署的其他涉及跨境数据流动的 RTA 中均有基于"监管需求"限制数据跨境流动条款，而且在中日韩签署的部分 RTA 中也均有"监管需求"条款，赋予缔约国数据保护自主权。二是严格的数据隐私保护标准。这一要求主要体现在欧盟对外已签署的 RTA 中，基于欧盟内部的数据保护条例和非个人数据流动条例等，欧盟要求第三国必须获得欧盟"充分认证"才能实现数据的跨境自由流动，实行白名单制度。三是重要领域数据的强制本地化。出于对关键数据保护的慎重考虑，部分经济体会要求在本国内产生的重要领域数据应存储在本国内，如中国和韩国均试图通过数据本地化措施达到保护个人隐私和安全、促进法律执行以及维护国家安全等目的。

## （三）注重消费者权益保护

当前各经济体普遍认识到加强对消费者权益保护的必要性，并提倡采取透明的、必要的、可操作的约束性措施来抑制消费者侵权事件的发生，主要体现在三个方面。一是线上消费者保护。制定约束性的条款、完善和维护消费者保护法是当前各国普遍采取的保护线上消费者权益的主要措施。二是个人信息保护。加强数字贸易参与者个人信息的保护，有利于提升消费者的满意度和消费者对数字贸易方式的接纳与认可。通过对欧美中日韩已签署的 RTA 筛选发现，在 2015 年及以后签署的 RTA 中均有个人信息保护条款，如美日、欧盟—日本、中韩、中澳等 RTA，尤其是 USMCA 协定，对于个人信息的保护制定了具体的内容与框架，可见个人信息保护是消费者权益保护的重点关注对象。三是遏制非应邀商业电子信息。通过必要的措施来减少未经用户允许的短信、邮件等垃圾信息的干扰，在 CPTPP、USMCA、RCEP 等有影响力的 RTA 中对非应邀商业电子信息均给出了明确的限制规定。

## （四）降低市场准入标准，加强数字产权保护

降低市场准入标准，丰富市场主体，加强数字产品保护，提升市场活力，主要体现在两个方面。一是"大众市场软件"源代码非强制性公开。源代码、专有算法等是当前知识产权保护的焦点，关于源代码之争的分歧主要体现在技术领先者产权保障与技术后发者创新权利的冲突上。目前，欧美日等发达经济体强调禁止以"开放源代码"作为市场准入的前提条件，不过欧盟和日本把这一要求限定在"大众市场软件"，美国则在此基础上把范围扩大到"基础设施软件"。虽然当前我国并没有针对源代码、专有算法等公开的法律文件，但随着《网络安全法》的颁布，其中部分条款会基于安全评估和关键基础设施的保护等方面要求源代码、算法公开，且当前我国关于源代码的规定与"大众市场软件"源代码非强制性公开有很大的相似性。二是使用加密的信息通信技术产品。加密技术提升了数字经济时代信息的安全性，美日两大经济体主张缔约方不得要求企业公开或转让密钥、专有算法等。

## （五）注重网络安全防护

注重网络安全防护也逐渐成为各经济体 RTA 中的共识，主要体现在两个方面。一是数据安全保护需要。数字贸易是通过网络技术完成的交易行为，网络安全是数据风险的直接体现。已签署的 RTA 对数据风险的规制主要体现在网络访问限制、网络事故预防和应对机制、网络风险识别及管制手段的协调三方面，这些在欧美日的 RTA 中有所体现，尤其是 USMCA 和 UJDTA。RCEP 作为中国第一份在数字贸易国际规则中涉及网络安全条款的区域贸易协定，虽然关于网络安全条款的内容较为简单，也并未制定实质性的条款，但反映出了近年来中国对国际网络安全防护的重视和参与区域网络安全规则制定的开始。二是网络安全领域的国际合作共识。网络安全防护不

是仅依靠单一一方就可以完成的，需要通过国际合作来完成，各经济体已签署的涉及数字贸易的 RTA 中大多要求缔约方应利用现有合作机制，加强网络安全相关领域的安全防护。

## （六）统一规则是数字贸易国际规则未来发展趋势

规则和标准竞争已成为当前全球竞争的常态，截至 2021 年 5 月，全球共有 75 个国家共签订了 103 份含有数字贸易（电子商务）规则的区域或多边贸易协定[①]，签订的目的是国际数字贸易的便利化、维护本国的利益、填补多边规则的空白等，但这种模式也会引发一系列的问题。一是"意大利面碗"效应。[②] 地区间区域贸易协定和自由贸易协定的增多，会形成错综冗杂的数字贸易规则网络，导致管制的相互冲突、规则的相互竞合，引起"意大利面碗"效应。二是监管的碎片化。数字贸易监管方式的多样化与碎片化使企业不可能基于某一标准来开展业务，增加企业成本，如在跨境数据流动方面，欧盟采取的是基于"充分保护水平"评估标准，还有一些国家或者地区采用基于"个人原则"或者"问责原则"标准。三是排他性。当前全球数字贸易规则呈现"联盟化"的特点，非本阵营的经济体直接会被排除在外，不能享受相关的优惠条款。目前全世界最不发达的 47 个国家中有 46 个并未签署含有数字贸易（电子商务）规则的 RTA。规则的落脚点应服务数字贸易、赋能数字经济、推动数字化转型升级，不应成为全球共享数字化红利的贸易壁垒，制定全球统一的数字贸易规则显得十分重要。

# 四　对中国的启示

虽然我国数字经济总量已跃居世界第二，但是我国的数字贸易多为基于

---

① 数据来源于世界贸易组织（WTO）RTA 数据库。
② "意大利面碗"效应是指在双边自由贸易协定（FTA）和区域贸易协定（RTA）下，各个协议的不同的优惠待遇和原产地规则就像碗里的意大利面条，一根根地绞在一起，剪不断，理还乱。

跨境电商平台的货物贸易，而且数字服务贸易国际市场占有率仅有 4.5%。[①] 目前中国参与签署的包含数字贸易（电子商务）规则的 RTA 共有 12 个，如果除去由中国香港、中国澳门、中华台北参与签署的 RTA，仅剩 5 个 RTA 是由中国大陆对外签署的，占比 4.85%。[②] 通过前文数字贸易国际规则比较分析发现，目前我国就数字产品非歧视待遇、源代码、加密技术使用等并未在区域贸易协定中形成具体规则条款，而且已签署的数字贸易（电子商务）条款多缺乏严格的要求，且部分条款的覆盖范围较窄。因此，基于中国数字贸易、数字产业的发展及其他经济体先进的数字贸易规则，我国应着重在数字贸易规则构建和博弈中重点关注以下几点。

## （一）推动数字贸易便利化

推动数字贸易便利化，降低数字贸易市场准入门槛。一是明确数字产品和服务的非歧视待遇范围。中国应积极对接数字产品和贸易服务自由化条款，建立对数字贸易的分类管理，制定数字贸易负面清单，明确非歧视待遇管理范围。二是探索制定合理的数字服务税方案。依托我国自贸区建设，开展数字服务税试点探索，尝试分阶段、分类目推进数字化税收行动；完善国内税收制度，建立适应数字经济发展的税务体系。三是制定无纸化贸易标准体系和完善电子认证制度。积极对接国际标准，加快数字贸易领域关键技术标准的制定；加强对电子认证组织和机构的监管，完善电子认证行业服务体系，实施合理有序的第三方认证机制。

## （二）平衡数据流动与数据安全

数据的跨境流动不是无序的自由流动，保护数据安全不是限制流动，平衡两者之间的关系。一是健全跨境数据流动管理制度。一方面应实施数据的分类管理，对数据实施分层级分类别管理，构建数据流动正面清单，并根据

---

① 中国信息通信研究院：《全球数字经济新图景（2020 年）——大变局下的可持续发展新动能》，2020 年 10 月。

② 数据来源于世界贸易组织（WTO）RTA 数据库。

发展阶段需要逐步扩大跨境数据流动的正面清单；另一方面应建立健全跨境数据流动监督管理制度，优化数据安全审核与监督体系，细化数据隐私保护条例。二是优化我国数据本地化规则。明确数据本地化义务主体范围，在保障国家安全的基础上，适当降低数据本地化规则的要求。三是加强跨境数据流动与数据安全国际合作。加强网络安全保护，与缔约方建立共同的数据审核和监督机构，在尊重缔约国数据主权的前提下，实现数据的自由流动。

### （三）注重消费者权益保护

注重消费者权益保护，提升消费者用户体验。一是完善在线消费者权益保护机制。细化消费者权益保护规则，明确电子商务在线纠纷解决办法，建立电子商务信用评价体系；凝聚消费者权益保护共识，加强国际合作，倡导建立非歧视的协同保护机制。二是健全个人信息保护模式。采取"原则+例外"的保护模式，以防止个人信息泄露为原则，以个人信息权利保护为例外；借鉴欧盟的 GDPR 条例，引入白名单模式，采取基于充分保护的个人隐私保护制度。三是遏制非应邀商业电子信息的泛滥。制定非应邀商业电子信息法，积极制定完善减少和屏蔽非应邀商业电子信息的相关措施；积极向消费者宣讲，提升防范意识；加强政府与境内企业、国与国之间的合作，加大与网络服务商协同屏蔽和过滤垃圾信息。

### （四）积极参与数字贸易国际规则谈判和国际合作

规则博弈从本质上来说就是发展利益、发展模式、发展主动权之争。我国政府应积极参与制定数字贸易国际规则和推广"中式模板"，一是积极参与双边和多边数字贸易规则谈判。全面了解各方谈判立场，准备把握各方利益关切，加强沟通协商、对等谈判，提出符合我国利益诉求的方案，实现规则的对接；凝聚发展中国家共识，探寻与发达国家互利共赢的模式，平衡各方利益，构建顾全发展中国家与发达国家的差异化规则体系。二是积极开展数字贸易规则探索。依托国内自贸区、综试区、综保区等特殊功能区开展数字贸易规则先试先行，创新监管和服务模式，为塑造数字贸易国际规则

"中式模板"提供支撑。三是积极推广"中式模板"。推动建立数字技术支持与合作的国际合作机构，为他国提供数字技术援助。

## 参考文献

余振：《全球数字贸易政策：国别特征、立场分野与发展趋势》，《国外社会科学》2020 年第 4 期。

刘毅群、张昊渊、吴硕伟：《美欧数字贸易规则的新主张及其对中国的启示》，《学习与实践》2020 年第 6 期。

安娜：《区域贸易协定中的电子商务规则比较与中国的应对——基于文本数据分析》，广东外国语大学硕士学位论文，2020。

马光：《国际数字贸易规则的主要议题研究》，《四川行政学院学报》2020 年第 2 期。

柯静：《WTO 电子商务谈判与全球数字贸易规则走向》，《国际展望》2020 年第 3 期。

# B.6
# 数字平台监管规制及体系构建

王岳丹[*]

**摘　要：** 当今世界正经历百年未有之大变局，新一轮科技革命和产业变革深入发展，全球已迈入以数字革命为引领的数字经济时代，而数字平台作为数字经济时代的重要组成，探索完善数字平台监管制度和治理体系，对推动数字经济发展由要素流动型开放向制度型开放转变意义重大。作为数字经济的新业态新模式，数字平台随着信息技术迭代和巨量算力提升呈现爆发式发展，但在快速发展过程中也出现了平台发展不规范、就业人员劳动保障不健全、数据监管和隐私保护措施不得当，以及规避监管无序扩张、蓄意影响舆论导向等问题。本文通过归纳提炼数字平台的内在逻辑及外在表现，结合目前我国数字平台、平台经济的监管体系现状，分析现阶段平台经济发展存在的问题，并提出针对性的建议举措。

**关键词：** 数字平台　平台监管　平台规则

进入数字经济时代以来，基于信息技术的迭代和巨量数据算力的提升，以平台和数据为驱动的数字平台经济模式已成为数字贸易和数字经济发展的重要载体。基于互联网覆盖范围的无边界、普遍性特点，数字平台的发展不再局限于特定商品货物或服务层面，与传统实体平台相比呈现动态性、跨界性、生态化特征，传统互联网监管规制体系与数字平台的新属性不能匹配适

* 王岳丹，河南国际数字贸易研究院办公室副主任，主要研究方向为跨境电商、数字贸易、数字经济。

应，构建灵活多样、多元共治的混合监管模式迫在眉睫。全面梳理数字平台的发展现状，准确认识平台经济发展存在的问题难点，对引导以数字平台为代表的数字经济新业态健康发展、规范平台经济市场秩序、净化数字服务市场环境、推动数字治理等领域制度型开放、构建新经济时代数字平台监管治理体系具有重要意义。

# 一 数字平台的内涵及外延

## （一）数字平台定义

近几年，随着新一代信息技术的快速发展和应用，以新技术为支撑的数字经济新业态新模式层出不穷，"数字+"名词频出，因市场实践先行于理论研究的发展规律，暂未有对"数字+"名词的系统性梳理和解析，尽管在核心特征上基本达成了共识，但在理论及经济学研究中仍存在互联网平台、数字平台、数字服务平台、数字化平台等不同概念。2019年，华为与IDC联合发布的白皮书《拥抱变化，智胜未来——数字平台破局企业数字化转型》提出，数字平台是融合技术、聚合数据、赋能应用的数字服务中枢。其中，智能化、数字化技术是组成数字服务中枢的重要部件，汇聚的庞大数据信息资源是生产要素，两者相互作用产出标准化的数字服务应用；通过创新机构业务模式，降低技术运营和管理复杂度，助力数据管理和价值挖掘，提高运营效率；并具有融合、智能、可传承的特征。[①] 2020年，欧盟《数字市场法案》（*Digital Market Act，DMA*）给予大型数字平台一个具体的概念内涵——"守门人""大型在线平台"，通指开展线上中介服务、在线搜索、社交网络、视频分享、操作系统、广告服务、交易撮合等某一项核心服务的平台。平台通过链接生产端和需求端，为供需两端搭建了去中间化的直连通道，充分发挥网络效应在平台生态中的作用，通过数据发挥市场媒介、市场

---

① 华为、IDC：《拥抱变化，智胜未来——数字平台破局企业数字化转型》，2019年4月10日。

调控和市场监管作用，聚合供需两端庞大的交易数据，从而提高市场对平台的预期。我国国家市场监管总局出台的《关于平台经济领域的反垄断指南（征求意见稿）》中，给予平台以明确的定义：通过网络信息技术，使相互依赖的多边主体在特定载体提供的规则和撮合下交互，以此共同创造价值的商业组织形态。[①]

结合有关研究机构对"数字平台"的基本定义，本文认为数字平台是以实现产品及服务交易为目的，以数据、算法、技术等各种生产要素为基础构建的一体化、网络化、智能化平台，通过整合利用平台有效数据，实现双边市场贸易、数据再开发再利用的功能性载体平台。

## （二）数字平台的特征

数字平台作为串联双边市场和主体的中介，在与各类行业的融合应用中，充分突显了数据价值，满足平台运营主体设立的目的初衷，具有智能化、开放化、生态化特征。

### 1.智能化

平台智能化体现利用大数据和人工智能等技术，提供能够精准满足用户个性化需求的功能属性。一方面体现在平台的智能化操作和治理，在一系列代码算法构造的程序运作下，平台能够实现智能化、自动化的数据采集留存和平台治理；另一方面体现在平台智能化程序设定能够满足用户个性化、多样化和碎片化需求，呈现智能化的计算、分析和数字服务能力。

### 2.开放化

数字平台的开放化特征体现在以下几方面。第一，对平台用户的开放性，即数字平台面向全球互联网用户，用户可以是个人、企业、机构等，打破了传统线下平台用户的规模、资金实力、品牌、资源等条件限制，为全球用户提供了更加包容和公平的环境。第二，平台信息的开放性，即平台信息的有

---

① 国家市场监管总局：《关于平台经济领域的反垄断指南（征求意见稿）》，2020 年 11 月 10 日。

序开放、针对性共享，数字平台的快速崛起主要得益于其打破信息不对称形成的信息壁垒。第三，平台生态的开放化，即数字平台迅速传播、边际成本趋近于零的特点，吸引了更多产业链向平台集聚和拓展，在数字平台利益导向一致、互利共赢的前提下，数字平台能够开放服务领域、扩展服务范围。

### 3. 生态化

在互联网、数字红利持续释放的当下，一方面，部分数字平台不再拘泥于某项业务，而是利用互联网的交叉网络外部性，[①] 呈现向产业链供应链上下游横向跨界扩张和纵向业务延伸的生态化发展趋势；另一方面，数字平台因存在自网络效应，[②] 各边的用户主体都被巨大的流量效应所吸引，对供给侧一方而言，虹吸效应将促使更多相同或不同的服务商集聚平台，加速促进了数字平台的链式扩张。在交叉网络外部性和自网络效应的双重作用下，数字平台通过投资、合并、收购等方式构建起业务交织、功能互补、全方位覆盖的庞大网络生态和产业生态。

## （三）数字平台表现形态及分类

新技术与传统经济业态、模式的深度融合和创新应用，衍生了一系列的新型贸易形态，其中具体到数字平台方面主要有网站、App 应用/应用软件、小程序三大形态。目前，平台主体基本拥有并运营以上两种或两种以上形态的数字平台，用于满足现阶段数字经济时代的互联网用户和移动用户需求。按照数字平台的功能定位又可分为以下两种类型。

### 1. 门户展示类

门户展示类指用于展示企业信息、新闻动态、公开信息等内容的综合性互联网信息服务应用系统，是以统一界面面向用户、内部工作人员的信息通道，以发布和展示存储在内部和外部的各种信息，不具备交易等其他功能性操作的基础平台。根据企业主体性质的不同，可分为政务和商务两类。

---

① 交叉网络外部性是指接入平台一边的用户越多，就越能吸引平台另一边用户的接入。
② 自网络效应是指同边用户存在相互吸引作用，平台流量越聚集，平台的虹吸效应越强。

政务类的门户网站旨在构建对外开放、公开透明、资源共享、服务百姓的重要平台，发挥公众与政府部门间沟通桥梁的重要作用。如各级人民政府、商务等部门的门户网站仅展示部门的基础信息、最新资讯、通知公告等内容，是广大企业和民众获取政务资讯和信息的窗口。商务类设立门户网站的主要目的在于树立企业品牌形象、展示企业实力、提高企业知名度，是企业传统商业宣传模式的有效补充。如阿里巴巴、腾讯等知名公司除其互联网产品矩阵外，还设有专用的门户网站，用于展示企业的基本信息、运营理念、业务范围、企业文化等内容。

### 2. 综合服务类

综合服务类是指平台主体搭建的、用于为用户提供某种特定服务功能的综合性平台。根据平台服务功能、定位及应用场景不同，可分为政务服务、撮合交易、社交服务、生活服务等四大类。

政务服务类即将政务服务与互联网载体进行有机结合，通过建立统一的服务流程和标准规范，提升线上服务功能的智能化水平，完善线上+线下多元化的服务通道布局，为居民用户提供业务咨询、业务办理、业务评价等全方位服务，为群众办事提供公开透明、高效便捷的政务服务体系。如国际贸易"单一窗口"主要服务于国际贸易，是为贸易商提供"一站式"接入和办理相关政府机构手续流程的综合服务平台；地方政府的政务服务平台具备为群众办理工商、税务、社保、住房、就业等各项涉及民生的服务功能。

撮合交易类即为国内外商家和消费者提供交易服务的第三方平台、独立站等。依据现有撮合交易类平台供需双方属性不同，可分为企业对企业（B2B）、企业对消费者（B2C）、个人对个人（C2C）、工厂对个人（M2C）等模式。如以阿里巴巴国际站、敦煌网为主的跨境批发（B2B）电商平台；以1688为代表的国内批发电商平台；以淘宝、京东为代表的零售（B2C）电商平台；以咸鱼、转转为代表的C2C电商平台；以必要商城为代表的M2C电商平台。

社交服务类旨在满足用户的陌生社交、熟人社交及商务社交等需求。近几年，以视频、直播、图片、文字为主的社交方式迅速发展，相关平台流量和用户规模持续提升，已成为当下经济社会的重要组成部分。其中，以抖音、快手为代表的视频平台，以 Instagram 为代表的图片社交平台，以微信、QQ 为代表的社交平台，以知乎、微博为代表的内容平台，以 QQ 邮箱、126 邮箱为代表的邮件平台，以及以钉钉、飞书为代表的办公社交平台等，正在成为未来迈进 5G 时代社交形式的主要工具。

生活服务类主要指企业搭建，用于满足用户衣食住行、娱乐等各类需求的综合性服务平台。如提供支付、交易、保险、理财等金融综合服务的支付宝，提供房屋租赁买卖、二手物品买卖、搬家租车、保洁保姆等生活服务的 58 同城，以及提供医疗挂号、在线就诊、诊断信息查询、医疗消费信息等医疗服务的寻医问药等（见图 1）。

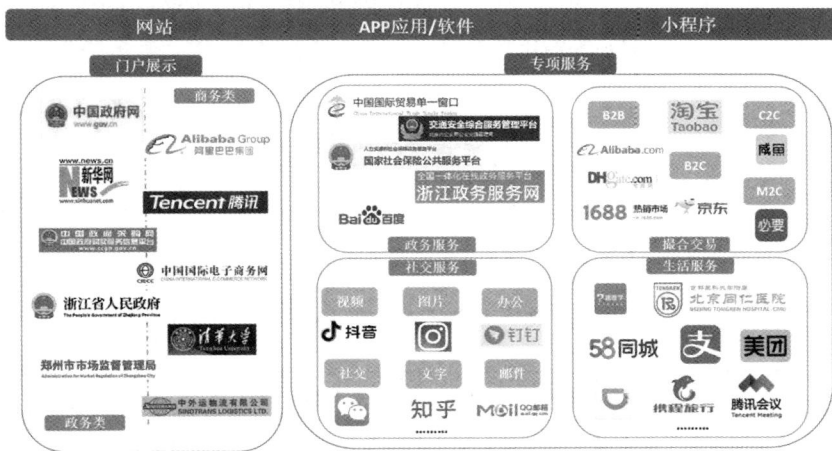

**图 1 数字平台的主要类型及典型代表**

资料来源：根据公开信息综合整理

## 二 数字平台监管规制及监管体系建设现状

作为全球第二大经济体，早期，我国对数字经济、数字平台的态度均以支持新业态新模式发展、顺应全球信息数字化发展潮流为主。2014 年以来，我国政府积极推进"互联网+"和"大众创业、万众创新"等新业态发展，大力支持"互联网+"等数字技术应用，鼓励推动数字经济发展的量质提升，相继出台了《关于积极推进"互联网+"行动的指导意见》（国发〔2015〕40号）、《关于推动发展第一批共享经济示范平台的通知》（发改办高技〔2017〕2020号）、《关于促进平台经济规范健康发展的指导意见》（国办发〔2019〕38号）等系列支持政策，鼓励各行业企业数字化转型实现"用数赋能"，对激发互联网行业创新发展起到了重要推动作用。在行业监管方面，主要依据中国互联网协会出台的《中国互联网行业自律公约》，从道德公约层面倡导经营者和员工自律从而推进行业自律。同时，参照《中华人民共和国网络安全法》规章，围绕网络运行安全、信息安全、监测预警、应急处理等方面加强监管，以此保障和维护我国网络空间主权，保证国家信息安全，确保社会公共利益最大化（见表1）。

表1　近年来我国数字经济支持政策

| 序号 | 时间 | 名称 | 发布机构 |
|---|---|---|---|
| 1 | 2015年 | 《关于积极推进"互联网+"行动的指导意见》（国发〔2015〕40号） | 国务院 |
| 2 | 2017年 | 《关于深化"互联网+先进制造业"发展工业互联网的指导意见》 | 国务院 |
| 3 | 2017年 | 《关于推动发展第一批共享经济示范平台的通知》（发改办高技〔2017〕2020号） | 国家发改委 |
| 4 | 2019年 | 《关于促进"互联网+社会服务"发展的意见》（发改高技〔2019〕1903号） | 国家发改委 |
| 5 | 2020年 | 确定支持平台经济健康发展的措施，壮大优结构促升级增就业的新动能 | 国务院常务会 |
| 6 | 2020年 | 《关于促进平台经济规范健康发展的指导意见》（国办发〔2019〕38号） | 国务院办公厅 |
| 7 | 2020年 | 《关于支持新业态新模式健康发展 激活消费市场带动扩大就业的意见》 | 国家发改委、中央网信办、工业和信息化部等13部门 |

资料来源：根据国务院、国家发改委、中央网信办等信息综合整理。

近几年，在信息技术革命持续演进的背景下，我国加速推动数字经济发展战略，以互联网为技术支撑的平台经济凭借其低门槛、强时效、边际成本趋零等特点受到行业各方的广泛关注，线上经济、虚拟经济、共享经济等经济新形式发展日新月异，其平台规模和发展速度也迅速壮大，涌现了以阿里巴巴、京东、拼多多、美团、滴滴出行为代表的众多互联网上市企业，成为资本竞相追逐的造富新蓝海。我国政府对互联网行业的态度也逐渐由此前简政放权、鼓励增长向监管与支持并重的方向转变。2017年下半年起，随着互联网行业新业态新应用的层见叠出，我国互联网行业的监管方向更加侧重社会影响和风险控制等方面，不断优化和完善安全风险评估机制，通过规范平台对沉淀信息数据处理和使用等行为，压实互联网运营主体责任和义务，以此平衡数字平台发展中面临的"保增长、调结构"和"有序监管"等要求。

2018年政府工作报告首次提出"平台经济"概念，提出鼓励大企业、高校和科研院所积极开放创新资源，大力发展平台经济和共享经济，形成线上线下结合、产学研协同、大中小企业融合的创新创业格局，打造创新创业的升级版。2019年1月正式实施的《电子商务法》，是我国首部规范平台经济发展、构建公平竞争环境的综合性法律。2019年8月，国务院《关于促进平台经济规范健康发展的指导意见》的发布，标志着我国平台经济发展由此前无序发展阶段转变为科学化监管和规范化发展阶段。2020年国家又对《民法典·侵权责任编》中《侵权责任法》项下"网络侵权专条"进行补充和完善，发布《关于平台经济领域反垄断指南（征求意见稿）》。同年12月，中央经济工作会提出要"强化反垄断和防止资本无序扩张"。2021年2月，国务院反垄断委员会出台了《关于平台经济领域的反垄断指南》，再次强调《反垄断法》及配套法规规章适用的行业范围，明确了大数据杀熟和"二选一"等行为的违规性质。2021年4月，十三届全国人大常委会审议了《个人信息保护法》和《数据安全法》两部草案并公开发布征求意见，为保护个人信息安全发挥重要作用。

# 三　数字平台发展面临的监管规制及突出问题

平台经济已成为数字经济时代的重要经济组织形式之一。数字平台通过联结多边用户、媒合多方网络组织，具有双边市场特点，拥有轻资产运作、进入门槛低、可迅速实现业务扩张、数据集中等优势，在当前监管规制滞后于市场发展的情形下，极易出现头部平台凭借资本规模优势滋生跨界渗透、无序扩张、规避监管、控制舆论、行业垄断等问题，制约我国平台经济健康发展，与我国推动经济高质量发展的目标背道而驰。

## （一）平台企业发展不规范问题仍较突出

在平台经济中，数字平台生态化的核心具体表现在通过聚集海量用户资源，快速打通行业上下游，改造并形成新的行业生态系统。因数字平台强大的网络效应和边际成本几近于零的特性，早期平台在时间、技术和资本等方面实现了原始积累，种种资源叠加体现在其平台流量、知名度和影响力的提升，使其快速成长为大型或巨型平台，从资本和规模上全方位碾压中小型平台企业，拥有绝对议价权，对行业创新生态建设造成了巨大影响。此外，平台作为提供服务产品的第三方商业性主体，其公共产品难以覆盖全部政务监管内容，平台作为运营主体既是市场维护者也是市场参与者，由于平台治理水平参差不齐，平台盈利诉求与市场治理不能完全兼顾，存在天然的治理短板。

## （二）平台就业人员劳动权益保障体系不健全

平台经济作为数字经济的新业态新模式，打破了传统就业创业方式，使就业不再局限于单调乏味的工种、固定的工作场所、禁锢的等级和人情关系，衍生了以外卖骑手、滴滴司机、快递小哥、UU 跑腿等灵活自由、多劳多得、及时获薪，以及不受限于性别、年龄、户籍、学历、婚姻状况等额外要求的新型就业模式，推动了新型就业市场的繁荣发展。

数据显示，2018 年，我国共享经济参与者人数约 7.6 亿人，参与提供服务者人数约 7500 万人，同比增长 7.1%，[1]平台经济已成为推动产业升级、增加和创造新型就业岗位的重要组成。由于数字平台的"轻资产运营"模式，除核心技术人员外，大部分工作都由外包代理商承担。以外卖骑手为例，代理商通常以"兼职不提供五险一金"为由，辅以高薪资、工作自由噱头吸引劳动者，在平台智能算法算力、大数据抓取和平台对骑手的"极速""闪送"极限要求下，骑手冒险违规骑行事件常有发生，但当事故发生时，平台公司和代理商则拒不承担劳动保障责任，部分代理商为骑手办理的商业保险更是条件苛刻，导致骑手独自承担工作风险，且理赔无门。

## （三）部分平台企业规避监管无序扩张

数字平台已成为平台经济、数字经济时代创新生态体系建设的承载主体。当前我国给予平台经济模式下各类市场主体以充分的创新发展环境，而数字平台作为链接市场多方主体的载体平台，拥有雄厚的技术和资本实力，支撑和助力平台自身及入驻企业的创新发展。但在大众创新浪潮的推动下，部分平台企业借模式创新为由，企图以规避监管、跨界渗透来实现企业无序扩张、野蛮生长的战略目标。目前，大部分无序资本扩张在壮大市场主体、资产规模的同时，多以套取银行信贷资金为主要目的，将相应的风险转移到银行体系，使银行储蓄用户成为最终风险的潜在承担者。此外，部分无序运作的资本通过互联网金融、金融科技进行修饰包装，巧借我国鼓励金融创新和金融科技发展的机制，利用存贷款转换和资产证券化等产品，使负债总规模滚动式、无限式放大，且将运作空间延伸到其他金融领域，尤其是触及居民资产管理等领域，实际上转移了风险承担主体，将微观市场主体的金融风险转化为系统性金融风险，一旦运营超出管控则将进一步演化为经济社会风险，威胁到社会稳定和金融经济安全。

---

① 国家信息中心：《中国共享经济发展年度报告（2019）》，2019 年 3 月 1 日。

## （四）平台数据监管和隐私保护措施不得当

数字经济时代，数据作为核心生产要素对平台用户提升体验和扩大规模意义重大。近几年，以百度、阿里、腾讯为代表的中国互联网企业以大数据为基础，形成了涵盖搜索引擎、电子商务、社交、日常生活等全方位的互联网产业链。一方面，数字经济时代，平台技术应用已全面深植和覆盖我们日常生活的各类场景，各类应用平台的使用与衣食住行"合二为一"，在应用平台下载、未经用户同意的情况下，平台通过植入插件等方式过度收集、非法窃取和窥探用户手机中的有效数据，过度开发以实现精准营销推广和数据倒卖获利。另一方面，部分头部平台企业依托其构建的庞大而全面的行业应用平台网络，几乎抓取汇集了用户的所有信息数据，用于引导平台用户消费，甚至造成用户信息泄露等事件，侵犯了用户的个人隐私保护权益。目前我国数字平台发展较为迅猛，平台数量庞大，政府相关部门无法对平台"隐私泄露"问题一一查处、曝光和惩治，因此相关平台和企业并未对"隐私泄露"问题引起重视，加之部分用户对个人信息的保护意识不强，平台"隐私泄露"问题成为我国平台经济规范化、国际化发展的巨大阻梗。

## （五）个别头部平台企业试图影响舆论导向

数字鸿沟将社会成员一分为二，加剧了话语权不平等。平台经济的蓬勃发展，推动了平台企业的极速膨胀，也干扰了部分平台企业自身的发展定位，给予平台企业打造"舆论飞地"的错误认识，企图打造以己为核心的"独立网络王国"。基于数字平台的网络效应和互联网边际成本递减等优势，新闻的正负面性质对平台企业的形象影响巨大，为了解决突发性、紧急性的公共危机事件，部分头部平台企业凭借其跨界渗透优势，或凭借其供应链，利用非常规手段操控网络传播内容，利用用户数据牟取利益、制造舆论，打压异见者、竞争者，有碍自由发声、公平竞争环境的营造。此外，在当今自媒体市场繁荣发展的格局下，平台企业与自媒体企业盘根错节的利益关系，为平台企业树立"赢者通吃""大而不倒"的品牌形象，也将误导自媒体行业企业为追求利益最大化而枉顾社会舆论引导责任，不能正确行使舆论监督权力，间接影响着我国自媒体市场的监管。

## 四　数字平台监管规制及监管体系建设举措

### （一）完善平台垄断和价格监管政策制度，健全平台监管体系

创新监管理念和方式，持续建立适应平台经济发展特点的新型监管机制和管理制度，健全平台垄断认定、数据收集使用管理、消费者权益保护等方面法规体系，为平台经济健康发展提供良好的政策环境。一是数字化平台监管，构建多元共治的数字化平台监管格局，推动监管部门提升区域协同监管能力；加强对用户补贴等数字化平台运营模式和重大资本垄断并购事件的预警，维护公民权益和社会稳定。二是数字平台企业监管，加强对数字平台企业资质牌照的审批和质量价格的监管、平台企业及平台内企业行为的审查监管，切实保护各方主体的合法权益。三是平台数据共享及管理，建立平台数据归集并与政府部门交流的共享机制，畅通政企数据双向流通通道，加大政务公共信用信息共享平台开放力度，加强平台失信主体的约束和惩戒。

### （二）探索构建零工经济新型劳动保障体系

一是研究建立适应零工经济的"第三类劳动者"权益保障机制。借鉴美国、英国、加拿大等国家第三类劳动者——独立劳动者保障机制，构建分类分级的劳动保障权益指标体系，采取平台与劳动者共同承担相应比例劳动保障义务的模式，满足劳资双方需求。二是差异化多元化实施劳动者社会保险类目。研究调整社会保险金合并征缴的可行性，同时鼓励商业保险机构拓展和丰富商业保险类目，降低零工经济劳动者的商业保险支出。三是创新构

建技能培训机制，缓解经济新常态下人员招聘问题。鼓励企业以垫付形式承担新员工技能培训费用，采用"工作培训抵押贷款"方式，鼓励银行、保险等金融机构设立新型贷款服务产品，凭资方工作培训证明申请技能培训贷款。

### （三）鼓励平台企业加大科技创新投入，激发社会创新创造动力

一是支持平台企业聚焦平台主业，加大平台纵深创新和科技投入。加强政策引导和财政支持力度，激励平台经营者加大技术研发、产品升级、海外并购、知识产权等关键环节资金投入，鼓励发挥平台企业信息化技术能力，围绕工业互联网等重点行业开展创新探索，推动传统企业数智化升级。二是强化科技创新平台的金融支撑服务。加大科技信贷的支持力度，拓宽平台内科技型和创新型企业融资渠道。三是建立健全成果转化和知识产权分配新模式。探索原始创新和科学研究成果转化及知识产权分配新模式，建立科技研发—成果转化—产业应用"三足鼎立"供应链生态，带动我国资本市场由产业应用实施者向科研成果转化专业经纪人方向发展。

### （四）鼓励数字平台与各产业融合，创新平台经济发展新业态

一是依托国家现代农业示范区，鼓励物联网、人工智能等技术在农业科研、实时监测、生产调控等全链路的应用，基于政务云和数据共享交换平台，研发构建"智慧农业"管理平台，打造现代化"数字+农业"示范基地和管理体系。二是围绕"十四五"规划纲要中重点产业类目，全面梳理全国重点产业基地、产业带、产业园区，高标准谋划构建"5G+工业互联网平台"体系，实现"数字+平台+工业"协同创新发展。三是支持互联网生产服务性平台向研发设计、现代物流、信息技术服务、体育文化、康养医疗等专业化的价值链高端延伸，大力发展"平台+服务业"的数字生活新服务。四是统筹整合国家级"双创"基地和园区资源，构建全国创新创业园区管理平台，丰富和完善"双创"管理平台创新创业服务体系，

打造"平台+双创"升级版。五是在确保数据分类授权、按需流动、安全有序的前提下，持续优化和提升全国政务服务系统应用功能，探索开发全国政务管理系统应用，打造双向全覆盖的"数字+平台+政务"政务服务监管体系。

## （五）加大平台数据监管力度，健全用户隐私数据保护体系

一是加大平台自律规范引导力度，优化完善平台数据监管机制。建立平台信息数据获取、脱敏处理、本地化存储和使用管理的标准和规范，引导平台企业在法律要求的框架内，做到自律管理，自主规范收集、处理和使用相关个人信息，加大应用软件获取用户信息的审核力度，避免信息的流出和盗取。二是构建平台企业信用管理系统，充分发挥信用背书作用。全面梳理现有数字平台数据管理和内部管理制度建设，建立平台企业信用信息系统，以政府公信力为背书，为平台企业提供便利化办事、高效融资等服务。三是持续完善个人隐私保护立法，提高公民隐私保护意识。持续完善个人隐私保护立法和监管，加大违法行为惩处力度，探索设立有效的监督和奖励机制，充分调动社会资源和力量，行使社会监督职能。

## （六）加大网络媒体监管力度，营造风清气正的网络环境

一是研究推动自媒体平台网络监管立法建设，明晰自媒体话语权和管辖权边界，厘清平台与用户账号法律责任关系，加强平台对传播谣言、低俗内容、误导舆论、内容侵权等用户账号的封禁管理和连带责任追究。二是支持自媒体平台依托平台数据根据用户使用记录，按照一定标准对平台用户分级管理、确定权限。三是加大网信办、公安等部门对自媒体整治力度，加强自媒体平台中正面舆论引导，积极营造法制化、规范化、制度化的自媒体平台环境。四是鼓励政府、学校和社区加强宣传，提高公民网络公共空间的法律意识、道德意识和批判意识，推动网民规范网络行为，实现自律和自治。

## 参考文献

孙晋：《数字平台的监管需要思路创新》，《经济参考报》2021 年 7 月 6 日。

陈健、陈志：《数字技术重塑全球贸易——我国的机遇与挑战》，《科技中国》2020 年第 5 期。

华南理工大学工商管理学院薪宝科技"零工经济研究中心"：《零工经济中"第三类劳动者"的权益保护研究报告》，2021 年 5 月。

王岳丹：《数字经济、数字贸易对比分析及河南数字贸易发展建议》，"EWTO 研究院"微信公众号，2020 年 10 月。

孟茹：《平台把关：网络用户隐私信息保护的行业自律监管研究》，《今传媒》2019 年第 6 期。

# 案例篇[*]
## Cases Reports

**B . 7**

# 天津综试区：集聚动能迈入跨境电商
# 高质量发展新阶段

王玉婧　曾　涛[**]

**摘　要：** 天津是先期开展跨境电商零售进口业务的试点城市之一，近年来
在推进跨境电商进出口贸易高速增长、打造外贸发展新引擎方面
取得了显著成效。天津跨境电商的进出口规模、跨境电商信息综
合服务平台搭建、保税仓库建设等均取得了良好进展，实现了4
种跨境电商通关模式全覆盖，2021年评审出3个市级跨境电商
示范园区，跨境电商成为推进数字贸易发展的新动能。今后，天
津将坚持差异化发展理念，打造各具特色的跨境电商产业聚集
区，积极开拓"一带一路"沿线市场，努力培育本地主力电商

---

\* 本部分跨境电商综试区的顺序以国务院批复文件的批次和顺序为准，无先后之分。

\*\* 王玉婧，天津商业大学教授，经济学博士，中国服务贸易协会专家委员会理事，主要研究方
向为国际经济与贸易；曾涛，天津市跨境电子商务协会会长，曾在天津口岸监管部门工作23
年，历任天津新港海关接单处处长、天津海关办公室（政研室）主任、天津机场海关党组书
记、关长。

平台企业，不断完善监管体系和管理制度。

**关键词：** 跨境电商 数字贸易 天津综试区 监管体系

当前，世界处于信息技术新时代，新一轮科技革命和产业变革正在蓬勃发展。数字技术强势崛起，以数字化技术为支撑的跨境电商将信息技术、互联网与传统贸易结合，推动制造业与现代服务业深度融合，催生出多种对外贸易的新业态新模式，有助于我国打开新的国际市场领域，推进贸易高质量发展。天津对外贸易发展顺应网络化、数字化和智能化的趋势，在培育贸易新业态新模式、推进跨境电商进出口贸易高速增长、打造外贸发展新引擎方面取得了显著成效。

# 一 跨境电商率先启航，新型贸易业态赋能外贸增长

## （一）先试先行、大胆创新跨境电商综合试验区

天津跨境电商业务在全国率先试航，2015 年 10 月成为跨境电商零售进口试点城市之一。天津与京东、苏宁、亚马逊、eBay、天猫国际、顺丰优选等国内外知名电商合作，通过各大平台开展跨境电商进口业务，主要是将境外进口商品集中入境暂存于东疆保税港区，然后以网上电商销售方式，销售给国内最终用户。

2016 年 1 月，天津获批成为国家第二批跨境电商综合试验区城市，同年 6 月出台了《中国（天津）跨境电子商务综合试验区实施方案》，以先试先行、有序推进、大胆创新、规范发展、政府引导、市场运作、多方联动为原则，在开通线上"单一窗口"的同时，注重搭建线下"创新试验园区"发展平台，双平台相辅相成，促进跨境电商与线下制造业实体经济联动融合发展。

2017 年 12 月 20 日，首届"2017 中国（天津）跨境电子商务创新发展大会"在天津空港经济区启幕。此次大会在天津市商务局指导下，由天津港保税区管委会主办、天津市跨境电子商务协会协办，目前成功举办四届，已经成为天津跨境电商产业发展的新动能。

### （二）积极探索，优化跨境电商服务与生态

天津市政府积极完善公共服务平台功能，打通跨境电商通关节点，优化海关监管和检验检疫服务，逐步打造完善的跨境电商产业生态。天津"国际贸易单一窗口"上线，开设跨境电商模块，从事跨境电商业务的企业，可实现一次登录，一次性提交海关、检验检疫等监管部门所需的格式化电子单证和信息，大大提高了通关效率。

2016 年，天津跨境电商信息化综合服务平台开始正式运行，该平台包含海关通关管理、检验检疫监管和综合服务 3 个模块，将个人和企业身份认证、管理、海关、商品检验检疫、报关清关、线下设施和物流等系统连接融通，搭建了一个多数据交换、多系统联通的现代化数据信息技术化平台，为实现跨境电商产品"一次申报、一次查验、一次放行"提供了数据和通关业务支持。天津港保税区、东疆保税港区和中心商务区的多家跨境电商企业、报关企业、仓储物流企业和支付企业，通过平台实现跨境电商产品和客户信息与通关、法检等业务的互助互联。

近年来，天津市创新招商模式，加大招商力度，成功引进跨境电商及相关企业，如京东全球购、唯品会、百世（菜鸟）、苏宁易购、考拉海购、三佳购物、华润万家、天津保宏、天保宏信、圆通、小红书、银联、易极付等多家企业、支付公司和物流公司已顺利开展跨境电商业务。

### （三）新业务模式率先推进，抢占跨境电商市场先机

天津市跨境电商出口 B2C 业务始于 2019 年，当年天津口岸跨境电商出口业务突破 50 万单，总额 1533.47 万元。出口企业受益于跨境电商扶持政策，大大增加了外贸出口规模。天津本土知名企业如天津九安医疗电子股份

有限公司、进业（天津）轻工制品有限公司等利用跨境电商出口模式，直接寻找国际市场客户，高效完成订单，将中国制造品牌和价值传递到全球市场。

2020 年，中美贸易摩擦加剧，新冠肺炎疫情肆意蔓延，全球经济下行，但天津跨境电商出口业务突破逆境仍迅速增长。据统计，2020 年天津新增跨境电商试点主体近 200 家，玩具、自行车、电动车等产品打开了跨境电商 B2B 出口新路径，出口 75.46 万单，超过 2019 年全年总量，增幅达到 20.5%，成为抗击新冠肺炎疫情、推动复工复产的新兴力量。

天津通过政企多方共同努力，率先实现跨境电商出口 4 种通关模式全覆盖。在实现一般出口模式（9610 出口）、特殊区域出口模式（1210 出口）的基础上，天津于 2020 年 7 月成为全国首批 10 个海关跨境电商企业对企业（B2B）出口监管试点之一。天津新港、东疆和机场海关成功验放监管代码"9710"① 和"9810"② 的出口清关单据，在全国范围内率先跑通了跨境电商 B2B 出口、申报、退税全流程。此外，天津政府部门通过加强协调，推动外贸综合服务平台新模式试点，助力企业高效 B2B 出口。2021 年 1 月 21 日，天津跨境电商企业可通过阿里巴巴一达通外综服平台实现"9710"一键申报，这是阿里巴巴国际站跨境供应链上线一站式数字化报关和出口履约服务后的全国首单业务，推动跨境电商出口企业快速实现数字化贸易转型。

2021 年 3 月 1 日，首批搭乘中欧班列的跨境电商 B2B 出口货物番茄酱罐头在天津海关成功申报，在西安装载放行经阿拉山口出境，出口至共建"一带一路"国家哈萨克斯坦。天津跨境电商 B2B 出口业务迎来了海陆空立体出口全面畅通新阶段。

天津跨境电商进口业务开展早、进展快，已累计备案跨境电商进口经营企业超过 200 家，备案商品近 4 万种，并在东疆保税港区内打造了快递分拨中心，实现保税与非保业务集中存放、集拼出区，成为全国首个利用海关分

---

① 9710：海关监管代码，适用于跨境电商 B2B 直接出口。
② 9810：海关监管代码，适用于跨境电商出口海外仓。

类监管政策与跨境电商试点融合的创新业务。东疆保税港区重点发展以保税进口、航空物流、直邮进口为主的跨境电商业务，业务模式多态并举。

天津港保税区跨境电商在海港、空港均有布局，实现了"一中心多仓库"的发展模式，拥有30万平方米的跨境电商进出口保税仓，形成了跨境电商仓储物流中心、跨境电商综合服务平台和跨境电商创新试验园区三位一体的发展模式。跨境电商进出口业务采用"简化申报、汇总统计"模式，大幅提升了通关效率，营商环境不断优化，逐步形成电商企业集聚效应，为天津跨境电商产业规模化发展提供有力支持，并进一步助力天津外贸高质量发展。

### （四）跨境电商进出口规模突飞猛进，单量及金额数据喜人

#### 1. 跨境电商进口业务数据

天津跨境电商进口业务主要借助阿里巴巴、京东等国内大型电商平台、海外电商平台和第三方支付与物流体系的运营模式进行。2016~2020年，跨境电商进口总额逐年上升，从2016年4258.24万元增长到2020年的484500万元（见图1）。

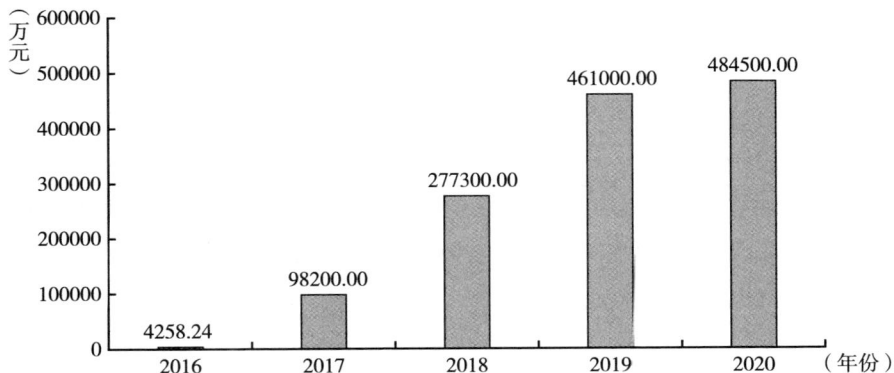

图 1　天津市 2016~2020 年跨境电商进口总额

资料来源：根据天津市商务局资料整理。

自 2016 年天津开展跨境电商进口业务以来，跨境电商业务发展迅速。2017 年天津跨境电商共计申报进口清单 462.8 万单，进口总额 9.82 亿元，较 2016 年分别增长 20 倍和 22 倍。2018 年，全市跨境电商进口总额超过 27 亿元，较 2016 年增长 64 倍。

2019 年全市跨境电商进口共计申报清单 2828.7 万单，同比增长 59.9%，进口总额 46.1 亿元，同比增长 66.2%；其中天津保税区跨境电商全年总单量超 1800 万单，同比增长 52.5%，货值超 28 亿元，同比增长 46.9%，业务量约占全市的 65%。2020 年全市跨境电商进口订单量突破 3000 万单，其中跨境电商进口申报单量达到 2924.78 万单，同比增长 3.4%，实现销售额 48.45 亿元，同比增长 5.10%。

近年来，天津跨境电商进口来源国多为欧美国家，2020 年全市跨境电商进口国货值排名前十的为日本、澳大利亚、韩国、美国、新西兰、法国、德国等国（见图 2）。

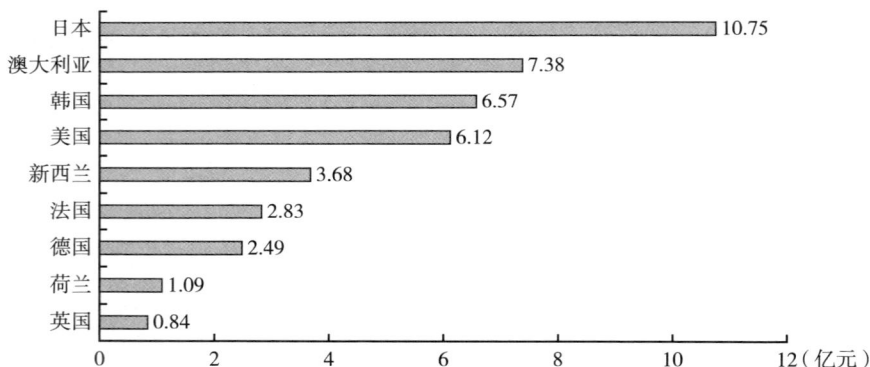

**图 2　2020 年天津跨境电商进口国货值**

资料来源：根据天津市商务局资料整理。

跨境电商进口商品多为化妆品、加工食品、奶粉、洗涤用品等，2020年天津跨境电商进口商品中，化妆品位居第一，加工食品、奶粉、母婴用品等排名靠前（见图 3），表明跨境电商进口基本用来满足人民群众日益增长的美好生活需求。

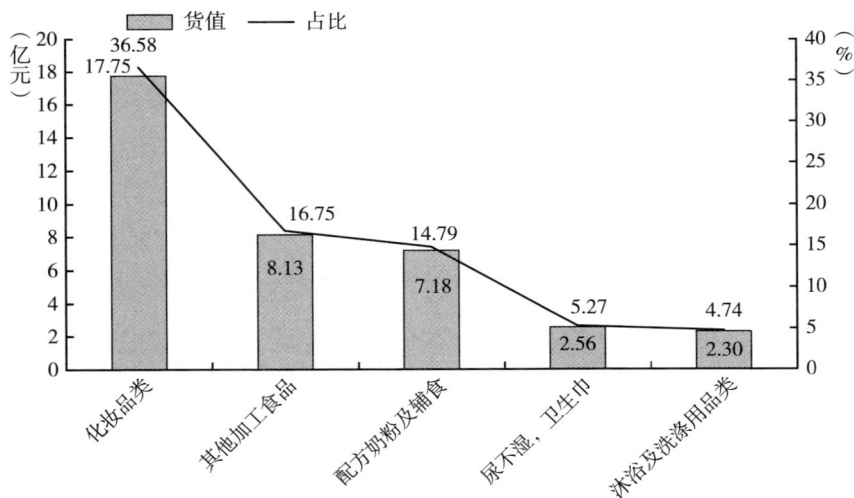

**图 3　2020 年天津市跨境电商进口商品货值及占比**

资料来源：根据天津市商务局资料整理。

### 2. 跨境电商进出口整体数据

天津自 2019 年开展跨境电商出口业务以来，出口总额逐年增加，由 2019 年的 0.15 亿元增加至 2020 年的 13.8 亿元。进出口业务齐头并进，使 2016~2020 年天津跨境电商进出口总额稳步增长（见图 4）。

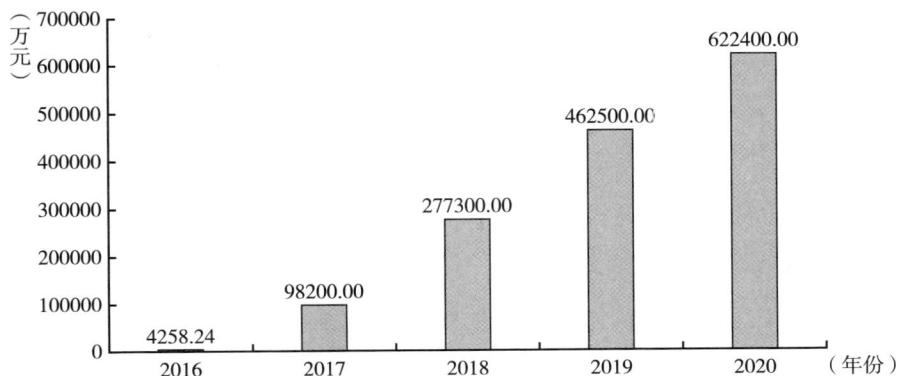

**图 4　2016~2020 年天津跨境电商进出口总额**

资料来源：根据天津市商务局资料整理。

2019 年跨境电商进出口总额超过 46 亿元，2020 年跨境电商进出口总额达 62.24 亿元，同比增长 34.57%。2020 年 7 月，天津首单跨境电商 B2B 出口顺利通关，天津跨境电商出口额随之增加。

2021 年 1~10 月，天津完成跨境电商进口清单 2233.91 万单，实现销售额 37.85 亿元，实现 B2B 出口额 83.82 亿元，全市跨境电商进出口突破 100 亿元。跨境电商行业发展迅速，交易总量逐年增加，规模和应用水平在全国名列前茅，其中需要重点强调的是，跨境电商线下产业园区充分发挥自身优势，在促进企业转型升级、加速产业融合方面发挥了至关重要的作用。

## 二 建设跨境电商示范区，形成创新发展良好氛围

2021 年，天津市商务局开展跨境电商示范园区评选工作，旨在打造跨境电商专业运营服务能力强、物流配套和周边公共设施完善、生活环境配套齐全的园区载体。通过点面结合，营造争先创优、典型引领的良好氛围，进一步促进跨境电商企业快速集聚。

### （一）滨海高新区跨境电商示范园区

2021 年 4 月，滨海高新区成为国家级电子商务示范基地，高新区跨境电商示范园区起步区位于天津市生产性服务业集聚示范区——"天百数字经济服务基地"内，未来拓展区包括华苑科技园（环内、环外）。园区周边交通便捷，地处京、津发展轴，靠近京沪、津保、京塘高速公路。园区周边有智慧山、迎水道两大生活商圈，辐射若干成熟社区，且医疗设备完备，为区域居民提供专业医疗服务；此外，滨海高新区与天津大学、南开大学有着长期密切合作关系，为区域产业发展提供人才保障。

在产业集聚方面，天百数字经济服务基地获批市级生产性服务业集聚示范区，涌现了云账户、今日头条、易生支付等优势企业；在跨境电商及相关产业聚集方面，目前共有约 260 家电子商务及相关企业，电子商务交易额

3500亿元，从业人员约5000人。在大宗商品交易、生活服务类电商和电商服务业等领域初步形成了竞争优势，集聚了津贸通集团下属多家公司、物产大宗商品电子商务平台、北方国际进出口、斯泰克、今日头条、云账户、天鹅到家、亿玛在线等电子商务产业链相关企业。除此之外，园区还集聚了高新区行政许可服务中心、南开海关、出入境服务大厅等办事机构，为企业办理行政审批手续等提供一站式服务。周边集聚了多家银行以及普天创新园、国际创业中心、留学生创业园等近10个孵化园。

天津津滨跨境电子商务有限公司作为示范园区的运营主体，制定了"四步走"战略规划，全力打造核心起步区，即园区孵化器部分。园区具备现代一流的办公条件，可提供的服务项目覆盖跨境电商全产业链，园区发展积极与电商直播、数字经济等新趋势相适应，吸引了众多企业和高校聚集于此，建设成为园区功能展示区，以点带面，撬动整体区域的联动发展。建设完成后，将打造形成"一院二区三平台四基地九中心"的功能布局，成为天津领先的综合性跨境电商产业园区。

天津市跨境电商示范园区（滨海高新区）暨天津开放大学跨境电商产业园揭牌仪式于2021年6月25日举行。高新区与天津开放大学开展战略合作，共同建设天津市跨境电商示范园区暨天津开放大学跨境电商产业园，旨在打造"立足高新区、着眼天津市、辐射京津冀、覆盖大北方"的跨境电商产业集聚中心区、跨境人才培养基地、跨境行业生态建设示范区、中国北方跨境电商生态新高地，将通过提供跨境电商全产业链服务，构建全生态链条，撬动区域联动发展，实现跨境电商企业的聚集发展。

## （二）天津经济开发区跨境电商示范园区

天津市经济技术开发区位于滨海新区，是北方产业发展示范区、京津冀产业协同发展先行区、中国天津自由贸易试验区核心区、金融创新运营示范核心区，同时也是首批国家级经济技术开发区之一，为滨海高端制造业提供金融服务支持与商务设施配套。

经过十余年的开发建设，经开区在于家堡半岛范围内形成聚能中心。于家堡位于天津自贸区，拥有发达的供应链体系，包括丰富的海外直采渠道、供应商渠道、原产地直采渠道等，具有发展跨境电商得天独厚的优势条件。其利用京津冀一体化及自贸区创新政策，整合了"京津冀"口岸资源，形成了以天津港、天津机场、首都机场、河北省相关口岸及仓储资源为节点的物流集群网络，打通了保税展示交易、跨境电商直邮、跨境电商保税备货、个人物品快件等多个业务环节，创建了覆盖完整跨境贸易供应链的综合服务体系。吸引了海外品牌商、贸易企业、仓储企业、代理企业和各类销售终端进驻，形成了赋能型跨境贸易生态圈，全方位满足进出口供应链环节上各类企业的复杂业务需求，构建起于家堡自贸区全球全景新商业生态平台。

2020年"天津抖音直播生态产业园""阿里云上新基建产业园"入驻，结合环球购地下商业街、网红特色集市，开展线上线下同步运营，导入抖音IP和年度活动。通过阿里云上新基建产业园建设，借助阿里庞大的电商、物流体系，搭建自营供应链，打通直播、选品、销售、物流、数据各环节，全面支持区域网红机构的选品服务。同时，供应链企业天津自贸区于家堡环球购跨境贸易综合服务有限公司作为园区运营方，将与抖音和阿里云联合建设以于家堡为核心的北方最具实力的供应链体系，全面支撑电商产业发展。

2021年10月19日，天津市跨境电商示范园区（经开区）暨于家堡环球购跨境电商产业园揭牌签约仪式在天津抖音直播生态产业园举行。签约仪式上，中国邮政集团有限公司滨海分公司、天津放心购电子商务有限公司、杭州树屋科技有限公司、天津正能量知识产权代理有限公司、宁波海硕供应链管理有限公司、跨客（天津）科技有限公司、北京优九文化传媒有限公司、翱翔长空（天津）国际贸易有限公司、泛鼎集团等跨境企业分别与园区签订入驻协议。PingPong跨境支付、百世物流科技（中国）有限公司、天津市淘客科技有限公司、天津科讯通科技有限公司、浙江芯玉供应链管理有限公司、粤港澳国际供应链（广州）有限公司、涵谷科技有限公司、天津易客满国际物流有限公司等跨境服务商企业也分别进行入驻签约。

天津市跨境电商示范园区（经开区）将与滨海新区开展战略合作，实现"津城—滨城双园联动，直播—跨境错位发展"的跨境电商生态建设新格局。未来，双方将加强联动，相互配合，为天津乃至中国北方的跨境电商产业发展贡献力量。

## （三）红桥区跨境电商示范园区

红桥区是天津市六个中心市区之一，红桥区跨境电商示范园区位于光荣道科技产业园区正融科技大厦。2021 年，红桥区政府、阿里巴巴闲鱼事业部、天津蓝致大数据共同在正融科技大厦打造集直播、展示、销售、体验、售后于一体的天津阿里闲置商品交易产业基地。借助淘宝、闲鱼强大的线上流量，通过直播方式建设线上、线下深度融合的新零售电商示范园，打造闲鱼全国首家二手商品线下交易集散中心。红桥区跨境电商示范园区集合光荣道科技产业园现有园区综合配套资源和区位优势，致力打造产业链完善、服务功能完备、具有示范带动效应及核心影响力的跨境电商生态产业园，进一步促进跨境电商企业在天津市的快速集聚。

目前园区内已入驻的企业类型覆盖多个领域，从业人员超过 700 人，主要有电商企业、政府服务部门、科技型企业、人力资源企业、智慧能源企业等类型，入驻企业包括紫希国际、够谱出行、伍创电商、欧扎克、芒果说、中天人力、中金建设、天拓设计、中信银行、浦发银行、工商银行、中国人保等知名企业。

2021 年 6 月 10 日，天津跨境电商产业发展论坛暨天津市跨境电商示范园（红桥区）开园仪式在正融科技大厦成功举办。开园仪式现场，蜗牛云仓、深圳易仓科技、大连富思创科、中泰春辉等首批入园企业签订入驻协议。天津市跨境电商示范园（红桥区）成立北方跨境电商产业创新发展联盟，汇集了天津多所高校、企业及行业协会的优质资源。作为联盟成员之一的南开大学校友会麒麟网络经济研究院宣布在园区挂牌成立产学研基地，与园区共同开展专业共建、人才共培、项目共研。

## 三　新阶段新机遇多措并举，推动跨境电商行业新发展

### （一）差异化发展，打造跨境电商产业聚集区

在继续推动跨境电商创新试验区建设的基础上，加快跨境电商生态产业园区建设，结合跨境电商出口产品集中于轻工业品和电子产品的特点，形成差异化优势，打造跨境电商产业聚集区。合理规划布局园区业态模式，形成跨境电商产业集聚效应，做好跨境电商产业基础和上下游相关配套工程，促进产业升级发展，充分利用区位、营商环境、人才集聚等优势吸引国内外跨境电商企业入驻，构建国际一流跨境电商产业生态链。

一方面，结合不同跨境电商创新试验区的特点，进一步优化试验区产业布局，形成差异化优势，推进跨境电商产业聚集。依托区位、营商环境等优势，对已有的东疆保税港区、天津港保税区、空港航空物流区、中心商务区于家堡环球购、东丽航空商务区、武清开发区、红桥区大龙网旗下龙工场等7个跨境电商创新试验区进行特色区分，推动其进行特色发展，以优化跨境电商产业布局，形成优势互补、错位聚集的创新示范区。另一方面，对产业园区服务及基础设施进行优化，并完善相关规则制度，形成良好的跨境电商营商环境。在优化园区服务的同时，加大园区招商引资力度，通过创造新颖的发展模式，吸引国内知名企业入驻园区，形成产业集聚效应。此外，逐步延伸至跨境电商上下游产业，引进物流、平台、贸易商等企业入驻，构建园区跨境电商产业生态链。

### （二）积极开拓共建"一带一路"市场

天津开展跨境电商出口业务以来，逐步向西方发达国家及共建"一带一路"国家开拓市场，2019年天津跨境电商出口排名前十的国家中，共建"一带一路"国家就有4个。

随着跨境电商逐步发展，2020年天津跨境电商出口额有较大幅度上升，

主要出口国中共建"一带一路"国家的货值较2019年有明显增加。由于"一带一路"倡议的深入实施，沿线亚太和欧洲地区有巨大的市场潜力和增长势头，很多国家具有良好的互联网和移动设备设施，具有较好的开展跨境电商的潜力。天津市将重点推进"一带一路"跨境电商业务合作网络，探索"丝路电商"，促进天津市优势产业产品出口，升级出口产品结构，提升天津跨境电商出口产品国际竞争力。

政府计划将从两个方面促进天津与共建"一带一路"国家的合作。一方面，通过签署电子商务合作备忘录等形式，以提高沿线国家在通关、关税、税收等方面的便利化水平；另一方面，出台相关支持政策以鼓励天津市本土企业"走出去"，同时出台相关优惠政策，吸引沿线国家企业落户天津，扩大天津市跨境电商业务范围。此外，可以通过设立保税区、物流园及海外仓等形式，为贸易各国创造良好的营商环境，并树立跨境电商企业典型，重点加以扶持，起到示范带动作用。

企业方面，跨境电商相关企业可利用天津市与沿线国家企业合作关系，借助"一带一路"布局优势，通过投资办厂、合作办厂、设立研发中心等形式进入沿线国家市场，并努力将自身平台转化成东道国和目标市场的本地化电商平台，以促进"一带一路"贸易发展。跨境电商物流企业可以与共建"一带一路"国家物流企业合作，推进并完善物流基础设施，建设互惠共享的现代流通体系，使其物流相关配套设施达到跨境电商运作要求，以减少运输时间，进一步降低物流成本。对于非跨境电商相关企业，则需要抓住跨境电商发展机遇，利用其发展所带来的成果，做好共建"一带一路"国家的市场开发。

## （三）引进跨境电商龙头企业，培育本地主力跨境电商平台企业

培养本地跨境电商平台企业，推动平台企业与跨境电商企业融合发展。天津市政府及相关部门深入调研，摸清天津市跨境电商平台企业所处状况以及业务发展过程中遇到的问题，并采取相应的政策措施帮助企业渡过难关。政府通过出台优惠投资政策，改善投资环境，助力规模较大的跨境电商平台

企业快速成长，并以此带动规模较小的跨境电商企业发展。跨境电商平台企业引进投资，创新运营模式和推广模式，依托有较大竞争优势的制造业开拓市场，以实现企业的快速发展。

第一，将引进国内知名跨境电商企业作为招商的重点，整体提升天津市跨境电商行业的竞争力和影响力。目前已成功引进京东、天猫国际、唯品会等大型跨境电商企业落户天津。第二，改变传统的"走出去"发展模式。天津传统外贸出口长期占有优势，鼓励这类企业通过跨境电商平台拓展更广的销售市场，并支持其建立境外销售网络、物流网络，设立境外展示中心、海外仓等，助力天津的优势产品如自行车、家具家居、纺织服装、汽车零配件成功出海。天津跨境电商快速发展的同时，涌现了一批利用国内外知名电商平台和综合服务平台开展跨境电商业务的企业，如天津利共跨境电商有限公司、大美（天津）电子商务有限公司、卓凡（天津）电子商务有限公司、天津紫希国际贸易有限公司和伊润国际贸易有限公司等。

### （四）完善监管体系，创新管理制度

完善的监管体系有助于天津跨境电商企业高效运作，因此，天津跨境电商监管体系要进一步创新。首先，建立诚信大数据平台，将从事跨境电商的企业和个人的诚信状况以及商品的采购生产销售等以数据形式反馈在平台上，便于个人或企业查询。其次，建立绿色通关模式，对传统监管系统进行改进，以现代先进信息技术为依托，建立智能化监管系统，实现货物通关时自动识别与自动检验，减少由人为操作导致的通关失误，提高货物通关便利化水平，实现"零延时"通关、"零接触"作业。最后，建立等级互认机制，采用先进信息技术，建立信息管理系统，将政府、海关、企业等跨境电商相关机构连接到一起，以便各部门信息互通，实现部门间信息互换、监管互认，全方位对天津从事跨境电商的主体进行在线化监管。

创新管理体制，制定具有本地特色的跨境电商监管方式。对现有跨境电商管理体制深入研究，依据天津区位优势等特点，制定出一套符合天津跨境电商行业发展特点的监管方式和多元通关模式，促进跨境电商行业又好又快

发展。

### （五）多种形式促进跨境电商新业态高质量发展

在第三届中国国际进口博览会上，举办了"2020 中国国际跨境电商发展高峰论坛"及"2020 跨境电商与贸易数字化发展论坛"，跨境电商作为数字贸易的一部分，为传统贸易企业及生产型企业的发展提供了更为广阔的空间，也为新冠肺炎疫情下的世界经济注入了活力。天津市要继续组织好跨境电商企业、综合服务平台企业积极参加进博会，展出天津市优质产品，打造自主品牌。积极引导自行车、家具家居、汽车零配件等天津市优势产业的龙头企业加快数字化转型，助力企业通过跨境电商创新营销模式，通过设立境外展示中心、贸易机构等形式开拓国际市场，以建立自主品牌优势。与此同时，鼓励天津市发展会展经济，充分利用各种进出口商品博览会、津洽会、"云展会+云推广"等，推动产品的跨境互联和互通，推进天津市跨境电商及相关产业加速发展。

**参考文献**

吴亦菲、孙秀静：《天津市跨境电商发展现状、问题及建议》，《现代营销》2021 年第 2 期。

张华、崔静宜：《"一带一路"背景下天津跨境电商发展策略探讨》，《科技经济导刊》2020 年第 28 期。

何慧：《苏州跨境电商产业发展现状、问题及对策探析》，《物流科技》2020 年第 9 期。

梁漠凌、陈枫、陈友东、戴嘉岐、黄丽：《广东省跨境电商发展现状、问题及对策》，《佛山科学技术学院学报》2020 年第 6 期。

# B.8

# 南京综试区：多措并举着力打造对外贸易发展新引擎，探索发展新动能

姜淑梅　邓文泉　周韵露*

**摘　要：** 南京以获批国家跨境电商综试区为契机，突出南京特色和优势，走出了一条特色鲜明的跨境电商发展新路径。本文首先介绍了南京综试区建设发展情况及"5+N"总体发展格局，总结了南京在完善全口径跨境电商统计监测体系、打造多功能一体化海外营销中心、持续推进传统外贸数字化转型、建立进口商品深度溯源体系、支持邮政跨境电商发展等方面取得的工作成效，并建议南京综试区坚持"企业+项目+数据+生态"四位一体发展思路，聚焦主体培育、平台打造、服务生态体系建设，推进跨境电商纵深发展。

**关键词：** 南京综试区　对外贸易　跨境电商

## 一　南京综试区基本情况

南京市自2018年7月以来，以获批国家跨境电商综合试验区为契机，在复制推广先行综试区及自贸区成熟经验做法的基础上，突出南京特色和优势，推动南京市跨境电商再上新台阶。目前综试区建有省市级跨境电商产业园5个、市级跨境电商创业创新孵化基地19个、省市级跨境电商公共海外

---

* 姜淑梅，南京市商务局对外贸易处四级调研员；邓文泉，南京市商务局对外贸易处四级主任科员；周韵露，南京市商务局对外贸易处四级主任科员。

仓20个、跨境电商企业1000多家，形成了跨境电商发展的产业链和生态圈，走出一条具有南京特色的跨境电商发展新路径。2020年南京市跨境电商进出口累计205.63亿元（商务监测数据），2021年跨境电商进出口累计313.76亿元（商务监测数据），居全省前列。

## 二 综试区工作进展

### （一）聚焦先行先试，做好政策引领铺路

一是完善工作机制和支持政策。成立"南京市跨境电商综合试验区建设领导小组"，统筹协调推进南京市跨境电商综试区建设，深入推进落实《中国（南京）跨境电子商务综合试验区实施方案》；印发《关于促进中国（南京）跨境电子商务综试区发展的若干政策》等配套文件，为综试区工作提供政策支撑；支持综保区（龙潭、江宁片区）开展跨境电商保税进口业务。二是探索创新监管机制。制定实施《南京市跨境电子商务B2B出口业务数据认定试行办法》，实现对跨境电商相关数据有效和真实的全口径监测和服务。建设进口商品深度溯源体系，从源头到用户全程跟踪、一物一码、正品溯源，实现对进口产品信息的正向跟踪和反向追溯。三是强化部门协同合作。与金陵海关、新生圩海关、机场海关联合印发《关于支持跨境电商一般出口企业采用"清单核放、汇总统计"方式办理报关手续有关事项的通知》，助力跨境电商出口提高效率、降低成本；配合市税务局推进落实跨境电商企业"免征不退"政策和所得税核定征收办法；会同南京海关推进跨境电商B2B出口监管新政的落实。2020年7月，实现跨境电商B2B直接出口"9710"和跨境电商出口海外仓"9810"两项跨境电商新模式顺利通关出境。

### （二）加快载体建设，推动产业集聚发展

一是建设一批跨境电商产业园。龙潭、空港及机场等功能型跨境电商产业园结合区位优势和发展重点，提升综保区及保税物流中心（B型）等开

放载体服务跨境电商能级，加强产业园区场站、仓储、物流通道等基础设施和配套服务业建设，推动跨境电商进出口多元化差异化发展。八卦洲、智能制造等集聚型跨境电商产业园，将跨境电商模式创新和特色产业平台打造有机结合，为全市"特色产业+跨境电商"模式创新发展提供可借鉴经验。二是打造跨境电商创业创新孵化基地。鼓励有条件的区域将现有载体改造成为跨境电商创业创新孵化基地，率先建立市级跨境电商创业创新孵化基地试点认定与考评机制。目前，全市共有19家跨境电商创业创新孵化基地，形成一批集孵化、研发、运营、客服、设计等于一体的综合配套服务载体。三是稳步推进海外仓建设。率先开展跨境电商公共海外仓试点认定与考评，经过五年多的培育认定，目前南京市有省级公共海外仓试点7个、市级公共海外仓试点13个，境外仓储总面积约25.17万平方米。推动海外仓试点企业与传统外贸企业深度合作，服务迭代提升，助力海外仓从早期的单一物流仓储功能，逐渐发展成为具备O2O展示、前展后仓、线上交易、退换货、售后维修以及提供注册、法务、财务等全方位服务的海外营销中心。

## （三）强化平台打造，助力企业数字化转型

一是创建跨境电商公共服务平台。指导和支持南京电子口岸公司打造南京市跨境电商公共服务平台，整合跨境电商B2B数据认定系统和"9610""1210""9710""9810"模式数据系统，初步形成"一点接入、信息共享、联合监管、便捷服务"的跨境电商业务一站式支撑平台。二是支持综合服务平台建设。招引培育企业集聚、货物集聚和综合服务三位一体的龙头平台企业，为企业提供网上展示推广、洽谈交易、物流配送等定制化的配套综合服务。助力企业拓展订单渠道，并实现线上订单、货物物流及线上支付一网服务。引进了阿里国际南京站、亚马逊全球开店等一批龙头平台企业，辐射带动周边产业集聚和行业发展。三是鼓励发展专业服务平台。利用互联网、大数据等技术，帮助企业精准快速响应终端市场需求，拓展按需设计、定制生产等新模式，推动传统外贸企业加快网络化、智能化、专业化、服务化转型。南京焦点科技、江苏未迟、智贸邦等基于智能大数据分析和推广营销，助力企业拓展海外市场。

## （四）加大主体培育，引导企业迭代升级

一是加大招商力度，培育引进龙头企业。在北京、上海、深圳设立招商办事处，加大招商力度。2021 年 3 月在杭州举办南京市跨境电商发展推介会，现场签约全球贸易通江苏总部项目、泛捷跨境供应链项目等 25 个跨境电商产业链项目。二是积极引导传统外贸企业转型。推动传统外贸企业数字化转型发展，鼓励外贸企业加强与海外仓等合作，运用 ERP 系统，融入目标市场营销网络和零售体系，建立自主营销渠道，实现传统外贸企业转型升级。三是大力发展服务支撑企业。积极培育引进丝路全球、擎天助贸圈、领航国际等一批跨境电商服务企业，以平台、物流、代运营、培训和综合服务等环节为重点，探索搭建跨境电商服务资源对接机制，为跨境电商高质量发展提供服务支撑。

## （五）创新服务模式，打造良好营商生态

一是推进行业协会服务创新。成立南京跨境电商行业协会，以协会为主要服务载体，在江北新区、栖霞区等 4 个区设立跨境电商服务中心，为落户企业提供一站式综合服务；举办跨境电商创新创业大赛，创建跨境电商良好的创新创业发展氛围。二是加快国际物流枢纽建设。市政府与中国邮政集团有限公司签订战略合作协议，建设功能全、能力强的综合核心口岸项目，打造核心口岸全业务、全模式通关平台（包括交换站、货站功能），满足邮件、快件、跨境电商、普货等全业务监管，实现一点清关、总包经转、快进快出。三是加强人才队伍培养。市区联动、政企合作，依托行业协会、专业机构和龙头企业开展跨境电商应用人才培训和技能提升培训；推动阿里巴巴、亚马逊等第三方单位与南京孵化基地以及高校合作，多途径、多模式帮助企业培养跨境电商人才。四是加强部门联动合作。推进江苏自贸区（南京片区）与南京综保区联动，通过政策叠加，共同推进跨境电商发展。优化进口关税担保服务，扩大海关"汇总征税"受惠范围，创新"银关保"和关税保证保险等进口关税担保模式，降低关税保函融资门槛和成本。

## 二 综试区特色格局

南京按照自贸区建设的最高标准、最强支持，推进跨境电商的生态体系建设，目前形成了 5+N 的总体格局，即五个产业园区和多个基地、海外仓，呈现持续健康发展梯度格局。

### （一）五个产业园

龙潭、空港和机场跨境电商产业园，依托海关特殊监管区，利用自身临港临空地理优势，形成良性竞争、错位发展的格局。龙潭跨境电商产业园依托海港及综保区优势，重点发展保税进口、集货集拼出口业务。空港枢纽经济区跨境电商产业园重点发展 B2C 进出口业务，与综保区联动拓展保税进口业务。机场跨境电商产业园依托空港保税物流中心（B 型）所在大通关基地的优势，重点打造区域性进口高附加值商品中心、冷链仓储分拨中心。八卦洲、智能制造属于集聚型跨境电商产业园，依托园区内龙头企业，将跨境电商模式创新和特色产业平台打造有机结合，推动"特色产业+跨境电商"模式创新发展。

### （二）多个孵化基地和海外仓

在各区、开发区打造了集孵化、研发、运营、客服、设计于一体的 19 个跨境电商创新创业孵化基地。至 2020 年，各孵化基地共孵化企业近 700 家，线上线下开展培训超过 200 场，培训人员超万人次；在境外建立了集物流仓储功能、O2O 展示、前展后仓、体验下单、退换货、维修等于一体的 20 个公共海外仓，成为企业出海的有力支撑。

## 三 综试区工作成效

### （一）提升公共服务平台功能，探索完善全口径跨境电商统计监测体系

南京市制定并实施《南京市跨境电子商务 B2B 出口业务数据认定试行办

法》。目前，南京市的跨境电商统计监测体系主要由两部分构成。一是在海关跨境电商监管模式下完成通关的业务数据，包括跨境电商一般进口、特殊区域出口、跨境电商网购保税进口、跨境电商 B2B 出口、跨境电商海外仓出口及邮快件电商包裹。二是根据《南京市跨境电子商务 B2B 出口业务数据认定试行办法》认定的业务数据，采取对网上订单、物流单及支付单"三单"对碰的方式，将通过跨境电商平台达成交易的出口数据纳入统计；通过核对海外仓进仓编号信息以及电商平台交易订单信息，将通过一般贸易方式出口至海外仓的数据纳入统计。监测体系实现对跨境电商相关数据有效和真实的全口径监测和服务。

### （二）加快境外营销网络布局，打造多功能集成化海外营销中心

目前南京市省级公共海外仓试点 7 个、市级公共海外仓试点 13 个，分布在美国、法国、德国、日本、意大利、荷兰、中国香港等国家和地区，总面积约 25.17 万平方米。为促进国际营销网络建设，培育外贸新业态，南京市大力支持公共海外仓提档升级，通过政策支持，推动优势跨境电商平台及供应链企业与传统外贸企业合作，助力海外仓从早期的单一物流仓储功能，逐渐发展成为集 O2O 展示、前展后仓、体验下单、退换货、维修以及为海外公司提供注册、法务、财务等全方位共享服务的海外营销中心。

### （三）大力发展跨境电商代运营业态，持续帮助传统外贸企业数字化转型

通过前期培育，南京市目前已有数家规模化跨境电商代运营企业，服务企业超过千家。通过跨境电商代运营企业开展系统化实操培训，帮助企业建设海外独立站，利用搜索引擎、互联网社区、社交媒体等互联网工具实施精准营销。通过拓展小额批发线上交易能力，应对全球订单日益碎片化的趋势，帮助中小企业拓展更多的国际贸易空间，实施"破零"行动计划。

### （四）建设进口商品深度溯源体系，实现对进口产品信息的正向跟踪和反向追溯

加强与国际品牌商的深度合作，建立对境外源头供应商核验机制，与中

检溯源平台互联互通，实现从源头到用户全程跟踪、物码匹配、正本清源。企业联合中检溯源，运用溯源大数据跟踪商品生产、国际物流、进口申报、仓储快递溯源全流程，推出 3D 云膜防伪码，合成全程监测手段，为每一件跨境商品建立唯一可追溯全封闭式的身份证标签，消费者可用手机扫码获取溯源信息，实现对进口产品信息的正向跟踪和反向追溯，提升客户消费体验度。

### （五）率先支持邮政跨境电商发展，引导邮政业务"阳光化"

南京邮政通过前置国际互换局海关查验和互换局封发功能，形成非 9610 邮件以邮办通关为主，龙潭新生圩海关、空港邮办海关查验 9610 邮件为辅的多渠道通关格局：一是实现海关查验业务分流，大大降低了互换局封发作业压力；二是把互换局查验和封发功能前置到产业园内，增加了两个通关口，形成了南京邮政口岸出口通关新优势；三是通关邮件分流，实现国际邮件在两大产业园内直接封发。加强邮关业务整合创新，支持邮政企业发展，建设国际邮件、快件、跨境电商"三关合一"口岸，推动南京市国际邮件互换局、国际快件监管中心加快升级扩容，提升跨境寄递的多式联运能力和综合服务水平。

## 四　创新经验做法

### （一）设立跨境电商美妆产业示范园，开创"特色产业+跨境电商"新模式

2021 年创建南京跨境电商美妆产业示范园，以跨境贸易为支点，打造跨境生态圈。依托"9610"、"1210"、保税展示交易等现行新贸易方式政策，在华东主要商圈打造"新华美妆"线下品牌连锁店，与线上垂直电商商城结合发展。依托具有国际众多品牌独家管理的优势，为国内大型高端百货、进口商超、高端美妆连锁店、电商等提供全渠道商品大宗贸易服务。

## （二）建立跨境电商直播基地，创立"出口直播+跨境电商"新模式

南京机场跨境电商产业园依托优越的区位条件、政策环境以及软硬件设施，直播电商产业基地聚焦消费提档升级，构建"网红+直播+跨境"新模式、新业态，以"全球供应链平台+海外仓联动+深度产业直播"为主要特征，打造了跨境数字化直播电商产业基地及配套服务中心。

## （三）构建跨境电商业务新场景，助力传统外贸企业转型升级

以 ERP 跨境电商卖家刚需软件为业务核心，衍生出跨境供应链融资、电商孵化等多业务场景，帮助传统外贸企业转型升级。一是为跨境电商企业提供运营系统，针对区域电商企业特点，打造专业化运行系统。二是品牌出海，打造线上线下培训孵化基地。跨境电商企业输出管理，传统外贸企业输出优势供应链，强强联合，品牌出海。搭建专属线上孵化系统，一站式提供系列跨境综合服务，做好电商孵化服务。三是运用 ERP 大数据分析及区块链技术，在企业授权的前提下，将脱密数据提供给银行及相关金融机构、供应链公司，打造跨境电商企业融资的闭环交易模式，为跨境电商企业提供低息质优的融资条件，助力企业的快速发展。

# 五　跨境电商发展思路和方向

发展思路。随着全球贸易链线上线下深度融合发展，跨境电商作为大外贸数字化转型的先行创新，其现代服务业的特质日益显现。实现跨境电商发展需从业务"四盘"扎实做起：紧紧依托各区、开发区及载体平台的力量"盘企业""盘项目""盘数据""盘生态"，推动传统外贸企业利用跨境电商创造新优势，实现转型升级新发展。

发展方向。积极支持企业"上云赋智"，运用大数据、人工智能、AR/VR 等新一代信息技术赋能外贸发展，营商环境更为优化，形成一批具有品牌国际影响力的行业领军企业和产业集群，产业数字化、智能化、国际化水

平进一步提升，对外贸的拉动提升作用显著增强，成为外贸高质量发展的重要增量。

# 六　跨境电商发展对策建议

以国家"互联网+"发展战略为指引，创新发展电子商务平台经济，强化电子商务服务生态链，深化体制机制创新，依托南京及长三角产业和人才优势、南京综试区和南京自贸区的政策举措，聚焦主体培育、平台建设、服务生态体系建设，经由"虹吸效应"的积聚，推进跨境电商纵深发展。

## （一）合力引导培育，壮大主体规模

一是孵化培育主体。借鉴建德模式、宁波麒麟阁模式，推动亚马逊、阿里巴巴等龙头平台企业，根据企业发展需求，与本地双创孵化基地合作，提供个性化孵化服务，促进初创企业、小微企业做大做强，引导传统外贸企业转型发展。二是推动"政校企"合作。充分利用南京丰富的教育资源，大力推进"政校企"合作模式，整合学科资源开设跨境电商专业，提升南京市高等跨境电商人才培养层级。三是招引龙头企业。加大招商力度，合力引进培育一批有实力和影响力的龙头企业，发挥头部公司辐射效应，带动企业集聚发展。

## （二）赋能贸易节点，提升竞争实力

一是加大研发力度，走品牌化发展路线。加大产品的设计研发力度，以创意、猎奇、多功能等特点作为产品核心竞争力，以消费者为导向打造更具个性的品牌理念和品牌故事，通过差异化竞争抢占市场份额，实现品牌个性化。二是促进供应链金融发展。推广使用企业资源管理系统，加强与省商务厅、中信保和金融机构的沟通，探索跨境电商供应链金融创新解决方案，尝试解决企业资金链困难，提升企业资金利用频次和效率。三是加强跨境电商物流体系建设。发挥南京市国际性综合交通枢纽优势，联通对接国内外物流节点，适时有针对性地增开国际航班，加密国际货运航班，推动中欧班列参与跨境电商发展。支持中国邮政集团有限公司南京分公司参与国际货邮综合核心口岸建设，构建高效、稳定、自主、可控的国际航空货邮枢纽。

### （三）支持载体建设，形成产业集群

一是培育跨境特色产业园区。鼓励和支持以发展产业 B2B 跨境电商为主的创新园区建设，强化园区在产业平台、孵化培育体系和创新创业生态方面的驱动作用。二是建设线上线下跨境体验中心。抢抓新兴技术"元宇宙"兴起趋势，研发跨境电商 B2B 的 3D 展示中心，以沉浸式体验打造境外客商"云逛街"模式。三是支持建设多功能跨境电商海外云仓。引导建设海外仓企业从一站式代发的单一功能转变为专业化、标准化、信息化的多功能服务中心，提供集成化海外仓服务，包括退换货、转仓、重打或代贴标签、代缴关税、保险、供应链金融等，支持 B2B 线下流转中心，开展退货换标业务，搭建售后客服团队帮助跨境电商企业更好服务终端客户。

**参考文献**

彭英、陆纪任、余小莉、Nino Karanadze：《"一带一路"背景下江苏省跨境电商发展对策研究》，《物流工程与管理》2021 年第 6 期。

刘红、谈璐：《江苏自贸试验区建设与跨境电商发展》，《北方经贸》2020 年第 4 期。

王鑫义：《江苏省中小企业跨境电商出口发展现状及问题分析》，《中小企业管理与科技（下旬刊）》2021 年第 4 期。

江苏省政府办公厅：《关于促进全省跨境电子商务高质量发展的工作意见》，江苏省人民政府网站，http://www.jiangsu.gov.cn/art/2021/2/3/art_46144_9664100.html。

# B.9
# 威海综试区：迎战现代物流转型，构筑跨境电商物流产业链新格局

殷甘霖　庄林涛　孙　健*

**摘　要：** 威海位于中国山东半岛最东端，处于东北亚经济圈中心位置，是中国首批沿海开放城市。近年来，威海市充分发挥日韩经贸"桥头堡"区位优势，大力推进跨境电商产业发展，助力威海市对外开放高质量发展成效显著。本文以现代物流为立足点，梳理威海综试区建设现状，总结跨境电商物流产业链发展新模式新经验，分析发展存在的难点和痛点，并阐明下步综试区发展将聚焦建设跨境电商双向集散中心、打造东北亚跨境电商黄金物流枢纽、推动跨境新零售创新发展等方向。

**关键词：** 威海综试区　跨境电商　四港联动

现代物流（Modern Logistics）是支撑国民经济发展的基础性、战略性、先导性产业。[1] 在全球疫情催化下，我国跨境电商行业海外渗透率持续提升，带动跨境电商物流市场迎来发展拐点。跨境物流产业逐步成为现代物流体系建设的重要支撑。威海综试区通过推进与韩国仁川"四港联动"，形成了中韩跨境电商先发优势。着眼于"跨境电商物流先

---

＊　殷甘霖，威海市商务发展中心副部长；庄林涛，威海市商务发展中心高级经济师；孙健，威海市商务局对外贸易管理科副科长。

①　前瞻产业研究院：《2020年中国及各省市物流行业相关政策及规划汇总分析——政策出台推动行业高质量发展》，https：//bg. qianzhan. com/trends/detail/506/210412-01bcf9c0. html。

行"，威海市充分发挥日韩经贸"桥头堡"区位优势，抢抓中韩自贸区地方经济合作示范区、跨境电商综试区等改革试点的政策叠加机遇，在与仁川市创新发展"四港联动"的框架下，布局威海成为山东省融入RCEP自贸区建设、直通日韩的东北亚重要物流枢纽和门户，建设成为"e揽全球"的跨境电商核心城市，探索跨境电商物流产业链发展模式以及可复制可推广的"威海经验"，为现代物流高质量发展提供强大推动力。

# 一　威海跨境电商发展概况

威海位于中国山东半岛的最东端，处于东北亚经济圈中心位置，是中国首批沿海开放城市。依托与韩国海上距离最近、交往密切等优势，威海在全国率先利用海运、邮运、空运三种运输方式，开展对韩跨境电商直购进口业务，成为中韩跨境电商开展最早、发展最快的城市。近年来，新冠肺炎疫情在全球持续蔓延，线上购物成为抵御线下商贸服务业受阻的重要形式，跨境电商异军突起、逆势增长，迎来了空前的发展机遇。威海综试区顺势而为，高点定位、高标谋划、高效推进全市跨境电商发展，聚力打造了对韩日跨境电商重要的货物集散中心和聚集区，树立了全国跨境电商行业"高维竞争"优势。

## （一）跨境电商增量扩面，交易规模屡创新高

2018年7月，威海获批第三批国家跨境电商综试区，是继青岛后山东省第二个获批的城市。获批三年以来，威海综试区按照"区域联动、优势互补、错位发展"的原则，全域范围内实现了"多点开花、互联共生"的良好态势，持续推动传统企业触网上线，拓展跨境电商经营主体规模，激活全市中小企业触网跨境电商活力。全市跨境电商交易额年均增幅保持在50%以上，总量持续位居全省前列。据统计，2021年1~12月，全市跨境电商进出口超过270亿元，增长近7倍，约占全市外贸进出口总额的13%，规

模居全省第 2 位。其中，跨境电商出口连续六年居全省首位。[①] 威海跨境电商以 B2B 为主，B2B 出口占跨境电商总交易规模的 80% 以上，2020 年 9 月跨境电商 B2B 出口（9710/9810）测试运行，对威海跨境电商产业发展释放重大利好。跨境电商新业态新模式助力外贸攻坚克难，促进威海市对外贸易打造新引擎、塑造新优势。

## （二）优化合作机制，创新跨境电商行业管理

### 1. 加强各部门协同管理与合作

充分发挥中国（威海）跨境电商综试区建设工作领导小组的作用，不定期召开推进工作会议。设立多部门联合的政策研讨组，着眼于建设便捷的跨境物流、规范的出口退税、优质的通关环境等企业重点关注领域，强化部门协作，组织开展无票免征、B2B 出口等监管新模式调研宣讲会，全面系统讲解跨境领域惠企惠民政策。强化统筹布局，优化全市跨境电商考核办法；搭建政企桥梁纽带，成立威海市跨境电商协会，激活全市开展跨境电商的活力和氛围。

### 2. 发挥政策资金激励作用

通过管理创新和各级政策激励，威海综试区探索建立了一套适应威海跨境电商发展实际的政策框架。积极争取跨境电商专项资金，支持企业应对疫情带来的风险挑战，设立跨境电商进出口、公共海外仓、跨境电商综合服务等领域的资金目标，精准施策。针对招引落地威海市的重点跨境电商平台项目，出台"一事一议"配套政策。同时，采取区市联动、政策叠加模式，推动威海所辖区市因地制宜配套相应的支持政策。

## （三）跨境电商口岸营商环境优、物流基础强

威海口岸的跨境电商通关流程非常便利快捷，口岸货物通关验放速度全国第一，费用普遍低于周边口岸，打造了最优的跨境物流通道，为跨境电商产业发展营造了规范有序、充满活力、高效便捷的营商环境。

---

① 相关数据来自全市企业数据调研分析。

### 1. 通关效率高

针对跨境电商货物量多件小的特点，威海推行便利快捷跨境电商通关流程：推行跨境电商零售出口"清单核放、汇总申报"通关模式；建立跨境电商网购保税进口商品交易订单、支付单、物流单"三单对碰"机制，实施"先入区后报关"和"清单核放、集中纳税、代扣代缴"通关监管模式；对跨境电商货物、物品查验实施"同屏比对、一次放行"，对跨境电商货物海运实行"后装先卸"，实现了电商货物高效通关，通关效率位居全省前列。威海市进出口整体通关时间分别为 18.79 小时、1.39 小时，名列山东省沿海城市第一位。①

依托山东省国际贸易"单一窗口"，建设了威海市跨境电商线上综合服务平台，实现"一点接入、一站服务、一平台汇总"，集成了信息共享、智慧物流、金融服务、信用管理、风险防控、统计监测 6 大功能，为跨境电商业务提供有力支撑。

### 2. 口岸国际合作模式新

在口岸合作方面，威海开展了很多有益探索。进一步加强与仁川口岸执法机构的合作，在双方口岸实现 AEO 企业、原产地证、检验检疫证书等信用认证互认的基础上，建立监管部门信用信息共享和信用互认机制，积极推进往来货物"一国查验、两国互认"，全面推行"一次申报、一次查验、一次放行"的"三个一"通关作业模式，促进通关流程持续优化，将通关环节由 49 个压缩到 24 个，业务单证由 132 种减少至 40 种。

### 3. 中韩海运竞争优势多

中韩间海运航线多、空间大，承运货物范围广、运力大，可有效解决包机空运运力不足的问题，且对货物种类、体积、重量无限制，相较于国内航空存在禁运限制及空间要求，大件货物以及含锂电池的电子产品等均可通过海上运输。国内其他地市也选择借路威海开展对韩电商业务。从韩国进口的货物实现"当天到港、当天提货"。2020 年，威海口岸对韩进出口 1484 亿元，继上海、深圳口岸之后排全国第 3 位。经过山东口岸进入中国的韩国化

---

① 相关数据经威海跨境电商综合服务平台数据分析获得。

妆品、食品、日用品有 2/3 通过威海口岸进入；韩国输往中国的货物约有 6% 从威海口岸进入；国内对韩出口货物约有 14% 通过威海集货出口。[①]

## （四）产业生态圈健全优化，大项目抢跑威海赛道

目前各地跨境电商增长势头迅猛，但主要精力都放在招引能带来直接数据的企业，忽视了建设有利于长远发展的全产业生态体系。威海综试区着力于全产业链生态，积极建设集展示销售、新品推介、业务交流、企业孵化、视频直播、人才培养等功能于一体的配套设施，为中小企业提供一站式解决方案，全面推动生态与产业融合。

### 1. 融合新媒体营销模式，搭建多维度跨境电商配套服务体系

支持威海综保区搭建"线上外贸综合服务平台+线下展示体验中心"，通过"前店后仓+快速配送"，推进跨境电商线上线下融合。整合韩国免税店、奥特莱斯资源，在省内首创在封关区内开展跨境电商线下保税展示交易业务。同时，拓展区外体验展示功能，在市中心建设跨境电商新零售线下体验店，展示展销商品千余种，进一步拓展跨境电商线下旅游购物等业务，打造威海市海外免税品购物旅游点。搭建满足国外中小品牌展示营销、网络直播等服务需求的跨境秀场，先后举办拼多多国际招商推介会、全球速卖通平台招商、韩国 Coupang 推介会等多场活动。建设网红孵化基地，为入孵企业提供主播培训、内容运营、IP 孵化、直播带货等综合服务。组建威海综保跨境电子商务产业园有限公司，运营推广"威海跨境通"线上商城，与天猫、拼多多、抖音、快手等重点平台开展业务合作。创新"跨境电商保税备货仓内+线下体验展示店内"现场直播销售模式，直接面向消费者促销一线跨境商品，扩大零售进口规模，扩大国内消费市场份额。

### 2. 坚持招培并举、一企一策的招商理念，为大平台落地创造了有利条件

发挥威海对韩日物流服务体系的优势，结合产业推介会以及上门招商等多种方式，面向日韩及国内重点地区，开展专业包装策划、推动专业对接推

---

① 相关数据经威海跨境电商综合服务平台统计分析获得。

介，大力招龙头、引配套，引进中韩跨境电商重点企业、重点项目、知名快递、物流企业来威设立分拨中心。在国内端，速卖通已在威海市设立对韩跨境出口首个优选集货仓，可实现货物 44 个小时从威海仓到达韩国消费者手中。菜鸟创新开通"出口韩国电商货物首尔 2 日达和韩国全境 3 日达"的快速服务模式。下一步还要研究开展进口业务。阿里巴巴将威海渔具及户外用品作为在全国遴选的十大产业带之一在全球推广，并在威海成立了本地化服务中心。同时，顺丰在威海开通全国首条"中国—韩国"海运电商专递。①洋码头在威海综保区设立跨境电商保税仓，开展保税进口备货业务。在境外端，韩国汎韩物流开展了跨境电商转口业务，在威海综保区内打造欧美电商货物发往韩国的中转仓；韩国趣天网已在威海设立公司，在威海综保区打造 9610 出口备货仓，将对韩出口货物统一在综保区仓库备货；韩国 Coupang 平台帮助威海企业上线，设立云仓商铺，深度开展跨境电商综合服务。

## 二 跨境电商"威海模式"的创新实践

在整个跨境电商的发展中，国际物流环节是提升跨境电商服务质量的关键一环，物流时效的提升将有效缩短跨境交易周期，有利于加快企业资金周转，是实现利益最大化的有效途径，是构建跨境电商供应链的基础支撑。构建以威海、仁川为节点的"四港联动"国际物流大通道，将威海从原本的全国交通支端末梢变为连接国内腹地和日韩、东北亚的重要节点和枢纽城市，显著提高了威海在全国和东北亚地区的战略地位。② 同时，"四港联动"物流通道的建设，使经威海出口至仁川转运至欧美，和经南方港口及空运方式出境相比，在运输价格、能力及货物种类上具有相对优势，进一步凸显威海跨境物流优势。

---

① 《威海开通全国首条"中国—韩国"顺丰国际海运电商专递》，"威海商务"微信公众号，2021 年 4 月 19 日。
② 《陆海空多式联运，威海积极打造互联互通国际物流大通道》，威海新闻网，2020 年 8 月 12 日。

## （一）跨境物流全模式覆盖，首创跨境电商一站式监管服务载体

跨境电商物流具有链条长、环节多、成本占比高、时效无保证等特点，同时因需求端主体差异也产生了多样的跨境电商物流需求，在实际物流操作中派生了邮政小包、海外仓、国际货运专线（海运、空运）、中欧班列等多种跨境电商物流模式。按照物流结构分类，跨境电商又分为B2C/B2B模式；按照海关监管代码分类，跨境电商细化为9610、1210、9710、9810等业态。基于此，威海立足对韩优势和综保区政策功能优势，创新提出发展"全模式"跨境电商，实现全市跨境物流全模式覆盖，以满足各业态电商业务发展需求。此外，在培植新业态新模式方面，威海在零售出口、直购进口业务发展的基础上，依托综保区先后开通跨境电商保税进口、特殊区域出口业务，创新开展省内首单对韩跨境电商转口业务，打造集直购进口（9610）、保税备货（1210）、跨境B2B直接出口（9710）、跨境B2B海外仓出口（9810）、快件等各种业务于一体的综合性园区，实现跨境电商模式全覆盖。

## （二）跨境物流制度创新，首创威海与仁川"四港联动"合作机制

为深化中韩合作，威海推动与韩国仁川签署《实施"四港联动"打造东北亚物流中心》八方合作协议，强化威海与仁川海港、空港在物流以及通关便利化等多个方面合作。建立威海与仁川间"三互"（即信息互换、监管互认、执法互助）口岸合作机制，开展陆海空多式联运，构建以威海、仁川为重要节点的东西互联互通国际物流大通道。目前，已经推动交通运输部、海关总署等相关部门与韩国国土交通部、关税厅举行中韩陆海联运（威海—仁川）整车运输试运行筹备工作会谈，达成多项重要共识，签署会议纪要。2020年11月12日，在国务院政策例行吹风会上，商务部相关负责人对威海"四港联动"经验做法高度认可，并表示，为推动跨境电商发展，支持地方探索路径办出特色，提出将全力支持"山东威海综试区与韩国仁川探索'四港联动'，推动中韩海港和空港之间实现信息互换、监管互认、执法互助"。

为进一步放大仁川机场国际交通枢纽的优势，威海推动"仁川机场—仁川港—威海港—威海综保区"整车运输互通专线，将来可大大压缩通关环节，减少运输成本，缩短通关时间。吸引两国人流、物流、信息流、资金流、技术流在威海集聚发散。据测算，全流程需要 14 个环节、21 个小时，相比之前物流模式减少 8 个环节、节省 5.3 小时。

## （三）跨境物流市场主体支撑，示范集聚效应显现

坚持内培外引相结合，注重本市跨境电商物流企业成长，培育专业领域物流龙头企业，积极引进内外资企业，促进物流企业集聚壮大，增强全市跨境电商物流业发展的内生动力。

### 1. 培育以"物流+产业"为先导

整合全市物流资源，依托渔具、韩国食品、日用品进口等外贸特色产业带，挖掘制造业产业链物流、物流贸易等领域合作优势，结合"物流+产业+跨境电商"模式，加快传统制造企业与物流企业联动，转型拓展跨境市场，构筑具有特色竞争能力的跨境物流产业体系。积极培育 9 个跨境电商特色产业园，包括物流服务、监管服务、外贸产业三类产业园区类型，形成了"多核驱动、特色分明、优势互补"的发展格局。

### 2. 壮大一批物流龙头企业

为提高本地企业参与的积极性，山东港口集团威海港、威海国际物流园公司、山东中外运、威东物流等龙头企业创新发展模式。重视支持泛中物流、泛亚物流等行业企业、行业联盟、行业协会等参与全市物流系统建设，通过整合社会物流资源，推动跨行业、跨领域联合，培育了一批骨干龙头物流企业，形成资源集聚程度高、整合能力强、运营模式优的跨境电商骨干物流企业集群。

### 3. 推动新业态企业转型

积极培育皇朝马汉、威韩购等一批本地跨境电商物流、综合服务平台样板企业，引进阿里巴巴本地化服务中心，鼓励威海企业开展跨境电商业务。在新冠肺炎疫情影响下，结合"传统贸易+跨境电商"，引导外贸企业通过阿里巴巴等电商平台开拓国际市场，已帮助全市 520 多家企业拓展跨境电商

业务，累计进出口额超 16 亿元。规划建设了山东省首个"全模式跨境电商创新产业园"，重点搭建"五中心一平台"功能体系，即多模式电商监管中心、电商快件分拨中心、仓储物流中心、电商创业中心、国际商品展示交易中心和跨境电商综合服务平台，为企业提供通关、物流、仓储等全程供应链一站式服务。

### （四）跨境物流通道串联，整合现代物流高效服务产业链

跨境电商发展不仅改变了国际物流运营方式，也倒逼国际贸易物流线路布局重新整合优化，在改善物流结构与服务、提高供应链有效性等方面发挥巨大作用。威海以"四港联动"为依托，整合韩国、日本等周边的港口资源、欧亚班列优势，以及海运、海空联运、空空联运、海陆海联运、海铁联运等多种运输方式，结合产业发展特色和物流业发展基础，统筹整合全市物流载体网络，推动实现陆海联动、内外联动，构建以物流园区为骨干、专业物流中心为补充、国内外连通的中日韩欧美亚双向贯通的国际物流网络，打造覆盖"一带一路"、欧美等国家和地区的跨境电商物流服务产业链。

**1. 加强物流网络体系建设，海陆空"三位一体"多种运输方式有效衔接**

（1）海运方面。威海至韩国直线距离仅 93 海里，目前开通了威海至韩国仁川、平泽、群山、釜山等港口的海上航线 9 条，每周客滚船和集装箱航班 21 班。

（2）空运方面。威海拥有中韩之间最快捷最密集的空中航线，飞行时间仅 45 分钟。目前，已开通至韩国仁川、清州、大邱等地的客运航线，每周 42 班（由于疫情影响，目前仅开通对仁川客运航线，每周 1 班）。货运包机对韩每周 18 班、对日每周 6 班。

（3）陆运方面。开行威海—汉堡中欧班列、威海—塔什干中亚班列、威海—乌拉巴托中蒙班列、威海—莫斯科中俄班列，实现了每个班列每周 3 班的常态化运营。目前，正在积极探索通过"威海—哈萨克斯坦、蒙古国、俄罗斯"等国家的中欧、中亚路铁联运专列，实现 13~20 天"门到门"快速送达。

**2. 构建对韩、日、欧美"三大物流通道"，全球跨境电商物流体系稳步推进**

（1）中韩电商快速通道。作为中韩海上运输时间最短、航线密度最大、

运输成本最低的开放口岸，威海充分利用中韩海运"夕发朝至、海运价格、空运速度、运力稳定"优势，货物运输时效与空运"基本相当"，费用仅为空运的1/3，建设了中韩跨境电商高速物流通道。疫情期间，在国际空运、海运航班减少或停运的情况下，威海与韩国的海运航班保持正常运行，吸引了北京、上海等地的韩国电商货物借道威海进入我国境内。

（2）中韩日多式联运物流通道。在中韩日航线上，电商企业借力韩国可根据时间、物流成本选择不同的运输方式。空运直航，威海对大阪的货运包机周二至周六每天1班，时间3小时。海陆海联运，韩国东海岸的釜山是韩国到日本各港口最便捷的口岸。货物由威海、石岛港海运至韩国群山港，陆运转关至釜山，再由釜山海运至大阪，在顺畅衔接的情况下全程时间可以控制在3天。

（3）威海—仁川—欧美物流通道。威海出口到欧美的电商货物以往主要途经青岛，从上海、深圳、广州发往欧美。"四港联动"启动以后，可由威海港海运至仁川港，再由仁川机场空运至欧美。广深电商企业集货常借道威海到韩国，再转运欧美，每年吸引广东、义乌等地约600亿元日用消费品通过威海口岸出境。[①]

## （五）创新海外仓数字化服务，实现境外仓储配送网络化

跨境电商不断增长的行业规模与市场需求刺激着跨境物流的数字化变革。在跨境物流市场扩容的同时，行业竞争倒逼跨境物流产业创新服务，创新数字化运营模式，完善物流全链路流程，实现跨境物流运营服务一体化。受疫情影响，全球海运物流价格飙升，缺箱、缺舱位情况严重。在全球跨境物流运力不足情况下，全市整合海外仓储物流资源，以海外仓为节点，延伸海外仓上下游服务，建设"集采供货+头程运输+海外仓储+物流+通关+末端物流"海外仓服务模式，解决跨境电商出口"货找仓、仓找货"难题，推动威海市跨境物流产业链专业性、集约性延伸发展，打造跨境物流服务

---

① 相关数据来自威海跨境电商综合服务平台统计分析。

枢纽。

### 1. 延伸海外仓上下游产业链

物流的节点包括人、车、货、单据、流程、工具、设施、场地、道路、企业、用户等，连接起来还涵盖仓库内部流转、仓库到货车之间的装卸、货车到目的地之间的运输、目的地所在城市内的一公里问题等。现代物流扩大仓储管理理念，在跨境电商物流中以海外仓为节点的物流模式，打通城市间、仓库内外等空间局限，集中揽收、集货、分拣，衔接头程运输和末端配送全环节。通过扩大海外仓规模，加快拓展欧美等主要市场，配套建设展示交易中心、分销服务网络和物流配送中心。威海吉仓供应链管理有限公司在日本千叶县成田机场设有 2000 余平方米海外仓，创新"头程运输+海外仓储+物流+通关+末端配送"的一站式服务功能，日处理能力 10 个标箱，储存能力 200 吨，为跨境电商出口货物提供境外集成服务。公司在日本设立分销服务网络和物流配送中心，可保证日本主要地区 24 小时内快速送达。威海华坦供应链管理有限公司在非洲坦桑尼亚机场保税物流园建设 8000 平方米海外仓，结合东非商贸物流中心产业园线下展示交易中心和线上综合服务平台，实现线上线下一体化，将物流仓储拓展到物流运输、展示交易等公共服务领域，引导国内物流和进出口企业开拓非洲市场，利用海外仓一条龙配套服务，帮助企业"走出去"。

### 2. 构建多仓联动物流网络

提升仓储集聚能力，布局构建跨境"口岸仓+备货仓"多仓联动物流网络。推动全球跨境进出口货物在威海口岸集散、分拨、中转，引导境内外平台企业在威海市落地出口优选仓、双向备货海外仓、保税备货中心仓等中日韩跨境电商集散中心仓。吸引更多跨境电商平台企业将欧美和中国香港分拨中心迁至威海，让威海成为韩日化妆品、日化用品及欧美保健品辐射国内腹地的海外仓，成为欧美保健品、国内生活及日用品辐射韩日的口岸仓。比如，韩国从美国采购的蛋白粉在威海综保区分拣、贴单后进入韩国，日本在中国采购的水海产品在泰祥国际物流园集聚、分拣、包装后进入日本，越来越多日韩跨境货物选择威海口岸进行集散分拨。

## 三 发展存在的问题

### （一）跨境电商国际端物流成本不断上涨

由于跨境物流全链路环节多、流程复杂，而跨境电商物流需求又具有碎片化、高频化等特点，跨境物流成本在跨境电商总体成本中占比较高。在近两年全球新冠肺炎疫情反复的背景下，受各国防疫政策、时效差异影响，跨境运输缺箱少柜的问题严重，海运、空运等跨境物流成本日益攀升，进一步提升了企业跨境物流成本。根据企业反映，目前跨境电商物流费用占综合成本的 20%~30%，极大降低了跨境电商企业业务扩张的预期。

### （二）跨境电商与本地企业联动发展能力不足

威海制造加工企业众多，包括渔具、服装、玩具、体育用品等，这些日用消费品国际市场需求量较大，非常适合采用跨境电商方式拓展国际市场。但从实际情况来看，除渔具、体育用品类企业外，威海市其他传统外贸企业运用跨境电商的整体能力和水平较低。据统计，2020 年由威海综保区跨境电商公共服务平台申报出口韩国的电商包裹超过 1000 万个，其中大部分包裹是来自广州、义乌出口到韩国的小家电、小商品，威海本地企业销售的包裹不足 10%。另据威海跨境电子商务协会统计，目前威海出口韩国的电商企业数量达 200 家以上[①]，但大多经营能力较弱，专业运营人才不足，与本地外贸制造业企业融合发展的程度也普遍偏低。总体而言，跨境电商与威海市本土企业融合度不高，对威海本土产业的拉动作用不显著。

### （三）国内物流端短板亟须补齐

随着"四港联动"国际大通道建设的加快推进，威海市国际端物流优势逐渐显现，但国内端物流、快递包裹成本较高，规模效应不强。威海处于国内物

---

① 相关数据来自威海跨境电商综合服务平台统计分析。

流的末端，而我国进口商品主要消费市场在京津冀、长三角、珠三角等区域，从威海市分拨货物运距远、运费高、时效低。同时，国内主要快递企业未在威海集中布局，如京东、韵达、邮政、百世等在青岛设一级分拨中心；顺丰、天天、中通等在潍坊设立分拨中心；圆通、中通、申通在烟台设一级分拨中心等，造成威海快递业务不集中、均摊成本较高，抬高了威海快递物流的综合成本。

# 四　下一步发展规划

## （一）进一步建设跨境电商双向集散中心

充分发挥快递通关口岸跨境电商先发优势和综合保税区政策先行优势，积极把握 RCEP 合作国际市场机会，以建设临港物流园区、空港综保物流中心"双核驱动"物流载体网络为抓手，扎实执行全力推进全国通关一体化改革、加强口岸信息化建设、持续优化申报模式、提高口岸现场单证无纸化水平等通关便利化政策。持续推动中韩"四港联动"跨境电商物流发展，不断拓展日韩和欧美市场，打造我国与日韩多边贸易快消品中心仓基地，成为日韩转口欧美、中亚、东南亚跨境电商中转枢纽。加快布局建设"一核多区"的韩日化妆品、日化用品及欧美保健品集散中心，进口美妆分拨基地，优化韩日电商货物集散地产品结构，完善中韩日跨境电商供应链体系，让威海成为国内外采购韩日商品的首选目的地。畅通全国跨境 3C 带电类商品出口快捷渠道，打造更具规模更有竞争力的国内特色电商产品出口基地。加快"快递出海"步伐，鼓励国内外寄递企业以"园中园"的形式融入威海市跨境电商物流载体建设布局，争取头部快递总部在威海口岸建仓设点。

## （二）继续打造东北亚跨境电商黄金物流枢纽

抢抓 RCEP 协议签订契机，打造辐射 RCEP 成员国的跨境电商中心城市；充分利用仁川机场通达世界便捷的空运优势、威海与仁川港口高效的海运优势、威海与欧洲国家稳定的陆运优势，全面增强威海国际物流通达能力和核心竞争力。引进中韩跨境电商重点企业、重点项目、知名快递、物流企业来威设立分拨中心，有效提升物流服务保障能力。加快建设国际物流多式联运中心暨配套产业园，在稳定开行中欧、中蒙、中亚班列的同时，积极开拓欧亚班列中转新路径，大力开发回程班列，加快推动形成覆盖"一带一路"、欧美等更多国家和地区的跨境电商物流圈。

## （三）持续推动跨境新零售创新发展，服务国内国际双循环

一是探索与中免等持牌免税企业合作，创新开展"跨境电商+免税+一般贸易"融合发展的跨境新零售模式。二是发挥威海市丰富的旅游资源优势，在市内主要商圈街区和旅游景区布局跨境电商新零售线下体验馆，挖掘旅游消费潜力。三是支持跨境电商企业拓展独立站、社交媒体、直播、短视频等新模式，打造多元化的营销网络。四是深化中韩合作内容，探索建设境内外中韩跨境合作园，打造本土跨境进口企业海外货源和跨境出口企业出海商品展示平台。

**参考文献**

邢光远、史金召、路程：《"一带一路"倡议下中国跨境电商的政策演进与发展态势》，《西安交通大学学报》（社会科学版）2020 年第 5 期。

沈童：《威海将打造成为"E 揽全球"的跨境电商核心城市》，大众网，2021 年 7 月 28 日。

中信证券：《跨境电商物流行业专题报告：宽赛道、高成长、待巨头》，2020 年 9 月。

周东洋：《跨境电商成为稳外贸新亮点》，《中国贸易报》2020 年 12 月 3 日。

张夏恒：《跨境电商物流协同模型构建与实现路径研究》，长安大学博士学位论文，2016。

# B.10
# 泉州综试区：本土制造跨境出海，续写"互联网+"新丝路辉煌

吴月芳[*]

**摘　要：** 泉州经济总量持续 22 年领跑福建各地级市，2021 年宣布迈入万亿 GDP 城市行列。泉州人主动抢抓"互联网+"机遇，推动传统外贸产业与互联网创新融合发展，大力培育以跨境电商为代表的外贸新业态。目前泉州拥有纺织服装、鞋业、建材家居、工艺制品等 9 个千亿产业集群，非常契合海外市场鞋服消费类目高需求的特点，具有发展跨境电商的产业优势。本文从城市经济发展、跨境电商发展数据、跨境电商生态孵化等方面，总结了泉州跨境电商综试区发展现状，分析了泉州发展跨境电商的优势、经验和契机，并从合规发展、人才培养、产业基金设立、供应链打造、独角兽企业孵化等方面提出了构建跨境电商新生态的发展思路。

**关键词：** 跨境电商　泉州综试区　海丝先行区　泉州制造

## 一　泉州综试区发展情况

### （一）昔日宋元古港经济领跑福建

泉州先辈曾以先进的生产、运输等方式促进了宋元时期城市的崛起。从

---

[*] 吴月芳，泉州市跨境电子商务协会秘书长。

泉州港出发的中国商船，满载瓷器、丝绸、茶叶等大宗商品，运往世界各国，再运回香料、药物等商品。古代泉州港与 70 多个国家和地区保持贸易关系，成为 10~14 世纪东亚和东南亚贸易网络的海上枢纽。

1982 年，泉州与北京、南京、苏州、杭州等地同批入列国家首批历史文化名城。2021 年 7 月，"泉州：宋元中国的世界海洋商贸中心"通过审议，泉州成功入列《世界遗产名录》。

改革开放以来，泉州这座古城延续着优秀的商贸基因，制造业发展迅速，对外贸易成绩喜人。地区生产总值从 2016 年的 6684 亿元突破增长到 2020 年 10158.66 亿元，五年四跨千亿大关，泉州进入经济总量"万亿俱乐部"，也将城市排名从全国第 23 位提升至第 18 位，跻身全国地级市四强。[①] 作为"中国民营经济大市"，泉州经济总量持续 22 年领跑福建各地级市。

## （二）立潮头跨境电商发展迅猛

泉州是全国重要的消费品制造基地，与海丝沿线、欧美等 200 多个国家和地区有贸易往来，外贸出口潜力大，内需市场广阔，外向型经济特征显著。近年来泉州人又主动抢抓"互联网+"机遇，推动传统外贸产业与互联网创新融合发展，大力培育以跨境电商为代表的外贸新业态。

2015 年前后，泉州市东海片区，以泉州师范学院、黎明职业大学在校大学生及毕业生为主体的创业者以燎原之势发展跨境电商贸易。经过多年发展，逐渐形成具有影响力的创业群体。2016 年 8 月 30 日，泉州市跨境电子商务协会成立，为迅速发展中的跨境电商企业对接平台、服务等各种资源，为行业发展奠定了基础。泉州东海片区形成了以东海大街、滨城大街、鸿利达大街、格联通街及其衔接区域为主体的跨境电商创业孵化区、跨境电商产业示范区。

2019 年 12 月泉州获批国家跨境电商综试区后，立足传统制造业实力雄厚、外贸产业发达的优势，发挥国家级电子商务示范城市、跨境电商综试区

---

① 《过去五年，泉州经济总量连跨 4 个千亿大关 昂首入列万亿 GDP 城市》，《泉州晚报》2021 年 8 月 25 日。

和跨境电商零售进口试点城市政策效应，建成跨境电商综试区线上公共服务平台，并创新建设了泉州综保区、晋江陆地港、石狮市场采购、东海跨境电商生态圈四个线下功能园区，推动跨境电商线上线下有机结合。

泉州跨境出口发展稳居福建省前列，跨境电商出口规模年均增速保持在30%以上。2018 年，泉州首次入选"中国跨境电商出口发展 20 强城市"。2019 年，新增跨境电商企业超过 300 家，跨境电商从业人员超过 20 万人，销售额过亿元的企业超过 30 家。2020 年 5 月底，《中国（泉州）跨境电商综合试验区实施方案》正式出台后，泉州加快建设完善跨境电商综试区线上公共服务平台，在泉州综保区启用线下服务窗口；全年实现跨境电商进出口额 82.9 亿元，其中出口额 76 亿元，直接拉动泉州出口增长 5.2 个百分点。[①]

2021 年 1~8 月，泉州企业以一般贸易方式进出口 1118.4 亿元，同比增长 31.0%；市场采购贸易出口值为 325.5 亿元，同比增长 1.2 倍。预计2021 年全市跨境电商交易规模超过 200 亿元，有力拉动外贸出口，为服务双循环、促进外贸高质量发展做出了积极贡献。据不完全统计，目前泉州跨境电商卖家数量约 6000 家，其中 B2B 企业占 75%左右，B2C 企业占 25%左右。已形成邮快件、9610 零售、跨境 B2B、海外仓等多种跨境电商出口模式齐头并进的发展格局。[②]

### （三）跨境电商产业优势突出

泉州拥有纺织服装、鞋业、建材家居、工艺制品等 9 个千亿产业集群[③]，同时又是著名的侨乡，有许多华侨祖籍泉州，因此泉州人发挥产业优势与爱拼敢赢的精神，在从事跨境电商贸易时，以优质的产品和服务"征服"国际市场。

从泉州市跨境电商零售出口商品大类看，2020 年 1~12 月，服装鞋帽针纺织品、日用品和体育娱乐用品类商品最畅销。从销售国家看，泉州制造销

---

① 《2020 年泉州市跨境电商呈现跨跃式增长》，泉州财经报道，2021 年 2 月 3 日。
② 《泉州综合保税区正式开通跨境电商"9610"出口业务》，中国日报网，2021 年 10 月 29 日。
③ 《泉州市产业集群 助力经济"加速跑"》，《泉州晚报》2021 年 9 月 24 日。

**2016~2021**

泉州跨境电商贸易额

预计交易规模超
**200亿元**

| 2016年 | 2017年 | 2018年 | 2019年 | 2020年 | 2021年 |
|--------|--------|--------|--------|--------|--------|
| 零售出口额2466万元 | 出口额69.53亿美元 | 贸易额约1.9亿美元 | 贸易额约13.5亿元 | 贸易额约82.9亿元 | |

**图1 2016~2021年泉州跨境电商贸易额**

资料来源：根据公开资料整理绘制。

售至全球多个国家和地区，如美国、日本、加拿大、韩国、德国、新西兰、荷兰、西班牙、英国、新加坡、马来西亚、俄罗斯、菲律宾、印度，以及非洲、南美洲等。

**1. 运动系列掘金互联网市场**

运动系列是泉州晋江的重要产业之一，20世纪90年代开始，安踏、特步、361度、匹克、鸿星尔克等品牌在国内市场大放异彩。经过数十年发展，晋江运动鞋已经成为当下许多跨境电商卖家的主要销售商品，在泉州跨境电商出口销售额中约占40%。对泉州来说，鞋服产业带中很有希望诞生新的影响全球的互联网品牌，抢占21世纪互联网销售赛道。机会多，竞争却也激烈，在多SKU的特点下杀出一条属于自己的道路，了解互联网品牌的打造方式和理念，是泉州跨境电商发展亟待解决的问题。

**2. 泉州服装行销世界**

纺织服装是泉州最早迈过"千亿"门槛的产业集群。① 经过改革开放数十年发展，泉州纺织服装产业链已趋于完善，小到一颗纽扣、一条拉链，大到一件成衣，在泉州都能找到相应的生产厂家。泉州休闲服装企业主要分布在石狮、晋江两个县级市。2002年底，石狮被中国纺织协会授予"中国休

---

① 《泉州服装打造差异化竞争优势》，《泉州商报》2019年8月20日。

闲服装名城"称号,其中石狮蚶江镇是休闲西裤特色镇,石狮灵秀镇是运动服装特色镇。晋江市是"中国纺织服装产业基地市",其中晋江英林镇是休闲服装特色镇,晋江深沪镇是内衣特色镇。泉州服装产品门类包括休闲装、运动装、夹克、童装、西裤、内衣、泳衣、羽绒服、牛仔服装等。休闲男装和运动服装是最有竞争力的产品,拥有七匹狼、九牧王、柒牌、劲霸、利郎等一大批知名服装品牌。

近些年来,服装一直是泉州跨境电商卖家销售的第二大品类,约占三成。泉州卖家依托本土强大的传统服装制造供应链,通过跨境电商平台,销售内衣、泳装、时尚女裙、连体裤、毛衣、卫衣、大码女装等产品,业务覆盖北美、欧洲、亚洲、非洲等国家和地区。终端人群的消费喜好变化,直接影响服装品牌的战略布局。跨境电商 B2C、C2C 模式可以推动服装制造企业直面消费者需求,设计更符合市场需求的产品。

在激烈的同质化竞争中,打造自身的核心优势,满足终端消费市场的新趋势、新需求,成为泉州服装产业的发展命题之一。为此,泉州服装产业通过加码原创设计、跨界营销等方式,打造差异化竞争优势。目前,已经有更多企业瞄准欧美中高端品牌,组建自己的设计师团队,通过研究潮流趋势,确保产品质量和设计感。

### 3. 工艺品类疫情期间表现突出

泉州是福建省轻工工艺品进出口商会、福建省陶瓷树脂工艺品出口基地商会的所在地。丰泽区、洛江区以及安溪县、德化县都大量分布家居、园艺、家具等类目工厂。其中德化是"中国三大瓷都之一"、丰泽区是"中国树脂工艺之乡"。

如泉州安溪县因藤铁家居工艺是国家非物质文化遗产项目而获评"中国藤铁工艺之乡"。经过半个多世纪的培育发展和转型升级,藤铁家居业不仅成为安溪县的民生支柱产业、文创产业和强县产业,也为国家藤铁工艺传承、创新和国际交流做出积极贡献。2020 年,安溪藤铁家居工艺品实现产值 200 亿元,进出口 17 亿元,居全国同类产品县(市)之首。近两年受全球新冠肺炎疫情影响,国外居家办公时间增多,在跨境电商业务中,庭院、草坪、花园等家居园艺相关产品表现突出。

此外，泉州还有箱包、宠物用品、电子通信对讲机等类目的优质产业带，相信未来仍将有一定的市场空间。

## （四）跨境电商生态布局日渐完善

跨境电商业务涉及不同关境交易主体，整体交易链条冗长复杂，涵盖生产制造、交易、平台、物流、金融、供应链管理等众多服务链条。经过近些年的发展，泉州基本形成了较为完备的跨境电商产业生态，供应链体系逐步健全，平台运营、跨境电商物流及第三方支付等服务功能日渐完善。

### 1."平台＋独立站"双渠道运营

经过多年发展，交易流程线上化的跨境贸易逐步沉淀海量交易数据，借助于数据挖掘、用户画像等数字技术手段，跨境电商交易朝着供需精准匹配的方向发展，以更好满足国内外消费者日趋个性化的消费需求。这就要求跨境电商企业提高品牌意识，依靠品牌吸引持久的互联网流量。

目前，泉州90%跨境电商企业依托第三方跨境平台开展业务，10%的跨境电商企业依托自建网站开展业务。在平台政策易于变化、营销成本逐渐上升的背景下，独立站运营成为日渐重要的话题。独立站突破了平台政策的约束，有利于打造企业品牌形象，有利于建立品牌与消费者之间的情感连接，是今后跨境电商发展的趋势之一。

### 2.产业链供应链逐步健全

中国跨境电商品牌在长期的发展与竞争中逐步打造了供应链体系，柔性制造、丰富的产品线、过硬的产品质量成为中国跨境电商的核心竞争力，推动跨境电商出口额稳步增长。尤其是2020年新冠肺炎疫情以来，欧美等国供给恢复速度无法满足国民消费需求，存在供需缺口，而中国较快地控制住疫情，成为全球生产订单的替代工厂和防疫物资供给大国。

泉州经过改革开放数十年发展，鞋服等类目产业链供应链较为完善，上下游对接和产供销畅通，形成了龙头企业与中小企业协作配套、抱团出海的发展格局。泉州优渥的纺织鞋服产业土壤，推动泉州卖家通过跨境电商拓展国际业务，也对知名国际品牌有着巨大吸引力，位于泉州开发区的斐乐集团全球采购中心，泉州地区的鞋类采购量占到集团鞋类总采购量的35%。

### 3. 人才培育孵化体系持续优化

泉州跨境电子商务协会一项调研显示，近年来在泉州跨境电商企业中，运营类岗位的需求最大，人才需求占比为37.26%；市场类、产品类岗位需求紧随其后，需求占比分别为16.73%、9.58%。跨境电商运营人才大多需要英语、电子商务、物流等相关专业的本科及以上人才，在泉州本土知名高校较少的情况下，泉州的跨境电商人才缺口较大。跨境电商人才培养成为泉州跨境电商发展的当务之急。

泉州近年良好的跨境电商发展氛围，吸引了福州、杭州、深圳等地培训机构落地泉州，推进了行业人才培养工作。人才培养和供需对接也是泉州跨境电商协会的重点工作。协会自2016年8月成立以来，每年都开展百余场会议、沙龙、培训，历年累计培训人员超万人次。协会积极对接国内国际跨境电商平台、国内优质跨境电商培训机构和讲师，持续开展跨境电商平台运营、跨境电商外汇业务便利化政策宣讲等活动。协会与不少高校保持长期战略合作，每年定期组织跨境电商专场招聘会。

泉州东海片区的泉州师范学院、黎明职业大学毕业生是跨境电商创业主力。近年来，泉州经贸学院等在泉高职院校陆续开设跨境电商专业，目前全市共有10所高职院校开设30个跨境电商专业课程，在校学生9852人。鉴于高校人才培养周期长、理论联系实际相对较弱等原因，高校与相关专业培训机构联合开展跨境电商实训，不断提供跨境电商人才的供给质量。

### 4. 国际物流通道更加畅达

泉州政府层面积极优化跨境物流体系建设，进一步拓宽对接全球市场的国际物流通路，提高国际物流便利化水平，方便本地企业"走出去"。泉州港共开通集装箱班轮航线40条，其中内贸集装箱航线27条，外贸集装箱航线13条（含1条内支线），与中国香港、中国台湾和菲律宾等40多个国家或地区通航。晋江国际机场分别于2020年7月28日、8月5日开通泉州晋江—马尼拉定期"客改货"航班和泉州晋江—马来西亚哥打基纳巴卢定期

"客改货"航班，2021年运载货物679.49吨。泉州国际邮政互换局全部建成投入运营，实现邮件货物与全球200个国家和地区直接互联互通，2021年1~9月邮政互换局共出口邮件121.44万件，同比增长45.86%[①]。

泉州切实推动城市货站建设，成功推动晋江陆地港与南方航空公司南航（晋江）城市货站项目，试水"虚拟空港"服务功能，实现了机场的国际货运功能延伸至晋江陆地港，货物可依托卡车航班与国内广州、上海等大型空运口岸实现进出双向的互联互通，有效帮助企业对接RECP，拓展海丝电商渠道，为福建及周边地区跨境电商发展开辟新的"空中丝绸之路"。

泉州积极推动口岸通关降费提效，推广"两步申报""提前申报"，先试先行"两段准入"通关模式，在2019年底提前完成整体通关时间比2017年压缩一半目标的基础上，持续巩固压缩通关时间成果，实现进口整体通关时间20.98小时，压缩78.53%，出口整体通关时间1.54小时，压缩90.46%，优于全国平均水平。2020年7月1日，泉州率先完成9810跨境电商出口海外仓报关，实现厦门海关首票跨境电商B2B出关业务。

相较于国内直接发货模式，海外仓在疫情下凸显优势，为跨境电商企业的持续经营提供了缓冲。亚马逊FBA因疫情封仓，促使部分卖家推进自建海外仓计划。泉州拥有大量海外华侨，在跨境电商经营、海外仓布设等方面具有较大优势。

**5. 跨境金融体系不断丰富完善**

随着跨境消费需求的持续提升和相关政策的不断完善，跨境支付迎来快速发展，可供用户选择的支付方式越来越多。跨境电商具有小额高频交易的特点，跨境电商支付主要依赖成熟的国际和国内第三方支付平台。泉州日渐成熟的跨境电商市场氛围吸引了不少跨境支付服务商关注泉州市场。

2021年12月，在2021泉州电商创新创业创造大赛暨跨境电商大赛颁奖仪式上，泉州跨境电商协会与泉州市金融控股集团有限公司签署战略合作协议。泉州市金融控股集团有限公司将为符合条件的跨境电商企业融

---

[①] 泉州市商务局统计数据。

资、产业升级等，提供全方位、便捷优惠的金融综合服务，探索建立适合中小企业特点的产品创新、授信管理、风险控制、激励约束等机制，完善支持中小企业发展的金融产品和服务方式，促进跨境电商行业高质量发展。

## 二 泉州综试区创新发展举措

自 2019 年 12 月获批跨境电商综试区以来，泉州积极围绕国家"海丝先行区""丝路电商""改进口岸工作支持外贸发展"等发展方向，发挥泉州产业优势，因地制宜、突出特色，积极推动泉州跨境电商综试区建设提质增效。

### （一）政府层面高度重视跨境电商发展

泉州市委市政府高度重视跨境电商发展，成立了由分管副市长担任召集人，市商务、税务、海关、外管、市监等市直单位和各县（市、区）人民政府，泉州开发区、泉州台商投资区管委会为联席会议成员单位的联席会议机制，建立横向配合、上下联动的工作机制，有效推进跨境电商综试区建设各项任务落实，为跨境电商综试区建设发展提供了坚实的组织保障。

泉州市提请福建省人民政府印发出台了《中国（泉州）跨境电子商务综合试验区实施方案》《中国（泉州）跨境电子商务综合试验区零售出口货物免税管理办法（试行）》等，积极探索"互联网+外贸"新模式，构建具有泉州侨乡元素的跨境电商发展促进体系和运行机制。同时，泉州还出台《泉州海关跨境电商 B2B 出口监管试点工作方案》《泉州海关关于印发推动特殊区域跨境电商 9610 出口业务落地专班工作方案》等 6 项落实跨境电商便利化专项政策措施，助推企业做大做强跨境电商贸易。

2020 年 11 月，由泉州市商务局、泉州综合保税区管委会、泉州海关等部门指导建设的跨境电商综试区线上公共服务平台按时序进度建成并投入运行。系统覆盖跨境电商全部通关监管环节，可满足跨境电商进出口业务中的保税备货（1210）、一般出口（9610）、直购进口（9610）、跨境电商 B2B 出口（9710 和 9810）、免征不退、数据查询等需求，帮助企业便捷通关。此外，公共服务平台还能提供办事指南、政策发布、操作指导等资讯服务。

## （二）全方位服务产业，强化产品供应链

泉州跨境电商协会自 2016 年成立以来，紧紧围绕"聚产业优势，创电商强市"的总体目标，搭建起政府、企业与市场沟通的桥梁纽带。在政府、协会、企业的共同努力下，泉州近年获评"中国服装网商创新示范基地""中国直播电商发展示范城市"等荣誉。泉州被列入 Lazada 中国十大跨境电商产品供应城市（服装鞋类总量第一位）。2020 年 11 月 9 日，Lazada 在泉州落地"一基地双中心"［大学创业孵化基地，福建泉州分拨中心、跨境生态创新服务中心（福建泉州）］，通过机构和人员的布局，加强对泉州市场的拓展与扶持。

近年来，泉州跨境电商协会积极对接各大主流电商平台及跨境电商专业培训机构，与亚马逊、沃尔玛、eBay、Shopee、阿里巴巴国际站、Lazada 等平台合作举办各类电商和跨境电商专题培训和活动。协会与亚马逊全球开店自 2019 年 12 月启动"亚马逊走进泉州产业带"拓展活动，至 2021 年已开展数十场各类产业带扶持活动，深入丰泽、德化工艺品产业带，晋江运动鞋服产业带，石狮男装产业带、童装产业带等。具体活动形式包括以下几种。

1. 送培训服务入产业带

产业带系列活动深入泉州的"一镇一产业"，为产业带卖家进行站点布局培训，为已注册卖家做基础上线与运营培训。邀约国内优质服务商参与培训，包括支付结算、ERP 软件、培训机构、代运营机构、知识产权服务等，全方位赋能泉州跨境电商发展。在多年深入耕耘产业带之后，有更多的优质服务企业落地泉州，形成了良好的生态服务环境。

2. 老卖家沙龙精准服务

面向已在亚马逊运营的卖家，针对需求、痛点及应对旺季操作提供培训

与答疑。老卖家沙龙以会议的形式，向资深卖家输出进阶内容，更有针对性地为有一定基础的卖家服务。2021年12月，亚马逊全球开店举办多场"亚马逊官方经理诊疗日"，由官方经理向有店铺运营问题的卖家一对一解决问题并给出建议。每次参与的企业总数虽然有限，但一对一的问诊形式，有助于官方经理更有针对性地为泉州企业提供服务。

### 3. 产品供需对接会

该类型活动主要帮助泉州优质工厂和亚马逊卖家对接，拓展工厂销售渠道，完善卖家供应链体系。供需对接会按细分产品举办，如针对晋江内坑镇的拖鞋产业、石狮男装产业、晋江瑜伽运动服饰等。供需对接会上厂家逐一上台介绍产品优势、供货模式等，买家现场选品，会议现场氛围热烈，参与者给予好评。

### 4. 召开卖家座谈会

根据不同平台特点、销售产品类别、业务开展程度等举办座谈会。现场以较为轻松的方式，让大家有机会各抒己见，邀约官方为活动现场答疑，使双方互相了解需求和痛点。

### 5. 举办大型活动

综合官方最新政策与行业趋势，开展较大规模的宣传活动，提升跨境电商区域影响力，发挥行业集聚效应。在大型活动举办期间，邀请国内知名讲师和跨境电商优质服务商参与，为行业生态完善共同助力。

### （三）跨境电商功能园区差别化发展

按照泉州跨境电商综试区线下功能园区差别化发展的建设思路，创新建设并形成以泉州综保区，泉州陆地港，石狮、晋江市场采购试点，东海跨境电商生态圈等具有创新性代表性的四大跨境电商功能集聚区。

### 1. 创新建设泉州综合保税跨境电商功能区

依托综保区海关特殊监管区域功能优势及政策叠加效应，力促"保税+""互联网+"等新业态新模式发展。泉州首单跨境电商网购保税进口（1210）商品在该园区申报入区，"9610"通关监管场所也正式投入运行。2021年1~9

月，已实现规上产值 19.88 亿元，同比增长 29.93%；线上销售额 3.18 亿元，同比增长 160.32%；进出口总额 34.97 亿元，同比增长 14.69%。①

**2. 创新建设专业性跨境贸易通关服务口岸功能区**

依托晋江陆地港，创新集国际快件、跨境电商和国际邮件监管于一体的"三合一"集约化通关新模式，整合"海、陆、空、铁、邮"资源，打造专业性跨境贸易通关口岸。目前，晋江陆地港已建成国内第二大陆地港，成为全国口岸服务功能最齐全的跨境电商平台。2021 年 1～9 月，晋江陆地港跨境服务口岸累计报关单量 611.63 万件，同比增长 23.55%，其中进口报关单量 227.32 万件，出口报关单量 384.31 万件。②

**3. 创新建设跨境电商市场采购功能区**

建设并推动石狮、晋江市场采购提质扩容，采取"采购地申报、口岸验放"通关模式，实现了市场采购货物就近通关，逐步建立"市场采购贸易＋跨境电商＋外贸综合服务＋保税物流中心＋港口经济"优势模式。2020 年石狮市场采购贸易全平台出口 343.17 亿元，增长 98.2%，拉动全省外贸出口增长 4 个百分点。③ 2021 年 1～9 月市场采购贸易共出口 362.2 亿元，其中石狮平台出口 214.8 亿元，增长 24.1%，晋江平台出口 147.4 亿元，④ 形成了"买全国、卖全球"的市场采购＋跨境电商出口新业态。

**4. 积极发挥海外华侨的作用**

泉州是著名侨乡和港澳台同胞的主要祖籍地，在世界各地 130 个国家和地区，共有泉州籍华侨 948 万人，占福建省华侨总数 60%。不少华侨家庭通过二到三代人的努力，在侨居国已耕耘发展成为当地的望族，对当地的经济建设和城市发展起到了推动作用。因此如何更好地联络和发动华侨参与跨境电商发展成为重要的时代命题。尤其是在众多东南亚国家和地区，文化各异、经济发展程度不一，若有熟悉当地政治经济法律和文化习俗的华侨助

---

① 泉州市商务局统计数据。
② 泉州市商务局统计数据。
③ 《泉州去年实现外贸出口超 1500 亿元》，《泉州商报》2021 年 2 月 1 日。
④ 泉州市商务局统计数据。

力，在跨境电商海外仓、政府企业商会等关系的周旋中，中资企业经营跨境电商往往可以起到事半功倍的作用。

泉州充分利用与 RCEP 有关国家的有利条件，与多个国家侨团达成合作协议设立海外联络处。发挥华侨、海外商会作用，建设发展海外仓。2021年首创海外华裔青年跨境电商实训基地，全国首次开展海外华裔青年（小语种国家）跨境电商线上线下培训。

## 三 构建泉州跨境电商新生态

2021 年 10 月 9 日召开的中国共产党泉州市第十三次代表大会指出，泉州将打造"海丝名城、智造强市、品质泉州"。发展跨境电商行业、顺应国内国际发展趋势，高度契合泉州当下的发展格局。

作为国家"21 世纪海上丝绸之路先行区"，泉州在跨境电商支持政策方面享有先行先试优势。利用本地良好的供应链基础，创新实现跨境电商产业快速发展，对带动泉州制造业品牌出海、推动传统经济转型升级、打造经济高质量发展新增长点具有深远意义。基于目前泉州跨境电商发展现状，提出以下建议供行业从业者参考。

### （一）优化政策倡导企业合规经营

相关部门可出台有关合规文件，协同行业协会及第三方专业机构，从法律法规、财税合规、知识产权合规、劳动法合规、平台规范操作等方面为企业进行合规自查和提供合规培训，引导企业树立合规意识，促进企业健康可持续发展，更好推动泉州市 21 世纪海上丝绸之路先行区建设。

### （二）推动泉企品牌布局全球

一是细化出台资金补贴措施，鼓励泉州企业参与国内外跨境电商专业展会，利用展会资源推广泉州产品，实现"泉州货，全球卖"。二是鼓励企业通过第三方平台销售或独立站运营。引导企业梳理品牌意识，通过品牌价值带来稳定的海外市场流量，提升泉州制造业产品附加值。三是围绕"泉州品牌"卖全球。支持企业在海外注册商标，鼓励企业通过互联网营销方式进行海外品牌推广，培育自主互联网品牌。

### （三）培育人才支撑行业发展

泉州乃至福建高校在跨境电商人才培养数量和质量方面都不能满足行业发展需要，导致很多成长壮大的泉州跨境电商企业，到武汉、成都、厦门等地设立分公司吸纳人才，对本土而言，企业资源外流较为可惜。

建议政府、高校、商协会、企业共建跨境电商人才培训体系。一方面，可以通过线下实操、跨境电商多元化指导、"导师+学员"联合办公等不同维度的教学方式，培养跨境电商的实操技能，打造一批跨境专业人才。另一方面，政府或商协会举办多种交流和培训活动，调动泉州跨境电商行业的学习热情，提升泉州跨境电商从业人员整体的业务水平，节省单家企业的培训成本，帮助泉州优质产品通过跨境电商卖向全球分销商及终端客户，快速拓展泉州品牌的全球影响力。

### （四）强化泉企供应链

供应链是品牌核心竞争力之一，也是企业生命线。跨境电商出口趋向于零售化，海外消费者希望在网上以超值的价格、更快的速度购买到款式丰富、设计新颖时尚的商品，对跨境产品的品质提出更高要求。因此鼓励传统外贸转型升级，提升产品品质，尽量满足跨境电商差异化定制、小订单、快速反应的运营特点。在跨境电商行业迅速发展的当下，传统制造型企业应尽快适应"柔性供应链"，以融入时代的洪流。

### （五）设立跨境电商产业基金

泉州跨境电商企业蓬勃发展，创业氛围浓厚，但是缺乏资本助推。跨境电商企业属于轻资产，不符合金融机构的融资标准，泉州市场缺乏风投机构，目前跨境企业较少拿到融资。因此，建议政府牵头成立产业投资基金，募集民间资本参与，专项投资具有发展潜力的跨境电商行业的工厂、卖家、服务商等企业，推动泉州跨境企业快速发展，助力多家行业龙头企业的诞生。

## （六）孵化本土跨境电商独角兽

跨境电商独角兽企业能够撬动行业发展杠杆，如2020年SHEIN收入接近100亿美元，在过去8年间以每年100%以上的速度增长。SHEIN需要大量的服装工厂进行产业链支撑，需广东、福建的很多鞋服类工厂的服装产能来满足它的销售需求。因此，可通过孵化多家本土跨境电商独角兽企业，打造出泉州当地供应链共同体，做大做强泉州跨境电商企业。具有影响力的泉州跨境电商企业将有更多机会与海内外优秀品牌、优秀跨境电商服务商携手，推动泉企参与全球的跨境贸易和新经济体系。

## （七）发挥侨乡优势拓展海外市场

RCEP有印度尼西亚、马来西亚、菲律宾、泰国等15个国家，已于2022年1月1日正式生效实施，将促进区域内贸易投资大幅增长，带来蓬勃商机。祖籍泉州的华侨有不少侨居地就在东南亚国家内。可以预期泉州这座侨乡的人民将积极发挥优势，加快布局"一带一路"市场、新兴市场。RCEP的核心是推动贸易数据化，降低信息的沟通成本。对于RCEP带来的新的贸易环境和新的贸易产业红利，广大外贸企业应提前做好产业布局。在发展过程中，可进一步促进华侨华人参与"一带一路"建设、"双循环"发展新格局，助力创业者在家门口做国际生意。

世纪疫情冲击下，百年变局加速演进，外部环境更趋复杂严峻和不确定。"高质量发展"是国家"十四五"规划的核心。数字经济为经济发展提供动力，中国制造既是我们的优势，也是我们的底气。泉州作为我国民生制造业基地，将进一步通过跨境电商平台销售产品，打造互联网品牌，加快传统优势产业线上线下融合发展，进一步打造"泉州制造"高质量名片。

# B.11

# 南阳综试区：优化服务创新发展，奋力
# 打造新兴区域跨境电商中心城市

南阳市跨境电商发展课题组 *

**摘　要：** 南阳地处内陆地区，是河南省副中心城市，河南省新兴区域经济
中心，全国性综合交通枢纽、商贸服务型国家物流枢纽。获批跨
境电商综试区后，南阳市高标准完善政策机制，夯实园区基础，
优化公共服务体系，发展跨境电商特色产业，市场主体和进出口
规模迅速增长，产业集聚度持续提升，生态体系日臻完善，已进
入高质量发展的快车道。本文总结了南阳跨境电商的发展成绩，
从优化服务监管、融合特色产业、建立人才支撑体系三个方面阐
述了南阳综试区的创新举措，梳理了目前存在的问题和不足，从
市场、平台、品牌、物流、产业等方面提出了未来南阳跨境电商
的发展规划，助力南阳综试区破解瓶颈、创新发展，奋力打造新
兴区域跨境电商中心。

**关键词：** 跨境电商　服务体系　南阳综试区

　　南阳古称"宛"，位于河南省西南部、豫鄂陕三省交界，郑州、武汉和
西安三大都市圈的几何中心，是河南省面积最大的省辖市。南阳是河南省支
持建设的副中心城市，河南省新兴区域经济中心，全国性综合交通枢纽、商

---

* 课题组组长：司仁银，南阳市商务局局长。副组长：孔繁智，南阳市商务局党组成员、调研
员；赛红伟，南阳市商务局党组成员、贸促会会长。成员：周红丽，南阳市商务局电子商务
科科长；包阳（执笔），南阳市商务局电子商务科主任科员。

贸服务型国家物流枢纽，国家发改委定位的战略连续成长城市。作为全国第五批跨境电商综合试验区城市，南阳着力发挥自身优势，全面复制推广先发综试区成熟经验做法，大力推进制度创新、管理创新、服务创新，促进南阳跨境电商迅速发展。目前，南阳市跨境电商市场主体和进出口规模迅速增长，产业集聚度持续提升，生态体系日臻完善，已进入高质量发展的快车道。

# 一　南阳跨境电商发展情况

南阳市着力贯彻落实党中央、国务院和省委、省政府关于支持跨境电商发展的工作部署，将综试区建设工作作为顺应国际贸易发展趋势、融入新发展格局、推动经济社会高质量发展的重要举措。2021年，南阳市跨境电商进出口总额居全省第3位。全市从事跨境电商的企业超过2000家，跨境电商就业人数达到6.7万人，产业链带动就业人数多达18万人。[①] 在2021年商务部对全国105个综试区的考核评估中，南阳综试区取得了第二档"成效较好"的佳绩。

## （一）政策机制持续完善

### 1. 高起点制定实施方案

自南阳跨境电商综试区批复以来，省、市政府先后下发《中国（南阳）跨境电子商务综合试验区实施方案》《中国（南阳）跨境电子商务综合试验区建设行动计划（2021~2025年）》，构建了南阳跨境电商综试区建设和发展的顶层架构和高效指引。成立了由市长任组长，常务副市长、组织部部长、统战部部长三位市委常委任副组长，市直相关单位和各县（市、区）主要负责同志为成员的跨境电商综试区建设工作领导小组，制定了领导小组工作机制。

### 2. 高标准制定扶持政策

先后出台了《关于支持跨境电商总部经济发展的实施意见》《关于支持

---

① 数据来源于《南阳市商务局2021年工作总结报告》。

物流总部经济发展的实施意见》《南阳市鼓励跨境电商发展暂行办法》等系列扶持政策，形成了较为完备的扶持政策体系。

**3. 落实跨境电商便利化政策**

南阳海关、卧龙综保区、外汇管理局等部门通过创新业务模式和管理方式，出台了《关于进一步优化口岸营商环境促进跨境贸易便利化的通知》《国家外汇管理局南阳市中心支局关于外汇管理服务涉外经济发展的意见》《关于印发〈中国（南阳）跨境电子商务综合试验区零售出口货物免税管理办法（试行）〉的通知》等文件，落实跨境电商"无票免税""简化申报、清单核放"等相关便利化政策。

## （二）服务体系日益健全

**1. 通关平台建设运行**

依托"单一窗口"平台，推动卧龙综合保税区与河南电子口岸公司合作建设跨境电商通关一体化平台。目前，该平台已陆续实现跨境电商 1210、9610、9710、9810 全模式的通关监管，并建成集通关报检、数据统计、物流跟踪、金融支付等服务功能于一体的综合性服务平台，可为跨境电商企业提供一站式服务。

**2. 完善信息共享体系**

依托线上综合服务平台，与海关、税务、外汇等相关部门"一点接入"，打通信息交流通道，实现企业"一次备案、多主体共享、全流程使用"，全程无纸化办理，有力提升了信息化服务水平。

**3. 畅通国际物流通道**

发展"四路协同"，打通陆上、空中、海上、网上丝绸之路，全方位开通国际物流通道。依托南阳国际陆港，开行"宛西欧""宛渝欧"及南阳与欧洲（俄罗斯）、中亚间双向中欧班列，开行南阳至青岛、宁波舟山港铁海联运线路。目前，中欧班列开行 17 列，其中南阳—青岛港快线是国内首列农副产品（西峡香菇）铁海联运专列。

**4. 推进金融服务便利化**

建立了便利化的跨境电商金融服务体系，为企业提供融资、结汇、保险等服务。开展外贸贷、退税周转金试点，为企业提供便利化融资和退税服务。支持外综服企业积极为跨境电商企业提供订单融资等金融服务类产品。联合河南中信保公司出台信保扶持政策，为跨境电商企业提供优质的出口信保服务。

**5. 建设跨境电商海外仓**

出台了《南阳市跨境电商海外仓示范企业认定办法》等政策，洽谈引进香港广发集装箱物流有限公司等海外仓企业。支持南阳乾源食业、花冠工艺品等企业在东南亚、欧洲、北美等地租赁海外仓超 10 万平方米，有力提升了物流配送效率。

## （三）园区建设更加坚实

**1. 合理安排园区布局**

按照以卧龙综保区为核心，以镇平、西峡等地多个跨境电商园区为支撑的"一核多园"体系，促进线上线下联动融合发展。在中心城区建设南阳新经济产业园、装备制造产业园等跨境电商专业园区，在镇平、西峡、邓州、内乡、新野等县市打造与当地产业结合的跨境电商特色园区，形成专业园区与特色园区相结合、定位鲜明、错位发展的跨境电商产业园区集群，为跨境电商企业提供集聚平台。

**2. 强化园区服务能力**

引进专业运营服务企业，为园区入驻企业提供优质的进出口手续代办、代理报关、培训孵化、品牌营销、物流转运等服务。建设通关监管中心、政务服务中心、展示体验中心、仓储等配套设施，打造完善的跨境电商生态链，为跨境电商企业提供办公、培训、孵化、金融、物流等一站式服务。

**3. 开展示范园区创建**

支持跨境电商园区提档升级，创建示范园区，卧龙跨境电商产业园、南阳理工学院培训基地等 11 个园区被省商务厅认定为示范园区。制定市级跨境电商园区认定办法，多次开展市级跨境电商园区认定。

## （四）市场主体逐步壮大

### 1. 大力培育跨境电商知名企业

建立健全全市跨境电商品牌培育、发展和保护机制，全面提升跨境电商企业品牌建设的服务和支撑能力。支持跨境电商企业品牌化发展，对企业国际商标注册、品牌海外推广、开展国际质量体系认证等投入给予支持，持续推动南阳产品质量提升，提高南阳品牌的国际影响力。鼓励跨境电商相关主体加大研发投入力度，提高出口产品附加，支持具备条件的企业申建高新技术企业、科技型中小企业、科技小巨人企业。

### 2. 促进传统企业转型跨境电商

依托南阳资源优势，围绕优势特色主导产业，引导传统外贸企业积极转型跨境电商业务。组织实施产业发展培育行动，推动产业与跨境电商融合应用，鼓励企业与跨境电商平台企业、服务企业合作，拓展产品境外营销渠道。包装打造特色优势产业带，形成了光学、胶片、装备制造、艾草、中医药、月季、食品农产品、工艺品、纺织服装、仿真花等多产业带的跨境电商产业格局。

### 3. 打造跨境电商孵化平台

依托南阳理工学院、河南工院等高校和职业院校资源，大力推进跨境电商专业人才培育。目前，南阳综试区设置跨境电商专业的院校和职业学校共有 21 家，在读人数 3468 人。[①] 南阳理工学院跨境电商培训基地被省商务厅认定为省级跨境电商人才培养和企业孵化平台。

### 4. 吸引龙头平台企业入驻

阿里巴巴、敦煌网均与南阳市签订合作协议并落户。目前，阿里巴巴国际站已在南阳进驻渠道商，已孵化跨境电商企业 200 余家，培训跨境电商人才 2000 多人，平台年销售额突破 30 亿元；敦煌网跨境电商项目入驻镇平新经济产业园，培训跨境电商人才 1000 多人，平台年销售额突破 15 亿元。[②]

---

① 数据来源于《南阳市商务局 2021 年工作总结报告》。
② 数据来源于《南阳市商务局 2021 年工作总结报告》。

河南数字丝路科技集团有限公司投资建设的数字丝路电商项目，已入驻高新区中关村信息谷。阿里巴巴集团客户体验服务中心等项目正在积极推进中。

### 5. 自主平台迅速发展

牧原集团聚爱优选电商平台和防爆行业供应链平台"云防爆""爆团猫"年交易额均超 10 亿元，钢材交易平台"钢易网"、生鲜供应链平台"香菜网"、线上云商城"南阳云商"等平台示范带动效应已显现。

## （五）对外交流丰富多彩

### 1. 参会参展扩大影响

先后参加了中国（义乌）国际电子商务博览会、国际消费品博览会、深圳跨境电商大会、西安丝绸之路国际博览会、厦洽会、服贸会和线上广交会等活动，集中展示了南阳跨境电商综试区发展情况和特色产业情况，扩大了南阳跨境电商综试区影响力。在第五届全球跨境电商大会上，南阳市设立跨境电商展示专区，跨境电商与仿真花、艾草、香菇、光电等特色产业结合的做法得到了省政府领导的充分肯定。

### 2. 峰会论坛营造氛围

南阳综试区大力开展电子商务大讲堂系列活动，举办了县域电商发展论坛、阿里巴巴跨境电商峰会、北京院士专家南阳行电商论坛等大型活动，多渠道开展跨境电商推介、宣传活动。郑州大学管理工程学院电子商务系主任、硕士生导师赵亮教授等 16 位业内知名专家成为南阳市电商智库专家。

### 3. 广泛报道加大宣传

积极扩大宣传，炒热叫响浓厚氛围，南阳综试区的经验做法在《河南日报》、南阳网、学习强国等平台进行了广泛宣传报道。南阳发展跨境电商热潮空前高涨，已形成企业踊跃参与的良好氛围。2021 年 5 月，市商务局报送的《南阳跨境电商综试区发展面临的困难及意见建议》被国办采纳并获国务院领导批示。2021 年 7 月，南阳综试区建设跨境电商综合服务平台和线下电商园区的做法入选了商务部编印的 2021 年第三期《跨境电商综合试验区工作动态》。

# 二 南阳综试区的创新举措

在复制推广综试区建设成熟经验做法的基础上，南阳综试区结合自身特点，加强制度、管理和服务创新，在优化服务、产业培育等方面先行先试，探索出一些新做法。

## （一）优化跨境电商服务和监管

### 1.创新跨境电商金融服务

南阳综试区认真贯彻落实国家、省政府制定的关于支持外贸外资外经企业发展的文件精神，创新金融服务，减轻新冠肺炎疫情对企业带来的压力。一是开展"外贸贷"融资业务。由市政府出资设立"外贸贷"资金，帮助跨境电商企业通过出口信保保单、出口退税账户质押、应收账款、出口订单进行融资，帮助企业拓宽融资渠道，降低融资成本。二是设立退税周转金。在全省率先开展退税资金池创新试点，设立3500万元的出口退税周转金资金池，有力帮助企业缩短出口退税周期，减轻企业资金压力。此项工作获得省委、省政府肯定，省财政厅、省商务厅发文在全省复制推广。

### 2.建立冷链进出口产品中心仓

南阳综试区在卧龙综保区建立了冷链进出口产品中心仓，对全市冷链进出口产品进行集中管理，一方面更好发挥综保区作用，为企业提供更专业、便利、高效的冷链仓储和进出口通关服务；另一方面，有利于做好疫情防控，确保冷链进出口产品安全。

## （二）促进跨境电商与特色产业融合

### 1.探索传统农业农产品出口

大力发展以食用菌、月季、艾草、茶叶为主的农产品出口，开行南阳至俄罗斯"香菇专列"，南阳至青岛港、宁波舟山港铁海联运线路。其中南阳—青岛港快线是国内首列农副产品（西峡香菇）铁海联运专列，获央视新闻专题报道。

### 2. 建设玉雕产业全球化供应链

依托卧龙综保区，从俄罗斯、缅甸等地进口优质玉料，在镇平县建设国际玉城，开展玉雕加工。联合西安交通大学，设立玉雕行业标准，由专业玉石供应链企业聚石云库科技有限公司按照标准进行鉴定、估值并入库保存。结合国内外电商平台，开展拍卖、销售，形成进口—加工—鉴定—仓储—销售全产业链的玉雕供应链体系。

### 3. 跨境电商助力扶贫产业

在全市建设跨境电商网货加工基地，开展仿真花、食用菌、假发等适销产品的生产加工，为跨境电商企业供货。引导跨境电商网货加工基地优先为贫困户提供就业岗位，全市共吸纳超 3000 个贫困群众就业，实现在家门口就业增收。

## （三）建立多层次的人才支撑体系

### 1. 大力开展返乡创业

南阳跨境电商起步早、人才多，南阳籍跨境电商群体中涌现多个全国知名跨境电商专家。深圳跨境电商协会执行会长王馨、义乌跨境电商协会创始会长贾才民均为南阳籍人士。南阳综试区高度重视返乡创业工作，吸引南阳籍人才返乡创业，带动资金流、信息流、产业流在南阳汇集，形成返乡创业人才洼地。

### 2. 开展"人人持证、技能南阳"建设

坚持职业培训法治化、规范化、品牌化、国际化方向，大规模开展跨境电商职业技能培训和评价取证，推动从业者技能就业、技能增收，进一步加强跨境电商人才队伍建设。

### 3. 成立跨境电商社团组织和研究机构

成立了跨境电商协会，吸纳广大跨境电商企业入会，构建政府与企业沟通的桥梁。结合南阳理工学院、南阳师范学院等高校和阿里巴巴、敦煌网等企业，成立南阳电子商务与物流研究院，开展跨境电商领域课题研究。

## 三 南阳综试区发展面临的问题

### （一）产业基础薄弱

电商企业总体上规模小、产出低、分布散，大型电商平台和电商服务企业严重缺乏。传统企业应用电商率较低，应用范围和应用手段有待拓展，离集商流、物流、信息流、资金流于一体的应用目标还有较大距离。

### （二）物流体系亟待完善

南阳地处内陆腹地，物流渠道单一，海运比沿海、沿边地区企业要承担更多的国内运输成本。空运方面，南阳目前还没有国际货运航班，需转运到省会郑州或其他国际货运机场，时效增长、成本增加。市中心城区缺乏大型的仓储中心、物流快递中心、分拨中心以及物流公共信息平台，物流成本远高于发达地区的平均水平。

### （三）电商专业人才流失严重

南阳市因区位、待遇等原因，不具备吸引留住人才的优势，人才短缺情况相对严重。南阳理工学院等本市高校培养的跨境电商人才多去外地就业，引进外地人才也面临到南阳就业意愿不强烈、引才渠道不够畅通的问题。

## 四 南阳综试区未来发展规划

南阳综试区将加快落实"两平台六体系"的建设任务，以促进产业发展为重点，进一步健全跨境电商发展体制机制，强力推进贸易便利化措施，落实促进跨境电商发展的各项政策，积极培育跨境电商特色产业集群，不断完善跨境电商产业链和生态圈，力争建成在全国有一定影响力的新兴区域跨境电商中心。

## （一）买卖全球，连接大市场

### 1. 巩固传统市场

支持南阳跨境电商企业在欧美等传统市场设立海外分公司或展销中心。引导企业数字化转型，深挖客户需求，开发定制化、个性化新产品，采用数据分析、数字营销等数字化方式开展贸易。

### 2. 开拓新兴市场

鼓励本地电商企业国际化布局，支持其开拓全球市场，重视东南亚、拉美、俄罗斯等新兴市场发展。利用《区域全面经济伙伴关系协定》（RCEP）生效的机会，加大东盟、日韩等市场开发力度，支持在重点区域建设海外仓，完善基础设施，促进新兴市场蓬勃发展。

### 3. 扩大进口规模

持续完善南阳卧龙综保区的进口保税仓储设施设备，大力推进网购保税进口业务发展，扩大优质消费品进口规模，进一步提升消费品质。大力发展O2O、网购保税进口+实体新零售等新模式。招引天猫国际、京东国际、苏宁国际、考拉海购等一批市场主体在南阳成立分部及物流分拨中心，为南阳及周边区域提供品质更高、品牌更多、品类更丰富的进口商品供给。

## （二）强基固本，打造大平台

### 1. 完善南阳跨境电商进出口综合服务平台

实现企业备案、申报、纳税、查验、转关、品控、分销、统计、监管、产业分析等功能，提升跨境电商出口产品申报和国内转关服务时效。通过线上申报和线下监管相结合，重点解决跨境贸易电子商务出口遇到的通关、退税、结汇等问题，构建适应跨境电商发展需要的信息化管理服务平台。

### 2. 打造综合园区平台

建设跨境电商园区，促进线上线下联动融合发展，为跨境电商企业提供商务办公、进出口商品展示、公共服务、物流服务、创业孵化等"一站式"服务，形成功能生态完整、布局科学合理、优势互补、联动发展的跨境电线下综合园区平台。

### 3. 持续加大招商力度

积极引入阿里巴巴、敦煌网、亚马逊、Shopee、Lazada、Wish 等平台资源，为企业提供平台入驻、品牌升级、数字化营销、线上运营等服务内容，促进传统企业数字化转型。

## （三）宛货出海，培育大品牌

围绕南阳先进制造、绿色食品、中医药、光电信息、新能源、新材料等核心产业，扶持现有品牌做大做强。落实鼓励自主创新、促进产品出口等方面政策法规，为创新产品研发培育提供有力保障。加大自主品牌保护力度，支持本地名优特产品注册国际商标，积极参加国际质量体系等相关认证，培育跨境电商"南阳制造"品牌。支持晶亮光电、牧原集团聚爱优选、社旗仿真花等企业"走出去"，打造牧原猪、仲景药、赊店酒、镇平玉、科尔沁牛、渠首农产品等一批享誉国内外的知名品牌，提高产品品牌竞争力、影响力和在国内国际产业链中的地位。

## （四）通达五洲，构建大物流

依托南阳铁路二级现代物流基地，与青岛、宁波、连云港等沿海港口签订合作协议，实现综保区"无水港"功能，打造南阳国际陆港。依托南阳姜营机场，实现与郑州新郑及沿海城市国际机场联动，增开国内外航线，申请发展航空口岸，增强货运集疏能力。积极引进 DHL、FedEx、UPS 在南阳建立分仓，打造物流分拨节点。重点引进包括亚马逊、eBay、速卖通、敦煌网等知名跨境电商平台的官方仓和指定物流服务商在南阳落地，进一步降低本地跨境电商企业物流成本，形成区域跨境电商物流汇聚效应。加密南阳开行的中欧国际铁路货运班列，积极建设国际铁路货运枢纽，不断拓展公铁联运、海铁联运业务模式，推动"空、铁、公、海"多式联运，打造集航空物流、公路物流、铁路物流多式联运于一体的立体化综合物流枢纽。

## （五）强势崛起，发展大产业

鼓励企业加大创新产品研发投入，打造一批具有南阳特色的高质量产品。支持跨境电商企业依托南阳优质产业、特色产品，如食用菌、艾制品、仿真花、服装纺织、光电信息产品、玉石工艺品等，通过各类要素资源整合和海量贸易数据沉淀，挖掘相同品类产品的市场和需求，开展定制化、精准化的产品创新和定向化的产品销售。鼓励涉农经营主体上线经营，建立连通国内外的多元化销售渠道，聚焦农产品深加工、包装和运输等环节的创新改造和优化。支持农业协会或龙头企业牵头创建南阳市跨境农产品公共品牌，建立涵盖农产品种植、生产、加工、质检、认证、包装、运输等全链条的标准规范，加强公共品牌产品的统一监管，确保品牌质量，实现抱团出海。支持传统生产企业紧抓国潮出海、文化出海趋势，加强工业设计、文化创意在产品设计生产中的应用，持续创新海外市场新产品、满足海外市场新需求。持续推动跨境电商特色产业集群发展，形成"一区一产业、一产一特色"的发展格局。

**参考文献**

《追逐外贸行业新"风口"——南阳跨境电商发展探析》，《南阳日报》2021 年 6 月 16 日。

王哲：《河南南阳：打造跨境电商新兴口岸城市》，《中国报道》2020 年第 7 期。

符丽萍：《"一带一路"背景下南阳市地方高校"外语+跨境电商"人才培养模式研究》，《企业科技与发展》2019 年第 11 期。

# B.12
# 许昌假发产业带："假发之都"把头上
# 生意做到全世界

梁金成*

**摘　要：** 许昌发制品产业作为全市主要外向型商品，积淀百年、历史悠久，许昌也是国内最早的人发产品集散地。近年来，随着跨境电商产业的异军突起，许昌发制品企业充分发挥商品件小价高、体轻易运、复购率高等优势，利用跨境电商推动发制品出海，成效显著，发制品跨境贸易交易规模高速增长，许昌已发展成为全国乃至全球最大的发制品集散地和出口基地。本文通过梳理许昌市发制品产业与跨境电商产业融合发展现状，分析发制品跨境出口面临的问题，并从实施产业振兴计划、建设全球发制品跨境电商交易中心、加强知识产权合规管理、加大跨境电商人才培养等方面提出对策建议。

**关键词：** 许昌　跨境电商　发制品

## 一　发制品产业概况

发制品是以真人发、纺织材料、化纤材料等为原材料，经过浸酸、漂洗、染色、洗发、烘干、定型等工序加工而制成的假发制品，绝大部分用于

---

* 梁金成，许昌市商务局电子商务办公室主任，许昌电子商务发展规划编制工作的主要参与人，致力于跨境电商、农村电商和县域电商发展的实践与研究，关注政府在推动电子商务发展中的地位和作用。

发型装饰，具有准必需品的时尚消费特征。依据发制品功能不同，可分为发条、发套、发块、教习头等多个种类。

清朝末年，许昌泉店村商人与德国犹太商人共同设立"德兴义发庄"，经营人发收集与销售。经过 100 多年传承发展，尤其是改革开放以来，随着许昌市发制品产业繁荣发展，相关企业数量和规模不断扩大，推动行业从此前的粗加工向深加工、从原料集散地向成品生产基地、从人发制品向化纤发制品、从单一产品向系列产品转变，使许昌成为全国乃至全球最大的发制品集散地和出口基地。目前，全市拥有发制品出口企业近 300 家，相关从业人员 30 多万人，共有 3000 多个品种，涵盖人发、化纤发和发套三大系列，工艺发、女装假发、化纤发、教习头、男装发块、纤维发丝六大类，发制品已销往全球 120 个国家和地区。作为河南省特色出口产业以及许昌外贸支柱产业，许昌发制品行业"十三五"期间出口规模年均超过 20 亿美元，占全国发制品出口总量的 60% 以上。在富士康来郑州建厂之前，发制品一直是河南省单项出口第一大商品。许昌市先后被商务部授予中国发制品出口生产基地、国家科技兴贸创新基地、国家外贸转型升级基地（发制品）等称号。2020 年全市发制品总产值超过 400 亿元。[1]

## 二 发制品跨境电商发展概况

### （一）发展势头迅猛

发制品具有体积小、重量轻、货值高等特点，是跨境电商的偏好型产品。近年来，随着互联网、移动互联网技术的快速发展，许昌发制品企业通过跨境电商等国际贸易新业态，积极开拓国际市场，推动发制品产业国际化、品牌化发展，实现本土传统产业升级和规模质量的双提升。2020 年，许昌跨境电商交易规模 169.2 亿元，同比增长 13.3%，稳居全省第 2 位。许

---

[1] 资料来源：许昌市商务局。本文如无特殊说明，资料均来自许昌市商务局。

昌发制品相关的外贸企业数量占全市外贸企业总数的66%，90%以上的发制品企业利用阿里巴巴国际站、全球速卖通、Amazon、eBay、Wish等国内外知名的跨境电商平台开拓海外市场。据统计，仅阿里巴巴旗下的全球速卖通平台就拥有超450家许昌籍的发制品店铺，日均出口包裹量2万余单，年交易额近3亿美元，占平台发制品交易总额的80%以上。此外，许昌共有22家骨干发制品企业在16个国家和地区设立境外分支机构48个，直接带动出口1.56亿美元，北美、非洲市场发制品占有率超过20%，并呈逐年增长态势。跨境电商已成为助推许昌产业升级发展、打造外贸新优势的重要抓手。

## （二）科技实力强劲

许昌发制品行业强力实施"科技、人才、品牌"三大战略，积极开展新技术、新工艺、新材料、新设备的研究，推进企业数字化转型，蹚出了一条自主创新、自主研发、品牌发展的新路子。每年投入销售收入的3%用于产品研发和技术创新，先后承担国家、省、市级科技计划项目156项；与国内外科研机构和高校合作，共同组建国家级企业技术中心、博士后科研工作站、全国发制品行业标准编制单位、河南省发制品工程技术研究中心、许昌市合成纤维发制品工程技术研究中心等研发平台，并聘请中国工程院院士、教授为技术总顾问，引进生物、化工、高分子材料、自动化等相关专业的博士学历技术人员，形成了完整的发制品技术人才梯队。全市发制品企业获得专利714项，拥有自主品牌109个，境外注册商标645个。

## （三）引领行业标准

为改善发制品行业地方性、国家性标准缺失，长期无序发展的现状，2008年，许昌市瑞贝卡公司联合河南省质检、发制品协会以及龙正、瑞美、森源等省内外200多家发制品生产厂家，制定国家发制品行业五项标准，并通过国标委审核颁布实施，成为国内发制品行业唯一的产品标准。目前已修订完成并发布实施的国家标准及跨境电商平台标准有：《发制品　术语》（GB/T 23166-2019）、《发制品　人造色发发条及发辫》（GB/T 23167-2019）、《发制

品　人发发条》（GB/T 23168-2019）、《发制品　教习头》（GB/T 23169-2019）、《发制品　假发头套及头饰》（GB/T 23170-2019）、《发制品　人发发条及发把（发束）》DS/ALJT 001-2020。发制品相关标准的实施实现了发制品全流程生产监管，提高了企业生产规范，提升了产品质量和档次，提高了许昌发制品的国际市场竞争力。2014 年许昌市国家发制品及护发用品质检中心正式面向全国开展检验检测工作；2015 年设立博士后科研工作站，建立省内首个河南省消费品中有害物质分析与控制研究创新团队，承担省部级科技项目 3 项、市厅级项目 9 项，已参与制修订国家标准 12 项、省地方标准 2 项，建立了国家外贸公共试验检测平台、省中小企业服务示范平台。自平台成立以来，已累计与国内 280 余家企业签订了技术平台服务协议，为发制品企业出具中英文报告 2865 份，承担了阿里巴巴全球速卖通 70% 的检测业务。

### （四）优化发展环境

许昌成功获批全国首个发制品行业的市场采购贸易试点，打造中国（许昌）国际发制品交易市场。成功举办两届发制品跨境电商大会，联合阿里巴巴全球速卖通，推动中非跨境电商合作。编制《许昌市发制品振兴计划》，助力发制品企业振兴发展；先后出台了《许昌市人民政府关于促进外贸稳定增长的实施意见》《许昌市人民政府关于支持企业"走出去"发展的若干意见（试行）》《许昌市电子商务专项规划》《许昌市电子商务发展专项资金管理暂行办法》《许昌市电子商务示范创建规范》《许昌市跨境电子商务综合试验区建设实施方案》《许昌市发制品跨境电商综合服务实施方案》等一系列政策措施。全面聚焦人才培训、产品创新、品牌培育、贸易便利化等影响发制品产业发展的关键要素，精准发力、综合施策，切实为企业提供帮助、减轻企业负担、降低企业成本。

### （五）完善服务体系

许昌已搭建集跨境直播、代运营、培训孵化、人才培养、会议会展、金融服务等于一体的跨境电商公共服务体系，为本地发制品跨境健康发展奠定了坚实的基础。引导和支持传统外贸企业跨境转型，利用跨境电商平台搭建海外营销网络，培育自主品牌，实现产业升级和品牌化发展。许昌保税物流中心（B型）成功获批，通过建立差异化、市场化的运营体制和机制，健全国际邮包一站式便捷通关的进出口服务体系，助力发制品跨境贸易快速发展。目前全市共拥有4个跨境电商综合园区和3个跨境电商培训孵化基地，有力完善许昌市跨境电商企业和人才孵化培育体系，为全市跨境电商企业集聚和行业可持续发展打造了人才和企业"蓄水池"。联合全球速卖通成立假发行业全球首个跨境电商直播基地，通过举办跨境直播节和电商直播大赛，扩大跨境直播渠道销量，实现主播选拔培育。持续抓好跨境电商培训，采取校企合作、企业和协会自办、政府购买服务等模式，举办电商大讲堂、电商沙龙等活动，累计培训相关人员达3万人次以上。依托许昌学院成立瑞贝卡学院，开设发制品人力资源管理和发制品营销两个本科专业，打造全国唯一的发制品高素质应用培养和科技创新基地，面向许昌地区、辐射全国发制品企业，实施"半开放式订单培养"，开展发制品高技能人才培训，实现资源优势互补。

## 三　许昌跨境电商发展面临的问题

### （一）市场竞争压力加剧

此前，基于河南省本地劳动力和原材料成本优势，许昌发制品产业得以快速迅猛发展。随着人口红利逐步减弱和审美观念的转变，发制品行业向产业升级发展的新阶段迈进，以消费者为中心的跨境电商模式正在构建，而以质量品牌取胜的商业模式尚未形成，许昌发制品产业升级转型压力很大。

从外部来看，许昌发制品行业与周边省份山东、安徽、湖南等地的竞争更加激烈，多地采取各种优惠政策，对许昌发制品企业形成较大吸引，部分发制品企业转移到外地报关出口，直接导致许昌发制品出口份额逐步减少。

从内部来看，部分以家庭为单位的发制品"小作坊"，因其生产成本大大低于正常企业，以次充好、低价倾销等恶性竞争现象层出不穷，不利于行业健康有序发展。

## （二）多重因素叠加导致经营成本加大

一是劳动力和原材料成本上涨。随着人口红利优势减弱、老龄化社会的加速到来，工厂面临用工老龄化及年龄断层、劳动成本增加、招工难、流失率高等问题。同时人发、化纤丝、化工原料、包装袋等原材料和辅料价格连年上涨。特别是新冠肺炎疫情发生以来，印度、缅甸、朝鲜等国家关闭海关，发制品原料采购及制作过程中的"钩织"环节受到影响，原材料价格上涨幅度在30%~70%，涨幅巨大且货源短缺，导致发制品加工成本直线上升，供应链受到极大影响。二是融资成本高。由于发制品自身行业特点，回款周期长，资金周转困难，资金链风险大，部分发制品企业迫于融资压力陷入担保链，偿债压力巨大，个别企业由于融资问题甚至涉诉，影响正常生产经营。三是汇率大幅波动造成损失。近年来，美元对人民币大幅贬值10%左右，由于外贸企业使用美元结算，汇兑损失较大，压缩企业利润空间。

## （三）跨境电商出口数据流失严重

随着跨境电商零售业态的兴起，大量发制品企业通过第三方平台开展跨境电商B2C出口业务，由于个人用户对物流时效性要求较高，发制品企业多采用邮政或国际快递渠道出口。由于许昌不是国际头部快递公司的物流运输集散地，国际快递在许昌收件后均需发往北京、上海、广州、杭州等国际物流集散地（分拨中心），并在当地口岸报关出口，报关主体为当地邮政或快递公司，导致企业出口数据均统计在物流集散地省份，无法真实反映许昌市对外贸易数据。如果跨境电商企业以自己的名义报关，除部分头部发制品企业出口规模较大，相对拥有与国际头部快递企业议价资格外，大部分中小微跨境电商发制品企业不具有议价资格。此外，除需办理对外经营者备案、出口报关资质外，还需设置专人办理报关等系列手续，将不可避免出现推高成本、延长时间等问题，势必造成跨境电商利润空间被大大压缩，也会因时间迟滞导致客户群流失。

## （四）跨境电商出口税收政策不明朗

目前，对于跨境电商新业态，税务机关的监管方式与传统企业税收管理无明显差别。现行税收政策中，明确规定企业出口退（免）税货物必须有合法有效进货凭证，但在跨境电商实际业务中存在企业无法取得合法有效进货凭证情况（如中小微企业、手工作坊销售货物不愿开具发票），导致企业无法办理出口退税及合法收取外汇，企业成本等无法列支，所得税税负较高，导致企业阳光化出口意愿不强。2020年6月海关总署发布《关于开展跨境电子商务企业对企业出口监管试点的公告》，增列跨境电商B2B出口"9710""9810"2个海关监管方式代码。但对跨境电商B2B出口中不能开具增值税发票的业务，并没有明确增值税等税收政策。此外，现行综试区政策明确，对试行"无票免税"政策自建跨境电商平台或利用第三方跨境电商平台出口的企业，所得税采取核定方式征收。由于许昌并未获批跨境电商综试区，因此无法享受这一政策。

## （五）跨境电商企业出口收汇难

目前，外汇管理对货物贸易管理采取海关进出口货物流与银行收付汇资金流相匹配的核查管理机制，货物贸易真实性背景完全依据海关进出口货物报关信息。但跨境电商出口企业在实际业务操作中，因成本、税收和报关主体等多种因素难以取得货物流的海关报关信息，资金流与货物流无法正常匹配，企业主体被外汇局列入异常监管。为避免被列为监管异常，在正常贸易收汇途径不畅的情况下，跨境电商出口企业会选择个人分拆、委托第三方支付机构或外综服等途径实现收汇，受汇率波动和中介机构等因素影响，将会增加企业的经营成本、收汇风险。同时由于本地中介机构规模和数量较少，企业大多选择市域外的服务机构办理收结汇，造成本地企业结算数据外流，不利于管理部门对本地企业外贸业务量的客观准确统计。

## （六）跨境物流发展滞后

在物流方面，新冠肺炎疫情大流行以来，国际物流运费大幅上涨，各国海关加大检疫力度，运输中转期限变长，物流时效受到严重影响。如郑州至美国货运价格一度飙升至 80 元/公斤。部分企业的物流费用在发制品经营成本中的占比逼近 20%，且不是肯出钱就能发得出去货，要排队"候机"，物流商对单一企业每日报单量有上限设置。[①] 跨境物流服务存在成本高、周期长等问题，制约了行业竞争力。

## （七）跨境电商知识产权涉诉风险大

2020 年底以来，涉及许昌发制品卖家的知识产权诉讼不断增加，相继有假发品牌"HAVANA MAMBO""Wig Grip Apparatus 假发束发带"等被诉侵权，涉及 Amazon、Wish、阿里巴巴国际站等多个平台，面临产品下架、账户冻结和巨额罚款的风险。由于各国跨境电商发展程度不同，商品的知识产权侵权和保护意识差异，以及法律法规体系建设水平不一等原因，一些国家为支持自身跨境电商发展，对于跨境电商交易活动监管愈加严格，甚至设置一些贸易壁垒措施。出于地域保护目的，国外部分平台没有给予中国出口商品有效的抗辩渠道和知识产权保护措施，使知识产权变成了其恶性竞争的手段。除上述客观原因之外，个别跨境电商卖家不重视知识产权保护，特别是部分低端产品因较低的产品附加值，在竞争力上不具优势，一些中小型企业为了提高销量，往往会以国外知名产品为样本来进行模仿和设计，从而频繁出现侵犯知识产权事件，随之而来的是大量的诉讼以及高额司法赔偿。

---

① 《郑州至美国货运价格飙升至 80 元/公斤：河南遭遇空运出口之困》，"中国物流与采购"微信公众号，2021 年 9 月 28 日。

# 四　对策及建议

## （一）大力实施发制品产业振兴计划

推动发制品行业质量升级、品牌升级、结构升级和人才升级，提高产品档次、质量效益。重点实施好"12345"工程，即打造一个市场：充分发挥许昌获批国家市场采购贸易试点优势，打造功能完善、辐射周边、内外贸一体化的中国（许昌）国际发制品交易市场，进一步激发市场活力；培育两个基地：通过产业整合、结构升级和体制创新，将许昌建成全球最大的发制品产业基地和科技兴贸创新示范基地；做强三个龙头：瑞贝卡、龙正、瑞美3家发制品企业；做大四个集群：禹州市发制品集群、建安区发制品集群、经济技术开发区发制品集群、魏都区发制品集群；建立五个中心：世界发制品的信息、生产、研发、产业标准与检测、交易与原材料储备中心。不断扩大发制品出口增量，力争实现年均10%的增长速度，到2025年发制品出口总量突破200亿元。

## （二）支持跨境电商与物流协同发展

按照许昌市现代物流业转型发展总体定位，大力推进航空物流和跨境电商物流发展，高标准布局和建设跨境电商、快件分拨中心及航空、铁路境内境外物流集疏中心，构建辐射全国、通达全球的发制品电商物流集疏分拨网络。加快重点市场海外仓布局，完善全球服务网络，为企业提供贸易、仓储、配送和售后等一站式服务，补足货运航空等跨境物流短板，强化快速反应能力和应急保障能力。

## （三）建设全球发制品跨境电商交易中心

持续高水平筹办发制品跨境电商大会，推动将会址永久落户许昌。支持企业融合直播电商、社交电商、大数据营销等方式，建立线上线下融合、实体与虚拟相结合、境内境外联动的跨境电商营销体系，打造线上中国发制品产业集群跨境 O2O 平台。支持企业加强数字技术在产品生产流程、工艺技术、设计研发等方面的应用，不断提升品牌价值。持续推进跨境电商与发制品产业融合发展，巩固和培育一批具有国际竞争力的跨境电商龙头企业和产业集群。谋划启动跨境电商综合园区和跨境电商孵化基地建设，吸引平台企业、外综服企业、配套服务企业及专业人才落地集聚发展。

### （四）推动跨境电商业态模式创新发展

加快引进和培育一批服务功能完善、辐射带动能力强的外贸综合服务企业，为中小企业提供通关、物流、金融、退税等专业集成服务。积极探索制定涵盖跨境电商主体及"关检汇税物融"等的政策法规体系，完善通关查验、检验检疫、结汇退税等全链条的信息标准和接口规范，为跨境电商业务全流程、标准化、规范化监管提供指导。持续优化商品通关流程，提升通关便利化水平，探索出台区别于传统出口的跨境电商商品税制及退税等相关规定，压缩跨境物流配送周期以提高跨境电商效率。推动外汇管理局开展不占用个人年度结售汇总额、基于跨境电商真实贸易背景的收结汇业务，允许支付企业集中办理付汇相关手续。

### （五）创建发制品出口质量安全示范区

引导发制品企业不断加强产品质量安全管理，强化技术创新体系建设，积极主导或参与行业标准制定，培育一批示范区龙头企业，全面提升行业整体竞争力，提高企业的行业话语权。积极推动发制品生态原产地产品保护申请工作，打造区域品牌，提升产业核心竞争力。部门联动，积极开展打假工作，净化市场环境。强化平台服务，推动产业升级，充分融合政府部门、科研院所、行业协会、标杆龙头企业、质量监督机构等多方资源，进一步落实发制品质量安全责任，保障出口商品质量安全，构建起"政府主导、部门联动、行业推动、企业行动"的质量共治新局面，实现由产业优势到质量优势的提升，由质量优势到发展优势的提升，打造出口竞争新优势，促进许昌市发制品产业技术升级。

## （六）加强跨境电商知识产权合规管理

加强发制品企业的知识产权、合规发展的宣讲和培训，不断提高企业知识产权保护意识。支持企业加大产品知识产权、资质认证、商标注册等方面投入，全面排查和梳理企业合规化发展的风险点。加大对发制品企业在专利申请和品牌建设等方面投入的支持力度，积极支持企业科技创新、商业模式等商标品牌建设，构建自主知识产权体系。在企业开展进出口业务前，应对目标市场的知识产权保护环境做充分调查，以安排知识产权风险防范的相关计划与措施。支持发挥发制品产业联盟或协会作用，整合境内外法律服务资源，积极应对侵权诉讼，切实维护自身的合法权益。

## （七）充分用好各类国家级开放平台

推动跨境电商与市场采购贸易试点融合发展。紧抓许昌跨境电商零售进口试点发展机遇，扎实推进试点各项工作。依托许昌保税物流中心（B型），积极开展保税仓储、全球采购和国际分拨配送等业务，实现差异化、特色化发展。随着郑州都市圈扩容，许昌已融入郑州大都市区的省级战略平台，下一步应积极争取融入中国（河南）自由贸易试验区、郑洛新国家自主创新示范区等国家战略平台。发挥许昌独特的产业优势，积极申建中国（许昌）跨境电子商务综合试验区、综合保税区和河南自由贸易区许昌开放创新联动区，建设区域开放高地和创新高地。

## （八）加大对跨境电商人才的培养力度

支持许昌学院等市内高校、高职院校开设跨境电商专业，培育跨境电商专业人才。鼓励瑞贝卡等跨境电商发制品龙头企业与高校合作，创建跨境电商产业学院，共同建立实训基地，推进"以学校为主的理论教育和以企业为主的实践培育"新型教学模式，着重培养兼具外语基础、跨境电商专业知识与实践应用的复合型跨境电商人才。

## （九）建设许昌数字商务公共服务平台

根据电子商务特点，建立健全电子商务和跨境电商统计制度，定期开展统计分析，及时准确反映社会消费品零售总额和跨境电商进出口发展规模、结构变化、发展趋势和存在问题。完善外贸统计方式和系统平台建设，加强各监管部门系统对接，实现跨境电商经营主体、贸易量、商品信息、结汇、退税等数据的应统尽统。健全许昌市电子商务和跨境电商贸易统计与发布制度，定期发布许昌市国内国际电商发展情况分析报告，找到产业发展痛点、及时调整产业政策，为政府监管和企业经营提供决策咨询服务。

**参考文献**

王峰、杨智慧、张鑫：《河南省许昌市发制品出口调研报告》，载张延明、何松浩主编《河南商务发展报告（2018）》，社会科学文献出版社，2018。

段重阳、赵恒毅、冯方利：《关于助推许昌市发制品产业转型升级的思考和建议》，《中国经贸》2017 年第 23 期。

冯晓鹏、李思然：《跨境电商知识产权风险简析》，《中国海关》2021 年第 8 期。

商务部电子商务司：《"十四五"电子商务发展规划》，2021 年 10 月 26 日。

# B.13
# 宁波慈溪家电产业带：以数字化改革赋能跨境品牌建设

谢尚伟　葛振林 *

**摘　要：** 家电行业是宁波慈溪制造业的支柱产业之一，也是产业集群跨境电商发展的典范。本文依托宁波市跨境电子商务协会长期在跨境电商家电产业带相关企业调研成果，从跨境电商和海外仓两大外贸新业态现状和未来发展路径展开探讨，以"制造端、贸易端、消费端"的供给侧结构性改革为研究方向，通过分析宁波慈溪跨境电商家电产业带的现状和发展机遇，进行跨境电商产业带的发展思考，希望能够为全国跨境电商产业带数字化转型和品牌化发展提供经验参考和发展建议。

**关键词：** 数字化　跨境电商品牌　家电产业带　供应链　慈溪

宁波慈溪市被称为"家电之都"，与顺德、青岛并称中国三大家电基

---

\* 谢尚伟，宁波市跨境电子商务协会秘书长，浙江吉云教育科技集团有限公司校区合伙人，宁波职业技术学院跨境电商专业柔性带头人，宁波市跨境电商行业指导委员会委员，中东欧跨境电商产教联盟副理事长，中国（宁波）小语种+跨境电商产教联盟发起人，宁波市首批十佳创业导师，《宁波创业》主编，中国大学生岗位创业联盟发起人，主要研究方向为跨境电商产教融合、创新创业；葛振林，宁波职业技术学院跨境电商专业主任，宁波市创业导师。

地。家电是宁波制造业的支柱产业之一，在"246"①和"225"②宁波战略中承担着制造业转型升级和外贸优化升级的重任。其中智能家电产业是宁波重点打造的千亿级产业集群，也是跨境电商出口的主要产品供应链，涉及物联网、云技术、智能系统、新材料、工业设计等新兴产业和技术。宁波慈溪被列为浙江省首批省级跨境电商产业集群试点，已形成智能小家电及家电配件产业集聚区、智能厨电及配套产品产业集聚区、智能冰洗及配套产品产业集聚区、家电生产性服务业集聚区（电子商务与展示服务功能区）等（见图1）。

宁波发展跨境电商拥有"天时、地利、人和"，而跨境电商的产业带供应链正是其中最重要优势，《中国跨境电商发展报告（2020）》中的《宁波综试区："天时、地利、人和"做好全球跨境电商模范生》，详细分析了宁波跨境电商产品供应链和物流供应链优势。本文将结合东耀电器、月立集团、慈溪进出口公司、麦佳电商等宁波慈溪跨境电商家电产业带转型代表公司，重点介绍并反映数字化赋能宁波跨境家电产业带高质量发展的场景，提炼我国跨境电商相关的智能家电产业从 OEM 向 ODM 转型的经验，形成依托数字化成果和跨境电商经验在海外通过数字营销、海外仓等形式打造跨境品牌的发展路径思考。

总之，宁波慈溪跨境电商家电产业带凸显了"数字赋能、贸易创新、迎风起航"的发展现状，在数字化和跨境电商的大风口下迎来了"港通天下、外贸制造、跨境品牌"的发展机遇，未来跨境电商各地产业带将形成"因地制宜、消费建模、求同存异"的成长路径。

---

① "246"万千亿级产业集群培育工程：到 2025 年，宁波将在全市培育形成绿色石化、汽车 2 个世界级的万亿级产业集群，高端装备、新材料、电子信息、软件与新兴服务 4 个具有国际影响力的五千亿级产业集群，关键基础件（元器件）、智能家电、时尚纺织服装、生物医药、文体用品、节能环保 6 个国内领先的千亿级产业集群。

② "225"外贸双万亿行动：到 2025 年，宁波将实现全市外贸进出口总额翻一番，达到 2 万亿元，进口额、出口额分别达到 1 万亿元；外贸进出口的年均增长率保持全国全省领先，货物出口额占全国、全省的比重分别提高到 4%、30%。同时，外贸结构将进一步优化，机电及高新技术产品出口额、能源及大宗商品进口额分别达到 5000 亿元，跨境电商、数字贸易、服务贸易、优质商品进口、转口贸易额分别达到 2000 亿元。

**图1 宁波家电产业带分布情况**

资料来源：宁波市家电协会，《2021年度宁波智能家电产业链发展概况》，2022年1月。

# 一 现状分析：数字赋能、贸易创新、迎风起航

## （一）数字化应用丰富，集聚跨境生态

当前宁波正在培育"246"万千亿级产业集群和"225"外贸双万亿行动，两者相辅相成是宁波实现高质量发展的重要路径。宁波跨境电商家电产业带企业打破固有思维，在原有的信息化、智能化制造基础上，结合全新的"点、线、面"理念，打造宁波跨境电商家电产业数字化赋能转型升级的新格局，通过数字化赋能方式提高宁波整个家电行业的水平和竞争力。"十三五"期间，数字化技术应用和跨境电商生态快速发展，家电产品广泛应用

人工智能、数字营销、物联网、区块链等新技术，涌现出智能扫地机器人、高转速电吹风以及时尚剃须刀等一批深受消费者青睐的智能、健康、时尚的品牌产品，现有智能家电相关中国驰名商标 18 个、浙江制造"品字标"企业 9 家。"十四五"期间宁波智能家电产业希望实现规上企业研发经费支出占营业收入比重突破 3.2%；力争新增国家企业技术中心 1~2 家，省级企业技术中心、工业设计中心数量实现明显增长。在各细分领域打造一批数字化车间、智能制造示范工厂，培育一批服务型制造示范企业，力争为到 2025 年新增市级数字化车间/智能工厂 30 家等目标做好支持和支撑。①

数字化制造方面，数字车间、智能工厂等智能制造模式应用丰富。宁波中国科学院信息技术应用研究院、中科院宁波材料所、宁波财政学院金融与信息学院、宁波市智能技术研究院、宁波未来工业创新研究院、清华大学工业 4.0 研究所等数字化服务机构，与方太、韩电、德业、卡帝亚、帅康、惠康、先锋、月立等宁波家电制造龙头企业加强合作，提供涵盖生产、研发、设计、IT、产品、管理、销售等在内的一揽子解决方案，加快了宁波家电产业数字化转型升级进程。

数字化营销方面，以东耀电器、月立集团、麦佳跨境电商、慈溪进出口公司、方太等龙头品牌企业为代表，充分利用跨境电商、海外仓等新模式新业态，推动服务于跨境选品的各类数字化平台建设，实现与电商的跨界融合，零售模式不断丰富；其中慈溪优品馆、零距离选品、华品优选等不断推动双循环建设，在全球首创全网营销合作，在国内外线上、线下推动慈溪家电业务拓展。慈溪家电产业加快推进内外贸一体化，不断夯实跨境电商产业带高质量、高标准发展之路，实现产业数字化和深度全球化。

产业集聚方面，宁波现有省级跨境电商产业集群 9 个，国家外贸转型升级基地 19 个，有慈溪 e 淘园等 19 个市级跨境电商产业园和 6 个跨境物流产业园。家电方面形成以冰洗电器为重点的慈溪观海卫产业园和宁海西店工业园、以小家电为重点的余姚和慈溪多个产业园，慈溪小家电智造小镇入围省

---

① 宁波市经信局：《宁波市智能家电产业集群发展规（2021~2025 年）》，2021 年 9 月 28 日。

级特色小镇创建名单；形成了以智能空调和音像制品产品为重点的鄞州工业园区、以厨卫电器为重点的宁波杭州湾新区方太产业园和余姚低塘家电产业园。同时，慈溪市通过大力引进平台资源完善服务支撑体系、出台扶持政策优化电商发展环境、加强宣传电商浓厚发展氛围等举措推动全市跨境电商集聚发展。慈溪共建成运营电子商务园区 4 个，包括专业跨境电商园区 2 个。其中市环杭州湾创新中心邮政速递电商产业园吸引了猪八戒网浙东总部、数梦工场宁波大数据运营总部等重大新兴服务业项目；观海卫 e+e 电子商务产业园为解决仓储难题，拟建东部物流，总用地面积 80000 余平方米；宁波（中东欧）邮政跨境电子商务创新园集聚 30 家以上跨境电商企业。近年来，宁波市跨境电商产业园区、物流园区、家电产业园区建设不断深化，不同区县结合本土优势产业集聚明显，在传统外贸转型、生态体系打造、跨境供应链构建、数字化监管服务创新等方面，形成了一套完整的工作机制和一批典型经验做法。

## （二）海外仓模式突出，创新本地产业

宁波在海外仓模式上拥有先天优势，全国 9810 模式落地推动效果明显。截至 2021 年 11 月，宁波市通过跨境电商出口海外仓的总值就达 7.9 亿元。乐歌股份在海外积极拓展，甚至通过造船、建立海外物流园等方式和海外仓形成互动，可以说在跨境电商发展过程中，海外仓起到了十分重要的支撑作用。宁波市跨境电子商务协会核心成员单位宁波发现国际、塞兰特、豪雅、遨森、乐歌、中基等单位不断加快布局，协会核心品牌活动"中国（宁波）跨境电商博览会暨大家居品牌节"针对物流海外仓开设专馆，参与的物流、海外仓企业超过 200 家。目前，我国在全球市场拥有海外仓超 2000 个，宁波海外仓数量超 200 个，总面积超 200 万平方米，在全国都占有领先优势，数量和面积分别占全国的 1/9 和 1/6，[①] 而宁波的跨境电商海外仓业务量已

---

[①] 《到 2025 年培育 100 家优秀海外仓企业——有了海外仓，中国货卖得更好了》，《人民日报》（海外版）2021 年 7 月 20 日。

占据了全国"半壁江山",成为引领新业态、新模式的"模范生"。慈溪共有9个海外仓,其中有2家海外仓企业入选省级公共海外仓(宁波共9个入选),总面积7.39万平方米。预计"十四五"期间,宁波海外仓将进一步发力,不断升级海外仓功能,以品牌需求为核心,围绕"一站两仓",服务跨境业态。

相对于华南3C等电子产品为代表的产业,宁波跨境电商产业发展自带"货物吞吐量第一港口"和"优质外贸工厂"两大优势,并形成宁波大家居产业跨境品牌,方太、公牛、乐歌等3家企业被评为国家级制造业单项冠军示范企业,5家企业先后入选市级制造业单项冠军培育企业,13家企业被认定为市级专精特新"小巨人"。拥有2家国家级企业技术中心、1家国家工业设计中心和11家省级企业技术中心,省级工业设计中心6家。[①] 尤其是近年来,慈溪聚焦提升区域核心竞争力,实施单项冠军企业梯队培育行动。建立制造业单项冠军(小巨人)"专精特新"企业培育库,出台了培育制造业单项冠军三年行动实施计划,进一步推动跨境电商产品本土创新,慈溪市政府与中基(宁波)集团、中科院、Newegg等国内知名单位,共同启动慈溪家电产业的品牌之路,形成"科研、供应链、金融、平台"立体化的产业本土化布局。

相对于时尚、3C电子等跨境品类,家电类跨境产品体积和重量都比较大,不适合进行空运、邮包等模式。慈溪市商务局通过座谈交流、走访企业,了解到制造型家电类跨境电商企业对于海外仓的增值服务需求更为关注,包括头程物流、尾程配送、售后服务、海外品牌建设、消费模式调研等。在企业积极探寻"自建、租建、合作"等海外仓模式基础上,宁波慈溪市商务局与宁波慈溪工贸集团有限公司积极推动建设以服务家电跨境电商为主的公共海外仓,为家电企业提供供应链选品、运营服务、一件代发、整体物流、海外营销、售后服务、供应链金融等跨境电商一体化综合服务;并计划推动慈溪家电跨境电商海外仓发展,预计可达50万平方米,形成美国、欧洲、东

---

① 宁波市经信局:《宁波市智能家电产业集群发展规(2021~2025年)》,2021年9月28日。

南亚重点区域全覆盖，如宁波慈溪工贸集团有限公司计划"十四五"期间首期在洛杉矶建仓面积约 2 万平方米，并计划建立一支 20 辆车的车队。

在产业创新方面，宁波慈溪将智能家电产业大脑等数字创新和产业创新相融合，通过打造智能家电（家居）云平台等，扶持发展宁波家电物联网产业创新，为智能家电产品提供产品上云、远程控制、数据分析、解决方案等定制化平台服务。同时，结合宁波家电产业现状，梳理整合现有家电工业互联网应用平台，打通连接政府和市场、生产和消费的桥梁，进一步打造和完善智能家电产业生态，勾勒实时反映智能家电产业集群发展情况的产业地图，助力家电企业数字化赋能，提升产业生态建设的数字化服务，实现慈溪跨境电商家电产业带的高质量发展。积极落地家电类选品平台，以家电行业工业互联网平台及家电行业产业大脑为底座，依托平台强大的数据刻画能力及全生命周期交付管理能力，构建 B 端（电商平台客户）到 M 端（生产制造商）的快车道，通过平台实现量化反馈产品使用情况，助力企业不断升级、完善产品，帮助 B 端用户快速找到优质的制造资源，进而提高供应链效率；平台通过双向赋能，在解决家电企业订单及产品真实反馈数据需求的同时，依托平台数据+AI 核心能力帮助 B 端用户不断建立可信制造资源，全局优化供应链并且实时掌控 B 端到 M 端的最后"一公里"。加快提升宁波慈溪家电产业带产品智能化水平，整合宁波家电终端数据，实现家电产业带大数据沉淀，通过数据挖掘分析，提升家电企业协同制造和品牌创新能力。根据《浙江省全球先进制造业基地建设"十四五"规划》《宁波市制造业高质量发展"十四五"规划》和《宁波市智能家电产业集群发展规划（2021~2025 年）》等文件，"十四五"期间宁波慈溪家电产业带公共服务能力会进一步加强，如组建家电产业共同体和创新联盟，邀请中基集团等宁波外贸龙头企业共同参与跨境电商综合服务平台建设，多维度推动平台发展。

在本地产业发展方面，宁波慈溪家电出口企业 1000 余家，出口至 174 个国家（地区），较多家电单项产品出口名列前茅，造就诸多"单打冠军"，在 2020 年发布的中国电子家电出口百强榜中，卓力、凯波、韩电、月立、宏一等 30 家慈溪企业上榜。作为首批浙江省"产业集群跨境电子商务试点城市（家电）"，慈溪从 2015 年就制定出台了《关于加快推进跨境电子商务发展的指导意见》，持续加强组织领导推动跨境电商工作，2017～2020年，慈溪市在全省产业集群跨境电商试点工作考核中，连续 4 年考核优秀。2021 年 1～9 月慈溪市实现跨境电商 B2B 出口额 112.13 亿元，同比增长14.9%，其中小家电类企业出口额为 77.97 亿元，占比达到 69.5%，[①]并形成了以"惠康"等为代表的全球产品供应家电企业和"麦佳电商"等跨境工贸企业。"十四五"期间宁波智能家电产业力争实现规上工业产值 1500亿元，年均增长 7.5%，规上工业增加值 298.4 亿元，年均增长 8%。新增 1个省级命名特色小镇，累计培育营业收入超千亿元企业 1 家、超百亿元企业3 家、超五十亿元企业 8 家，新增上市企业 5 家，有力支持跨境电商家电产业带规模提升。[②]

## 二 产业机遇：港通天下、外贸制造、跨境品牌

2016 年以来，跨境电商进入快速发展阶段，中国跨境电商 5 年增长 10倍。宁波 2021 年成为继上海、深圳、北京、苏州、东莞之后，全国第 6 座"外贸万亿之城"，跨境电商出口额达 1500 亿元左右，在诸多城市优势基因加持下，宁波跨境品牌不断突破，其中东曜电器等宁波慈溪家电产业带品牌创新能力持续加强，被评为首批浙江跨境电商出口知名品牌名单。目前行业内形成一种共识，认为"跨境电商"是帮助家电制造业从 OEM 提升到 ODM的一个极好机遇，是外贸制造走向外贸品牌百年一遇的机会。

### （一）港口集聚效应明显，外贸制造基础扎实

2021 年 12 月 16 日，宁波舟山港成为继上海港、新加坡港之后，全球第三个 3000 万级集装箱大港，连续 13 年货物吞吐量全球第一，达 12.24 亿

---

① 慈溪市商务局：《关于慈溪市海外仓建设相关情况的汇报》，2021 年 11 月 12 日。
② 宁波市经信局：《宁波市智能家电产业集群发展规划（2021～2025 年）》，2021 年 9 月 28 日。

吨。"宁波舟山港"临港产业不断升级，宁波家电作为宁波三大产业集群，参与全面互动，从"塑料"等大宗进口到跨境电商家电等出口，均体现了港口聚集效应优势，为宁波"小家电和智能家电"品牌出海提供有力支撑。其中，2019年依托宁波舟山港和保税资源的亚马逊前置海外仓使跨境电商物流效率节约50%以上。前置海外仓作为宁波跨境"一站两仓"重要工作于港口集聚效应方面有更多的体现。在宁波舟山港、乐歌股份、发现国际等宁波跨境电商海外仓相关服务龙头企业的积极推动下，"一站两仓"为慈溪跨境电商家电品牌的腾飞带来新的机遇和发展，"十四五"期间，宁波舟山港、中基集团、豪雅集团等各自领域的龙头企业强强联合将为宁波提供更多更好的前置海外仓等。

制造方面，《宁波市智能小家电产业发展三年行动计划（2020～2022）》《宁波市智能家电产业集群发展规划》等文件显示，宁波目前拥有吸油烟机、空调、吸尘器等20多个细分行业，覆盖数千个产品品类，是世界最大的电熨斗、电吹风机、取暖器等小家电生产基地，形成了设计研发、整机制造、检测认证、市场营销、配套服务等较为完整的家电产业链。其中，慈溪拥有家电整机企业2000多家，配套企业2万多家，产品涉及电熨斗、洗衣机、冰箱冰柜、饮水器、取暖器、吸油烟机等30多个系列、上千个品种。宁波拥有中国家电产业基地、中国家电产品出口共建基地等"国字号"区域品牌，其中2018年3月慈溪市获"国家级外贸转型升级基地（家电）"称号，2021年通过复评。截至2020年末，宁波市市智能家电企业中，年工业产值在1亿元以上的达159家，占全部家电规上企业数的30.8%。家电行业规上企业517家，全年完成规上工业产值1031.7亿元，占宁波市规上工业产值的5.8%，实现工业增加值203.1亿元，占宁波市规上工业增加值的5%。2021年1～8月，慈溪市出口家电产品193.7亿元，同比增长26.8%，占全市出口总额的35.8%，出口前三位国家分别是美国、德国、英国，分别占全市家电出口总额的18.9%、6.5%和5.8%。①

---

① 慈溪市商务局：《关于慈溪市海外仓建设相关情况的汇报》，2021年11月12日。

## （二）跨境品牌迎来春天，城市基因助力成长

2021 年被誉为跨境电商出口合规元年和品牌化元年，亚马逊封店事件，金税四期启动，独立站快速发展，金融资本涌入，全国各地跨境品牌不断冒出。首批浙江省跨境电商出口品牌发布，其中宁波的豪雅、傲森、乐歌、东耀电器等家电出口企业均名列其中。经过多年的发展，跨境电商出口已经从"一条线的产业"成长为"一个面的生态"，这其中最为核心的体现是跨境电商发展让"制造端、贸易端、消费端"三端从线状转变为面状，同时随着业态进一步发展，我们将看到未来以品牌为依托打造供应侧改革下的立体化模型（见图 2）。我们相信，未来宁波慈溪家电产业带在跨境电商助力和自身城市基因属性之间的化学反应下将焕发第二春。

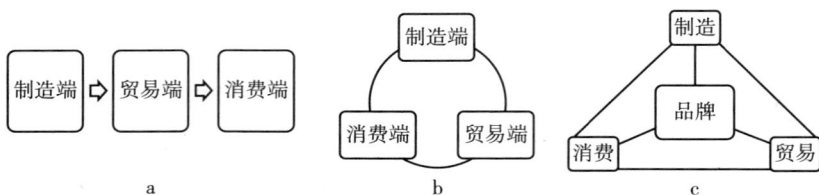

**图 2 跨境电商出口发展模式演变**

资料来源：笔者绘制。

从跨境电商要素分析，跨境电商产品是具有一定附加值和懂得消费者行为习惯的具有品牌影响力的消费品。相对应要求跨境电商工厂要具备"很强的创造力和一定的研发能力"。跨境企业要不断思考，如何适应不同国家不同城市消费者的需求，同时也要积极引导和改造消费者的认知和需求。宁波家电产业顺应跨境电商的变化，可以把原来的"代加工"劣势转变成跨境电商企业需求的"灵活、快速、微创"等优势。

相对于青岛、顺德等城市的以龙头企业、大型企业为主的乡镇集体企业和国有企业体制，慈溪以民营经济为主体，跨境电商转型要求的"快"被

更好地凸显。另外因为自身原有品牌的影响，原有品牌定义比较强的企业在转型跨境电商时要考虑的各种事情要更多一些，决策要更稳重一些。以顺德为例，顺德家电拥有美的、科龙、万家乐、格兰仕、容声、万和等众多驰名商标，占全国家电驰名商标总数的1/3左右，家电中国名牌产品享誉国内外，顺德区政府在国内和国外多个国家注册了"顺德家电"集体商标等。慈溪家电产业带以强大的代加工能力，以跨境电商为载体，从原来给国内龙头企业和外贸公司贴牌代加工，转向给国内龙头企业、外贸公司和自己家族企业贴牌代加工。以惠康为例，全球70%以上的制冰机都出自该企业，近年来本土企业豪雅、傲森、麦佳等宁波市跨境电商龙头企业均是其客户，同时也在积极推动自有品牌的市场份额。

从城市基因属性分析，宁波慈溪家电产业地处长三角城市群，该城市群是中国经济最发达的区域之一，宁波作为"海上丝绸之路"起源地，一直有很好的全球贸易往来，享誉全球的宁波商帮更是把宁波文化和宁波制造品质做了极好的宣传。宁波市商务局主办的中国（宁波）跨境电商出口博览会和慈溪市人民政府主办的中国慈溪家电博览会，为慈溪家电产业带提供了很好的展示和行业交流平台。以中国（宁波）跨境电商出口博览会为例，其得到了市委书记"首办出彩"的认可，单独为家电企业提供了一个展馆。

宁波慈溪家电产业带的"高创造力、高开放性、高灵活性"的三高特点城市基因十分适合跨境电商业态，尤其适合依托数字系统打造海外品牌。慈溪市政府在家电产业方面一直打造开放式协同创新平台和综合性创新服务平台，帮助慈溪家电产业带品牌品质更上一层楼。开放式创新平台方面，希望进一步推动整机、系统集成和零部件企业充分利用互联网、云计算、大数据等技术，开展合作研发与协同攻关，努力构建开放、共享、协作模式。同时加快整合现有家电创新平台、科研院所、家电龙头企业等多方力量，加快综合性智能家电创新中心和产业创新服务综合体建设，实现信息互通、人才共享、硬件共用及重大技术集体攻关，建成国内有影响力的行业共性技术研发基地和引领产业创新发展的战略支点。以龙头企业、行业组织等牵头组建产业链上下游，求同存异、抱团取暖推动产业创新、产能协同和产品提升方面的联动反应，为"十四五"期间实现家电产业新增中国驰名商标5件、新增"品字标浙江制造"企业10家、新增制（修）订标准1~2项的目标奠定基础，并为宁波智能家电产业细分领域发展目标（见表1）和智能家电产业发展主要目标（见表2）贡献慈溪家电力量。

表1　"十四五"期间宁波市智能家电产业细分领域发展目标

单位：亿元

| 序号 | 细分领域 | 2020年基数 | 2025年目标 |
|:---:|:---:|:---:|:---:|
| 1 | 小家电 | 242.41 | 380 |
| 2 | 厨房电器 | 239.71 | 360 |
| 3 | 空调电器 | 182.95 | 250 |
| 4 | 家电配件 | 126.7 | 180 |
| 5 | 清洁电器 | 88.19 | 130 |
| 6 | 视听电器 | 56.01 | 80 |
| 7 | 制冷家电 | 43.21 | 60 |
| 8 | 其他家电 | 52.52 | 60 |
| 合计 | | 1031.7 | 1500 |

资料来源：《宁波市智能家电产业集群发展规划（2021~2025年）》，2021年9月28日。

表2　"十四五"期间宁波智能家电产业发展主要目标

| 一级指标 | 二级指标 | 单位 | 2020年基数 | 2025年目标 |
|:---:|:---:|:---:|:---:|:---:|
| | 规上企业工业总产值 | 亿元 | 1031.7 | 1500 |
| | 规上企业工业增加值 | 亿元 | 203.1 | 327 |
| 规模效益 | 规上企业亩均税收 | 万元/亩 | 37.3 | 54.8 |
| | 规上企业亩均增加值 | 万元/亩 | 155.2 | 217.7 |
| | 全员劳动生产率 | 万元/(人·年) | 15.5 | 24.9 |

| 一级指标 | 二级指标 | 单位 | 2020年基数 | 2025年目标 |
|---|---|---|---|---|
| 创新能力 | 规上企业研发经费支出占营业收入比重 | % | 2.91 | 3.2 |
| | 国家企业技术（工程）中心 | 个 | 2 | 3 |
| | 市级数字化车间/智能工厂 | 个 | 7 | 37 |
| 主体培育 | 市制造业"大优强"企业数量 | 家 | 3 | 16 |
| | 市级专精特新"小巨人"企业 | 家 | 13 | 18 |
| | 上市企业数 | 家 | 5 | 10 |
| 品牌品质 | 中国驰名商标 | 件 | 18 | 23 |
| | 品字标企业浙江制造 | 个 | 9 | 19 |

资料来源：《宁波市智能家电产业集群发展规划（2021~2025年）》，2021年9月28日。

同时，慈溪家电产业带中小家电企业在跨境电商方面具有十分明显的竞争点。一般情况下，大型家电企业和龙头企业拥有资金、品牌、渠道优势，更重视大家电，更注重规模效益，往往忽视产品组合，常把小家电当成搭配、点缀，甚至是促销赠品。慈溪跨境电商产业带可以化劣势为优势，整合中小企业进一步加大市场细分力度，抓住机会树立定位明确的品牌，并完善自己的渠道建设，提高分销网络覆盖面，加强终端促销力度，利用慈溪的产业链为企业自身所用，为产业带同行所用。

此外，以国内大循环为主体、国内国际双循环相互促进的新发展格局以及RCEP贸易协定的实施，为家电企业拓宽市场、拓展销售模式带来新的机遇；新一轮科技革命带来硬生活技术创新，鼓励数字化、智能化的新技术和新应用加速融合；"宅经济""冰雪经济""5C经济"等触发家电行业新机遇，推动带有节能、消毒、灭菌、净化等功能的智能家电产品快速发展。

## 三 发展路径：因地制宜、消费建模、求同存异

在总结宁波慈溪家电产业带跨境电商发展经验，以及做城市、产业带、服务生态等对比分析时，感受最强的是各城市之间在信息化、数字化、智能

化、创新化、集群化等方面是可以相互借鉴的，但是每个城市的特点不一样，一定要做到因地制宜。各产业带卖家在品牌塑造和产品销售过程中，一定要了解销售国家所在城市的文化，一定要进行消费建模。对于慈溪家电产业带的每个企业个体，都要非常尊重企业自身发展的个性化，每家企业都是一个有自己灵魂的个体，求同存异的包容发展才是产业集群发展根本。以下点状地做一些描述，希望对其他城市跨境电商产业带发展有所帮助。

## （一）因地制宜，各城市根据自身特点发展跨境电商

2022 年 2 月 8 日，27 地获批跨境电商综合试验区，全国跨境电商综试区达到 132 个。这些城市都有自己的区位优势、历史基础、产业集群，发展跨境电商要因地制宜。如深圳虽无产业带，但是基于深圳强大的外贸基础，2021 年携 3.54 万亿元成绩，外贸出口实现 29 连冠；依托比邻香港的优势，结合电子商务运营的底层逻辑，开创跨境电商运营创业、产品创新等。和宁波同处华东的上海，拥有强大的金融优势，近 5000 万标准箱连续 12 年全球第一，Amazon、eBay、Newegg、Wish 等国外各平台在中国的总部纷纷落地，成为跨境电商和世界沟通的桥头堡。同处浙江的义乌和杭州，义乌"9610+1039"模式为大家所认可，著名的"义乌指数"更是让我们感受到"世界小商品之城"的魅力；杭州是世界电子商务之都，阿里巴巴、网易、连连支付、百世国际等各类跨境电商综合服务平台扛大旗，"两平台六体系"作为跨境电商经验被全国跨境电商综试区认知和学习。中西部资源差异，南北方衔接国家不同，新疆的阿拉山口中欧班列，威海荣成的日韩交流，成都的空港优势，广西衔接东盟市场，各自都有各自的亮点和成就。

## （二）消费模型，产品根据目的地消费习惯设计

2022 年冬奥会期间，北京冬奥相关的产品登上亚马逊 BSR 榜，周边产品不断售罄，媒体和行业大佬都感叹"冰雪经济"太火爆。以冰墩墩为例，2019 年正式启动后，奥运会期间在各国运动员私域流量和冬奥会公共流量

共同支撑下精彩完成了产品品牌的建立，实现了跨境电商便利化与国际贸易品牌化融合。从消费需求方来说，冬奥会品牌效应明显，冬奥产品符合成熟经济要求，消费者对冬奥和冬奥运动员的选择爱屋及乌；跨境电商本身带有一定网络集聚效应，随着消费数量不断增多，产品需求价值就不断变大；同时，跨境电商不同于原来线下店，线上购买后更是大范围买家秀交流，消费者在冰墩墩顶流的带动下，还有把更多产品购齐等需求。当然从供应方来看，规模经济、学习曲线和产品垄断，三大方面的叠加效果非常明显。冰墩墩一再加量还是不能满足，极大降低边际成本，而且作为冬奥指定吉祥物，所有消费者对其有先天的好感和自我解读，同时因为属于特许经营产品，无授权即不可销售，让冰墩墩及其他冬奥产品扎扎实实感受了一把知识产权的魅力。跨境电商产业带产品能够从需求和供应双方，完美地解决品牌效应、集聚效应、完整需要、规模经济、学习曲线和产品垄断等供需双方所需建立的消费模型，未来可期。

### （三）求同存异，产业带发展过程中的抱团取暖

2021年宁波的"扫地僧"们各自继续做着自己的事，对于宁波慈溪家电来说，整个慈溪就是一个大的家电产业集团，家电产业是一个长链条的产业，整个产业带谁也离不开谁。对比温州正泰的壁插产业和宁波公牛的拍插产业形成的集聚，发现所有产业带需要更加专注原来产品的创造能力，并慢慢加入微创新的要素。同时，企业不会一味简单地追求选品后获得的爆品，会自己建设工厂或工贸一体，推动内外贸兼修、线上线下同在。不同城市跨境电商产业带的企业不要随便转行，但要不断尝试转型升级，推动企业在核心技术基础上走向创意化、平台化、生态化；不要随便跨界，但要不断让一个产品变成一个产业，再升级成一个生态，不断利用"政、企、研、协、园"等综合资源，思考如何牵引产业带中小企业共同打造生态平台。相信基于跨境电商产业带上的生态平台，将通过数字化赋能，以品牌为线，为"生产端、贸易端、消费端"供给侧立体化改革提供更好更优的解决方案。"求同存异、抱团取暖"是跨境电商产业带走向全球的必由之路。

## 参考文献

陈博、刘尚海：《产业智慧化与宁波新一轮产业大发展研究》，《宁波经济（三江论坛）》2015 年第 3 期。

余江：《"互联网+"背景下宁波智能家电产业发展研究》，《黑河学院学报》2018 年第 4 期。

周冉冉：《供给侧改革下智能化助推慈溪家电产业转型升级》，《现代经济信息》2017 年第 20 期。

## B.14
# 常熟服装产业带：跨境电商促进服装
# 产业集群数字化转型

李慧龙　王姗*

**摘　要：** 常熟市服装产业历经 30 余年发展，在常熟及周边形成了交易规模超千亿元的产业集群，是华东地区产业链最完整、交易规模最大的纺织服装基地。苏州跨境电商综试区的获批，推动了常熟服装产业与跨境电商的融合发展，同时也加速显现出目前服装产业面向海外市场时营销、研发、生产制造等环节的短板。本文就跨境电商推动服装产业集群数字化转型，破解品牌建设、营销创新、柔性制造等问题进行研究分析，总结服装产业转型发展路径。

**关键词：** 跨境电商　服装产业　智能制造　数字化转型　常熟

## 一　常熟服装产业集群发展现状

### （一）产业积淀深厚，特色产品优势突出

纺织服装产业是常熟市传统支柱产业和富民产业。常熟市先后荣获国家"纺织产业基地""中国休闲服装名城""国家外贸转型升级专业型示范基地"

---

* 李慧龙，亿邦动力常熟长三角产业数字化创新中心总经理，主要研究方向为跨境电商产业发展、电子商务数据；王姗，亿邦智库执行院长，主要研究方向为跨境电商产业政策。

等称号，体现了常熟纺织服装产业集聚的特色和在同行业中的相对领先地位。

20世纪80年代初，以服一、秋艳、康博、碧溪羊毛衫厂为代表的一批服装企业，开始为上海、苏州等周边城市提供成衣加工服务。到80年代中期，随着招商城服装批发市场的形成，服装产业链逐步形成，纺织服装业就业人数达到7.5万余人，产出占到当时全市的三成以上。90年代，服装品类日益丰富，横跨四季，逐渐形成羽绒服和休闲男装的产业优势，同时涌现了波司登、千仞岗、秋艳、圣达菲等一批品牌，外贸型服装企业也不断发展，古里的纬编、梅李的经编、碧溪的横机产业集群初具雏形。进入21世纪，常熟纺织服装产业链条基本成型，但服装行业发展模式不断调整，羽绒服行业遭遇危机重新洗牌，自有品牌规模不断缩小，中小服装企业走上OEM、ODM的发展道路，产品日益以秋冬装（羽绒服）为主，常熟逐渐成为品牌代工基地。近年来，随着产品设计创新能力不断强化，产业链不断完善，产业链数字化水平不断提升，常熟市羽绒服年产量占到全国的两成左右，行业优势地位稳固，针织面料产业集群则进一步提高在全国的市场份额。

### （二）产业主体集聚，服装产业链条完整

纺织服装业是常熟三大支柱产业之一，也是重要的民生产业和特色产业。常熟市现有纺织服装企业5700余家，其中规上500余家。全市拥有各类经编机械1余万台（套），各类纬编机械9000多台（套），电脑横机近万台，年生产毛衫1500余万件、化纤涤纶近20万吨。2020年，服装城区域汇集了2万多家经营户，纺织服装行业销售额约2000亿元。[①]

其中针织产业包括梅李经编、古里纬编、碧溪毛衫、辛庄针织服装等，产业链完整。上游从化纤纺丝、纱线染色，到经纬编织布，再到染色、印花、后整理，形成针织面料供应市场，用于服装及相关家纺用品；针织面料行业原料以棉、化纤为主，产品主要是纱线、毛条、面料等中间产品，重点骨干企业以外销市场为主，经营较为规范，发展稳健。中小企业以内销为

---

① 江苏常熟服装城管委会：《常熟市纺织服装产业发展调研报告》，2020年12月。

主，主要是本地或区域范围内产业链配套，市场较为活跃；针织面料企业装备规模较大，在国内行业中占有一定地位。新凯盛、金辰、群英、昌盛等重点企业均有研发团队，从纤维研究到与服装设计师合作，不断开发新的功能性面料，产品较有特色；常熟梅李镇是我国针织工业首批超百亿元的产业集群，也是我国最大的绒类产品产业基地，荣获中国纺织工业联合会颁发的"中国经编名镇""中国经编产业创新基地""中国绒类产品生产基地"等称号；纬编业主要集聚于古里镇以及高新技术产业开发区，产品包含单双面纤维布（包括弹力氨纶类）、罗纹等，产品远销欧美、中东、东南亚等30多个国家和地区，形成了以针织、印染整理和原辅料为主的特色产业链；非织造机械和非织造布产业蓬勃发展，目前常熟市非织造针刺设备和非织造布的年产量分别占全国的25%和10%左右。近年来，通过不断加大技术投入，无纺制品已从传统的服装家纺行业向车用、医疗卫生、过滤材料等方向延伸，无纺机械装备企业研发成功具有国际水平的高产高速梳理机等生产设备。

常熟市纺织服装产业覆盖化纤、棉纺织、毛纺织、针织、印染、服装、非织造布、纺机等各子行业，从原料、辅料、面料织造、印染后整理，到服装生产、市场销售以及研发设计、技术培训、物流配送等，产业链完整，营销网络健全，从业人员众多。秋冬装供应链完善，羽绒、拉链、面辅料供应商等不下千家。产供销一体化能力构成了常熟市突出的产业优势。

## （三）交易规模庞大，新型贸易方式兴起

常熟服装城是国内最大的专业服装市场，纺织服装出口外贸市场也是重要的销售渠道，常熟市自营出口的纺织服装企业达1000多家，全市有20余家企业在境外设立公司，遍布美、俄、日、韩、巴西、阿联酋、柬埔寨、越南、印度、孟加拉国等，项目涉及营销、仓储、研发、服装深加工等多方面。随着纺织面料和羽绒服等符合市场需求的产品不断开发和创新，出口的潜在优势正逐步加强。

常熟市2016年被列入国家第三批市场采购贸易方式试点和第二批跨境

电子商务综合试验区。常熟坚持市场采购、跨境电商和一般贸易融合发展，以组团参展、组货拼箱、招商引流等举措服务中小企业"品牌出海"计划。近年不断深化市场采购贸易试点，加快培育外贸综合服务企业，重点在便捷出口、税收代扣、收结汇代理等方面提供全方位服务，努力打造长三角中小外贸企业无票免税出口新通道。深层次融入长三角一体化，加快时尚产业发展，集聚"小而美"特色品牌。积极对接进博会，探索发展以品牌和设计为主的服务贸易。

截至 2021 年 12 月 31 日，常熟市场采购贸易出口 17.16 亿美元，其中常熟市出口 15.32 亿美元，同比增长 50.61%，省内联动出口 1.84 亿美元；收汇 5.49 亿美元，同比增长 849.11%。市场采购经营主体累计备案 4101 家，比 2020 年增加 866 家，市场采购货物在全国 53 个口岸实现一体化通关，货物出口达 128 个国家和地区，其中出口共建"一带一路"国家和地区 9.03 亿美元，占出口总额的 52.68%。[①] 目前以服装城为平台，常熟纺织服装产业大市场格局已经确立，对纺织服装产业有领航带动作用。同时常熟纺织服装产业链完备通畅，物流配送日益发达，上下游衔接和协作状况良好，为产业发展创造了条件。

## 二 常熟服装产业跨境电商发展情况

当前，中国电子商务发展已处于全球领先位置，电子商务技术、运营、管理及相关配套服务均形成产业化发展态势，在全球主要跨境电商平台中，中国卖家已成为最主要的线上跨境零售商群体，已占据明显的先发优势。常熟具备良好的纺织服装产业基础，供应链优势明显，但对内贸市场存在严重的路径依赖，未能充分挖掘供应链潜力，设计研发、品牌管理等高端环节提升有限。当下，国内电子商务流量红利已经基本释放完全，各类电子商务企业必将着眼于广阔的国际市场。通过重点发展跨境电子商务，布局国际市

---

① 《2021 年江苏常熟服装城市场采购贸易收获了好成绩》，《国际商报》2022 年 1 月 24 日。

场，为各类服装生产商、贸易商、国内电商从业者提供新的进出口贸易渠道，打造国际品牌、强化设计输出，提升常熟整体纺织服装产业链在全球市场中的层级，是常熟服装城实现长远发展的必然举措。

自 2016 年苏州获批跨境电商综合试验区后，常熟积极开展多元跨境电商业务，陆续走通 9610、9710、9810 等跨境电商新模式。同时利用常熟市场采购贸易试点优势，探索出了跨境电商与市场采购的融合发展模式，2020 年通过市场采购贸易方式出口跨境电商货物超 1 亿美元。[①] 2021 年又首次实现 1039 与 9710 两种监管方式的货物拼柜转关出口，为本地企业发展提供多元化选择。

常熟市设立了常熟跨境电商公共服务中心，围绕"产业集群+跨境电商"发展方向，打造了跨境电商集聚区，集聚区总面积约 5 万平方米，包括莫城电商园、阿里巴巴全球速卖通（常熟）跨境电商产业园、世界服装中心及时尚广场三大功能区域。拥有自营型、平台型、服务型跨境电商企业 30 多家，跨境电商从业人员超 300 人，2020 年跨境电商交易额超 5 亿元。集聚区以促进常熟服装产业发展、推进跨境电商出口为重点，利用跨境贸易载体、服务平台，为跨境电商企业提供商务办公、选品采购、信息交流、跨境物流等一条龙服务，推动传统企业发展跨境电商业务，促进跨境电商产业集聚、平台打造、主体培育、营销体系建设和通关便利化，助力企业做大做强，促进产业转型升级，形成以技术、品牌、质量、服务为核心的外贸竞争新优势。

## 三 常熟服装产业集群面临的主要问题

### （一）生产制造优势明显，品牌打造瓶颈凸显

常熟市羽绒服和针织绒类产品在国内有集聚优势，国内外市场对秋冬装

---

① 常熟市商务局：《苏州跨境电商线下园区考核，常熟名列前茅！》，http://www.changshu. gov.cn/zgcs/c100297/202112/0e5868b22cff4f68b7b60df22a84a240.shtml。

的要求是多品种小批量快速反应,产品工艺复杂,质量要求高。常熟服装主流是传统的生产型企业,量产能力充足,工艺质量好,快反能力、设计创新能力和销售能力普遍不足,但高度符合代工市场的需求,从而转以代工为主。工艺简单、低附加值的品类转移至加工费更低的地区,高端品牌因做工要求精细而将代工业务留在常熟。

但常熟服装品牌在市场上缺乏全国性影响力,除了波司登、雪中飞等品牌之外,未形成品牌第二方阵,明显落后于宁波、晋江、温州等地。品牌欠缺使销售渠道更倚重批发市场,企业年销售难超亿元,目前常熟市年销售超亿元的服装企业不足 20 家。大多数企业的自有品牌产量锐减,品牌运作投入较大且周期长,对企业人才资源、运作模式、思路理念都有较高的要求,然而生产型企业本身不具备产品打造、品牌营销与推广的能力,品牌打造和品牌运营能力较弱的问题一直困扰常熟服装产业进一步发展。

## (二)面料创新研发活跃,设计营销创新不足

常熟市针织面料企业创新研发较为活跃,服装企业研发投入相对不足。针织面料骨干企业通过与院校合作,在国内外建立设计研发机构,培养自身研发团队,不断加大设备和技改投入。常熟纺织服装产业虽然初步形成了自主设计能力,但设计产业氛围不强。设计企业普遍反映,目前还没有形成完善的设计氛围与生态圈,设计工作室分散各地,各自单打独斗,没有形成发展合力。大多数企业高端人才短缺,虽在常规的服装设计能力上有一定优势,但缺乏中高端产品、时尚女装的设计研发能力,缺乏专业的营销团队,在销售渠道开发维护和产品营销策略的制定实施上落后于人。

## (三)人力成本不断上升,市场需求持续下降

劳动力成本攀升对常熟纺织服装业造成较大影响,目前一线工人年均工资在 6 万元左右,另外还需缴纳社保,提供食宿等,估计人均 2 万元,并且人工成本呈刚性上升态势。同时纺织服装企业工作环境相对较差,劳动强度较大,招工也成为不稳定因素。服装企业第二季度主要是代工业务,加工收

入按一线员工计算每人每天需在 350 元以上，企业才能有利润，但是第一、二季度往往订单不足，为稳定员工队伍，绝大多数企业亏损接单，以期在下半年弥补。①

常熟服装企业的主要经营模式是上半年做 OEM、ODM 加工，下半年做一季秋冬装。由于从事代工业务的企业众多，行业无统一协调机制，企业缺乏议价能力，市场由品牌方主导。自营产品因缺乏品牌影响力，营销渠道依赖批发市场，缺乏市场主动权，产品单一且趋于同质化，企业抗风险能力差。外贸市场方面，美国是常熟市第一大出口市场，受中美贸易摩擦和全球疫情影响，传统外贸订单也明显减少。

此外，纺织服装产业链较长，从原材料采购、面料织造、染色、印花、后整理，到成衣设计、生产、批发零售、品牌营销等多个环节，各环节结点较多，流程长，管理链条拉长，造成管理成本和运行成本过高，挤压了服装企业本就微薄的利润空间。生产的原材料和半成品的质量管控，如果中小企业采用独立供应链管理，监督和检测成本将使企业运营费用居高不下，产业链复杂度的提高和综合生产成本的上升，使企业难以支撑较好的利润增长。

## 四 跨境电商促进传统服装产业数字化升级探索

在国内外服装市场不断变化的同时，也出现了新需求和新机遇。我国服装零售行业整体运行稳中趋缓，随着中产阶层不断扩大，以及年轻消费者群体对服装时尚、优质、个性化的要求不断增长，国内市场进入产品结构加速创新升级的重要时期，进一步拓展内需消费成为行业发展的关键。在国际市场，传统的欧盟、日本、东南亚市场仍有稳定的发展空间，国家倡导的"一带一路"倡议为开拓新兴市场创造了巨大的机会，同时抓住"互联网+"的转型机遇，新的零售方式不断发展，跨境电商也为服装行业带来新的增长动力。

---

① 亿邦智库：《常熟服装产业带发展调研实录》，2021 年 10 月。

### （一）紧抓跨境电商机遇拓展海外市场

疫情冲击下，国外消费者被迫从线下购物转移到线上，在线时长不断增加，再加上受疫情影响本土商品供给被限制，掀起了消费者跨境购物热潮。中国已经成为海外消费者跨境购物的主要目的国。例如德国、美国、新加坡的跨境购物中，从中国购物的占比分别达到 13%、16% 和 47%。[①]

海关总署统计数据显示，2021 年上半年，我国跨境电商进出口继续保持良好发展势头，跨境电商进出口 8867 亿元，同比增长 28.6%。其中，出口 6036 亿元，增长 44.1%；进口 2831 亿元，增长 4.6%。在亚马逊封店事件的影响下，跨境电商出口仍保持高速增长，较 2020 年全年增速提高 4 个百分点，充分验证了跨境电商出口的市场活力和增长韧性。

常熟电子商务发展较早，连续多年是全国电子商务百强县，现有电子商务经营主体 2 万余家，拥有良好的电子商务发展基础和从业人群，在国内服装市场竞争日益激烈的背景下，不少电子商务企业转型通过亚马逊、eBay、速卖通等平台，面向欧美、俄罗斯等海外市场开展女装、家居服、户外用品、婴儿服等类目的销售，其中不乏年营销过亿元的跨境电商大卖家。通过发展跨境电子商务，常熟服装企业和产品进入新型国际市场开辟新的交易渠道，为常熟大量中小服装生产商、贸易商提供参与国际贸易的机会。常熟的品牌企业、生产制造企业也可通过线上积累来自全球的客户需求数据，反向指导产品设计，要求制造企业提高数字化供应链管理水平，提升常熟服装产业全球竞争力。

同时常熟充分发挥服装产业集群优势，积极引进优质跨境电商服务资源，创建"市采通"小微企业免税出口综合服务平台，引进速卖通、Wish、沃金 A-PLUS 等跨境电商平台或服务机构，落地 A-PLUS 跨境电商众创空间、跨贸电商综合示范园、莫城电商产业园联动的跨境电商载体。通过以"服装世界·常来常熟"为主题的跨境贸易采购对接会和专题推介会、大规

---

① 亿邦智库：《预见风险——2021 跨境电商发展报告》，2021 年 10 月。

模组团在外参展、设立驻点外贸工作站、举办"常熟·深圳跨境电商对接交流会"，在全球跨境电商节进行常熟服装产业带对接，全面打开跨境贸易局面。

## （二）顺应市场需求推动产业数字化转型升级

在跨境电商出口热门品类中，数码3C、家居家具和服装鞋帽位列前三，分别有28%、26%和22%的卖家销售相应品类产品，长期以来服装是跨境电商重要的销售类目。[①] 2020年，新冠肺炎疫情席卷全球，全球零售链路受到冲击，消费者大规模向线上转移，全球主要国家和地区网络零售进入高速增长期，也为跨境电商发展提供了充足的成长空间。此外，在独立站、直播短视频、社交媒体的带动下，跨境电商DTC模式出现爆发式增长，为出海企业创造了全新链路，跨境电商进入多模式并行阶段，同时形成全新的跨境电商产业生态。随着跨境电商新模式和业态兴起，服装制造订单向碎片化、高频次方向发展的趋势愈加明显。消费者、品牌方对服装供应链"小单快反"能力提出了更高要求。

在此背景下，江苏常熟服装城管理委员会通过成立长三角产业数字化创新中心，通过引入服装产业数字化转型升级服务资源，组织提供产业相关的载体、资源对接、人才对接、交流推广、专项政策落地等公共服务，充分发挥专业服务企业的把脉问诊作用、标杆企业的输出服务作用、成功案例的示范带动作用、重要平台的赋能增效作用，加快推进服装产业智能化改造和数字化转型。

一是招引专业服务商，面向全国精选一批优秀机构，为常熟服装企业提供诊断服务。深入分析、精准匹配企业需求，聚焦智能装备应用、设备互联互通、生产实时调度、智能物流仓储等重点领域，组织开展差异化诊断，大力推广智能制造顾问制度，切实帮助企业解决痛点难点问题。二是争创数字化转型标杆企业。建立灯塔"工厂"培育机制，争取更多优秀标杆企业入

① 亿邦智库：《预见风险——2021跨境电商发展报告》，2021年10月。

选。支持优秀企业成立专业服务机构、"走出厂门"输出服务，参与智能化改造和数字化转型标准制定，形成和完善方案库，让想转型的企业有更多具体方案可以选择。三是充分发挥成功案例的示范带动作用，提高数字化升级供需对接、产融对接等"一站式"服务水平。加大对典型案例的宣传推介力度，让广大企业切身感受到智能化改造和数字化转型带来的巨大变化、巨大效益。

目前常熟已引进凌迪科技、知衣科技、飞榴科技、衫数科技等全国知名服装产业互联网公司 14 家，引进企业业务覆盖了 AI 服装时尚趋势挖掘、3D 服装设计、服装数字化供应链、服装生产数字化升级、数字化采购等多个领域。对服装产业在时尚趋势洞察、服装设计、协同制造、供应链管理等环节进行了全面的数字化升级，帮助苏州及常熟服装企业升级数字化产线 100 余条，平均产能提升近 30%，通过 AI 服装设计推款近 5000 个，极大提升了服装企业承接国内电子商务与跨境电子商务小单快反设计、打板、制造、品牌孵化能力；长三角产业数字化创新中心内企业拉动常熟、杭州、濮院、平湖、织里等 5000 多个长三角服装供应商建立面向电商、跨境电商的供应链，到 2021 年底预计带动的交易额达 2 亿元。

### （三）利用海外平台资源提升品牌影响力

过去 10 年，中国跨境电商以性价比输出为主，通过产品价格获得竞争优势。现阶段，海外流量逐步向社交端转移，品牌价值成为连接中国制造和海外消费者的纽带，随着 DTC 模式的兴起，跨境原生品牌、新消费品牌以及传统品牌都开始了全球化布局，将跨境电商带入"品牌出海"时代。

在营销渠道层面，有 43% 的企业通过平台内竞价引流，这是目前跨境电商出口获取流量的最主要方式。社交营销、SEO 紧随其后，分别有 35% 和 33% 的企业通过这两种方式获客。值得注意的是，网红营销的重要性开始被跨境电商企业关注，有 14% 的企业已经开始运用网红营销打开海外市场。在所有海外营销平台中，Google 推广应用最为广泛，受访企业中有 55% 的企业选择使用 Google 推广。而在社交媒体中，Facebook 和 YouTube 是企业使用最多的两个平台，均有 32% 的企业在两大平台上进行社交、视频推广。①

伴随全球网红经济崛起和流通渠道创新，常熟服装产业带电商及直播电商快速发展，传统厂商加快布局线上渠道。依托服装生产及供应链优势，常熟一批服装工厂、品牌商、线下批发商、档口开始转战跨境电商，通过与国内外 MCN 机构和品牌商合作，利用 Facebook、TikTok、INS 等国际媒体社交平台，开展新媒体营销，提升常熟服装品牌影响力和产品溢价。江苏常熟服装城管理委员会通过上线常熟服装城海外营销推广网站和开通 Facebook 官方账号等方式，采用小语种母语化多媒体视频，将常熟服装城搬到互联网上，让海外采购商全方位多角度深入了解服装城作为一级货源地一站式采购的便捷与优势，感知服装城从货源、制作、品牌、渠道所有环节的标准与专业，迅速建立对常熟服装产业集群的认同感、美誉度与知名度。2021 年常熟市首次携手伦敦时装周 FASHION SCOUT 中国行，以"时尚需要我们"为主题，以"展、论、秀、赛、行、耀、购"为核心主轴，其间开展了 23 场时尚秀及品牌 showroom，为世界时尚圈内的设计新星与设计人才提供最大的独立品牌展示场所，让常熟服装与伦敦在时尚产业接轨，促进常熟服装品牌国际化。

## 参考文献

江苏常熟服装城管委会：《常熟市纺织服装产业发展调研报告》，2020 年 12 月。

常熟市商务局：《苏州跨境电商线下园区考核，常熟名列前茅！》，常熟市人民政府网站，2021 年 12 月 24 日，http://www.changshu.gov.cn/zgcs/c100297/202112/0e5868b22cff4f68b7b60df22a84a240.shtml。

亿邦智库：《常熟服装产业带发展调研实录》，2021 年 10 月。

亿邦智库：《预见风险——2021 跨境电商发展报告》，2021 年 10 月。

---

① 亿邦智库：《预见风险——2021 跨境电商发展报告》，2021 年 10 月。

# 探 索 篇
## Exploratory Reports

# B.15
# 跨境电商促进河南省特色
# 产业带升级调研报告*

王小艳　王岳丹　李豪强**

**摘　要：** 我国跨境电商发展势头强劲，成为我国外贸增长新动力和国际竞
争新优势，特色产业带借助跨境电商实现产业升级和品牌出海势
在必行。在数字贸易高速发展的时代背景下，河南特色产业带的
跨境电商业务规模持续扩大、产业生态体系日趋完善、扶贫带动
效果明显，但仍面临外部环境不稳定、产品附加值不高、品牌建
设水平弱、人才保障不充分、产业生态不健全等问题。因此政府
部门应强化服务、开放意识，通过实施政策服务提升计划、"产
业带+跨境电商"培育计划、品牌出海计划、人才培育计划等推

---

\* 本文使用数据来源于实地调研时当地政府提供数据。

\*\* 王小艳，河南国际数字贸易研究院院长助理兼综合研究部部长，主要研究方向为跨境电商、
数字贸易；王岳丹，河南国际数字贸易研究院办公室副主任，主要研究方向为跨境电商、国
际贸易、数字贸易；李豪强，河南国际数字贸易研究院助理研究员，主要研究方向为电子商
务与物流。

动特色产业带转型升级。

**关键词：** 跨境电商　特色产业带　河南

2021 年中央经济工作会议提出，"加快数字化改造，促进传统产业升级""扩大高水平对外开放，推动制度型开放"，表明我国加快产业数字化转型升级和持续深化对外开放的坚定决心。我国特色产业带由于产品附加值低、市场拓展能力差、品牌建设水平弱等因素，产业出海面临困境，亟须创新转型升级。近年来，我国跨境电商发展势头强劲，成为我国外贸增长新动力和国际竞争新优势，特色产业带借助跨境电商实现产业升级和品牌出海势在必行。

为全面了解河南跨境电商特色产业带发展情况，剖析外贸企业数字化发展，跨境电商转型过程中面临的体制机制、政策环境、资金人才等方面的问题，受河南省商务厅委托，调研组采用书面调研和实地调研相结合的方式，书面调研郑州、洛阳、南阳、许昌、商丘、开封、兰考、鹿邑、平舆等 9 个市（县），实地调研周口鹿邑县化妆刷产业、长葛市蜂制品及蜂器具产业、许昌市假发产业、南阳市社旗县仿真花产业和光电产业、洛阳市高新区装备制造产业和老城区钢制家具产业等。调研显示，不同产业在转型跨境电商过程中面临的问题各有不同，但企业和政府都对转型跨境电商表现出强烈意愿，认为跨境电商是实现河南省传统产业带提质增效的主要动力，是数字经济时代下企业高质量发展的重要途径。

## 一　跨境电商促进产业带升级的战略意义

面对错综复杂的国内外形势和突如其来的新冠肺炎疫情考验，我国经济表现出强大的韧性和活力，跨境电商更是发挥突破时空限制、低成本、高效率的独特优势，实现逆势增长，成为中国外贸亮眼"成绩单"的主要动力和构建新发展格局的重要力量。在构建"双循环"新发展格局的背景下，跨境电商是实现特色产业带升级的有效途径，而特色产业带也将为跨境电商长远健康发展提供产业支撑，两者的协同发展有助于我国特色产业带深度嵌入全球价值链，真正实现由贸易大国向贸易强国的转变，对河南省全面优化产业结构、推动外贸转型升级、抢占国际贸易竞争制高点具有重要意义。

## （一）改变外贸营销方式，融入国际市场零售渠道

在传统外贸模式下，我国产业带内生产制造企业要把生产的产品卖给最终消费者，至少需要经过贸易商、出口商、进口商、零售商四个环节才能实现，营销渠道被上游的品牌商和贸易商控制。但在互联网时代，生产制造企业通过跨境电商交易平台直接对接消费者，彻底改变了商品生产流通方式和外贸营销方式，一定程度上掌握了国际市场销售渠道，为我国制造业的产品出海、品牌出海提供了现实途径。同时，跨境电商能够帮助企业突破传统外贸中品牌垄断、渠道垄断和价格垄断，把传统外贸中的中间市场转换成终端市场、贴牌市场转换成自主品牌市场、中低端市场转换成中高端市场，扭转传统外贸企业在国际市场的不利局面。

## （二）打造企业自有品牌，实现 OEM-ODM-OBM 升级

一般而言，生产制造类企业会经历三个阶段的发展过程，即：初期以生产为主、无研发技术，属于代工生产（OEM）；中期掌握核心技术、无自有品牌，属于贴牌生产（ODM）；后期开发自有品牌、研发设计产品，属于自主品牌生产（OBM）。目前很多产业带内的中小企业以 OEM、ODM 为主，缺乏品牌效益，企业无法获得产品定价权，往往在产品销售中获利甚微。在跨境电商贸易中，国内生产制造企业绕开了中间商以最便捷的路径触达海外终端消费者，在商品价格制定方面拥有主动权，也获得了打造自有品牌的机会，企业进入 OBM 发展阶段，逐渐发展成集自主研发、设计、生产、销售于一体的企业，进一步夯实企业的全球竞争力和品牌形象。

## （三）变革传统生产方式，打造订单驱动的柔性生产

随着互联网、大数据、5G 等技术的发展，全球贸易正在发生深刻变化，

外贸订单碎片化、高频化趋势越来越明显，传统制造业"大规模、批量化生产"越来越难以满足消费者多样化、个性化的商品需求。跨境电商直接连通终端消费者，可以获得第一手市场数据，掌握消费者需求偏好，预测用户的个性化需求及消费趋势，并根据需求数据快速改变产品结构、调整产品功能，重构传统"以产定销"的生产方式，构建以消费者需求为中心的"以销定产"的生产变革，使供给端和消费端更有效对接，使生产制造更加柔性，最终实现按需生产、快速响应的订单驱动的生产模式，推动产业带走上需求导向型的内涵式发展道路。

## （四）化解国内过剩产能，推动中国制造走向世界

我国是全世界唯一拥有联合国产业分类中所列全部工业门类的国家，连续十年保持世界第一制造业大国地位，220 多种主要工业产品产量位居世界第一。我国强大的工业产出能力，使国内市场逐渐形成饱和状态，再加上国内电商日益白热化的竞争，逐步挤压企业的利润空间，导致很多中小企业国内市场的生存环境日趋艰难，于是很多企业把目光瞄向了市场更广、利润更高的海外。而跨境电商具有低门槛、低成本、宽平台的优势，让中小企业快速在国际市场找到定位、站稳脚跟，成为我国中小企业"走出去"的首选渠道。跨境电商让物美价廉的"中国制造"源源不断地输送到全球消费者手中，让"中国制造"的标签出现在世界每个角落。

## （五）获取国际竞争优势，向全球价值链中高端跃升

我国正处在产业结构调整和转型升级的关键时期，随着我国人口红利的消失以及各种资源成本的上升，传统制造业的竞争力正在下降，依靠低端成本优势而占据全球价值链的分工地位将难以维持，推进传统产业带升级势在必行。跨境电商让传统产业带内的中小企业走上新型工贸一体化发展之路，最大限度地发挥中国产业带高效率、高质量、低价格的优势，有助于中国企业夺回长期被国外品牌商和渠道商控制的国际贸易定价权，并促使产业带从生产、加工等低附加值生产环节逐渐升级到高附加值的研发、设计和售后、

品牌等环节，增强自主创新能力，提升产品国际竞争力，最终实现产业带全球价值链地位的整体跃迁。

## 二　跨境电商促进河南特色产业带升级的发展现状

近年来，河南省高度重视跨境电商的发展，积极推动河南省一批外向度高、国际消费市场潜力大的产业带大力发展跨境电商。在探索产业带升级方面，河南省政府陆续出台了《关于加快培育发展新兴产业集群的实施意见》《河南省推进产业集聚区高质量发展行动方案》等文件，积极研究跨境电商在推动传统产业转型提质方面的作用。在促进跨境电商发展方面，先后出台《郑州市人民政府关于加快推进跨境电子商务发展的实施意见》《河南省加快推进"四路协同"发展工作方案》等，推动"跨境电商+产业集群"发展，结合地方优势产业打造新型工贸一体化产业链。

在各级政府的大力支持和政策引导下，河南省跨境电商发展规模始终保持高速增长（见图1、图2），2021年全省跨境电商进出口（含快递包裹）2018.3亿元，同比增长15.7%；2020年郑州海关共验放跨境电商进出口清单2.43亿单，货值306亿元，比上年分别增长91.5%和89.4%。

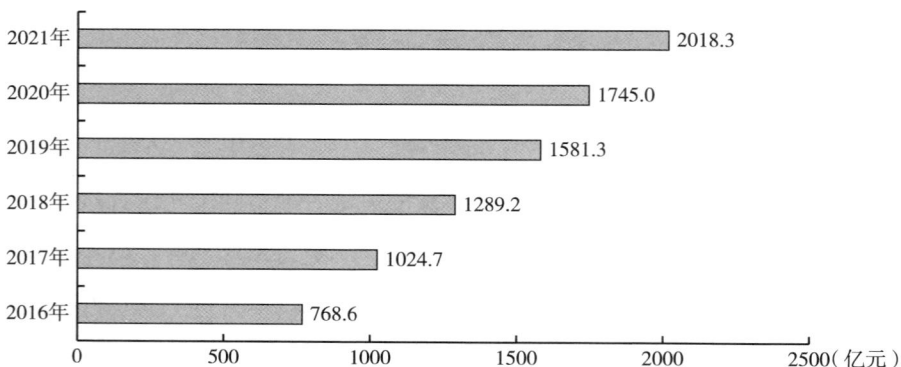

**图1　2016~2021年河南省跨境电商交易额（商务统计口径）**

资料来源：根据河南省商务厅发布的数据综合整理。

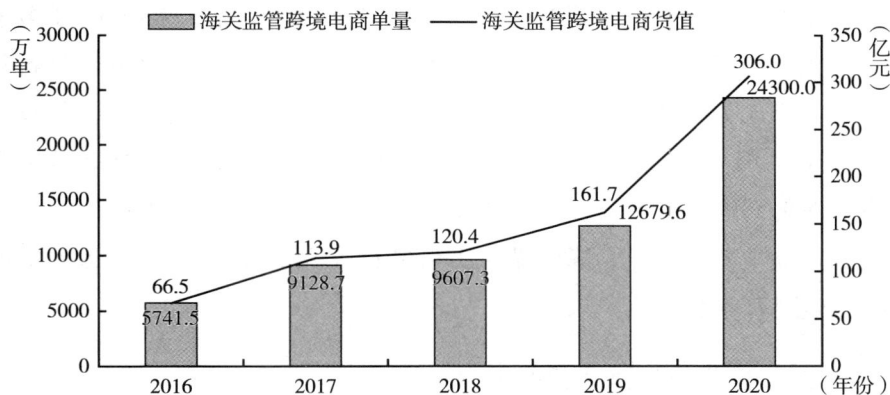

**图 2　2016~2020 年河南省跨境电商单量及货值（海关统计口径）**

资料来源：根据郑州海关发布的数据综合整理。

河南省跨境电商出口产业带迅猛发展，涌现出许昌假发、鹿邑化妆刷、洛阳钢制家具、濮阳羽绒服、平舆户外家具等众多跨境电商出口产业，积极探索"跨境电商+产业集群"发展模式，为跨境电商促进传统产业转型升级积累经验做法，为全省跨境电商发展奠定良好产业支撑。

## （一）特色出口产业基础雄厚

河南省传统产业基础雄厚，地方特色优势突出。各地区特色产业拥有悠久的发展历史，经过国内外市场的"摸打滚爬"，逐渐形成独具特色的产业供应链体系，在市或县域形成了以产业园区为载体的产业集群，逐渐发展出"一县一品"、"一乡一品"或"一镇一品"的地方特色块状经济，产品规模化效应逐渐凸显，产品质量得到飞速提升，同类产品在国内同行业中拥有主导地位，占据国内较大的市场份额。此次调研中，鹿邑化妆刷、许昌假发、长葛蜂制品极具代表性。鹿邑县是全国有名的尾毛之乡、"中国化妆刷之乡"，出口量占全国总量的 83% 以上，拥有完整原材料供给、制刷以及产研结合的化妆刷产业链，产业园区入驻化妆刷及配套企业约 140 家，加工的化妆刷有迪奥、香奈儿、雅诗兰黛等国际品牌。许昌发制品产业拥有百年历史，是全国乃至世界上最大的发制品集散地和出口基地，目前全市开展进出口业务的发制品出口企业 287 家，生产 3000 多个产品种类，市场遍布 120 个国家和地区，形成了遍布全国各地的原材料收购网络和数十万人的假发加工队伍。长葛市蜂制品产业享誉全国，是长江以北最大的蜂产品集散地和加工基地，蜂蜡年加工量占全国市场份额 85%、花粉和蜂胶占 50% 以上、蜂蜜占 20% 以上、蜂机具占 60% 以上，全市蜂产品企业 200 余家，蜂制品年出口销售收入 30 亿元，产品远销全球 100 多个国家和地区。

## （二）跨境电商规模日益扩大

### 1. 各地积极布局跨境电商业务，发展初见成效

跨境电商作为新兴业态，以开放、多维、立体的多边经贸合作模式，推动市场交易规模高速增长，快速成为全球贸易重要方式。2020 年以来，全球新冠肺炎疫情不断蔓延，世界各地居家购物的人数不断攀升，跨境电商发展形势一片大好。河南各地传统外贸企业纷纷布局跨境电商业务，在政府和企业共同努力下，各产业带均取得了较好的成绩。如郑州航空港实验区已初步形成了具有相对竞争力和影响力的跨境电商发展基地，2021 年电子口岸平台备案的跨境电商企业 840 家，完成跨境电商进出口单量 1.34 亿单，货值 146.08 亿元，货值比 2020 年同期增长 28.2%。许昌假发跨境电商业务已初具规模，在跨境电商平台上，每 2 秒钟就有一顶发制品交易，全球每 10 顶假发，有 6 顶就来自"发制品之都"河南许昌，2021 年全市跨境电商交易额 180.6 亿元，同比增长 6.8%，交易额稳居全省第 2 位。① 此外，兰考依托独特的资源和产业优势，目前全县有 24 家跨境电商企业，其中 21 家企业为沙发、家具、棺木等木制品相关企业，2020 年木制品跨境电商出口贸易额 7418.32 万美元。

### 2. 从小件日用品到大件装备类，跨境电商产品种类日益丰富

伴随着河南省各地企业涉足跨境电商，跨境电商商品的种类也逐渐丰富起

---

① 央广网：《河南省跨境电商发展水平去年居中西部首位》，腾讯新闻，2022 年 1 月 26 日，https://view.inews.qq.com/a/20220126A01Q6100。

来，从轻小件日用品逐渐扩展到大件家具和机械装备等。小件日用品在物流方面比较便捷且受众广泛，适合开展跨境电商业务，在全球跨境电商市场中占据重要地位。调研显示，目前河南省各地开展跨境电商的产品以小件日用品为主，例如鹿邑化妆刷、许昌假发、南阳仿真花、南阳光电产品、长葛蜂制品等，此类产品以轻小为主，适合小包裹出境，在物流运输方面比较便利。大件产品在跨境物流配送、仓储服务方面存在不便，但全球市场需求十分强劲，据亿邦智库研究，在 B2C 贸易方式中家居家具商家占比最高，[①] 洛阳钢制家具等大件商品已经实现跨境电商出口，并取得了不错的成绩，但洛阳传统的大型装备制造类产品在跨境电商方面仍处于探索阶段。越来越多种类的跨境电商出口产品崛起，能够有效减少同质化、品质低劣的产品，各地区形成差异化的跨境电商产品发展方向，避免出现同类别产品竞争造成的资源浪费。

## （三）产业生态体系日趋完善

### 1.跨境电商配套设施健全，供应链体系不断完备

河南省各地以产业集群为基础，依托产业园的优势，与知名跨境电商平台签订战略合作协议，或者企业自建跨境电商独立站，推动特色产品上网销售，积极采用线上国际展会、直播卖货等新型营销方式，形成上下联动、左右触通的链条式产业带，推动跨境电商集群式发展。同时，物流、支付、报关等配套服务不断完善，逐渐成为链条完整、配套完善、产研销一体的特色产业集群。如郑州航空港实验区不断培育或引进跨境电商配套服务企业，跨境电商供应链体系日趋成熟。在电子口岸平台备案的跨境电商企业中，电商企业 400 家，平台企业 325 家，物流企业 32 家，报关企业 40 家，仓储企业 21 家，支付企业 19 家，形成配套服务齐全的跨境电商产业链条，能够有效支撑区域跨境电商产业发展。平舆县形成了与地方融合、协同发展的供应链体系，户外产业实现从原材料采购到生产、加工、销售一体化运营，已集聚户外生

---

① 亿邦智库：《2020 跨境电商发展报告》，亿邦动力网，2020 年 11 月 27 日，https：//www.ebrun.com/20201127/412261.shtml。

产企业 25 家、配套企业 29 家，建成 12 个藤编示范乡镇、308 个外协加工点，构建了"基地在县城、车间在乡村、加工在农户"的立体化产业体系。洛阳钢制家具产业大力支持原材料供应、模具制作、锁具制造、物流信息等配套企业发展，不仅实现了钢材、钢板等原材料，塑粉、玻璃、锁具等配件的自给自足，也满足了全国 70% 以上的钢制家具原材料和配件的市场需求。

**2. 应用先进的自动化技术，生产水平显著提升**

随着产业集群的形成，生产加工方式由过去的小户手工制作变为现在的规模化生产，自动化设施设备、生产流水线等极大地提升了规模化生产水平，为产业带做大做强提供充足产能，同时为跨境电商高时效性订单提供保障。2020 年河南省新培育智能工厂和智能车间 149 个，[①] 通过应用新技术及提高自动化水平，改造提升优势产业和传统产业，产品逐渐向规模化和高质量发展。调研显示，得益于新技术的应用和自动化水平的提高，鹿邑市化妆刷制品、社旗县仿真花等从过去的手工制作演变为现在的人机协同生产，生产效率得到显著提升，生产周期明显缩短，为跨境电商升级奠定基础，未来计划进一步引进更先进的设备，为企业扩大规模打下基础。

## （四）返乡创业和扶贫效果明显

### 1. 大力推进人才支持政策，涌现返乡创业浪潮

伴随着"乡村振兴"国家战略的持续发力，地方优惠政策和家乡情怀吸引，越来越多在外务工人员和大学生返乡创业，将沿海的丰富经验用于建设家乡。近些年，沿海地区生产要素价格不断攀升，而内陆地区拥有更低的土地成本、人工成本及优惠政策等优势，更适合承接劳动密集型行业的发展，出现了产业从沿海转移到内陆的趋势。2017~2021 年河南省新增返乡创业平均人数为 20.98 万人，2021 年新增返乡创业 20 万人。[②] 调研显示，鹿

---

① 河南省人民政府：《2021 年河南省政府工作报告》，2021 年 1 月 25 日。
② 2017~2021 年《河南省政府工作报告》。

邑市围绕尾毛化妆刷特色产业发展优势，实施"凤还巢"工程，灵活采取"老乡带老乡、老乡引老外"等多种形式，吸引鹿邑籍化妆刷企业回鹿邑投资办厂，利用自身经验抢夺韩国市场，建设成为全球最大的化妆刷生产基地。除了地方政策的感召，更有主动返乡发展的优秀青年，南阳市社旗县南阳文鑫工艺品有限公司是由年庄村回乡青年创建，企业创始人曾在厦门有过较长时间的创业经历，得益于地方政府的优惠政策和更低的人工成本，回到家乡社旗县建设仿真花生产基地。

2. 产业带深根地方发展，扶贫带动成效显著

在"互联网+"深入发展的背景下，电子商务成为中国扶贫攻坚战中的有力"武器"，助推了中国农村地区全面发展。当前，各地产业带积极响应国家扶贫号召，与地方经济协同发展，企业通过建设或者租用扶贫车间，吸引当地贫困群众就业，获取了充足的劳动力及较低的劳动成本，为产业带企业扩大规模带来便利，推动了当地社会长期稳定、经济繁荣发展、人民安居幸福。平舆县扶贫成果出色，其户外家具产业带动农村剩余劳动力3万人，其中贫困户5000多人，人均年务工收入1.5万元以上，并辐射新蔡、正阳、项城、上蔡、汝南以及安徽临泉等周边近10个县区。在部分地区，跨境电商与扶贫深度融合，诞生出新的跨境电商模式，社旗县文鑫花业采用"公司+电商+扶贫车间+贫困户"模式，现有扶贫车间20处，共计2300人参与在家组装合作模式，2020年带领600余户1800余人脱贫，被省地税局确定为"驻村帮扶定点企业"。社旗县花冠花业有明章扶贫车间等四个分厂及车间，安置贫困人口就业120余人，外发手工从业者1800余户，充分发挥车间的扶贫带贫效益。

# 三 跨境电商促进河南特色产业带升级存在的问题

## （一）外部环境不稳定，挤压企业利润空间

跨境电商涉及不同关境的交易主体，具有供应链条长、环节多、范围广

等特点，在业务过程中，易受国际政治经济和政策环境等因素影响。2020年新冠肺炎疫情突袭全球，全球产业链供应链遭受严重打击，海外企业大面积停工停产，中国出口商品获得消费者青睐，出口订单暴增，但由于各国疫情防控要求，航班停飞，海运及中欧班列拥堵，企业物流成本大幅上涨，有企业反映跨境物流成本占比由此前30%左右增至60%，极大降低了企业盈利水平，再加上物流时效无法保障，也影响了企业口碑，对企业的长远发展影响较大。另外，由于中国经济的快速复苏、美联储宽松货币政策等原因，人民币汇率上涨，人民币升值明显，降低了中国商品的国际竞争力，同时受大宗出口企业分期付款方式、汇率不稳定、回款周期长等因素影响，企业收益率下降。长葛蜂制品、许昌假发及鹿邑化妆刷产业B2B出口份额占比高，受物流成本上涨、人民币升值等因素影响，部分订单履约后不盈反亏。

### （二）产品附加值不高，自主品牌建设滞后

#### 1. 创新能力不足，产品附加值偏低

依赖于河南庞大的人口红利，河南省跨境电商出口产品以纺织品、日用品的销售及代加工为主，客单价及附加值普遍偏低，通常以低价获得国际市场上的竞争优势。随着人工成本的普遍上涨，商品出口竞争力下降的同时，部分产业出现向西部及东南亚国家迁移趋势，极易出现同类商品取代的情况。如南阳大部分中小光电企业的产品为技术含量较低的光学元件，同行竞争激烈，可替代性较强，导致其价格偏低、收益不高，且技术设备及工艺水平较低，无法生产技术含量较高的微小、超大光学元件商品，光学产成品转型面临资金、人才、技术等方面的问题，导致企业规模化、高质量发展能力不足。

#### 2. 贴牌代工居多，品牌建设有待提升

河南省部分产业带仍处于代工生产阶段，此次调研中，鹿邑化妆刷的代工品牌有迪奥、香奈儿、兰蔻等众多国际大牌，南阳光学镜片仅作为国际知名光学类产品的精密零部件，洛阳钢制家具在跨境销售过程中也需贴牌后转销。虽然贴牌生产具有客源稳定、批量生产成本低等优势，为企业短期规模

扩大提供了稳定现金流。但长期看，贴牌代工的模式较为被动，必将受制于人，国际品牌商"店大欺客"，代加工厂的白热化竞争严重降低了自身盈利水平，且面临随时被替代的可能；长期贴牌代工模式，容易使企业不求创新、安于现状，一旦代工品牌出现变故脱离国际品牌后，企业将因自主品牌缺失造成国际竞争力不足，不利于企业和产业的长期可持续发展。鹿邑化妆刷产业出口占全国总量的83%以上，拥有70%的全球市场份额，但盈利来源主要为代加工收入，获取利润微薄，如品牌商在平台零售200多元的化妆刷，鹿邑代工企业仅赚取6元加工费。

### 3. 自有品牌知名度不高，知识产权侵权事件频出

目前很多企业都提高了品牌建设意识，纷纷创立了自有品牌，但很多自创品牌影响力微弱，国际市场销售状况一般，因此部分国内卖家会违规侵权跟卖，在产品选品、关键词优化、图片处理等方面出现抄袭行为或是无意的侵权行为，大大增加了企业发生知识产权纠纷的概率。此外，部分企业恶意利用知识产权侵权案件牟利，极大损害了我国跨境电商出口企业的利益。2020年12月，HAVANAMAMBO假发品牌商标侵权事件造成全国400多家（其中许昌280多家）假发贸易企业银行账户冻结，企业应诉需前往平台注册地，除面临50%败诉风险外，应诉费用高企，若谋求和解不应诉，则将面临投诉方高额的和解费用。由于我国知识产权保护方面的法律仍待完善，面对此类事件，我国跨境电商企业多处于无力还击、任人宰割的困境。

## （三）人才保障不充分，阻碍产业升级步伐

### 1. 跨境转型受阻于企业负责人传统外贸发展观念

基于近年来河南省政府大力推进跨境电商综试区建设，持续举办全球跨境电子商务大会，全省跨境电商发展观念普及效果显著，营造了浓厚的跨境电商环境氛围。但部分出口企业的传统外贸发展模式根深蒂固，缺乏未来国际贸易发展趋势分析研判和企业发展战略的长远谋划，认为跨境电商小批、高频、碎片化模式的盈利能力不能与传统外贸大批、少频、高收益模式相抗

衡,因此更青睐于传统大宗商品出口模式。洛阳市商务局反馈,政府举办的公益性跨境电商宣讲会和培训会等,企业往往派普通员工参加,其实最应该接受培训的是企业负责人,观念不变原地转,观念一变天地宽。此外,对比企业产供销全面转型的成本投入及极具不确定性的盈利能力,出口企业止步于跨境转型。鹿邑市、南阳市、洛阳市一些企业尝试跨境电商业务后,出单量少、不稳定,收益不能覆盖增设业务板块投入,对未来是否扩大跨境电商业务心存疑虑。

### 2. 产业升级受制于专业人才匮乏

调研显示,专业人才缺失是河南出口产业带跨境电商转型升级过程中遇到的普遍问题,成为制约企业转型发展的重要因素。一方面,跨境电商人才需要同时具备英语交流、计算机操作、线上平台及社交媒体运营、国际贸易知识和法律知识,这类复合型人才本就稀缺,随着全国跨境电商市场规模的持续增长,市场需求与人才供给严重失衡,提高了企业跨境电商转型难度;另一方面,受人才政策、薪资水平、营商环境、生活配套等因素影响,跨境电商人才供给分布不均,与区域经济发展水平呈正相关,东强西弱、东多西少,以河南为代表的中西部地区普遍存在跨境电商专业人才"招不来、留不住"困境,且河南省很多产业带集中在地市或区县,城市发展水平和生活配套无法和大城市相提并论,导致跨境电商企业招聘合适人才更是难上加难。

### (四)金融服务不完善,融资难、融资贵问题突出

本次调研中,中小微企业反映最多的是融资难题。中小微企业融资问题一直是制约我国企业发展的阻梗,与大型企业相比,中小微企业本身存在抗风险能力差、内部管理粗放、财务制度不健全、市场竞争力弱等问题,造成中小微跨境电商企业无法满足传统银行等金融机构的授信条件,很难从银行渠道获得贷款支持。同时,跨境电商供应链融资模式未成体系,银行等金融机构由于无法对中小微企业业务全流程监管,对企业实际交易情况不掌握,因此无法突破传统融资方式限制,造成传统融资产品门槛高、中小微企业融

资难和贵。许昌市作为"全球假发之都",产业和企业集聚态势已经凸显,但发制品产业整体呈现以头部企业为核心、中小微贸易企业为主的格局,发制品企业在初期发展中存在管理不规范等问题,导致许昌市发制品企业被银行等金融机构列入高风险企业,进一步加大了中小微发制品贸易企业融资难度。鹿邑市化妆刷企业集中使用村镇集体用地,目前融资形式以银行短期小额流资贷款,高额融资缺少土地等固定资产抵押,阻碍了企业高端转型和发展。

## (五)产业生态不健全,数据外流现象严重

中原腹地不沿海,此前企业货物出口大多经过沿海港口销往全球,虽然近几年海关总署已在全国实施"通关一体化",但河南大部分地区的跨境电商生态尚不完善,缺少报关、货代、外综服、物流承运商等企业服务支撑,导致很多跨境电商出口货物在其他城市申报,出口申报数据无法在本地留存。一是产业带内部分企业将跨境电商销售、研发设计部门设在郑州或是江浙广等沿海地区,省内则作为加工基地。二是大型物流货代公司一般分布在货物运输量大且集中的深圳、广州、上海等地区,河南省大部分产业带的货运量不足以支撑大型物流货代公司在当地设立分拨中心。因此,产业带的货物都集中到大型物流货代公司的区域分拨中心进行报关出口。三是省内跨境电商企业大多依赖于阿里巴巴国际站、速卖通等跨境电商交易平台,企业往往将报关、物流服务交由阿里系一达通或菜鸟等代理申报,但由于一达通并未在当地注册,报关数据无法实现本地留存。四是部分区县跨境电商配套服务还不完善,缺少大型报关、货代、外综服等企业,跨境物流价格高于沿海和外贸大省,且沿海地区货物监管体系更成熟,开放性高、通关效率高。因此,外贸出口数据流向外省现象比较严重,当地政府无法全面准确掌握跨境电商出口数据,导致政府出台的政策与企业实际需求存在偏差,影响到政府对区域跨境电商形势的误判,不利于区域经济的发展,同时也导致当地政府税收的损失。

## 四 浙江产业带跨境电商发展经验借鉴

### （一）出台"产业集群+跨境电商"专项支持政策

2016 年 4 月，浙江省商务厅等七部门颁发了《浙江省大力推进产业集群跨境电商发展工作指导意见》，实施首批 25 个产业集群跨境电商发展试点，通过试点以点带面，实现了浙江跨境电商和块状产业集群的融合互动和优势互补。在实施试点的一年内，第一批产业集群跨境电商试点带动出口 720 亿元。2019 年 8 月浙江省发布第二批 26 个产业集群跨境电商试点。2021 年 11 月浙江省公布第三批 16 个产业集群跨境电商试点。目前，浙江省共设立了 67 个省级产业集群跨境电商发展试点，培育了一大批龙头企业、自主品牌，走出了一条具有当地特色的跨境电商发展之路。

2019 年 12 月，浙江省商务厅、省财政厅联合下发《关于开展浙江省产业集群跨境电商发展专项激励的通知》，进一步强化了制度供给与政策供给，确保跨境电商与制造业产业集群协同发展工作取得成效。

### （二）持续开展"新外贸新服务新制造"活动

2018 年 3 月，杭州跨境电商综试区启动"新外贸新服务新制造"计划，开展跨境电商新外贸业务拓展、新制造产业提升、新服务优化、数字化产销对接和跨境电商品牌培育等十大专项行动，促进跨境电商与实体经济的融合发展。通过分层级培训、标杆企业培育、卖家峰会等活动，帮助传统产业集群触网上线，从全网营销起步，全面提高线上交易能力，建立适应数字经济背景下的产供销体系，推动一批具有代表性的制造企业和外贸企业运用跨境电商实现数字化转型和智能化发展。此后，杭州跨境电商综试区又深入推进"新外贸新服务新制造"2.0 计划，致力于打造"跨境电商全国第一城、全球第一流"。

## （三）组建跨境电商产业带服务小分队

为帮助外贸企业和跨境电商卖家突破困境，杭州跨境电商综试区开展企业利用电商"优线上、拓市场、促增长"帮扶计划，联合亿邦动力、阿里巴巴全球速卖通、亚马逊全球开店、eBay、Wish、枫火跨境、国贸数字、《杭州日报》等平台、服务机构和媒体，组成杭州跨境电商产业带服务小分队，走访建德五金工具、桐庐县制笔和针织、临安灯具照明、萧山新塘羽绒、富阳球拍和雨鞋等产业带，通过走访调研和交流座谈，剖析转型跨境电商过程中的痛点，现场对接服务资源，搭建转型跨境电商的绿色通道。

## （四）与亚马逊合作推动产业集群开拓国际市场

2020年7月，浙江省商务厅与亚马逊全球开店签署合作备忘录，双方深入合作整合资源，通过一系列线上线下活动和人才培训等配套服务，促进浙江省省级产业集群跨境电商发展试点通过亚马逊平台拓展国际市场，持续推动浙江服装、纺织、鞋靴、户外、玩具、箱包、五金、小家电、汽配等集群的优质企业实现数字化转型，通过线上渠道面向亚马逊全球3亿活跃用户及数百万商业采购用户销售浙江产品。

# 五　跨境电商促进河南特色产业带升级的思路及对策

## （一）升级思路

### 1. 政策与服务双驱动

在推动产业带跨境电商发展过程中，政府部门在提供资金政策扶持的同时，更要提供精准优质服务。政策驱动可以提高企业跨境电商升级的积极性，吸引越来越多的传统生产和贸易企业向跨境电商转型，服务驱动可以保障企业向跨境电商转型升级的便利性，帮助企业早日通过跨境电商开拓国际市场，以"政策+服务"的双轮驱动构建产业特色鲜明、配套完善的跨境电商产业带。

**2. 培育龙头企业与扶持中小企业并重**

在推动特色产业带转型升级的过程中，要积极推动龙头企业和中小企业的协同发展，主动搭建大中小企业进行产业合作的平台，充分发挥龙头企业在创新研发、产品辐射、技术示范、知识输出和营销网络等方面的核心作用，带动越来越多的中小企业朝规模化、专业化方向发展，推进上下游、产供销、大中小企业整体配套、协同发展，持续增强产业带的综合实力和整体竞争力。

**3. "但求所在，不求所有"**

针对当前跨境电商出口数据外流现象，政府部门要强化开放意识，本着"但求所在、不求所有"理念，在拉动当地就业和产业扶贫的基础上，围绕产业链和服务链本地化配套做文章，完善通关、物流、金融、人才、外综服等服务支撑，降低企业综合运营成本，积极构建跨境电商生态圈，吸引企业将生产制造、研发设计、营销推广、物流报关等全链条本地化。

## （二）对策建议

### 1. 实施政策服务提升计划，构建完整产业生态

一是着力构建扎实的政策保障体系。为了更好地推进特色产业带与跨境电商的融合发展，政府部门要借鉴浙江省做法，出台"产业集群+跨境电商"产业培育政策，从主体培育、模式创新、品牌打造、产业链构建和监管服务创新等多角度发力，推动河南省一批外向度高、国际消费市场潜力大的特色产业带大力发展跨境电商。在制定政策过程中要结合当地产业带发展的实际情况，确保政策的精准性。同时，可在全省开展"产业集群+跨境电商"示范创建工作，加大对产业集群发展跨境电商的财政支持力度。二是着力构建坚实的基础设施保障体系。政府部门要做好网络、物流、海关特殊监管区等基础设施保障，加大当地 B 型保税物流中心、综合保税区、国际

邮件互换局的建设;推进区域物流枢纽建设,提高寄递服务水平、加密国际货运航线、开展多式联运、促进公共海外仓建设等,降低当地的综合物流成本;打造跨境电商园区综合体,集中区域内的物流、平台、金融、人才等资源,达到服务集约化发展,同时企业集聚形成规模效应,有利于政府制定相关的服务政策。三是构建全面的配套支撑保障体系。跨境电商是系统工程,除了跨境电商企业和平台等主体培育外,更要在跨境物流运输、金融财税服务、信息技术服务、人才培育、企业孵化、知识产权、商务会展等方面给予全面的服务支撑,引入优秀的第三方服务商,搭建跨境电商完整生态链条。对于企业普遍反映的融资难问题,政府可以联合银行、金融、保险等市场资源,设立跨境电商周转资金池,以财政引导资金撬动金融杠杆,帮助中小微外贸企业拓宽融资渠道,降低融资成本。四是着力构建精准的管理服务体系。政府部门要提升服务意识,全力当好服务企业的"店小二",要经常深入企业,广泛开展调查研究,第一时间了解跨境电商这种新业态在发展过程中遇到的难点痛点问题,并千方百计帮助企业解决困难,真正使政策和服务落到实处。

2. 实施"产业带+跨境电商"培育计划,推动产业升级

深入挖掘地方特色产业,以促进产业发展为工作重点,推进产业集群跨境电商普及应用,带动产业通过跨境电商实现迭代升级。一是支持生产企业进行数字化改造。加大对传统生产企业应用电商拓展国内外市场的引导和支持,鼓励企业进行工业互联网创新应用,助力企业数字化转型,以适应数字贸易时代订单碎片化、交易线上化、需求个性化的趋势,打造自动化、柔性化、定制化的生产线,拓展按需设计、定制生产等新模式,增强产品研发设计、技术优化创新、服务迭代升级的能力,带动传统制造业提升技术、服务、品牌等核心竞争优势,使更多企业成为跨境电商供应链中产品供应商。二是推动传统企业触网经营。开展促进"互联网+外贸"的专项行动,按照"引导企业上线、提升线上交易能力、进行互联网改造、打造自主品牌"四个步骤,引导传统外贸和制造企业加快商业模式创新、拓展销售渠道、缩短流通环节,通过跨境电商高效对接供需,快速培育自主品牌,带动优质产品

出口，使更多传统外贸和生产企业直接成为跨境电商卖家。三是支持开展出口优势产业跨境电商专项行动。与阿里巴巴国际站、全球速卖通、敦煌网、亚马逊等跨境电商平台合作，对本地产业资源进行全面梳理和布局调整，引导传统生产和外贸企业"上线触网"，开通产业带跨境电商专区，聚合特色产业带的优质商家和货品，以帮助原产地优质货源直达消费者，助力当地品牌提升影响力和优势产业的转型升级。

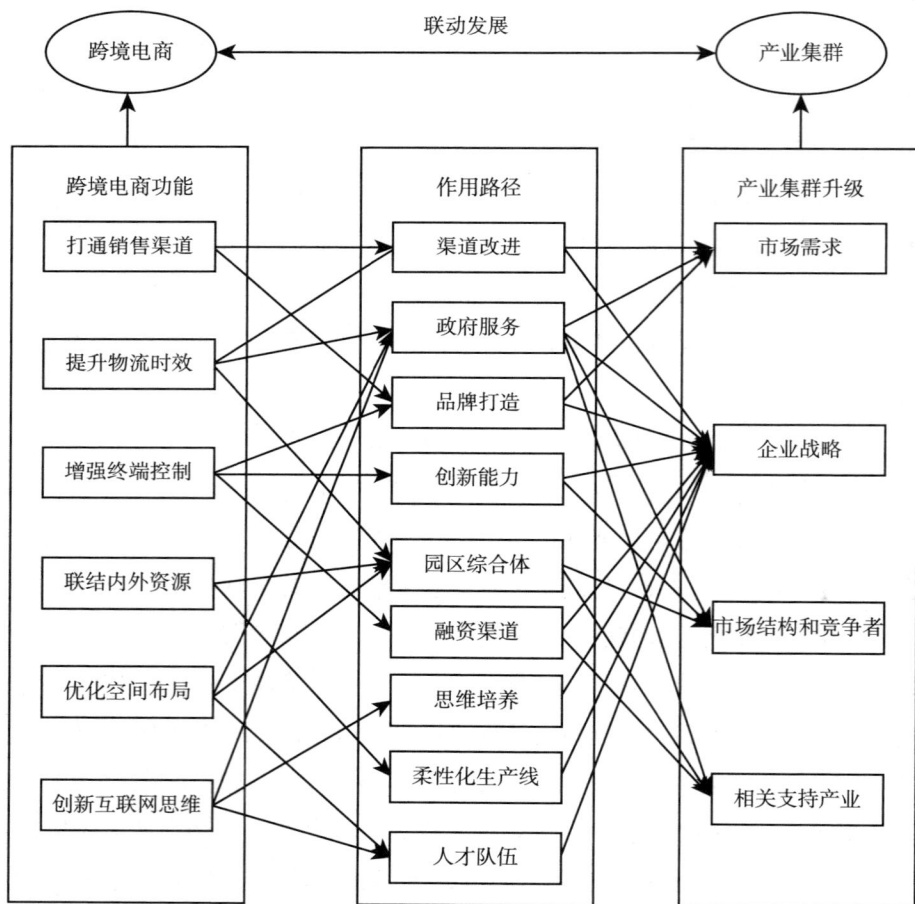

**图3　跨境电商与产业集群联动发展**

资料来源：笔者绘制。

### 3. 实施品牌出海计划，提高国际竞争力

一是提升产业带研发创新能力。政府主导建设研发共享平台，为产业集群对接各类社会创新资源提供有效载体，将区域分散的科技研发资源进行有序集聚整合，为科技创新活动提供共享服务支持，帮助跨境电商企业突破产品在创新过程中遇到的瓶颈，培养中小企业的科技创新环境，打造具有国际竞争力的出口品牌。二是支持企业自主品牌建设。鼓励企业创立拥有自主知识产权的出口品牌，支持企业注册海外商标，申请海外专利，对出口企业境外商标注册费以及质量管理体系认证、环境管理体系认证和产品认证等所产生的商标注册费、认证费及检测检验费用给予补助，实现品牌化经营。制定自主品牌出口奖励政策，鼓励企业扩大自主品牌出口。三是支持企业开展品牌营销活动。对企业参与境外内展会给予扶持，鼓励企业通过线上线下结合开拓新兴市场和共建"一带一路"国家市场。强化与国内外知名跨境电商平台合作，参与各平台的品牌出海计划。借鉴许昌联手速卖通打造跨境电商直播基地的方式，引导跨境电商企业利用直播、社交媒体等数字营销方式，加快培育一批互联网品牌。四是设立海外营销服务中心。政府、行业协会、龙头企业联合，在海外目标国家，成立公共海外营销服务中心，提供产品展示、资源对接、品牌推广等服务，逐步扩大品牌影响力，积极拓展海外市场。五是开发区域公共品牌。以政府为主导打造具有鲜明特色的区域公共品牌，提供标准规范和公共服务，降低企业自主培育品牌的成本，用区域公共品牌赋能产业带内的中小企业，有效提升产业带整体品牌价值。

### 4. 实施人才培育计划，完善人才支撑体系

一是"人才飞地"破解高端人才困局。针对很多县域或是乡镇特色产业带高端人才引不进、留不住的发展难题，各地可立足自身实际情况，探索柔性引才新模式——人才飞地。可在深圳、杭州、义乌、郑州等跨境电商发达城市设立"人才飞地"，研发营销在飞地、生产制造在本地，前台在飞地、后台在本地，将传统的"本地筑巢"模式转变为"邻凤筑巢"，走出一条"人才在外地，产业在本地"的发展之路。二是组织开展企业家跨境电

商专项培训。针对传统生产和外贸企业负责人开展专项培训，改变他们头脑中根深蒂固的大贸和贴牌代工发展理念，提升企业数字化转型意识和互联网思维，推动企业从产品规划、产品开发、团队管理、风险控制、战略布局等底层商业逻辑上进行全面改革，营造良好的跨境电商发展氛围。三是开展本地跨境电商应用型人才培育工作。对于分布在欠发达县乡的特色产业带，在吸引本地大学生回乡创业就业的同时，也可挖掘本地留守人员资源，通过系统的培训和实践操作成为跨境电商运营人员，"山东德州庆云县 300 多名留守农妇 Facebook 上卖货"[①] 也是县域产业带跨境电商发展的别样思路。四是搭建跨境电商人才培训和企业孵化平台。政府部门可联合高校、行业协会、龙头企业、专业培训机构共同构建区域跨境电商人才培养新模式与新机制，充分利用行业、企业、产业、教育等跨境电商资源，通过举办常态化的电子商务大讲堂、跨境电商沙龙等活动，为本土企业培养电商、产品设计等各类专业性紧缺人才，提升跨境电商行业整体运营水平。

## 参考文献

罗仕文、郭爱美：《全球价值链下跨境电商促进产业集群升级路径研究——以建德电器工具产业为例》，《商场现代化》2020 年第 24 期。

张卫华、梁运文：《全球价值链视角下"互联网+产业集群"升级的模式与路径》，《学术论坛》2017 年第 3 期。

万丽：《从一则案例看跨境电商出口中的知识产权侵权风险与防范》，《对外经贸实务》2020 年第 11 期。

陈倩：《数字经济背景下的政府支持、产业集聚与跨境电商发展》，《商业经济研究》2020 年第 24 期。

程炜杰、姜丽丽：《中小企业跨境电商生态圈构建的路径探析》，《对外经贸实务》2020 年第 8 期。

马述忠、潘钢健：《从跨境电子商务到全球数字贸易——新冠肺炎疫情全球大流行

---

[①] 刺猬公社：《探访山东跨境电商村：300 留守农妇在 Facebook 卖货，月收入破万》，https：//www.thepaper.cn/newsDetail_forward_11727311。

下的再审视》,《湖北大学学报》(哲学社会科学版)2020 年第 5 期。

张崇辉、张乐、苏为华:《基于中小企业视角的跨境电商人才需求分析》,《调研世界》2020 年第 7 期。

窦亚芹、高昕、郑明轩:《数字供应链金融与科技型企业融资模式创新》,《科技管理研究》2020 年第 8 期。

# B.16
# 立足数据资产化推进数据要素市场化

何欣如 梅冠群*

**摘 要：** 数据作为数字经济时代的重要生产要素，呈现"井喷式"发展
态势，而我国数据要素市场尚处于萌芽阶段，如何通过数据资
产化的关键环节，着力推进数据要素市场化建设进程，进而助
力数字经济高质量发展成为重点。本文通过对数据资产化过程
中诸如厘清数据定义、确定数据权属、定价数据资产以及数据
交易流通等关键环节展开分析研究，提出了推进数据要素市场
化的建议，即构建数据分级分类确权体系、利用区块链实行数
据确权登记、加快建立数据定价规则、探索建立"数据银行"
交易等。

**关键词：** 数据资产化 数据要素 数字经济

在数字经济时代，数据成为基础性、关键性、决定性的生产要素，并逐
渐成为与人、技术、流程同样重要的第四大核心竞争力。当前，全球数据的
"井喷式"生产为数据资源化奠定了基础。据国际数据公司（IDC）预测，
2025 年，全球产生的数据量将达到 175ZB，而我国数据量增速最为迅猛，
在全球占比将达到 27.8%，成为全球最大数据圈。① 海量的数据成为驱动数

---

\* 何欣如，中国国际经济交流中心数字经济处主任科员、助理研究员；梅冠群，中国国际经
济交流中心数字经济处处长、副研究员。

① 数据来源于 2019 年 3 月国际数据公司（IDC）发布的《数字化世界——从边缘到核心》白
皮书以及《IDC：2025 年中国将拥有全球最大的数据圈》。

字经济发展的重要引擎，催生数字经济新产业、新业态、新模式发展，并对劳动力、资本等生产要素资源产生乘数作用，放大其在社会各行业价值链流转中产生的价值。加快推进数据资产化、发展数据要素市场成为发展数字经济的关键。2020年，中共中央、国务院发布《关于构建更加完善的要素市场化配置体制机制的意见》，明确将数据与土地、劳动力、技术和资本等传统要素并列为五大要素之一，并为推进数据要素市场化改革指明了方向。数据资产化是将数据转化为经济利益的过程，是推进数据要素市场化的核心。立足数据确权、数据定价和数据交易等关键环节，将有力推进数据要素市场化，引领我国数字经济高质量发展。

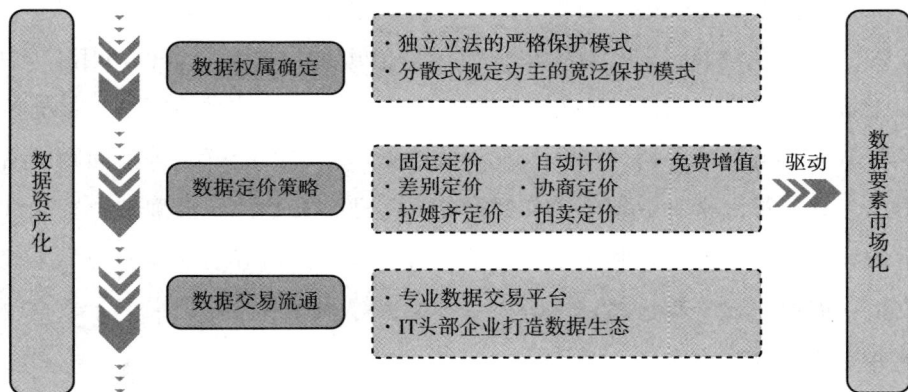

**图1　立足数据资产化推进数据要素市场化**

资料来源：笔者综合整理。

# 一　全球加速推动数据资产化探索

数据资产化是培育数据要素市场化的核心，重要环节包括厘清数据定义、确定数据权属、定价数据资产以及数据交易流通等。其中，数据定义是数据资产化的基础，数据确权是数据资产化的前提，数据定价是数据资产化的条件，数据交易是数据资产化的关键。

## （一）厘清数据定义

虽然在数字经济飞速发展过程中，数据至关重要，但各国尚未就数据要素的定义和属性达成共识，对深化数据资产化发展造成阻碍。在资产化视角下，数据本身具有非竞争性、通用性及外部性等特性：一是非竞争性，相同数据可以同时或在不同时间供多人使用，而不会耗尽；二是通用性，数据相对于传统资产具有更高的通用性，通常可以用于不同行业及不同领域；三是外部性，数据可以通过采集、整理、聚合、分析等方式处理形成数据产品或服务，形成数据的使用价值和经济价值。

在数据本身特性的基础上，数据价值受数量、时间、质量、权利等因素影响：一是数量因素，数据集合使用价值更高，单个数据的应用有限，而批量、多维度数据的结合应用将产生巨大价值；二是时间因素，数据往往具有类似期权的价值，体现为现阶段数据具有或许能解决未来问题的潜力；三是质量因素，数据价值与数据的真实性、完整性、准确性及安全性等因素成正比；四是权利因素，完整的数据权可根据应用情况分为多个权利束，如使用权、收益权、共享权、资本权等，在不同权利束下，数据价值并不相同（见图2）。

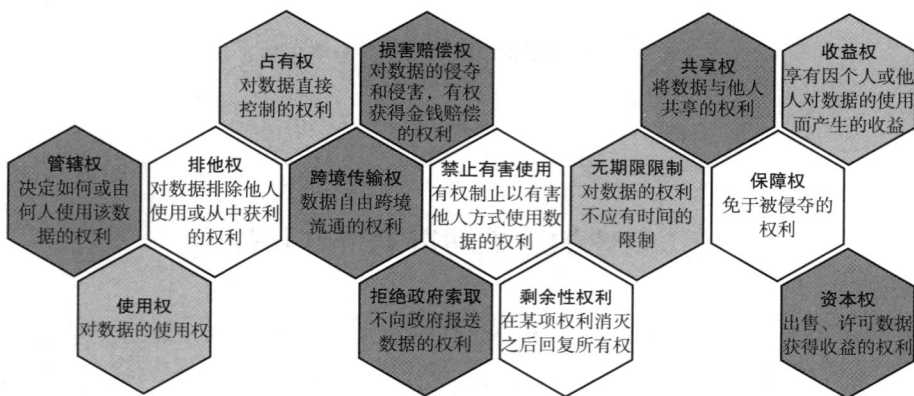

**图2　数据权的权利束**

资料来源：德勤，《数据资产化之路：数据资产的估值与行业实践》，2019年11月。

## （二）数据权属确定

目前，全球主要国家针对数据权利尚无普遍通用的范式，仅有接近 1/3 的国家拥有数据保护的专门法律，然而对于数据权利的属性和归属等内容体现得也并不充分。各国从不同角度出发对数据确权进行了一些有效探索和实践。一方面，各国针对个人数据立法保护趋势日益增强，其主要趋势是强化数据主体权利、确保对个人数据使用的严格控制。以欧盟为例，主要采取独立立法的严格保护模式，通过实行《通用数据保护条例》（GDPR），在个人既有权利的基础上增加了数据清除权和持续控制权等措施，实现数据主体对其个人数据的更有效控制。另一方面，各国立法仍在不断探索数据权利保护及开发应用之间的可能性，以鼓励数据流通和数据产业发展。以美国为例，主要采取分散式规定为主的宽泛保护模式，通过关于隐私侵权的规定来处理数据权利的法律问题，同时也会根据数据流动的实际需要进行一定变通，在数据保护与利用之间达到再平衡。另外，日本《个人信息保护法》对个人数据的保护，也并不是通过为个人数据增设"所有权"等法定权利赋予个人对数据的拥有权或控制权，而是以数据自由流通为原则，新设"匿名加工信息"制度，通过赋予数据一定的公共属性以兼顾数据保护与投资激励之间的平衡关系（见表1）。

**表1　全球主要国家关于数据权属探索及实践情况**

| 主要国家/地区 | 探索方向 | 具体实践 |
| --- | --- | --- |
| 欧盟 | 采用类似所有权的强保护理念，并设置较高的数据流动门槛 | 通过《一般数据保护条例》（GDPR）和《非个人数据在欧盟境内自由流动框架条例》等探索建立数据确权的法律体系，确立了"个人数据"和"非个人数据"的二元架构。针对任何已识别或可识别的自然人相关的个人数据，其权利归属于该自然人。针对非个人数据，企业享有非绝对的数据生产者权 |
| 美国 | 无针对数据的综合立法，通过"部门立法+行业自律"机制进行管理 | 将个人数据归属于传统隐私权，利用"信息隐私权"对私人信息进行保护。同时通过在金融、医疗、通信等领域制定行业隐私法，辅以包括网络隐私认证、建议性行业指引等行业自律机制 |

续表

| 主要国家/地区 | 探索方向 | 具体实践 |
|---|---|---|
| 日本 | 以数据自由流通为原则,设置"匿名加工信息"制度兼顾保护与应用 | 以构建开放型数据流通体系为目标,不对数据另行设置私权限制。通过新设"匿名加工信息"制度,赋予数据与第三人交易、共享等一定的公共属性 |
| 俄罗斯 | 针对数据处理人确定数据权利 | 数据处理人指独立或与其他单位合作而处理个人数据,并能确定个人数据的处理目的、范围的国家机关、主管机关、法人或个人 |
| 印度 | 将数据视为"信托"处理 | 通过《2018年个人数据保护法案(草案)》将数据作为"信托"进行处理,即将处理数据的实体视为"数据受托人",并要求其承担相应责任 |

资料来源:中国信息通信研究院,《全球数字经济新图景(2020年)》,2020年10月。

我国数据确权尚处于起步阶段,中央及地方正积极探索数据确权。2019年9月,工信部开通了我国首个数据确权平台"人民数据资产服务平台",以数据确权认证为出发点,集数据合规性审核、数据确权出版、数据流通登记、数据资产服务于一体,具有重要试点意义。2021年4月,北京国际大数据交易所落地,提供数据产品所有权、使用权、收益权等数据产品交易服务,实现数据流通的"可用不可见、可控可计量"。同年7月,深圳发布《深圳经济特区数据条例》,提出探索完善数据产权,着力解决数据要素产权配置问题。创设数据权,明确数据权的财产权属性与数据权的内容,明晰个人数据权属、公共数据权属。在法律法规之外,我国还存在众多数据交易的行业自律性规范,例如贵州大数据交易所推出的《贵阳大数据交易所702公约》、中国信息通信研究院等联合发布的《数据流通行业自律公约(2.0)版本》、上海数据交易中心发布的《数据互联规则》等,对数据交易、数据权益等问题均有涉及。

## (三)数据定价策略

国内外数据平台通过采取不同定价策略,以提高数据供给方参与积极性,满足数据需求方的差异性需求,实现供需双方效益最大化。主要数据交易平台采取的定价策略根据价格是否可变动，可划分为动态定价策略和静态定价策略，具体可细分为固定定价、差别定价、拉姆齐定价、自动计价、协商定价及拍卖定价等方式（见表2）。

表2　国内外主要数据交易平台的定价策略

| 模式 | 定价方式 | 内涵 | 数据交易平台/应用场景 |
|---|---|---|---|
| 静态定价 | 固定定价 | 数据卖方和交易平台根据数据商品的成本和效用,结合市场供需情况,设定一个固定价格在交易平台上出售,最终成交价即该固定价格 | Quandl、Azure、Oracle、GoodData、Data plaza |
| | 差别定价 | 基于不同的消费者获取数据的愿望不同,以反映成本费用差异的不同价格来销售一种数据产品或服务 | Factual |
| | 拉姆齐定价 | 主要针对经济效益不高却极具社会效益的公共数据服务,是一种高于边际成本的定价,此价格下净收益与净损失的差值最大 | 公共数据服务 |
| 动态定价 | 自动计价 | 交易所针对每一个数据品种设计自动计价计算公式,卖方和买方在交易系统的自动撮合下成交 | Qubole、浙江大数据交易中心、贵阳大数据交易所 |
| | 协商定价 | 买方和卖方直接通过协商来达成对数据商品价值的一致认可 | 长江大数据交易中心、上海数据交易中心、华中大数据交易平台、贵阳大数据交易所、浙江大数据交易中心 |
| | 拍卖定价 | 属于需求导向定价,适用于一个卖方和多个买方交易 | 上海数据交易中心 |

资料来源：中国信息通信研究院，《数据价值化与数据要素市场发展报告（2021年）》，2021年5月。

### 1. 固定定价

固定定价是指数据卖方和交易平台根据数据商品的成本和效用，结合市场供需情况，设定一个固定价格在交易平台上出售，最终成交价即为该固定价格。以富士通Data plaza为例，该平台采用固定定价方式收费，用户可以通过平台列表选择需要的数据进行下载。根据定价依据的不同，分为按数据库范围收费、按数据大小收费、按平台数据计算单位定价、按数据提供方定价收费等。

### 2. 差别定价

差别定价是指以两种或两种以上不同反映成本费用的比例差异的价格来销售一种数据产品或服务，而这种差别定价是基于不同的消费者对获取数据的需求不同而实现的。如 Factual 的定价方式是通过浮动价格向公司和独立软件开发商出售数据，对于小规模的数据，Factual 提供免费服务，而针对包括 Facebook、CitySearch、AT&T 在内的大型客户，则会收取百万甚至千万美元的服务费。

### 3. 拉姆齐定价

拉姆齐定价主要针对经济效益不高却极具社会效益的公共数据服务，是一种在盈亏平衡条件下实现最大化社会总福利的定价方式。拉姆齐定价规则是使价格偏离边际成本的程度与需求弹性成反比，针对不同的需求弹性消费者，制定不同的价格，即弹性较低的消费者价格较高，而弹性较高的消费者价格较低。目前国内外比较成熟的两部制电价就是依据拉姆齐定价原则制定的。

### 4. 自动计价

自动计价是指交易所针对不同数据品种设计相应计价方式，卖方和买方在交易系统的自动撮合下成交。根据成交方式，最终成交价分为三种形式。一是自动成交价格。当买方应约价大于或等于卖方挂牌价时，交易系统自动撮合成交，最终成交价为买方应约价。二是卖方选择成交。对于无法直接成交的应约，卖方选择能接受的应约价与买方成交。三是数据分拆成交。平台对数据进行合理拆分并提供系统自动报价，之后撮合买卖双方成交。

### 5. 协商定价

协商定价是指在数据商品购买期间，买卖双方通过协商，对数据商品的价值达成一致并成交。在大数据平台企业对客户（Business-to-Consumer，B2C）的交易模式中通常设置一口价出售，而企业对企业（Business-to-Business，B2B）交易时通常采取协商定价，通过磋商将固定价格转化为组合价或套餐价等。

### 6. 拍卖定价

拍卖定价通过公开竞价的形式把商品交给最高应价者，适用于一个卖方和多个买方交易的情形。将拍卖定价引入数据交易中，不仅能够使买卖双方就价格达成一致，还能实现数据的商品价值最大化，有利于促进数据交易流通。

## （四）数据交易流通

全球数据交易规模呈现稳步发展的态势，On Audience 统计显示，2020 年全球数据交易市场规模达到 414 亿美元。[①] 自 2008 年起步至今，欧美国家以数据经纪商（Data Broker）模式为代表的数据交易产业已发展成熟，数据产品覆盖消费行为、位置动态、健康信息、理赔记录等，并形成以专业数据交易平台和众多 IT 头部企业各自构建的数据交易平台互为补充的格局。例如，Acxiom 等公司通过各种手段收集、汇聚关于企业和个人的信息；Twitter 将自身数据授权给 Gnip、DataSift 和 NTT DATA 等数据合作伙伴公司进行售卖；Sermo.com 和 Inrix 等公司则通过网络和传感器直接从公众采集海量实时数据（见表 3）。

**表 3　国外数据交易市场概况**

| 类别 | 具体类型 | 细分领域 | 数据交易商 |
| --- | --- | --- | --- |
| 专业数据交易平台 | 综合性数据交易中心 | | BDEX |
| | | | Ifochimps |
| | | | Mashape |
| | | | RapidAPI |
| | 细分数据交易商 | 位置数据 | Factual |
| | | 经济金融 | Quandl |
| | | | Qlik Data market |
| | | 工业数据 | GE Predix |
| | | | 德国弗劳恩霍夫协会工业数据空间 IDS |
| | | 个人数据 | DataCoup |
| | | | Personal |

---

① 《数据价值化是数字经济发展的关键》，新华网，http://www.xinhuanet.com/info/2021-06/08/c_139995375.htm。

| 类别 | 具体类型 | 细分领域 | 数据交易商 |
|---|---|---|---|
| IT 头部企业打造数据生态 | | 亚马逊 | AWS Data Exchange |
| | | 谷歌 | 谷歌云 |
| | | 微软 | Azure Marketplace |
| | | LinkedIn | Fliptop 平台 |
| | | Twitter | Gnip 平台 |
| | | 富士通 | Data Plaza |
| | | Oracle | Data Cloud |

资料来源：王璟璇、窦悦、黄倩倩、童楠楠，《全国一体化大数据中心引领下超大规模数据要素市场的体系架构与推进路径》，《电子政务》2021 年第 6 期。

国内数据交易市场起步较晚。2015 年 8 月，国务院印发《促进大数据发展行动纲要》，提出引导培育大数据交易市场。在国家政策的积极推动、地方政府和产业界的带动下，多地探索建设大数据交易平台。2015 年，全国第一家大数据交易所——贵阳大数据交易所正式挂牌运营，此后，北京、上海、浙江、武汉、陕西、黑龙江等地先后跟进。据不完全统计，目前全国共有超过 30 个大数据交易所或交易机构。[①] 总体来看，我国数据交易市场格局与国外类似，现有数据交易所主要由政府或科技企业发起成立，除专业数据交易平台之外，科技企业构建的数据交易平台云集，如阿里云、腾讯云、百度云以及京东万象、浪潮天元等（见表 4）。

**表 4  部分新设大数据交易所（中心）基本情况**

| 数据交易所（中心） | 功能定位 | 服务模式 | 覆盖的数据资源 |
|---|---|---|---|
| 北部湾大数据交易中心 | 以"政府指导，自主经营，市场化运作"为原则的国际化数据资源交易服务机构和数据服务全生态交易平台 | 以交易佣金、授权使用费、资源使用费、定制产品开发费、数据深度加工服务费等为盈利模式 | 面向国内和东盟地区各国汇聚、处理、使用和交易各类数据产品 |

---

① 《大数据"交易自由"还有多远》，中国新闻网，http：//www.chinanews.com.cn/cj/2022/03-01/9688723.shtml。

| 数据交易所(中心) | 功能定位 | 服务模式 | 覆盖的数据资源 |
|---|---|---|---|
| 湖南大数据交易中心 | 具有全国、全球影响的数据集聚、流通、应用的数据资源交易场所 | 采取"淘宝"的运营模式,为有交易需求的数据资源提供数据存储、定价、交易、监管服务 | 汇聚湖南、福建、广东、海南等南方9省的地理信息空间数据资源,并以此为基础,整合政务数据、通信运营商数据、互联网企业数据、金融数据等 |
| 北京国际大数据交易所 | 数据信息登记平台;数据交易平台;数据运营管理服务平台;数据资产金融创新服务平台;数据金融科技平台 | 基于五大功能定位提供数据信息登记服务、数据产品交易服务、数据运营管理服务、数据资产金融服务和数据资产金融科技服务 | 北京市政府部门(含具有公共事务职能的组织)将数据目录中的公共数据通过无条件开放和授权开放形式有序汇聚;同时,驱动商业数据聚集 |
| 上海数据交易中心 | 构建"1+4+4"体系,即紧扣建设国家级数据交易所"一个定位",突出准公共服务、全数字化交易、全链生态构建、制度规则创新"四个功能",体现规范确权、统一登记、集中清算、灵活交付"四个特征" | 培育数据合规评估、资产评估、安全审计、交付服务等第三方专业服务 | 涵盖电子商务、能源、房地产等商业领域数据 |

资料来源:中国信息通信院,《大数据白皮书(2020)》,2020年12月。

# 二 数据资产化关键环节面临三大难点

目前,我国以数据资产化进程为标志的数据要素市场化配置尚处于起步阶段,规模小、堵点多、风险大,支撑数据要素流通的必要条件体系尚未建立,数据尚不具备作为生产要素所需的资产化机制,无法界定权属、无法有效定价、无法自由流通,数据要素市场化建设仍面临诸多阻碍。

## （一）数据权责确定难

第一，数据权利根据主体不同，在权利内容上存在较大差异。数据按照产生的主体可以分为个人数据、商业数据和政府数据，三类主体的数据权属各不相同，分别为个人层面的基本数据权、人格权、财产权等权利；商业层面的对数据的采集、存储、迁移、制造、分析挖掘、交易、分配等权利；政府层面的数据管理权、控制权、防护权、反制权、司法权等权力。此外，数据权利的内容往往将随着应用场景的变化而变化，甚至衍生出新的权利内容，导致事先确定权利归属极为困难。第二，数据生产链条涉及多个主体，确定合理的权利分配机制较为困难。数据产生价值通常需要数据收集者对数据主体的数据进行收集，然后通过处理者对数据进行采集、处理和分析，最终产生数据价值，此过程涉及数据主体、数据收集者以及数据分析者等多个参与主体。由于数据的各类具体权利分属不同的参与主体，在不同主体之间设置合理的利益分配机制尤为困难。第三，严格的绝对权属性或将限制数据收集，增加数字企业的运营成本，并对企业创新积极性造成不利影响。例如，欧盟颁布的《通用数据保护条例》作为构建数据权责框架的标志性措施，将数据控制权赋予个人，确保数据处理基于个人自愿同意。但在 GDPR 实行过程中也引起了一定争议，有观点认为过分强调公平和隐私可能导致效率受损，而更为严格的隐私控制也是造成欧洲在数字经济竞赛中落后于中美两国的原因。美国国家经济研究局的数据显示，GDPR 的推行造成企业融资大幅减少，GDPR 使新企业每周减损 90 万美元投资，使成熟企业每周减损 710 万美元投资，并使新兴、年轻和成长阶段企业每笔交易融资额分别缩水 27.1%、31.4%和 77.3%。[①]

## （二）数据精准定价难

数据要素的定价与其质量因素、应用场景的经济性和多维性等息息相

[①] 美国国家经济研究局（NBER）：《GDPR 对科技创业投资的短期影响》，腾讯研究院，2018 年 11 月。

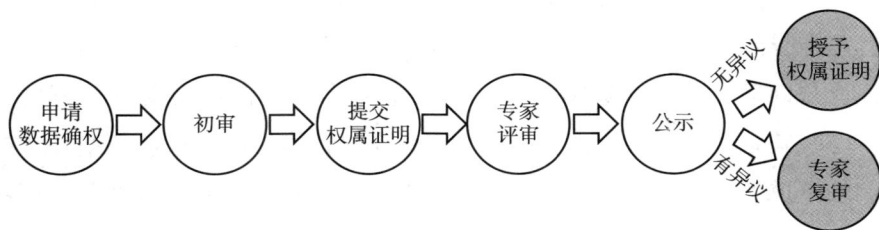

**图 3　数据确权流程**

资料来源：贵阳大数据交易所。

关，市场公认的原则是，更高的数据质量、更成熟的发展阶段以及更多维的应用场景通常意味着更高的数据资产价值。但数据要素的精准定价则颇为困难，目前尚未建立有效的数据价值和成本的计量方法，基于数据要素不具备实物形态的性质，行业实践中通常采用类似无形资产的评估方式，通过成本法、收益法或市场法及其衍生方法进行计量。但从实际情况看，由于数据价值对应的成本不易区分，很难用成本法来计算，以收益法计算则要考虑权利金的节约、超额收益和增量收益等多重因素，而以市场法估算数据价值则需要大量全面的交易数据信息作为基础，目前国内的数据交易平台尚无法提供，多重障碍导致数据价值的计量面临现实困境。并且，数据的价值往往是动态变化的，随着数据被反复使用，不断集成，其本身的价值会持续增大，进一步增加了数据精准定价的难度。

## （三）数据自由流动难

当下，我国数据要素资源自由流动存在诸多瓶颈。一是数据要素交易成本过高，根据科斯定理，当交易成本存在且足够高时，产权的初始分配将会影响物品的最终归属状况并最终影响社会总福利。另外，数据交易成本过高还将造成数据交易"脱媒"，形成监管之外的数据"灰市"。二是"数据孤岛"普遍存在，由于缺乏数据共享的动力和机制，拥有大量数据的企业等主体形成了一定的数据垄断。例如，由于互联网的"赢者通吃，一家独大"特点，规模较大的数字平台很容易实现某种程度上的平台垄断，可能导致"大数据杀熟""利用海量平台数据谋取不正当竞争优势"等不合规问题，并造成数据要素分割分散，难以发挥数据要素应有的价值。三是缺乏数据共享交换协同机制，相应的技术标准、市场环境和分配机制均不成熟，造成数据的可信流通难以达成，极大降低了数据要素市场化配置的效率。

# 三　深入推进数据要素市场化发展建议

在推动数据要素市场化发展过程中，应注意平衡数据权属与开放共享、精准定价与价值增值、自由流动和隐私保护之间的关系，着力构建以政策法规为依归、技术创新为特征、绿色发展为目标、数字要素为核心、安全可信为基础的数据要素市场化配置新体系。

## （一）构建数据分级分类确权体系

数据确权的本质在于确定数据权利的主体、属性及其内容的建立，需要从个人、社会以及国家等多维度进行权衡。一是权利主体，即谁应当享有数据权利；二是权利属性，即给予数据何种权利的保护；三是权利内容，即数据主体享有何种具体权利。分类型看，通常个人数据和政府数据的权属问题相对清晰，个人数据处理过程中的相关基本权利归属于个人，而政府数据往往具有公共产品属性。企业数据由于构成复杂，包含的产权束相对更多，其确权则相对困难。构建数据分级确权体系，就要根据竞争性和排他性，对数据进行三个级别的划分：私有数据、准公共数据和公共数据。私有数据具有竞争性和排他性，公共数据不具有竞争性和排他性，而准公共数据介于二者之间，具有有限的非排他性和非竞争性。对分级数据来说，通过对比公共品、准公共品、私有品的社会和个人效益最大化，可确定确权优先顺序。一方面，私有数据确权有利于实现个人隐私保护，从这个角度出发，私有数据较准公共数据应享有优先权；另一方面，从数据共享再用的角度来看，公共数据确权又更加有利于实现社会效益最大化。

**表5　商品特征四象限**

| | 竞争（Rival） | 非竞争（Non-rival） |
|---|---|---|
| 排他<br>（Excludable） | 私人品<br>（Private goods） | 准公共品（Quasi public goods）<br>电影、有线电视 |
| 非排他<br>（Non-excludable） | 共有品（Common goods）<br>热带雨林、渔业资源 | 纯公共品<br>（Pure public goods）<br>阳光、国防 |

资料来源：招商银行研究院，《数据治理的经济分析》，2021年3月。

## （二）利用区块链实行数据确权登记

由于区块链技术具有不可篡改、可追溯等特性，其在破解数据确权难点方面可以发挥独特优势。利用区块链技术实行数据确权登记，进而推动数据产品流通。具体来看，数据主体通过将所有权数据上链登记，确权信息将在区块链上永久保存，以证明该数据主体对数据的所有权。区块链技术将在数据流通领域产生巨大价值，首先，提升数据可信度，基于区块链技术特性，能够确保上链数据真实性，为后续双方建立共享合作搭建可信基础。其次，提升数据完整度，用户通过数据登记可以查询数据产品的画像，包括产品的来源、用途和场景、去向等，真正做到来源可控、去向可查。此外，将有效提升数据价值，基于可信计算设施、非对称加密等技术，可对机构数据脱敏后进行数据共享，如征信黑名单数据、用户会员积分互通等，打破"数据孤岛"，提高数据综合利用价值。

## （三）加快建立数据定价规则

加快建立可计量的数据定价规则，形成合理的市场化定价机制和可复制的交易制度。以适应多种数据类型数据和实际应用需求为导向，研究开发数据资产价值评估模型,探索建立一次定价与长期定价相结合的数据资源流通定价机制。探索基于深度学习、信息熵等新技术的数据资产价值评估和定价方式,加强人工智能等新一代信息技术在数据资产价值评估和定价领域的应用研究。建立完善评估工作机制,鼓励数据交易参与主体探索数据资产定价机制,推动形成数据资产目录和资产地图,为数据交易提供价值评估和价格依据。

## (四)探索建立"数据银行"交易平台

探索建立"数据银行"交易平台,激活数据要素价值,可破除数据壁垒,提升数据的易得性、便捷性、通用性。数据银行通过吸纳"数据存款",将分散的数据形成集合,使其具备易发现、易访问及互操作等特性。如科学数据银行 Science DB,是国内首创的论文关联数据存储平台。科研人员通过数据银行储存和出版自己收集整理的科学数据,而其他研究人员可在数据银行下载和使用共享的科学数据。同时,"数据银行"承担数据的安全保护责任,通过隐私计算技术对数据进行脱敏使用和管理。例如,消费者的网购记录可以通过区块链技术自行储存数据,之后可以在不泄露隐私的前提下将数据聚合起来变现处理。另外,"数据银行"的交易标的可以从数据本身,延展到数据处理中心通信能力、存储能力和计算能力,甚至是背后的算法、人工智能、系统性的解决方案等。2020 年,我国算力总规模达到 135 EFLOPS,增速达 55%,高于全球平均 16 个百分点。[①] 根据工信部印发的《新型数据中心发展三年行动计划(2021~2023 年)》,到 2023 年底,全国数据中心机架规模年均增速保持在 20%左右,总算力将超过 200 EFLOPS。在此过程中,数据处理中心闲置的存储能力、通信能力、计算能力等,均可以在数字交易所挂牌买卖,以及基于大量数据形成的人工智能解决方案、数字软件等都可以在数据交易所中进行资产变现,从而最大化激活数据要素市场。

---

① 资料来源:中国信息通信院,《中国算力发展指数白皮书》,2021 年 9 月。

# 参考文献

中共中央：《中共中央、国务院关于构建更加完善的要素市场化配置体制机制的意见》（中发〔2020〕9号），2020年3月30日。

工业和信息化部：《新型数据中心发展三年行动计划（2021~2023年）》（工信部通信〔2021〕76号），2021年7月4日。

德勤、阿里研究院：《数据资产化之路——数据资产的估值与行业实践》，2019年11月4日。

李慧敏、王忠：《日本对个人数据权属的处理方式及其启示》，《科技与法律》2019年第4期。

刘新宇：《大数据时代数据权属分析及其体系构建》，《上海大学学报》（社会科学版）2019年第6期。

苏晓：《数据价值化是数字经济发展的关键》，《人民邮电》2021年6月7日。

蔡莉、黄振弘、梁宇、朱扬勇：《数据定价研究综述》，《计算机科学与探索》2021年第9期。

# B.17
# 区块链技术在跨境支付
# 领域的应用与挑战

张　冰[*]

摘　要： 跨境支付区块链解决方案具有低成本、实时结算、信息可追溯的
优势，为市场和金融体系带来变革性影响。目前全球机构采取的
策略可分为三类：一是基于区块链的科技金融公司构建分布式支
付网络；二是国际上部分金融机构接受加密货币，特别是稳定币
作为支付结算工具；三是各国央行数字货币的跨境支付实验项
目，探索使用央行数字货币进行跨境结算。推广该技术全球范围
内使用，需要制定适合不同管辖范围的相关法律、法规及行业标
准，需要金融机构、监管机构以及创新企业之间合作来改善区块
链网络的互操作性，同时还需要改进数字身份、构建安全和用户
友好的密钥管理系统，确保交易的可扩展性。

关键词： 区块链　跨境支付　央行数字货币

## 一　跨境支付发展现状

### （一）跨境支付业务规模与发展趋势

跨境支付指两个或两个以上国家或者地区之间由于国际贸易、国际投

* 张冰，博士，河南中原创新发展研究院研究员，河南国际数字贸易研究院兼职研究员，主要
研究方向为数字经济、金融学。

资以及其他方面所发生的国际债务债权，需借助一定的结算工具和支付系统完成资金跨国或跨地区转移的行为。长期以来，国际跨境支付一直是促进跨境贸易和投资的引擎，并有助于全球数字经济的增长。2017年世界贸易统计报告的数据显示，全球化贸易推动跨境支付规模稳步增长，包括零售（C2C、C2B、B2C）和企业支付总价值预计每年增长5.6%。其中跨境电商贸易强劲增长，预计C2B市场最高增长率每年达到约25%，预计到2022年，全球电子商务销售额飙升至30.2万亿美元，其中企业层面（B2B）的跨境支付26.64万亿美元，零售层面的跨境支付3.56万亿美元（见图1）。

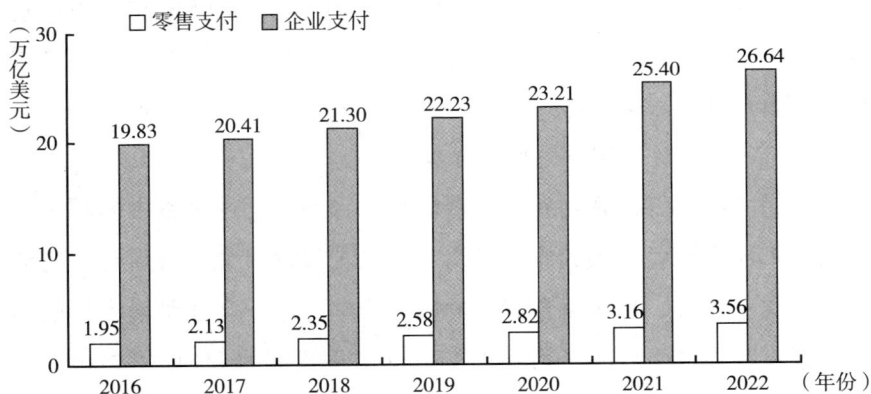

**图1 全球跨境支付的规模与趋势**

资料来源：2017年世界贸易统计报告。

全球统计数据库Statista数字市场展望的数据显示，在全球各区域范围内，电子商务预计在未来五年内以平均47%的速度增长。亚洲市场预计增长51%，欧洲和北美将分别增长42%和35%。中国目前是最大的电商市场，2020年中国的电子商务交易额达到了1.3万亿美元，且预计将在2025年之前增长到约2万亿美元。2021年，中国外贸行业强劲增长，外贸企业加速线上化、电子化，尤其是中小微外贸企业对第三方跨境支付需求旺盛，第三方跨境支付行业呈现增长态势，B2B

跨境支付增长尤为突出。中国支付清算协会数据显示，截至2021年第一季度，境外外币支付系统处理业务83.24万笔，金额达5162.39亿美元，同比增长72.02%和64.72%，跨境转账领域迎来了新的发展机遇，一个低成本、高效率、低风险的跨国支付与结算产品和方案，对于加强中国贸易型企业竞争力和盈利能力，尤其是中小型企业来说具有极大的推动作用。

## （二）跨境支付领域的主要挑战

目前我国跨境支付主要包括三类模式：银行电汇、国际卡组织以及第三方支付。银行电汇通常通过环球同业银行金融电讯协会（SWIFT）系统进行清算，国际卡组织如银联、Visa、Mastercard 等提供跨境支付服务。第三方支付公司如 PayPal、支付宝、财付通、PingPong 等，其盈利主要来源于交易手续费、汇率差以及 B 端支付解决方案。

当前的跨境支付结算时间长、费用高，且必须通过多重中间环节，其成本和效率成为跨境汇款的瓶颈所在。跨境支付过程中对价值链上的前一方收取多次手续费，每次资金划转的操作成本高昂。全球跨境支付的相关成本因银行和地区而异，平均零售支付成本从欧洲的2%以下到拉丁美洲的7%以上不等，发送汇款的全球平均成本为汇款金额的6.38%。跨境支付缺乏透明度，需要支付第三方机构的费用，涉及大量的处理成本与资金沉淀成本，且进出口商无法得知汇款的实时处理状态。因每个国家的清算程序不同，可能导致一笔汇款需要2~3天才能到账，效率极低，资金占用量极大。传统跨境支付模式经过的中间机构较多，客户信息在每个中间机构均有留存，存在信息泄露风险。各国越来越多的保护主义措施，例如要求使用国内基础设施、本地化数据以及外国公司的许可和最低股本，阻止国际支付服务提供商将服务推向市场。此外，虽然新的支付技术增加了市场竞争，但技术和监管标准的不同使连接不同的支付系统和市场更加困难。

## 二 区块链在跨境支付中的应用构想及前景

区块链（Blockchain）是一种防篡改、去中心化的分布式数字交易记录，或称为交易的分类账，由多方共同维护，使用密码学保证传输和访问安全，能够实现数据一致存储、难以篡改的记账技术，也称为分布式账本技术（Distributed Ledger Technology）。由于区块链上所有的数据都是公开透明的，并且可以验证信息的准确性，因此不需要中心化的服务器体系作为信任中介支撑就可以在技术上保证区块链上信息的真实性和不可篡改。智能合约是区块链合约层的核心构成要素，能够实现主动和被动的处理数据，接受、储存和发送价值，以及控制和管理各类链上的资产等功能。区块链技术在支付清算领域的核心技术主要涉及分布式对等网络、共识机制、数字签名和智能合约。

跨境支付区块链解决方案解决了跨境支付的低效率问题，为加快清算速度，提供一种快速、低成本和安全的支付方式来替代传统银行支付方法。区块链通过简化流程并同时将每个交易存储在安全的分布式分类账中，跨境支付通过数字货币完成，过程准确、防篡改且成本更低，提高支付透明度和可追溯性。区块链跨境支付可以依赖加密货币，或者使用区块链来注册法定货币交换和转账。使用区块链跨境支付还可以减少付款信息对账的延迟，所有交易都是"发生即清算"，交易完成的瞬间所有的账本信息都完成了同步更新。新型的数字货币可以避免目前经常发生的多日结算时间框架所产生的流动性成本。

区块链支持的跨境支付通过降低国际支付的交易费用，为进出口企业和消费者带来显著的优势，银行与银行之间可以不再通过第三方，而是通过区块链技术打造点对点的支付方式，有助于降低跨境电商资金风险及满足跨境电商对支付清算服务的及时性、便捷性需求。根据麦肯锡的测算，从全球范围看，区块链技术在B2B跨境支付与结算业务中的应用将可降低每笔交易成本约40%。利用区块链促进跨境结算也将为银行节省大量成本，预计节约的成本从2021年的3.01亿美元增加到2030年的100亿美元。

预计 2020~2025 年，全球区块链上完成的 B2B 跨境交易金额将大幅增加。2020 年，亚洲市场占总交易额的 1/3 以上，到 2025 年，区块链上的 B2B 跨境交易金额将达到 7.45 亿美元。欧洲的区块链交易金额居第二位，到 2025 年将达到 4.66 亿美元（见图 2）。

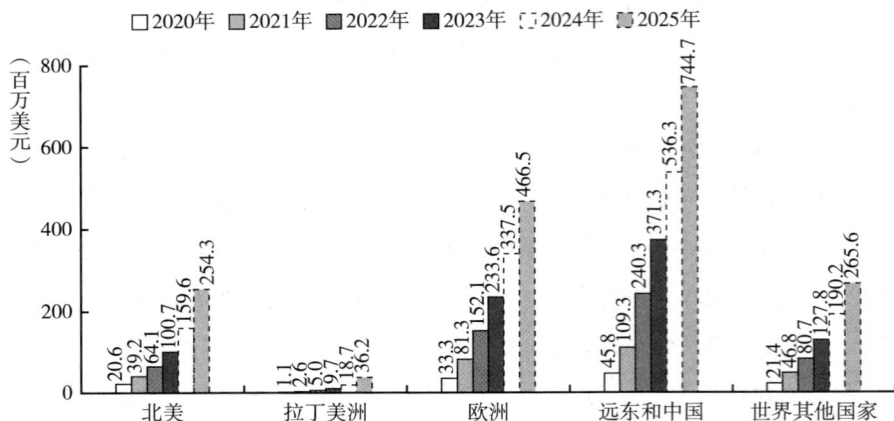

**图 2　2020~2025 年全球各地区块链上 B2B 跨境交易**

资料来源：Statista。

# 三　区块链跨境支付应用案例

面对区块链技术迎面而来的机遇与挑战，目前全球机构采取的策略大致可分为三类。一是基于区块链的科技金融公司重点发展核心业务区块链应用，如美国的 Ripple 和 Steller，以及中国以蚂蚁区块链为基础的 Trusple。二是接受加密货币和稳定币 Tether、USD Coin 作为支付结算工具，如美国在线支付巨头、移动支付公司 PayPal 和 Visa。三是各国央行数字货币的跨境支付实验项目。如 2016 年开始新加坡和加拿大中央银行启动的 Jasper-Ubin 数字货币跨境支付项目，以及中国央行 2021 年参与的多边央行数字货币桥（m-CBDC Bridge）项目。

## （一）基于区块链的科技金融公司

### 1. Ripple

美国金融科技公司 Ripple 通过允许银行和其他汇款机构加入其分布式账本网络并通过 XRP 代币中持有资金，提供跨境支付服务。通过该公司的网络 RippleNet，银行客户可以实现实时的点对点跨国转账，不需中心组织管理，且支持各国不同货币，从而实时实现跨境结算和货币兑换。2019 年，美国 PNC 银行加入 Ripple 网络，为其企业客户提供跨境支付服务。Ripple 网络的其他知名成员包括桑坦德（Santander）银行、万事达卡和美国运通卡。桑坦德银行的 One Pay FX 使用 Ripple 网络扩展国际支付业务，在英国、波兰、巴西和西班牙推出了 One Pay FX，基于 One Pay FX 的跨境支付更快、更高效、更具成本效益，同时又安全可靠，透明度高，客户反馈良好。One Pay FX 已经在 6 个国家推出，可以付款到 20 多个国家和地区，包括整个欧元区。

### 2. IBM Steller

Stellar 是 IBM 在 2015 年开发的一种用于兑换货币的开源协议，用于数字货币到法定货币的低成本转账，允许任何货币之间的跨境交易。Stellar 不向使用网络的个人或机构收费，是一个非营利组织，通过捐赠和 5% 的初始代币发行来支付其运营成本。Stellar 的企业捐助者包括 BlackRock、Stripe 和 Google。Stellar 是 Ripple 的升级版，Ripple 专注于为银行提供解决方案，而 Stellar 则旨在简化人们的支付系统，在技术基础上做了很多改进，特别是相关的共识机制和验证算法，Stellar 运行节点性能得到提高，节点资源需求非常低。支付提供商可以使用 Stellar 的数字资产 Lumens 来促进跨境支付，Stellar 作为其支付网络的代币，可以兑换任一货币，转账支付速度快。2017 年 10 月，概念验证成功完成，根据 IBM 的资料信息，该网络目前支持 70 个国家和地区、50 种货币和 45 个银行端点的支付。

### 3. Circle

Circle 是以区块链技术为基础提供支付清算服务的企业，主攻跨境小额支付市场，Circle 以稳定币 USD Coin（USDC）为基础。领先的加密货币交易所 Bitso 集成了 Circle 开发的支付解决方案。2021 年 11 月，墨西哥加密交易平台 Bitso 整合 Circle 解决方案，推出跨境支付计划"Bitso Shift"，该计划旨在改进跨境支付服务，将使在美国提供产品和服务的墨西哥公司和个人能够以加密货币作为支付方式。

### 4. Trusple

Trusple 是以中国蚂蚁区块链为基础构建的金融服务平台，根据区块链平台智能合约的约定进行自动支付。Trusple 针对全球买家和卖家进行服务升级，联合跨境支付品牌万里汇推出"外贸宝"，在原有的银行直连方式外，新增信用卡和借记卡等支付方式，支持多币种交易，商家支付更高效便捷，费率更低。Trusple 已经与来自 13 个国家和地区的 41 家贸易生态伙伴达成合作，包括法国巴黎银行、花旗银行、德意志银行、渣打银行、瑞穗银行、三菱日联银行等。

## （二）接受加密货币作为支付结算工具

加密货币是使用加密技术，通过代码创建的一种数字货币。比特币被认为是第一个去中心化加密货币，像所有加密货币一样，它通过区块链交易数据库进行控制，该数据库用作分布式公共分类账。自 2009 年比特币推出以来，各种加密货币陆续出现，首批由以比特币、以太币和瑞波币为代表的加密货币并没有主权信用背书，是通过算法生成的，因此，加密货币能不能称为货币，在业内存在较大争议。目前有影响力的加密货币已达 1 万余种，总市值超 1.3 万亿美元。加密货币虽然还没有被企业和消费者广泛接受，但越来越多的公司正在接受加密货币，允许客户将其用作商品和服务的官方支付方式。

2021 年 3 月，美国在线支付巨头、移动支付公司 PayPal 宣布允许美国消费者使用其持有的比特币、以太币、比特币现金与莱特币等加密货币向全球数百万在线商家付款，在结账时将其持有的加密货币转换为法定货币即可。PayPal 美国用户将能够选择使用比特币、以太币、莱特币或比特币现金进行付款，PayPal 会自动将其转换为美元并完成交易，不需要额外的交易费用。全球最大的信用卡支付公司之一 Visa 也宣布将允许在其支付网络上使用加密货币 USD Coin 结算交易。Visa 成立 VCA 部门，专为客户和合作伙伴提供加密货币咨询业务。2021 年 12 月，特斯拉公司 CEO 埃隆·马斯克称特斯拉部分商品将接受狗狗币支付。法国安盛集团、苏富比、亚马逊、微软、Expedia 等机构也宣布接受加密货币作为支付结算工具。

稳定币是加密货币的一种形式，近年来在跨境支付方面的作用受到欢迎。稳定币自 2021 年初以来使用量迅速增长。与比特币和其他投机货币不同，稳定币名义上与标的资产挂钩，以限制价格波动。稳定币通过以下两种方式运行：一类是抵押型稳定币与另一种资产挂钩，比如美元，这类稳定币的发行方通过持有该资产或具有类似安全性的资产来支持其代币，例如 Tether 和 USD Coin；另一类就是加密货币抵押型稳定币，这类稳定币受以太币等加密货币价格制约。稳定币让资金与加密货币的交易变得更快捷，许多交易所与银行之间并未建立定期货币存款或取款所需的关系，但可以接受 Tether 等稳定币。利用区块链技术替代传统的支付基础设施，稳定币可以简化和加快交易与转账进程，费用也更低。

## （三）央行数字货币的跨境支付项目

中央银行数字货币（CBDC）是由中央银行支持和发行的虚拟货币，与最著名的区块链——比特币使用的区块链——本质上是一个分散的数据库不同，央行在大多数情况下可能会控制自己的私有区块链。当前，全球 87 个国家和地区（占全球 GDP 的 90%以上）正在探索或推进央行数字货币，国家央行发行数字货币将成趋势。据相关公开信息，美国、英国、法国、加拿大、新加坡等国央行及欧央行近年来公布了关于央行数字货币的考虑及计划，部分项目甚至完成了初步测试。数字货币大幅降低银行间清算结算成本和合规审计成本，并催生更多创新支付场景。数字货币安全、便利、低交易成本的独特性，减少对代理行的依赖，更适合基于网络的商业行为，将来有可能取代物理货币的流通，图 3 展示了当前跨境支付模式和未来利用区块链技术的支付模式。

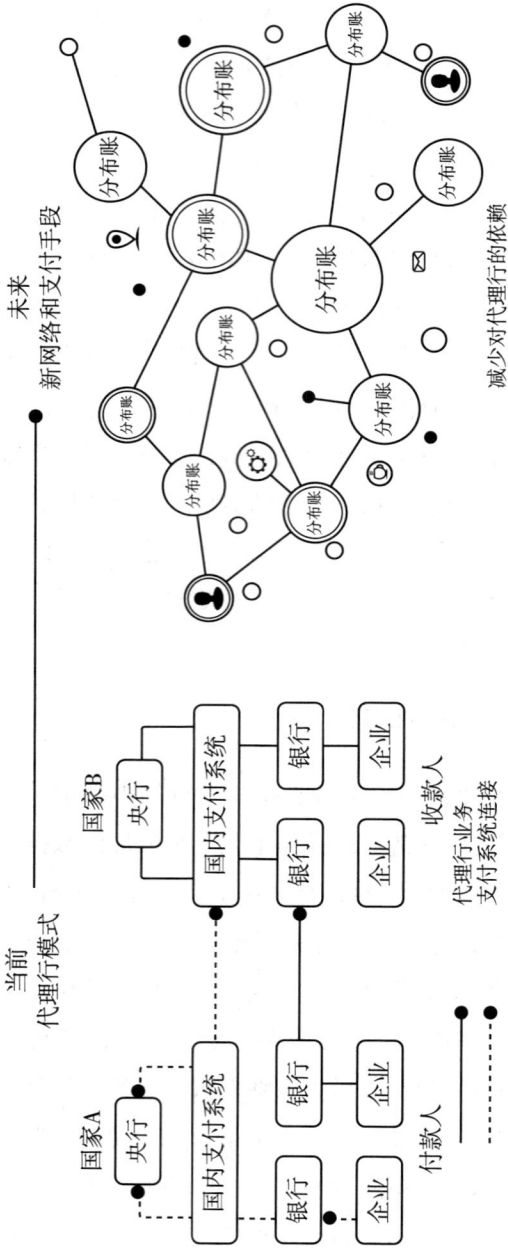

图 3　应用区块链技术的跨境支付模式

资料来源：IMF，ICBC International。

### 1. Jasper-Ubin 项目

Jasper-Ubin 是新加坡、加拿大中央银行使用区块链进行跨境支付的实验项目。2016 年，新加坡金融管理局、加拿大央行与摩根大通、埃森哲（Accenture）联合启动了 Jasper-Ubin 数字货币项目，以探索使用分布式账本技术进行支付和证券的清算与结算。Jasper-Ubin 验证在 Quorum 和 Corda 两个不同区块链平台上开发的 Jasper 和 Ubin 如何能够进行互操作，从而允许跨境支付以中央银行数字货币结算，提高效率并降低风险。加拿大银行一直在与埃森哲合作开发 R3 的 Corda 项目 Jasper，新加坡金融管理局得到了摩根大通的协助，使用 Quorum 进行 Jasper-Ubin 项目，用于在没有受信任的第三方作为中介的情况下启用付款与收款，连接运行在不同技术上的两个独立的国内支付系统。2019 年新加坡金融管理局宣布，它已经使用中央银行数字货币对跨境和跨货币支付进行了成功测试，两家央行之间的合作证明了在不同区块链平台上结算代币化数字货币的可行性。Jasper 项目和 Ubin 项目建立在支付领域的创新基础上，证明跨境支付和结算可以更简单、更高效。

### 2. Jura 项目

Jura 项目是瑞士央行、法国央行和国际清算银行创新中心一起参与的一项大规模中央银行数字货币的实验，该方案旨在使用数字瑞士法郎和数字欧元来结算区块链上的股票或债券等金融工具的跨境交易，在批发层面探索使用央行数字货币进行跨境结算。参与 Jura 项目跨境结算试点的还有埃森哲及由瑞士瑞信银行、法国外贸银行、R3、SIX Digital 交易所和瑞银组成的财团。该项目检测如何由法兰西银行开发的数字欧元兑换为瑞士法郎，从而测试批发型央行数字货币在国际结算中的能力，这是迄今为止规模最大的央行数字货币实验之一。2021 年 12 月，瑞士和法国央行称欧洲首个中央银行数字货币跨境支付试点取得了成功。

### 3. Inthanon-LionRock 项目

Inthanon-LionRock 是泰国央行和中国香港金管局于 2019 年 5 月启动的基于区块链和央行数字货币技术的跨境支付实验项目。探索通过简化的中介模式、实时转账和全天候同步交收结算来改善跨境批发支付，以提高跨境资金转移的效率。项目的研究重点是开发区块链跨境走廊网络，链接中国香港及泰国各自央行数码货币区块链，促进港元—泰铢在批发层面的跨境外汇交易同步交收的流程。该走廊网络建立在 Corda R3 的区块链平台上，旨在让 Inthanon 和 LionRock 网络的参与者在点对点的基础上进行资金转账和外汇交易，减少代理银行的环节。通过交换 CBDC 代币，以泰铢和港币进行点对点及即时银行间资金转账，支付银行无须在目的地拥有银行账户或使用代理银行，银行对银行的支付成为实时的点对点支付。

4. m-CBDC Bridge 项目

中国央行 2021 年 2 月底宣布参与的多边央行数字货币桥（m-CBDC Bridge）项目，探索建立基于法定数字货币的跨境支付多边合作机制。多边央行数字货币桥是基于 Inthanon-LionRock 第二阶段设立的，利用数字货币和分布式账本技术基础研发的多边中央银行数字货币系统，可以实现实时、更便宜和更安全的付款与结算等跨境服务。

目前项目已初步完成多边央行数字货币桥测试平台的搭建，并通过技术测试检验了货币桥在国际贸易结算场景下进行跨境支付交易的可行性（见图4），

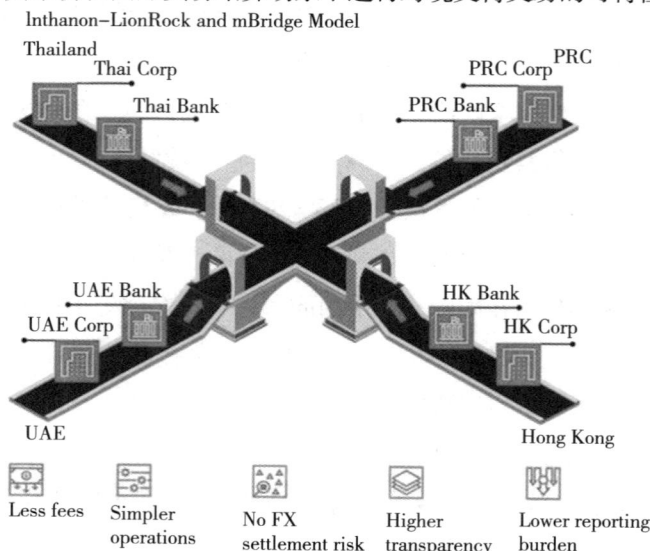

**图 4　多边央行数字货币桥项目**

资料来源：The Bank of International Settlements（BIS）。

多边中央银行数字货币系统能够在几秒钟内就完成国际转账和外汇操作，并且在跨境服务支付中实现了实时结算。此外，在高效跨境交易的基础上，跨境交易成本也实现减半，证明多边央行数字货币桥可有效提升跨境支付效率、降低支付成本、提升交易透明度。

其他央行数字货币的跨境支付项目有新加坡、法国央行使用摩根大通技术，试用跨境支付的 Dunbar 项目以及沙特和阿联酋央行的跨境数字货币 Aber 项目。Dunbar 依托摩根大通区块链部门提供的技术支持，项目涉及多个中央银行在同一网络上发行数字货币，在共享走廊网络中使用数字欧元和新加坡元央行数字货币模拟交易，通过基于区块链的 24/7 系统，无须中介即可实现直接实时支付。

# 四　区块链跨境支付应用主要挑战

使用区块链技术进行国际转账拥有低费用、实时结算、信息可追溯的优势，为市场和金融体系带来变革性影响，全球多数大型金融机构积极投资布局区块链技术。但推广该技术在全球范围内使用，还需要面对许多挑战。制定适合不同管辖范围的相关标准、法规及法律框架是一个浩大的工程，实现这一目标需要金融机构、监管机构以及创新企业之间的合作，还需要改进数字身份、安全和用户友好的密钥管理，确保交易可扩展性，多用途区块链网络和特定用途结算网络之间的互操作性，以及量子安全性。

法律框架和监管政策。在不同司法管辖区提供服务时，区块链基础设施以及电子货币的发行和交换都必须遵守运营国的所有规定，目前对于数字货币的法律监管主要体现在对超主权类数字货币的合法性风险管控。中国对主权数字货币和超主权数字货币均存在一定的监管要求，对超主权数字货币持限制性发展的态度。由于各国对超主权数字货币的认可度各有不同，它要求监管机构和立法者跨越国界进行合作，以协调法律和监管制度，同时管理潜在风险，包括反洗钱、反恐融资等合规责任。解决这些问题需要重大的法律和组织变革，以及一种确保协调的协作机制。

区块链网络的互操作性。跨境支付系统可能会从不同角度利用区块链技术创建信托和加密货币，因此，在整合不同国家和行政领域的不同支付系统和解决方案时，就有可能出现互操作性问题。跨境支付通常涉及至少是发件人银行和收款人银行，这两家金融机构通常会有自己的智能合同，将资金与核心金融体系整合在一起。因此，当汇款人发送由一个金融机构铸造的数字货币，而收款人在不同的金融机构兑现时，需要结算。目前区块链技术标准化和互操作性有限，需要利用区块链网络开发清算机制，这些网络可以与商用区块链互操作。例如，两个金融实体可以在商业区块链网络中为客户提供代币化资金，并在另一个特定用途区块链网络中结算付款，其区块链账户由中央银行等公共机构的银行账户进行支持，智能合约可用于清算的自动化。

数据保护和隐私。对于跨境支付，确保不发生数据泄露和数据不被篡改尤为重要。就个人数据而言，《通用数据保护条例》（GDPR）的生效极大地改变了跨境支付格局，影响了金融机构处理和跨境移动数据的方式，包括与资本交易相关的数据。使用区块链网络作为交换数字资产，特别是代币货币的公共账本时面临的主要挑战之一，是交易记录完全暴露给任何能够访问区块链公共网络的人，因此需要通过使用经过许可的区块链来解决，要求注册并使用私钥参与交易，或者开发集中式与分布式融合发展的混合技术架构。

数字身份。区块链数字身份采用分布式账本和身份加密上链，让中心化的身份签发和数据共享变成分布式的数据认证，由用户掌握身份私钥来进行多机构之间的可信身份授权共享。利用区块链链式结构的不可篡改性，结合生物识别技术为无法获得官方身份签发的人形成可信数字身份。区块链数字身份实际上是可信的基础设施，可以实现金融机构之间反洗钱（AML）和了解客户（KYC）的信息共享，使追溯个人完整的金融交易行为变为可能，实现对洗钱、恐怖主义融资等危害金融安全事项的及时发现和追踪。传统公链中无监管的身份隐私保护方案无法满足交易可监管的需求，因此必须提供内置于交易模型和交易流程中的可监管技术，在必要时可正确地恢复出交易身份和内容，以防止非法交易行为，如何设计更高效、安全的可监管隐私保护方案有待进一步研究。

密钥管理。在处理任何类型的区块链令牌时，密钥管理是最大的挑战之一。区块链节点中都存有一对公私钥，公钥可用来加密信息，通过私钥解密，同时，私钥也可以为交易签名，达到身份验证的效果。对于大型机构来说，更容易使用密钥库来存储私钥，并利用它们的企业解决方案来识别员工，从而允许每个人在从友好的界面生成区块链交易时间接使用他们的私钥。对于个人来说，私钥是一串难以记忆的长字符串，且私钥由用户自己保存，如果用户希望完全掌控自己的数据，那么私钥理论上只有用户知道，一旦丢失，私钥中对应的数据均会丢失，构建安全友好的密钥管理系统尤为重要。

量子计算与安全。量子计算将最终影响所有的金融服务，随着量子计算机的出现，所有目前用于互联网签名和加密的算法都不再安全，因为它损害了主要的数据加密方法和密码学原语，这些加密方法和密码学原语是用于保护所存储和传输数据的访问路径、保密性和完整性的。因此，在技术设计过程中，必须考虑到新出现的量子计算机的威胁，它可能破坏用于保护央行数字货币账户的密码学。例如，央行应考虑到某些原语在面临即将到来的量子计算时的脆弱性。此外，未来的量子计算机可能会在不被发现的情况下破解央行数字货币系统中的密码学。网络安全以及技术弹性、健全的技术治理，是央行数字货币在进行技术设计时所要考虑的最重要的因素。

数字钱包。数字钱包可用于管理数字资产和凭证。数字钱包是一种个人的、私人的存储库，比如一个移动应用程序，它有可能允许个人对其数字角色拥有所有权。密钥恢复机制、安全的身份验证、更好的用户体验和清晰的业务模型是数字钱包在全球范围内采用的必要条件。开发数字钱包生态平台，应满足用户多主体、多层次、多类别、多形态的差异化需求，确保数字钱包具有普惠性，避免因"数字鸿沟"带来的使用障碍。

**参考文献**

麦肯锡：《区块链——银行业游戏规则的颠覆者》，https：//www.mckinsey.com.cn/

wp-content/uploads/2016/05/区块链 . pdf。

张冰：《区块链背景下跨境贸易的数字化创新》，《统计理论与实践》2020 年第 2 期。

《支持跨境支付和数字贸易增长的 4 个关键步骤》，https：//cn. weforum. org/agenda/2020/06/zhi-chi-kua-jing-zhi-fu-he-shu-zi-mao-yi-zeng-zhang-de-4-ge-guan-jian-bu-zhou/。

袁煜明、王蕊等：《区块链数字身份：数字经济时代基础设施》，https//www. sohu. com/a/3942366 100217347。

姚前、张大伟：《区块链系统中身份管理技术研究综述》，《软件学报》2021 年第 7 期。

Banescu，S.，Borodach，B.，and Lannquist，A.："新型央行数字货币面临四项主要的网络安全威胁"，https：//cn. weforum. org/agenda/2021/12。

Hong Kong Monetary Authority，Bank of Thailand，Bank of China，and Central Bank of the U. A. E.，"Inthanon-LionRock to mBridge：Building a multi CBDC platform for international payments"，https：//www. bis. org/publ/othp40. pdf。

Inter-American Development Bank，"Cross-Border Payments with Blockchain"，https：//publications. iadb. org/publications/english/document/Cross－Border－Payments－with－Blockchain. pdf。

"B2B cross-border transactions on blockchain in various regions worldwide in 2020 with forecasts from 2021 to 2025"，https：//www. statista. com/statistics/1228825/b2b－cross－border-transactions-on-blockchain-worldwide/。

# B.18
# 大变局时代的跨境电商物流

纵腾集团课题组*

**摘　要：** 在外部环境的巨变之下，跨境电商行业正遭遇一轮突变式周期，越来越多的跨境电商企业选择站在变革的最前沿，以更加创新灵活的思维和开放包容的心态，积极拥抱变化、迎接各种挑战。本文重点着眼于突变式周期内的跨境电商物流，并将落脚点回归到跨境卖家群体。透过跨境电商行业荣光与阵痛、痛点与其背后的逻辑、路径与着力点，揭示 2021 年跨境电商行业和物流市场的基本情况，探究供应链拥堵的深层原因，并预测 2022 年跨境电商物流出海破局路径。

**关键词：** 跨境电商　国际物流　突变式周期

十多年来，跨境电商从业者习惯于行业一步一台阶的渐进式增长，但不可忽视的是，2020 年新冠肺炎疫情大流行，跨境电商正遭遇一轮突变式周期，行业巨变一年顶十年，而到 2022 年这一轮周期还远未走完。回顾并预见周期的走向，是为了在行业发生突变式震荡时，我们能够从容穿越。本文将围绕物流周期回顾、卖家困局解读、行业机遇挑战、纵腾物流介绍等内容展开探讨，在行业继续波动的 2022 年，以前鉴后，以资参考。

---

* 课题组成员：李聪、曹继者（执笔）、蓝碧云（执笔）、汪蓉。李聪，纵腾集团副总裁，中国人民大学工商管理硕士，福建省电商促进会执行会长，商务部国贸研究院电商专委会特聘专家，主要研究方向为跨境电商供应链及物流；曹继者，纵腾集团市场研究组负责人，拥有多年跨境电商行业研究经验；蓝碧云，纵腾集团市场研究组专员，专注有深度的新锐解析、有价值的内容研究。

# 一 大变局时代的跨境电商行业

## （一）2020年创造神话，2021年回归理性

2020年初，突如其来的疫情打乱了全球经济的步伐，国际交流与贸易受阻，但跨境电商迎来了前所未有的爆发式增长。疫情重塑了海外消费模式，推动消费场景加速向线上转移。随之而来的是美国电商渗透率激增，2020年4月美国电商渗透率达到27%，相较2019年提升了11个百分点，仅用8周就完成了10年的增幅。① 在此背景下，跨境电商在2020年迎来了大年，跨境出口额屡创新高，成为对外贸易发展的新增长引擎。

电商渗透率与海运价格齐飞，跨境电商喜忧参半。如果说疫情对跨境电商卖家而言是一场"完美风暴"，那么对国际物流市场则是一场"突击考试"。受疫情影响，2020年下半年开始，集装箱出口运价大幅上涨，众多航线爆仓缺柜、准班率大幅下滑成为常态，一次次刷新纪录。

在疫情常态化的2021年，后疫情时代跨境电商呈现与2020年截然不同的态势。当疫情带来的红利褪去，跨境电商合规经营、稳健增长的时代到来。

从供给端来看，由于中国经济率先走出泥潭，且产能持续复苏，全球订单中的相当一部分涌向了中国，进而带动了出口的增长。此外，从欧美各国制造业PMI指数以及制造业的产能利用率数据来看，欧美产能正在逐步恢复中。

从需求端来看，多方调查显示美国假日购物需求增速放缓。此外，随着财政补贴的结束，居民储蓄率已经下降至仅略高于疫情前的水平，服务消费占比提升，商品消费减少。根据美国经济分析局最新数据，美国居民商品消

---

① https：//www.jaguaranalytics.com/wp－content/uploads/2020/05/ShawString－Quarterly－Letter.pdf。

费已呈现负增长，2021年第三季度较第二季度商品消费减少10%。

从物流端来看，全球港口拥堵依旧严重，持续影响国际贸易，对跨境行业更是一大冲击。由于缺运力、缺箱子的局面仍在持续，主要航线运价在高位徘徊。

与此同时，平台卖家竞争日益激烈，卖家毛利开始走低，加之平台合规化运营政策收紧，一些卖家出现生存困难，"活下来"成为跨境赛道中不少玩家的首要目标。跨境电商企业普遍下调了增长预期，战略也从年初的"往前冲"，走向现在的"低速扩张"。

经济不确定性以及供应链混乱的环境下，更考验物流企业的基础设施全球化布局和运用能力，以及跨境电商卖家的供应链管理和把控能力。

## （二）跨境电商行业出现新拐点

作为跨境电商生态圈引擎的驱动力量，跨境电商卖家在2021年放慢脚步，从亚马逊第二季度就进入清货模式中可见一斑。参考2020年超出预期的销量，大批卖家对备货保持乐观，加上担忧疫情反扑引起连锁反应，不少卖家年前进行了大量补货。"牛鞭效应"出现后，误判导致备货过量，产生大批滞销库存。为给新品腾出库容或保持资金链稳健，众多卖家加入保本清货的大军。

一波未平一波又起，紧随其后的是引发跨境电商震动的大事件——亚马逊合规化洗牌大潮，行业整体震荡，营收受到严重冲击，行业热度回归理性。此外，亚马逊FBA库容限制常态化，平台卖家提升供应链管理能力也提上日程。

不破不立，大破大立，新机遇也总在巨变中孕育。一方面，2021年的跨境行业迎来周期性拐点；另一方面，中国外贸刚刚交出了亮眼成绩单，实现了逆境中增长。据海关统计，2021年我国货物贸易进出口总值39.1万亿元，同比增长21.4%。其中，出口21.73万亿元，增长21.2%。

对于跨境电商企业而言，想要在行业拐点中领先一步，转变原有增长方式、进行海外市场风险管理、维护自身合法权益将成为关键课题。值得关注的是，2021年的旺季已暂告一段落，欧美大港的"世纪大拥堵"却远未结束。

# 二 全球港口拥堵深层次原因探究

从 2020 年下半年至今，关于这个由多重因素叠加造就的全球港口拥堵难题，业界的预言和讨论就从未停止过，而曙光出现的日期也一再被远远拉长。据 sea explorer 数据，2021 年 8 月 10 日，全球有 325 艘船排队等待进港。10 月 26 日，这一数据已达到了 649 艘。截至 12 月 13 日，"黑五""网一"结束两周多后，排队的船舶数量仍高达 475 艘。旺季结束，混乱还未结束。

南加州海洋交易所 2021 年 12 月 14 日数据显示，在绵延 1000 英里的北美海岸线上，有 101 艘集装箱船停泊或游荡在美国的两个门户航道上等待泊位。① 疫情前从亚洲到北美通常只需要两周航程的船只，现在由于拥堵延误占用了巨大的运力。

船舶在港排队时间越久，意味着更多的珍贵运力被牵制，运力失衡导致船期紊乱，船期紊乱加剧运力失衡。而临近年底，三大联盟更是在 2022 年 1 月陆续取消了航次，美西码头工人大量感染奥密克戎（omicron），供应链仍面临拥堵和中断的挑战。

港口拥堵程度不断升级，持续影响国际贸易，对跨境行业更是一大冲击。拥堵何时结束尚未可知，不妨深度剖析港口大堵塞的真正原因，因为这些痛点解决之日，才是塞港恢复之时。除疫情原因外，旺盛的消费需求、落后的货运铁路系统、拖车车架紧缺、劳动力不足、仓库空置率低等问题都为供应链混乱贡献了一分力。换言之，欧美港口的堵塞，不只是短暂的供需失衡的问题，还是一个长期存在的社会问题在集中暴露。

## （一）突如其来的疫情，是港口拥堵的主要推手

疫情大流行后多国采取隔离政策，部分国家更是封闭港口，大大降低运

---

① 《堵！101 艘集装箱船横跨 1000 英里等待泊位》，海云网，2021 年 12 月 15 日。

输效率。同时，欧美大规模的确诊病例让港口损失了大量的劳动力，港口劳动力严重短缺。而在国内，零星发生的疫情不时扰乱港口的正常作业秩序，例如此前发生疫情的舟山港、盐田港，每次发现病例都扰乱船期，卖家的出货计划和成本遭遇两头挤压。

### （二）财政刺激叠加居家封闭，批发商提前备货加剧拥堵

疫情发生初期，凶猛蔓延的病毒一度加剧航运业的悲观心态，业内人士普遍预测海运未来需求及运价会下降。在此基调下，多家班轮公司取消航次或关停航线以应对疫情冲击，截至 2020 年 4 月 5 日，据不完全统计，停航航次总数达 212 条。① 而随着美国政府的多轮"发钱"刺激，2020 年消费者"宅经济"爆发，行业进入高光时刻；2021 年第一季度，欧美疫情稍微缓和后，蛰伏了一年的线下店开始在 2~3 月大量备货，豪赌旺季全面复苏，批发商的大量备货进一步加剧港口的拥堵。

### （三）港口工人及卡车司机缺乏，造成港口效率问题加剧

据美国卡车运输协会数据，美国卡车司机缺口达 8 万名，到 2028 年缺口将达 16 万名。疫情发生后，初期阶段运输需求有所下降，美国运输业员工失业率急速上升。而随着供应链进一步拥堵，劳动力并未及时得到补充，劳动力的缺乏又进一步推动港口拥堵，形成恶性循环。同时，港口工人罢工运动进一步推动了港口拥堵。

### （四）陈旧老化的基础设施问题阻碍运输效率

一是美西港内部的信息共享存在隔阂，港口系统中的每个终端都有独立的系统，卡车司机很难在一个港口系统为多个码头提供服务，造成效率低下。二是港口可用的底盘短缺且周转困难，卡车司机被要求使用特定的底盘

---

① 《史上最大规模！各大船公司新一轮停航计划！212 个航次停航！印度超 5 万个集装箱滞留！全球逾 90 国进入紧急状态！》，https：//mp.weixin.qq.com/s/CPQzd7ajNgZ_ -HAakp337g。

来运输集装箱，底盘不匹配则无法运输货物，并被要求在卸货后将底盘放回指定位置，该位置距离其下一个要送货的位置可能很远。三是美国国家公路缺陷比例很高，42%的桥梁桥龄超过50年，超过7%的桥梁存在结构缺陷，43%的道路状况不佳，这也加剧了大量卡车拥堵。[①]

### （五）拖车周转缓慢和仓储空置率低导致结构性问题

旺季前夕，美西40/45英尺拖车在码头、仓库/街道停留时间分别为3.3天、9.3天，20英尺拖车在码头、仓库/街道停留时间分别为6.7天、8.7天，运力资源被严重浪费[②]；亚马逊、沃尔玛、塔吉特等2021年第一季度提前、大量、集中的备货趋势，也使美国仓储和进口成本上升，仓库空置率创下4.3%的历史新低。[③]在美西港口最拥堵的地区，仓库空置率甚至低于1%，这也是导致货船滞留海上无法卸货的另一大原因。[④]

以上这5点原因，看起来都是2021年的问题，实际上它们将贯穿整个疫情周期，如果2022年仍得不到解决，这些痛点仍旧会是2022年的问题。码头拥堵是一个全球的、复杂的、长期的、积累的问题，这场危机是否会令欧美考虑构建新的供应链，在效益和安全之间寻求新平衡，将是供应链变化值得思考的新趋势。

## 三 供应链困局影响与对策分析

不得不接受的一个现实是，供应链受阻已对全球经济造成威胁。2021年10月12日，国际货币基金组织（IMF）发布最新一期《世界经济展望报

① "Failing Infrastructure Threatens the U. S. Supply Chain", https：//www. trucking. org/news - insights/failing-infrastructure-threatens-us-supply-chain。
② The Pool of Pools 实时数据，http：//www. pop-lalb. com/.
③ 《中美海运价格"退烧"、商家加紧出货，美国年末购物季还会货架空空吗？》，https：// www. time-weekly. com/post/285802。
④ 《中美海运价格"退烧"、商家加紧出货，美国年末购物季还会货架空空吗？》，https：// www. time-weekly. com/post/285802。

告》，认为 2021 年全球经济复苏势头趋缓，而罪魁祸首就是供应链受阻。

对跨境电商来说，经济复苏是电商崛起的温床，疫情中飙涨的电商渗透率，最终还要依赖供应链的顺畅来变现。欧洲和美国的供应链困局，影响的并不只中欧、中美航线，而是世界经济的一场大考。如今的全球供应链体系经过几十年磨合，才逐步形成了极强的互补。在疫情中背着债务倒下的大小企业，很难在码头顺畅后立刻就恢复正常，崩坏的供应链没有解决方案也不需要解决方案，需要时间。关键问题是，供应链危机的解除，最终取决于疫情持续时间。

全球经济进入新一轮复苏周期，随着病毒奥密克戎的出现，疫情反复。2022 年竞争将不可避免地爆发，这种竞争不只是线上之间的较量，还有线下与线上之间的厮杀。跨境电商行业从 2020 年增量抢夺的时代，进入 2022 年存量竞争的时代。

电商巨头们 2021 年第三季度的财报，再次印证了疫情红利已领先于疫情提前消退：在已发布财报的众多公司中，从营收方面看，除 Shopify 外，各公司同比增速在±20%以内；在净利润方面除 Shopify 及 overstock 外，其余公司净利润不及上年同期。同比 2019 年第二季度，各平台的营收均有较大增长，但整体增速在 2021 年第二季度大幅放缓，第三季度的增长已呈持续放缓趋势。环比来看，2021 年第三季度 Etsy、Shopify 营收较上季度没有明显变化，其他公司营收均有下滑。

形成鲜明对比的是亚马逊和 Shopify：亚马逊在 2018 年有较大的爆发，2018 第二季第与第三季度净利润同比增长 10 倍以上，此后在 2020 第二季度至 2021 第一季度的每季度净利润同比增长均在 100%以上。但是，2021 年第三季度亚马逊营业收入 1108 亿美元（增长 15.3%），净利润 31.6 亿美元（降低 50%），均低于市场预期，而这些主要缘自 2020 年较高的基数与供应链的压力及供应链、仓储投入以及劳动力成本的影响。

反观 Shopify，2020 年第二季度之后每季度的净利润较上年同期都有较大的增长，2020 年第四季度净利润同比增速达 160 倍。2021 年第三季度净利润为 11.48 亿美元，同比增长 501.06%，营业收入为 11.24 亿美元，同比增长 46.43%，418 亿美元的网站的成交金额（GMV），比 2020 年第三季度增加 108 亿美元，同比增长 35%。

亚马逊向左，Shopify 向右，分别代表了平台与独立站的亚马逊和 Shopify，其相反的三季度业绩走向，留给我们的启示并非是"either/or"——非此即彼，而应是"both/and"——兼收并蓄，亚马逊有其对卖家友好的一面，独立站也有引流的高壁垒。由此引出一个值得我们深思的课题：未来的趋势在哪里？

## 四 跨境电商出海趋势与发展建议

"品牌出海"是未来五年一个值得考虑的方向，跨境电商行业将随着中国品牌出海进程的加速而出现新的增长。品牌化是一个我们呼喊了很多年的话题，却一直有种"雷声大雨点小"的意思。而在疫情红利期消退的当下，品牌化已成了一条不得不去布局的路，品牌出海的必要性和可能性条件也均已成熟。

从品牌出海的流量维度来看，跨境电商的进化史，就是一部互联网流量的变迁史。跨境电商归根结底属于电商的一种，而电商的根基在于互联网流量，每一次流量的改道变迁，带来的都是平台格局的沧海桑田。

根据 eMarketer 数据统计，近年来海外网民花在社交媒体上的平均时间，从 2019 年的 138 分钟，到 2020 年的 163 分钟，2021 年的 157 分钟，预计 2022 年将保持在 157 分钟，2023 年保持在 154 分钟。其中 TikTok 强势杀入，在海外 App 下载榜上连续霸榜，但传统媒体的流量依然不可忽视，整体来说社交媒体流量在疫情后将保持一个稳定的态势。

在 3G 时代，C2C 盛行之时是人找流量。进入 4G 时代后，随着 B2C 强势崛起，跨境物流领域海外仓和专线大步猛进，变为人和货向社交媒体找流量。疫情期间的封闭环境，让社交媒体再度勃发，各路电商赶上流量的春天百花齐放，呈现三大趋势：一是流量入口增多；二是社交媒体（尤其视频）流量变大，移动端加速压倒 PC 端；三是社交媒体加速"电商化"，或自立山头，或合纵连横，独立站相应受益。不过，流量终是风口，是风口就会过去，当前我们所处的 4G 末期，疫情带来的流量的红利期正像抛物线一样，已越过顶点正在回归正常，流量的端口从 Google 到 Facebook 到 YouTube 到 TikTok 再到未来的 Meta，信息流平台变迁对应的是电商平台的变迁。平台如亚马逊的流量更是水涨船高地翻倍，这些都逼迫我们的跨境电商精细化运营流量，并尽快搭建私域流量池。

2021 年是一个经济周期、政策周期、产业周期等各种周期波动叠加的复杂一年，这种复杂大概率会延续到 2022 年甚至 2023 年。作为卖家，在大潮波动中寻到自己的诺亚方舟，在流量的内卷中杀出重围，是其在 2022 年跨境出海中绕不开的一道大题。

平台也好，独立站也好，多平台发展也好，全渠道布局也好，都要求卖家对商流、物流、信息流、资金流的精细化程度更高。单就物流而言，未来多平台布局是必然趋势。而无论是独立站还是第二梯队的平台，想再复制一个 FBA 都是登天难事，优质稳定、帮助客户降本增效的第三方物流服务商将会成为未来主流。跨境物流的头部服务商，也将加速从基础物流外包向供应链管理跃进，为行业提供端到端的供应链综合解决方案。

对卖家而言，未来选择更稳物流服务的优先级将远大于价格因素，加强互动和建立长期合作，加强供应链上下协同，打造优势伙伴集群，共同对抗疫情下的物流震荡，保障在出海路上走得更稳、跨得更远。同时，这也是一次重新抓住赛道增量的机遇。持续优化供应链、合法合规经营将是不变的亘古之道。国际物流是跨境电商的重要支撑，对于卖家而言，加强与优质物流服务商业务协同、建立长期合作框架、形成紧密信任关系也很重要。

# 五　国际物流企业典型案例研究

针对卖家在国际物流环节遇到的难题，本文将详细介绍纵腾集团旗下海外仓配、专线物流和海外供应链等业务。以行业趋势分析的务虚和铺设全球物流资源的务实，让读者对未来、对行业多一分了解。

纵腾集团成立于 2009 年，聚焦于跨境仓储和物流，旗下拥有"谷仓海外仓""云途物流""沃德太客"等知名服务品牌。先后荣获"中国服务业企业 500 强"、商务部"首批优秀海外仓实践案例"、中国物流与采购联合会"5A 级物流企业"、全球物流行业首家 BSI 三项权威认证等荣誉和资质。

自成立以来,纵腾集团不断加强自身基础能力建设,目前已建成重点覆盖欧美地区、遍及六大洲的跨境电商物流网络,在全球拥有员工 4000 余名,超过 100 条自营国际专线,超过 40 家分支机构,订单处理中心和集货中转中心总数超 80 个,全球海外仓总面积率先突破 100 万平方米,服务全球超过 1.5 万家跨境电商客户。

## (一)谷仓海外仓

更懂电商的海外仓专家,可为全球电商提供标准化仓配、头程、尾程以及定制化服务的正逆向一体化供应链解决方案,业务覆盖全球 30 余个国家,在北美、欧洲、澳大利亚、日本等主要贸易发达地区和国家建有海外仓,全球仓储版图涵盖美西仓、美南仓、美东仓、美中仓、加拿大仓、英国仓、德国仓、西班牙仓、法国仓、捷克仓、瑞典仓、奥地利仓、爱尔兰仓、意大利仓、荷兰仓、波兰仓、比利时仓、日本仓、悉尼仓、墨尔本仓及国内东莞仓、广州仓、宁波仓。现已在全球拥有超 50 个订单处理中心,海外仓面积超 100 万平方米,是业内率先跨越"百万级"的海外仓企业。

## (二)云途物流

国内专业的跨境 B2C 商业专线物流服务商,为全球跨境电商企业提供优质的全球小包裹直发服务。核心产品跨境 B2C 商业专线服务范围覆盖全球主流跨境电商市场,是 Amazon、Wish、JOOM、TikTok、Shopify 等国际主流电商平台重点推荐的物流服务商,目前已在中国大陆地区设有 25 多家自营分公司,并在全球设有 30 多家集货中转中心,日均处理订单量超 100 万件。可服务美国、英国、欧盟(27 国)、挪威、瑞士、日本、澳大利亚、加拿大、南非、拉丁美洲、中东、东南亚等全球 220 多个国家和地区。

## （三）沃德太客

定制级供应链解决方案专家，为跨境大卖家及中小型物流服务商提供定制化物流解决方案，在美国、英国、法国、德国、荷兰等地均设立了直属管理团队，与海外清关代理、卡车公司、本土快递、本土邮政等近50家供应商实现了智能化数据对接。沃德太客专业的物流和IT团队，一直致力于设计研发适应市场需求的产品，旨在协助客户顺利打开欧美及其他海外市场，推动全球商品加速流动。

过去5年，纵腾集团累计发送跨境电商订单8亿单，涉及20多个商品大类，零售价值达数千亿元，为中国数以万计的跨境电商企业零售出海提供物流保障服务。

展望未来，瞬息万变的零售市场将继续带来挑战和机遇，但网购消费习惯不可逆。中国跨境电商企业将在增强自身实力的同时，在各类不确定性中开拓品牌化发展的新篇章。作为全球性的物流公司，纵腾集团致力于行业可持续发展，为全球电商卖家提供可靠、高效、便捷的物流服务。

# B.19
# 轻精品模式：后疫情时代
# 跨境电商发展方向

于飞　毛天骥　李攀*

**摘　要：** 2021 年中国跨境电商受到了新冠肺炎疫情、亚马逊大规模封店铺等
外部环境影响，但依然呈现高速增长。2022 年将是跨境电商卖家的
合规元年、研发元年和独立站元年。独立站、自建站和海外仓将成
为品牌出海的重要载体和布局的方向。走轻精品路线的跨境电商企
业应通过选品工具软件等方式专注于了解海外用户的精准需求，从
而打造核心竞争力，在跨境电商的跑道上取得更好成绩。

**关键词：** 合规发展　品牌出海　选品工具　轻精品路线　跨境电商

## 一　行业发展情况与趋势

### （一）市场规模

自 2015 年开始，跨境电商行业的交易规模持续增长，历年增长率保持
在 10%以上。2018 年的行业交易规模达 9 万亿元，经过 3 年时间发展，预
计 2021 年末达到 14.6 万亿元（见图 1）。新冠肺炎疫情发生以来，电商消
费的增速加快，海外消费者的消费习惯也逐步从线下转入线上。

---

* 于飞，清华大学技术创新研究中心，主要研究方向为企业技术创新、商业模式创新；毛天
骥，西安交通大学，主要研究方向为跨境电商物流管理；李攀，易芽跨境研习社院长，主要
研究方向为跨境电商选品与运营、跨境电商培训。

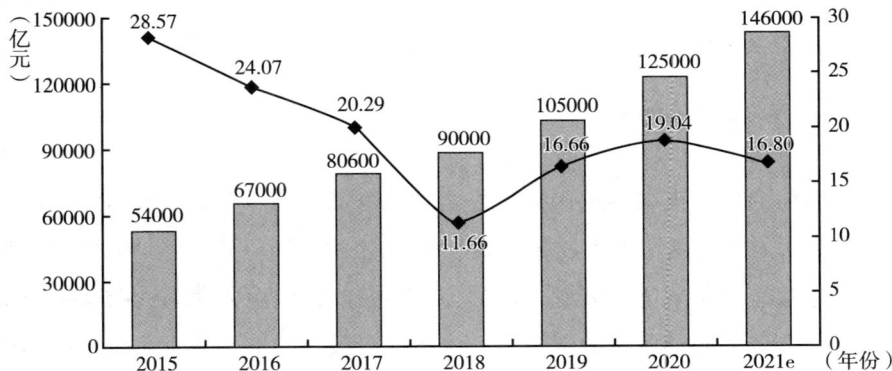

图 1　2015~2021 年跨境电商行业交易规模及其增长率数据

资料来源：网经社，《2021 年（上）中国跨境电商市场数据报告》，2021 年 8 月。

据海关总署统计，2020 年我国货物出口额为 17.93 万亿元，其中跨境电商出口 1.12 万亿元，占总出口额 6.3%；而据网经社估算，同年我国跨境电商出口的市场规模为 9.7 万亿元，以此计算则我国货物出口收入可达 26.51 万亿元，其中跨境电商出口收入占总出口额 36.6%。为什么上述两个机构对跨境电商出口量的统计出现了近 9 倍的巨大落差？主要原因有以下几方面。

其一，海关统计量是基于跨境电商出口的报关额，而网经社估算值是基于跨境电商出口的最终收入额。跨境电商与传统外贸的本质区别是，传统外贸中的国内企业只能赚取贸易链条中的头程利润，更大的尾程利润是由国外的品牌商、渠道商、零售商瓜分；而跨境电商通过"去中间化"，直接触达海外最终消费者，包揽了头程利润、尾程利润。所以，传统外贸收入按报关额统计是相对准确的，但跨境电商收入要按报关额统计，则会严重低估其收入规模。

其二，出于避税的原因，很多跨境电商出口企业并没有按照海关的 9610、9710、9810 跨境电商代码进行报关，而是按照传统外贸的 0110 代码进行报关。因此，上述统计落差还反映了更加深层次的税收漏洞：我国跨境电商出口企业为了规避缴纳国内企业所得税，其营业收入中只有少部分是基于报关量正规结汇、回流到国内，大部分收入要么通过地下钱庄等不合规途径回流，要么是留作海外利润、在海外缴纳较低税率的所得税。

## （二）行业渗透率

跨境电商行业占我国进出口贸易总值的渗透率在 2021 年末预计可达到 40%。自新冠肺炎疫情发生以来，最高的年增速为 16.73%（见图2）。近年来国家非常重视跨境电商领域，出台了很多的支持政策，使广大跨境电商卖家可以在全球供应链危机的困难下，依然保持很好的增长势头，带动中国进出口行业的发展。

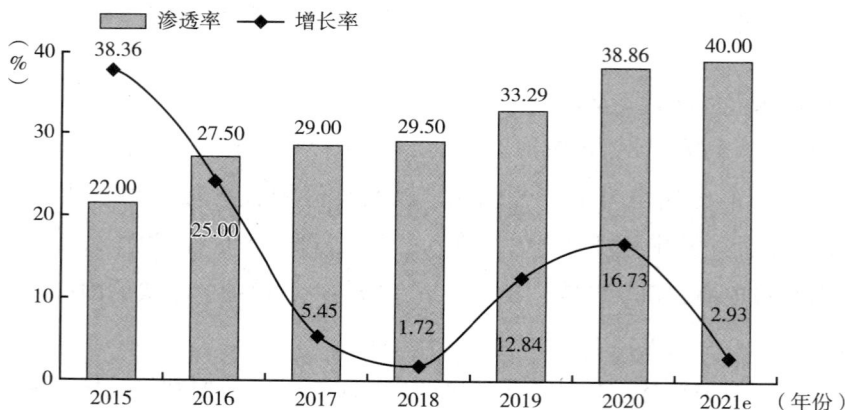

**图2 2015~2021年跨境电商行业渗透率及其增长率数据**

资料来源：网经社，《2021年（上）中国跨境电商市场数据报告》，2021年8月。

## （三）跨境电商进出口比重

自 2017 年以来近五年跨境电商出口的比重占近八成（见图3），出口在跨境电商行业中占主导地位，预计将有大量新卖家在后疫情时代涌入市场。此外，进口的比重较 2016 年之前略有上升，其比重的增长得益于中国消费者的经济能力提升，以及产品价格的不断降低。

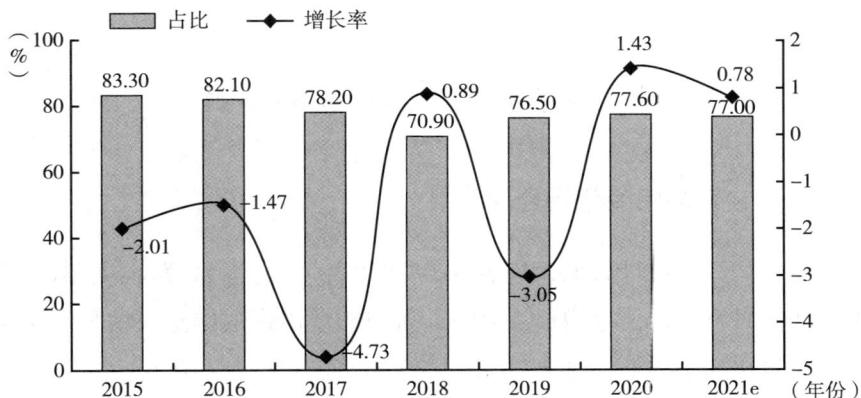

**图3　2015~2021年跨境电商行业出口占比及其增长率数据**

资料来源：网经社，《2021年（上）中国跨境电商市场数据报告》，2021年8月。

## （四）跨境卖家情况

由图4可知，2019年亚马逊平台销售额超过1000万美元的中国卖家有5000家，数量仅占0.5%，市场销售额占比却高达近40%。而小于200万美元销售额的中小卖家数量占比高达77.7%，而销售额占比仅有23%。对于广大中小卖家来说，根据亚马逊飞轮理论，应不断优化自己的供应链，选择品质更好或价格更低的产品，从而在未来保持长久和持续的客户增量，才有望成长为大型卖家。

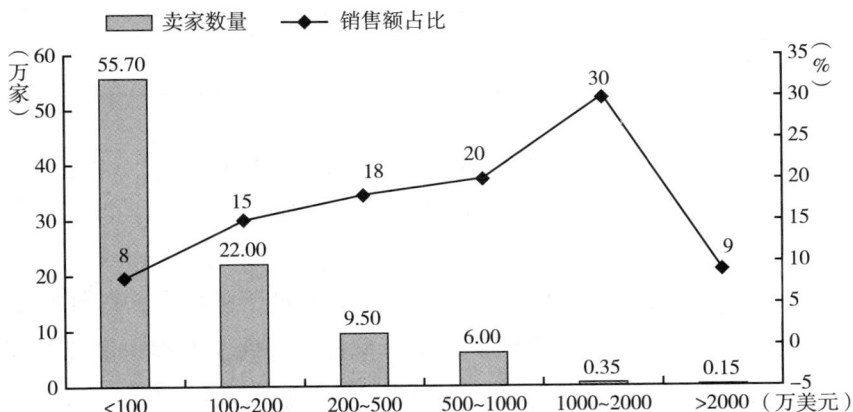

**图4　2019年亚马逊平台中国卖家按销售额的分布**

资料来源：笔者根据Marketplace Pulse网站数据绘制。

## 二 疫情对跨电商行业的影响

### （一）跨境电商市场表现

根据中国海关统计数据，2019 年与 2020 年对比，出口跨境电商的占比提升了 4 个百分点，体量增长了 40%，进口跨境电商的体量仅增长了 16%，从此可以看出跨境出口的发展在疫情期间非常迅猛（见图 5）。在 2019 年前，全球电商渗透率仅以每年 1~2 个百分点的增速提升，2020 年提高了 4.4 个百分点，电商零售额占整体零售额的比例达到了 18%，而且未来将持续保持上升的态势（见图 6）。

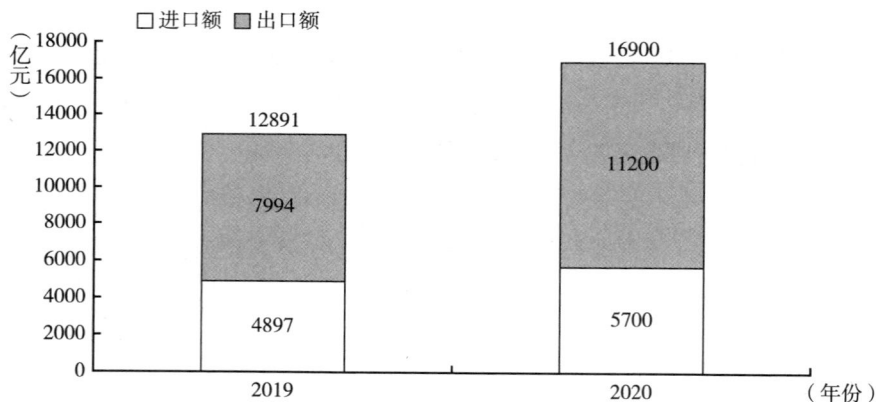

**图 5 中国后疫情时代下的跨境电商表现**

资料来源：罗兰贝格，《疫情背景下中国跨境物流新机遇白皮书》，2021 年 10 月。

根据图 7，全球电商用户数以每年 10% 的增量迅速发展。由图 8 可知，在亚太地区线上购物消费的频次对比中，疫情后每周线上购物 1~3 次的人数占比增加了 7 个百分点。每周 4 次以上的占比较 2019 年翻了一倍，达到了 12%，形成了一定的线上消费习惯。在美国电商市场，由表 1 可知，相

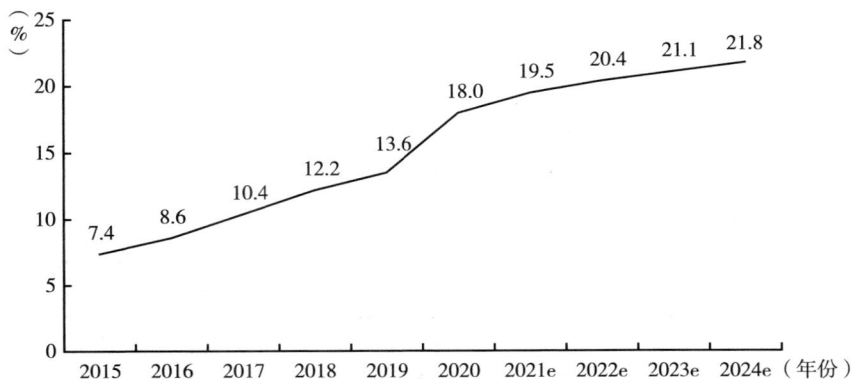

**图 6　全球电商渗透率**

资料来源：罗兰贝格，《疫情背景下中国跨境物流新机遇白皮书》，2021 年 10 月。

较 2020 年，2021 年亚马逊、沃尔玛、苹果仍然占据前三，没有太大的变化，但是像 Target、Kroger 这种传统线下零售商开始转型，排名上升幅度很大。

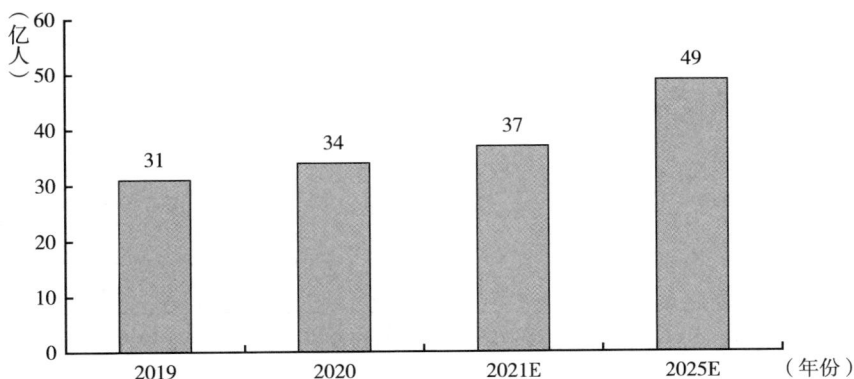

**图 7　全球电商用户数**

资料来源：罗兰贝格，《疫情背景下中国跨境物流新机遇白皮书》，2021 年 10 月。

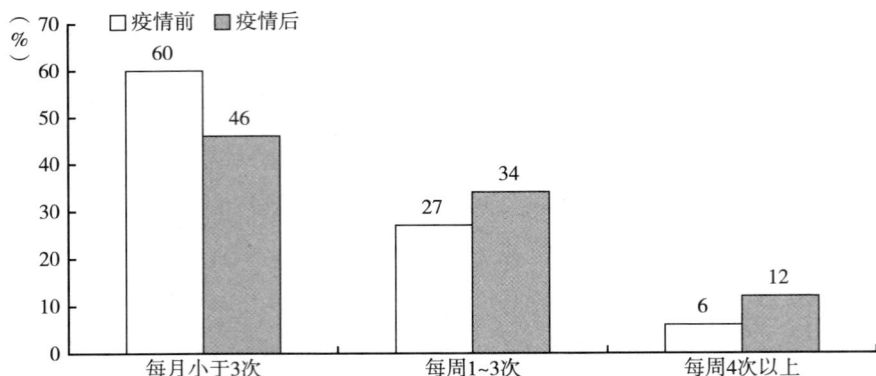

**图 8 亚太地区线上购物消费频次对比（疫情前 VS 疫情后）**

资料来源：罗兰贝格，《疫情背景下中国跨境物流新机遇白皮书》，2021 年 10 月。

**表 1 美国跨境电商公司排名**

| 公司 | 2020 年排名（按收入） | 2021 年排名（按收入） |
|---|---|---|
| Amazon | 1 | 1 |
| Walmart | 3 | 2 |
| Apple | 2 | 3 |
| Dell | 4 | 4 |
| Best Buy | 6 | 5 |
| Home Depot | 5 | 6 |
| Target | 12 | 7 |
| Wayfair | 6 | 8 |
| Kroger | 13 | 9 |
| Staples | 8 | 10 |

资料来源：罗兰贝格，《疫情背景下中国跨境物流新机遇白皮书》，2021 年 10 月。

## （二）我国跨境电商企业的区域差异

由图 9 可知，根据成立 5~10 年不同省份跨境电商企业的数量分布情况，可以看出主要地区以沿海城市为主，广东省占比过半。据《南方都市报》2021 年 7 月报道，在海外最大的电商平台——亚马逊平台上，70%的卖家来自中国；而在中国的跨境电商中，广东的卖家能占到 70%，这当中 50%的份额来自深圳。但根据成立不到 1 年的企业数量看，江苏、福建等省份增长明显。截至 2021 年底，我国总计批复了 105 家跨境电商综试区，将为这些区域的企业带来更多的政策支持。

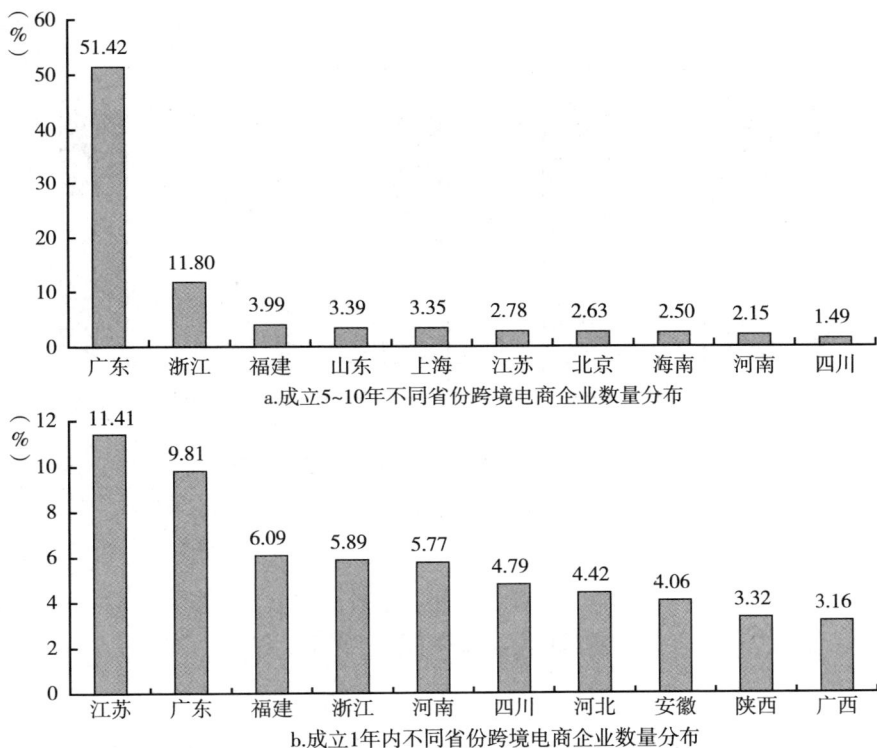

a.成立5~10年不同省份跨境电商企业数量分布

b.成立1年内不同省份跨境电商企业数量分布

**图9　成立 5~10 年和成立 1 年内不同省份跨境电商企业数量分布**

资料来源：亿欧智库，《2021 中国出口跨境电商发展研究报告》，2021 年 4 月。

## （三）海外消费者情况

欧美国家是跨境电商的红海市场，竞争非常激烈。根据 Google & 德勤在 2021 年报告中的市场调查，在过去的 12 个月中，大部分国家有超过 30% 的买家是第一次在线上购物（网购练习生）。西班牙有65% 的买家在过去一年拓宽了原本购买的品类（网购资优生）。在过去一年，超过 10% 的买家维持或增加了线上购买的金额（网购保守派）。这样的变化暗示着未来线上购买会持续增长，网购便利与优惠的吸引力，会不断沉淀更多的客户，从而扩大整个跨境电商市场的规模（见图 10）。

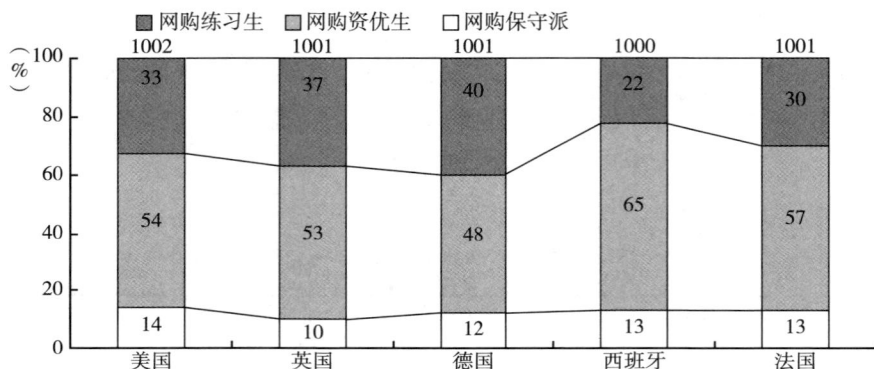

图 10　2020 年各国家三类线上购买者占比

资料来源：Google & 德勤，《2021 中国跨境电商发展报告》，2021 年 3 月。

# 三　市场品类分析和布局方向

全球出口跨境电商的分布中，美国市场的占比最大，也最具有代表性意义。2019~2020 年美国电商渗透率和提升占比最高的是家用式消费电子、手机、家用电器、服装服饰及鞋业和宠物护理（见图 11）。其中服装品类的市场份额是非常大的，细分品类里运动服饰的相对增长情况是最快的。男装相对增长会高于女装但是销售额仍然小于女装，此外鞋包的相对竞争程度高于服装品类（见图 12）。

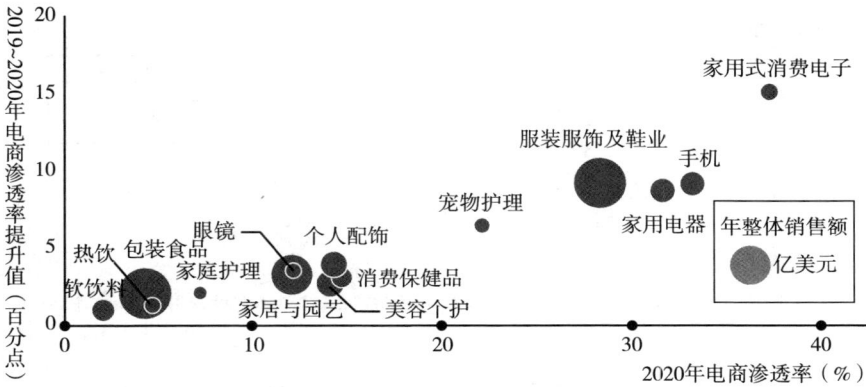

**图 11 2020 年美国消费品行业概览**

资料来源：Google & 德勤，《2021 中国跨境电商发展报告》，2021 年 3 月。

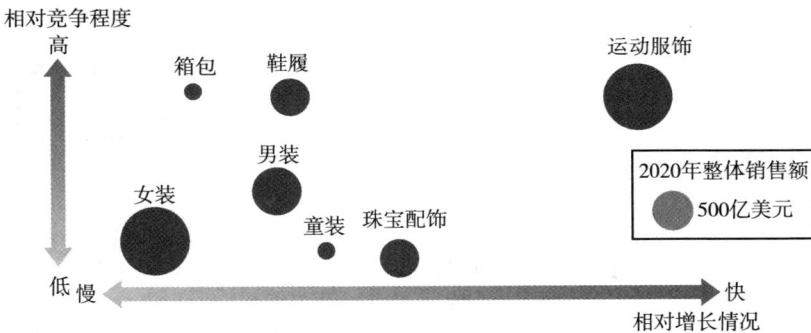

**图 12 2020 年美国服装时尚行业领先品牌线上渠道细分品类机会**

资料来源：Google & 德勤，《2021 中国跨境电商发展报告》，2021 年 3 月。

在家居园艺行业中，餐厨用品和户外用品相对增长较高，而家纺和家具品类的相对竞争程度较高（见图 13）。3C 行业中，家用电子产品增长较快，但是整体销售额很低，市场仍然是以便携电子产品为主导（见图 14）。

总体来说，跨境电商出口品类分布情况前五名为数码 3C、家居家具、服装鞋帽、美妆个护和运动户外（见图 15）。从跨境电商的目标市场分布

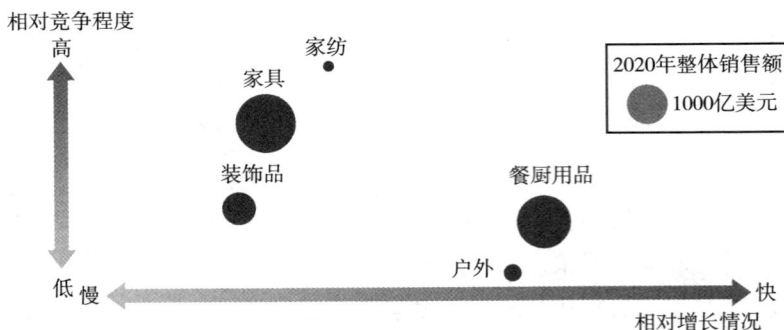

**图 13　2020 年美国家居园艺行业领先品牌线上渠道细分品类机会**

资料来源：Google & 德勤，《2021 中国跨境电商发展报告》，2021 年 3 月。

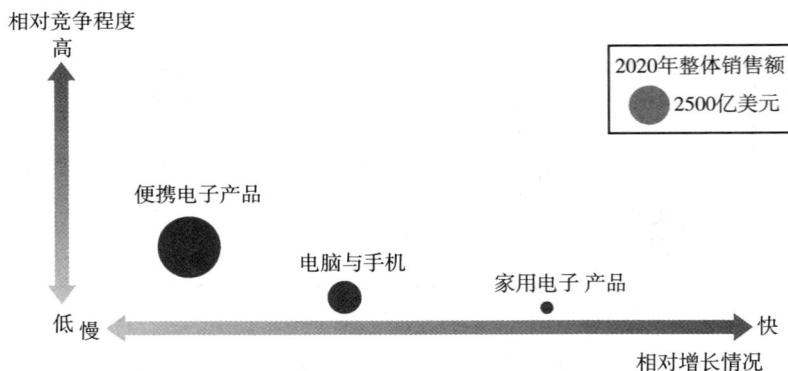

**图 14　2020 年美国 3C 行业领先品牌线上渠道细分品类机会**

资料来源：Google & 德勤，《2021 中国跨境电商发展报告》，2021 年 3 月。

看，在欧美主要市场开展业务的比例超过 40%，日韩和东南亚占比已达 20% 左右，势必将成为下一个卖家必争之地。从长远看，布局蓝海市场如拉美、非洲、中东可以避免激烈的竞争（见图 16）。

2019 年中国企业海外仓数量总计 1000 个左右，而到了 2020 年已经增长了 80%，达到了 1800 个。从这可以看出，跨境电商海外市场竞争激烈。

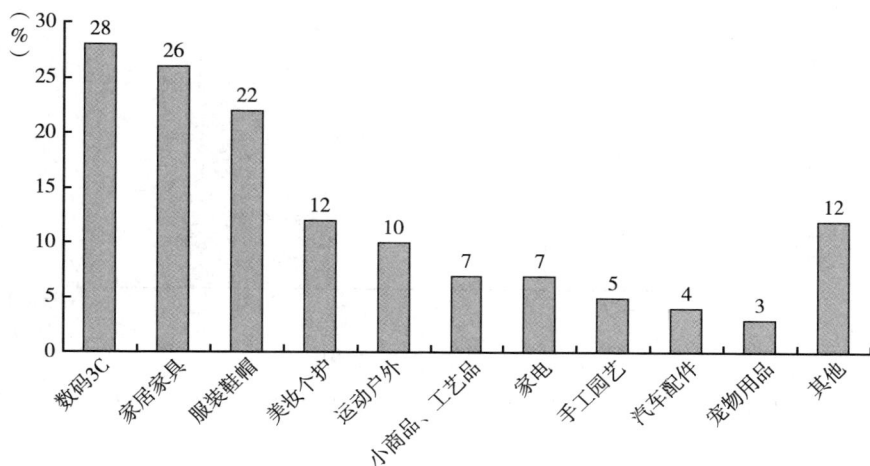

**图15 跨境电商出口品类分布情况**

资料来源：亿邦智库，《预见风险——2021 跨境电商发展报告》，2021 年 10 月。

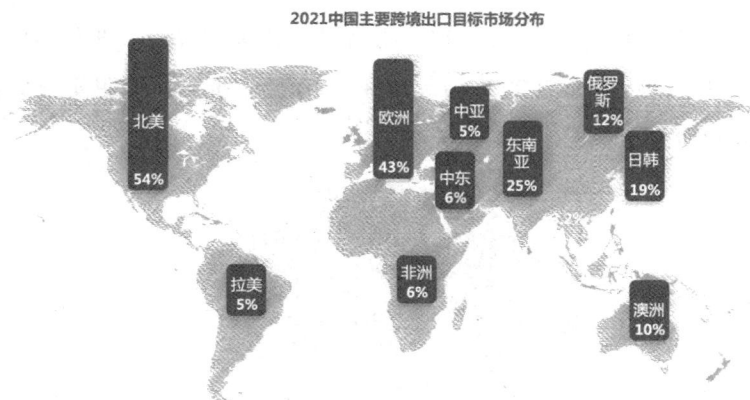

**2021中国主要跨境出口目标市场分布**

**图16 2021 年中国主要跨境出口目标市场分布**

资料来源：亿邦智库，《预见风险——2021 跨境电商发展报告》，2021 年 10 月。

卖家为了做好本地服务，将海外仓布局作为抢占市场份额的主要手段之一（见图17）。

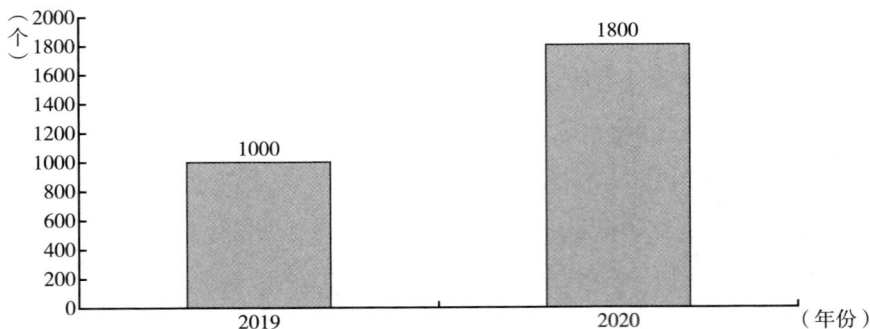

**图 17　中国海外仓数量**

资料来源：罗兰贝格，《疫情背景下中国跨境物流新机遇白皮书》，2021 年 10 月。

# 四　中国跨境卖家画像分析

截至 2021 年，中国跨境卖家 5 年以上的比例仅有 19%，1~3 年的卖家比重最大。卖家开展跨境 B2B、B2C 业务的占比为 77%，一般贸易模式的占比较小。过去 1 年营业额 2000 万元以下的卖家占 68%，说明卖家群体还是以中小卖家为主（见图 18~图 20）。

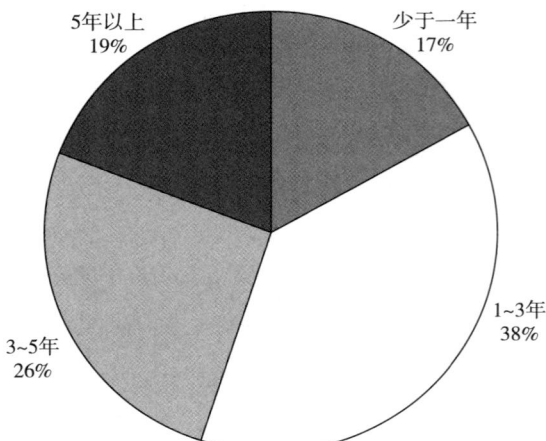

**图 18　企业从事跨境电商年限占比**

资料来源：亿邦智库，《预见风险——2021 跨境电商发展报告》，2021 年 10 月。

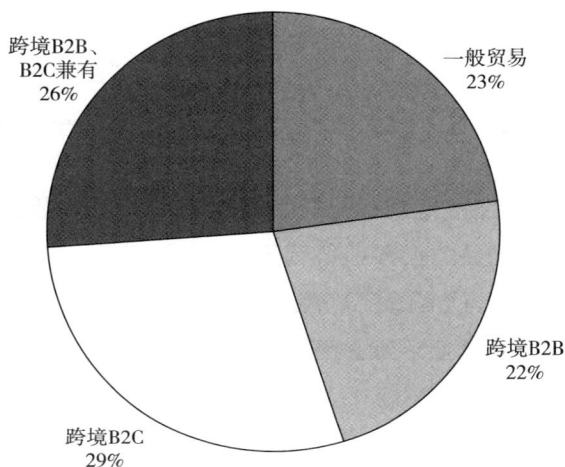

**图 19　企业开展跨境电商模式占比**

资料来源：亿邦智库，《预见风险——2021 跨境电商发展报告》，2021 年 10 月。

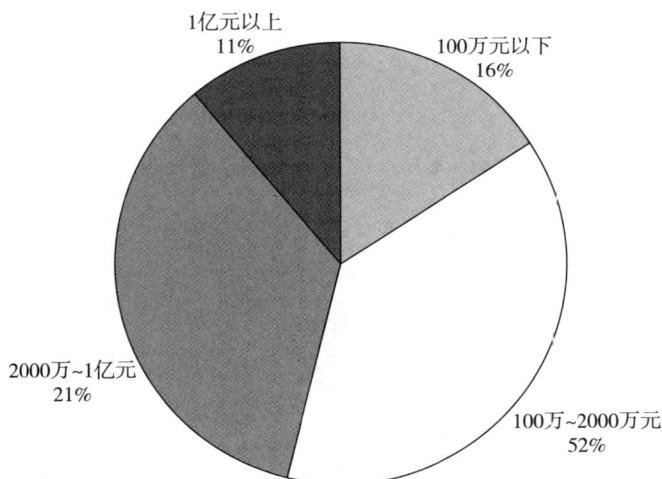

**图 20　企业销售额规模情况**

资料来源：亿邦智库，《预见风险——2021 跨境电商发展报告》，2021 年 10 月。

# 五　亚马逊封店后的行业影响与对策

2021 年不少行业大卖家因涉嫌违反亚马逊平台规则，被亚马逊冻结大量核心账户。其中过半的卖家受到不同程度的影响，产生巨大的经营风险，担心平台治理风险的比例占到了41%（见图21），受到严重影响的卖家达到12%（见图22）。为此企业也做出了应对措施，通过加强合规经营、深入布

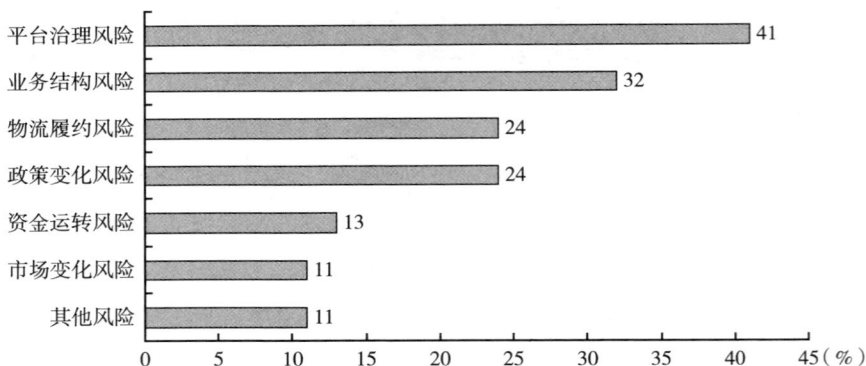

**图21　2021年跨境电商企业担心的风险因素**

资料来源：亿邦智库，《预见风险——2021跨境电商发展报告》，2021年10月。

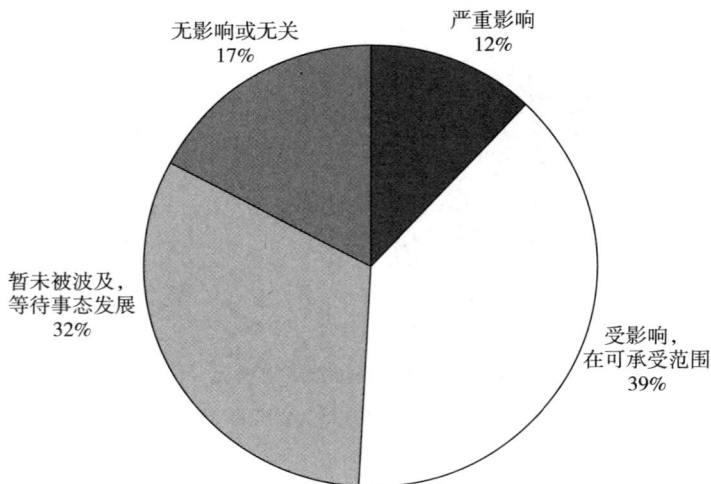

**图22　亚马逊"封号"事件对企业的影响**

资料来源：亿邦智库，《预见风险——2021跨境电商发展报告》，2021年10月。

局海外仓、转轨独立站这三大主要方向进行调整。虽然跨境卖家的首选平台仍然是亚马逊，但是独立站和自建站的比例也达到了13%，高于海外本地平台。市场中27%的卖家已经在筹备独立站（见图23），因此预估shopify、自建站的占比会呈现持续上升的趋势（见图24）。2022年1月18日，京东集团宣布与独立站建站平台Shopify达成战略合作，成为Shopify首个中国战略合作伙伴。京东将通过Shopify建立面向全球市场的DTC（Direct-to-consumer）独立站，并打造"京东一站式选品平台"，为Shopify商户开放基

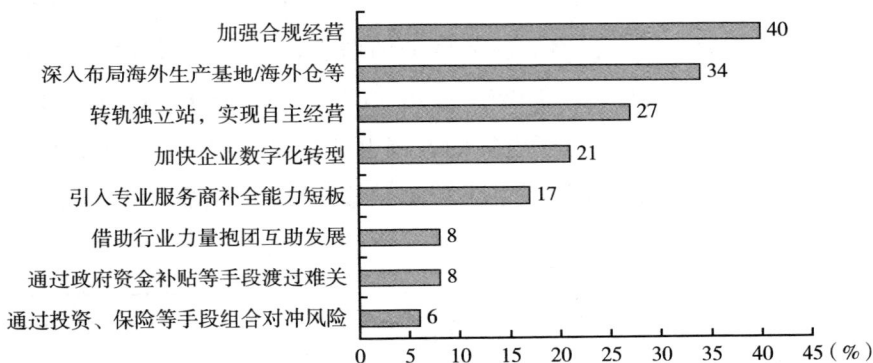

**图23 企业应对风险选择**

资料来源：亿邦智库，《预见风险——2021跨境电商发展报告》，2021年10月。

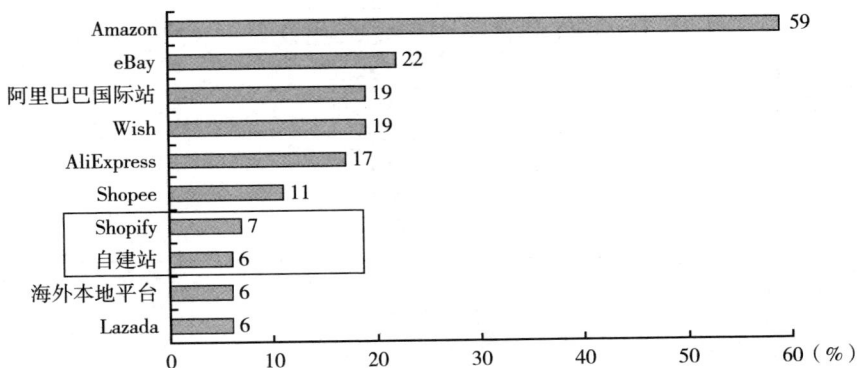

**图24 2021年跨境电商出口企业入驻平台情况**

资料来源：亿邦智库，《预见风险——2021跨境电商发展报告》，2021年10月。

于京东供应链网络的商品池，并通过京东国际物流提供包括上门取货、清关、国际物流、海外仓备货、当地履约等在内的门到门物流服务。逐步提升自建站、独立站在企业中的营收占比会成为跨境电商降低经营风险的趋势。

# 六 品牌出海分析

目前中国的国内品牌正在加速通过跨境电商途径实现品牌出海，而海外消费者线上购物的品牌认知度也不断提高，说明品牌出海正当其时。跨境电商海外市场三大品类中，尝试新品牌的消费者占比平均值分别为家居类22%、时尚类17.6%和3C类18%。其中值得注意的是珠宝配饰、美妆个护、小型电子产品和家用电子电器的比例也都在20%左右，高于其他细分类目（见图25）。疫情期间各个国家尝试新品牌的消费者整体占比为18%，

疫情期间尝试新品牌的消费者占比

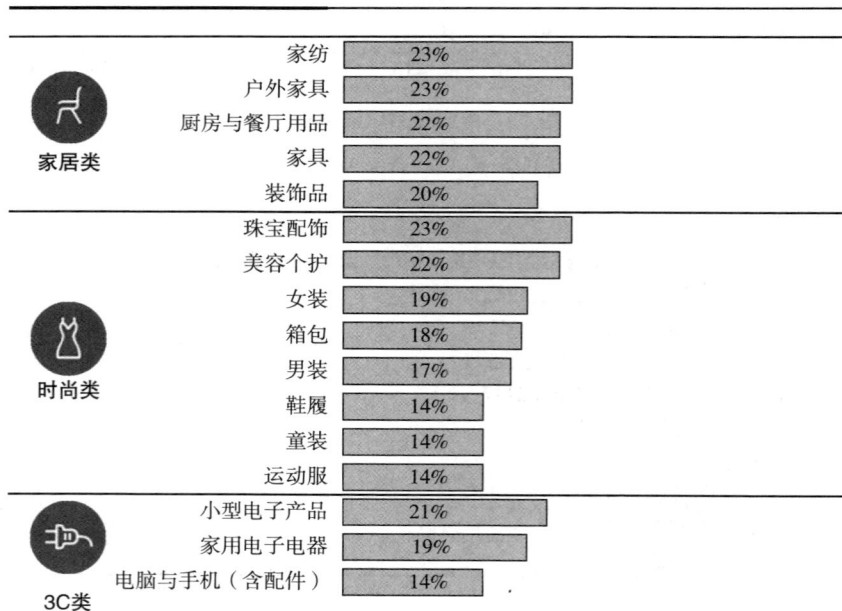

**图25　疫情期间尝试新品牌的消费者占比**

资料来源：Google & 德勤，《2021 中国跨境电商发展报告》，2021 年 3 月。

最高的是美国和英国（见图26）。疫情后主要推广媒介是线上广告和社交媒体博主介绍，其中值得注意的是美国有高达28%的消费者会参考博主的推荐，高于线上广告和线下体验（见表2）。

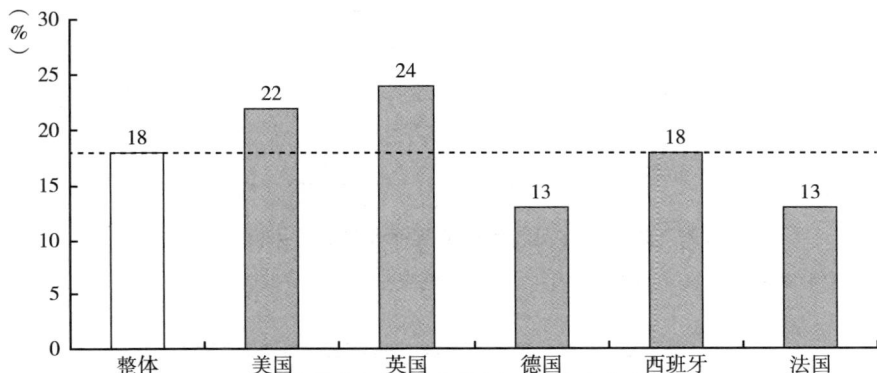

**图26 疫情期间各国尝试新品牌的消费者占比**

资料来源：Google & 德勤，《2021中国跨境电商发展报告》，2021年3月。

**表2 各国消费者过去一年对新品牌的认知渠道**

单位：%

| 认知渠道 | 美国 | 英国 | 德国 | 西班牙 | 法国 |
|---|---|---|---|---|---|
| 搜索引擎 | 44 | 54 | 50 | 53 | 53 |
| 家人朋友介绍 | 43 | 40 | 46 | 38 | 37 |
| 线上广告 | 27 | 23 | 28 | 35 | 19 |
| 第三方电商平台 | 21 | 19 | 20 | 28 | 27 |
| 传统广告 | 27 | 19 | 30 | 21 | 16 |
| 线下体验 | 24 | 17 | 25 | 23 | 17 |
| 社交媒体博主介绍 | 28 | 18 | 13 | 18 | 12 |

资料来源：Google & 德勤，《2021中国跨境电商发展报告》，2021年3月。

消费者在品牌官网购买而非第三方平台的主要原因是相同质量下品牌官网的价格更低，官方可以提供可信赖的支付及退换货服务，并且购买过程更为简洁（见图27）。而消费者首次在品牌官网购物的考量偏好中，性价比高和产品生产过程中相关亮点的重要性占比接近五成（见图28、图29）。

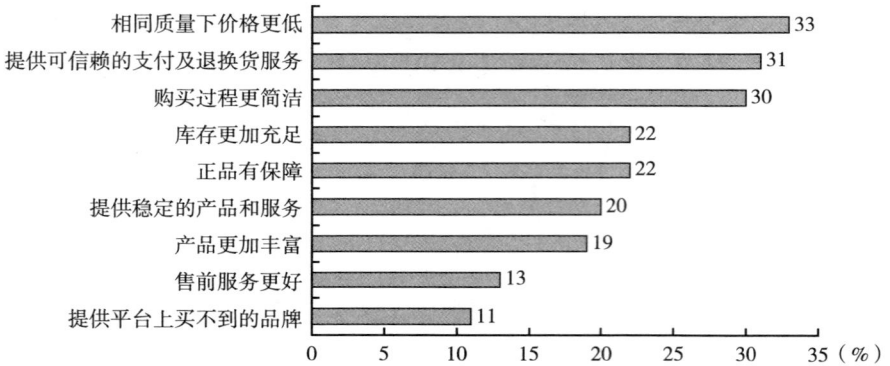

**图 27　消费者在品牌官网购买而非第三方平台的原因**

资料来源：Google & 德勤，《2021 中国跨境电商发展报告》，2021 年 3 月。

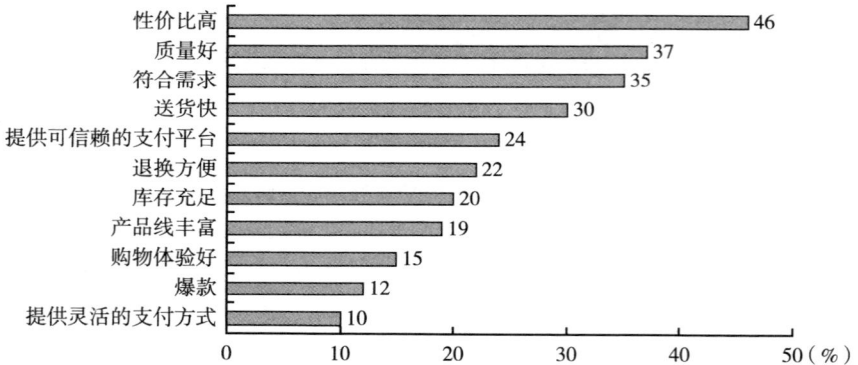

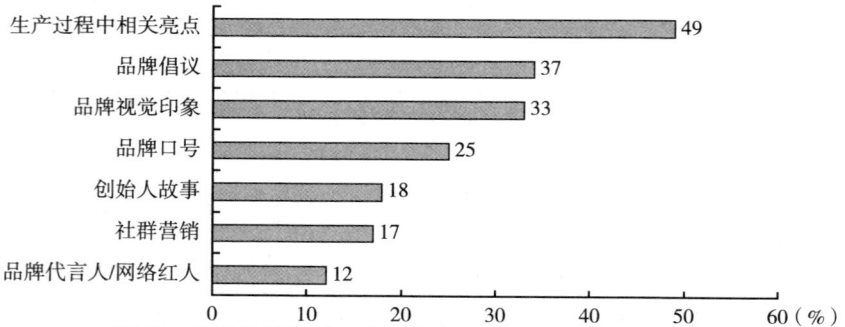

**图 28　消费者首次在品牌官网购物的考量因素（功能因素排名）**

资料来源：Google & 德勤，《2021 中国跨境电商发展报告》，2021 年 3 月。

**图 29　偏好品牌通过以上方式传达品牌倡议的消费者占比**

资料来源：Google & 德勤，《2021 中国跨境电商发展报告》，2021 年 3 月。

## 七　轻精品模式：跨境电商如何实现最优的产品开发

### （一）跨境电商的四种运营模式比较

由以上数据分析可见，亚马逊大规模封店铺后，跨境电商卖家都面临从"重运营"到"重产品"的转型，如何选品、如何实现最优的产品开发成为普遍需求。同时，试图通过跨境电商模式实现品牌出海的国内品牌方，也需要根据海外消费者的需求重新定义产品开发方向，而不是简单地将国内产品直接推到海外。那么，跨境电商在实际运营中，应该如何选择精品路线呢？从路径而言，可以分为4种模式。

第一种：以安克创新为代表的"重精品"模式。在跨境电商企业中，安克创新是一家非常重视产品自主研发的上市公司（见图30）。安克创新的"重精品"模式本质上与品牌企业的运营模式没有区别，都是从产品的销量预测开始，进行产品自主研发，定款后进行备货销售（见图31）。"重精品"模式下，销售的目的是打造品牌，因此可以容忍前期的低毛利、高成本，而追求高质量、高品牌忠诚度，最终取得品牌认知、品牌溢价。"重精品"是一种"长期主义"的运作方式，投入大、产出慢，一般难以为机会主义的跨境电商卖家所模仿。

**图30　安克创新的自主研发设计流程**

资料来源：安克创新上市招股书。

第二种：铺货模式。铺货模式是跨境电商最先开始、也最普遍使用的模式，其突出特征为"卖照片"，即根据工厂的现货，在海外电商平台上展示商品，等到消费者下订单后，卖家再去工厂采购，一般为了保证

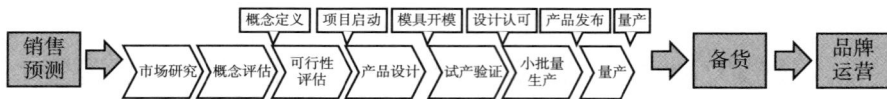

**图31 跨境电商产品开发的"重精品"模式**

资料来源：笔者自行绘制。

时效性都采取空运小包方式配送（见图32）。这种"守株待兔"的销售模式需要"守很多株"才能收获"一只兔"，所以铺货型卖家的一个特征是注重使用 ERP 软件进行店铺运营，以实现批量上架几千个、几万个 SKU，等待消费者"愿者上钩"。铺货型模式的优点是尽量不备货，所以备货成本低；缺点是产品同质化竞争严重（因为都是工厂现货）、价格战激烈，而且在价格战压力之下，众多卖家不得不以次充好，产品质量难以得到保证，客户投诉率高。从产品角度而言，这是一种"短期主义"的运作方式。

**图32 跨境电商产品开发的铺货模式**

资料来源：笔者自行绘制。

第三种：精铺模式。为了克服铺货模式的弊端，提升消费体验，一部分成规模的跨境卖家开始试验精铺模式，从"卖照片"改为"卖备货"。但是为了防止备货变为滞销库存，精铺模式下卖家不会进行大规模备货，而是进行小额备货，待销量明确后，再扩大备货。精铺模式下，上架的 SKU 大幅缩减，卖家聚焦到部分精选的产品，并且有可能去主动实现产品的升级（见图33）。精铺的优点是可以实现"海运+海外仓备货"，在降低物流费用的同时，消费者的收货时效、售后服务的体验都能提升，另外，铺货模式下很多大件货品（例如家具）无法通过空运实现及时反应，也可以通过精铺模式得以实现。但精铺模式依然没有克服铺货模式下产品以工厂现货为主的缺点，因而难以在实质上规避价格战。所以精铺模式只是从铺货模式到精品模式的一个过渡阶段，而自身并不能成为一种长期可行的稳定模式。

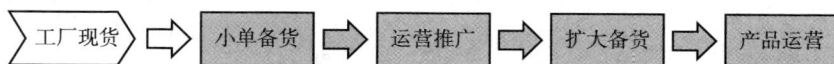

| 工厂现货 | ⇒ | 小单备货 | ⇒ | 运营推广 | ⇒ | 扩大备货 | ⇒ | 产品运营 |

**图33 跨境电商产品开发的精铺模式**

第四种：轻精品模式。精铺卖家直接过渡到安克创新式的重精品模式其实难度很大，因为重精品模式下需要进行大量的研发投入，而这是大多数卖家难以承担的。相对于重精品，轻精品模式不失为一个长期可行的方式。轻精品模式的特征是跨境卖家的选品重点转为工厂的创新产品，例如私模品、专利品，并且通过销量预测、精准选品提升选品成功率，然后进行海外仓备货销售（见图34）。轻精品模式与重精品模式的相似之处都是注重长期主义的品牌建设、品牌运营，但不同之处是产品研发投入较低，主要是以跨境电商卖家的市场分析能力、产品洞察能力赋能工厂的研发，力求以最小的研发投入成本置换可能的爆品。

| 工厂新品 | ⇒ | 销售预测 | ⇒ | 精准选品 | ⇒ | 备货 | ⇒ | 品牌运营 |

**图34 跨境电商产品开发的轻精品模式**

资料来源：笔者自行绘制。

经过如上总结，可知跨境电商的稳态运营模式包括铺货模式、轻精品模式、重精品模式三种，而精铺模式只是一种过渡状态（见图35）。那么，轻精品模式、重精品模式哪一个会成为主流呢？后面会分析这个问题。

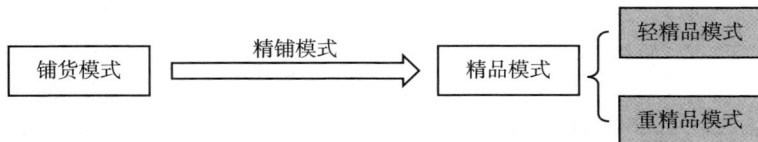

| 铺货模式 | ——精铺模式——→ | 精品模式 | { 轻精品模式 / 重精品模式 } |

**图35 跨境电商的运营模式总结**

资料来源：笔者自行绘制。

## （二）以安克创新为例透析跨境电商重精品模式可行性

安克创新可谓跨境电商重精品模式的领头羊。首先，从研发投入的角度，由图 36 和图 37 可知，2017 年时，跨境通（上市公司，旗下包括环球易购、帕拓逊等跨境大卖家，其中环球易购目前处于破产清算过程中）、泽宝创新、傲基科技和安克创新四个大卖家的研发人数相差不大，但是安克创

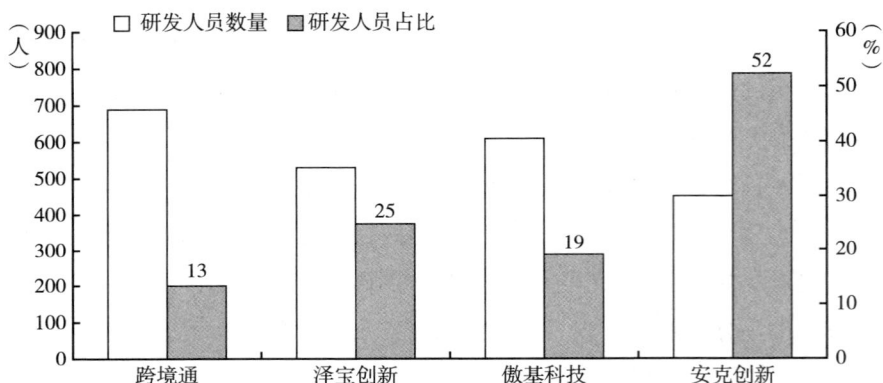

**图 36  2017 年安克创新等企业研发人数**

资料来源：安克创新上市招股书、国家知识产权局。

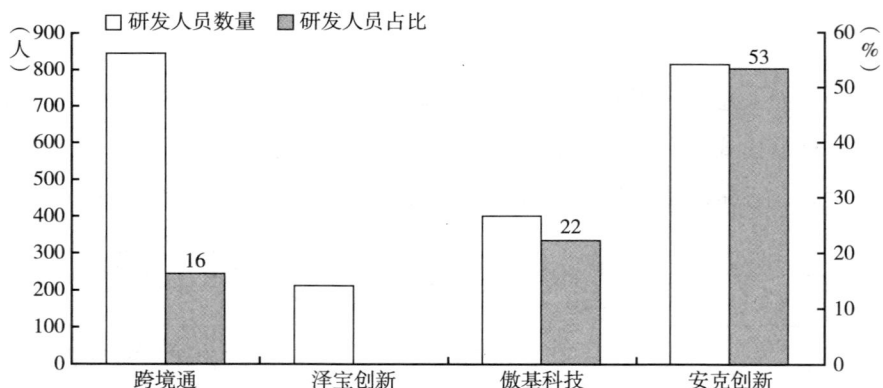

**图 37  2019 年安克创新等企业研发人数**

资料来源：安克创新上市招股书、国家知识产权局。

新的研发人员比例超过50%。至2019年，跨境电商企业中傲基科技和泽宝创新研发人数和人员比例双双下降，而安克创新拥有超800人的研发人员，增幅近1倍，其中研发人员的比例依然保持在半数以上。其次，从研发产出的角度，安克创新的营收从2017年的39亿元增长到2019年66亿元，可见其公司对研发部门的投入卓有成效。作为跨境电商企业的独角兽企业，安克创新的实用新型专利、发明专利的数量远远超过其他头部公司，核心竞争优势非常明显（见图38、图39）。

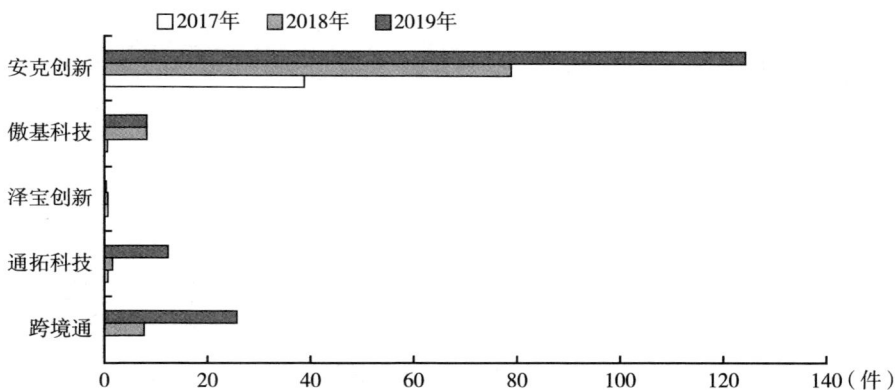

**图38　头部跨境电商企业实用新型专利的授权数量对比**

资料来源：安克创新上市招股书、国家知识产权局。

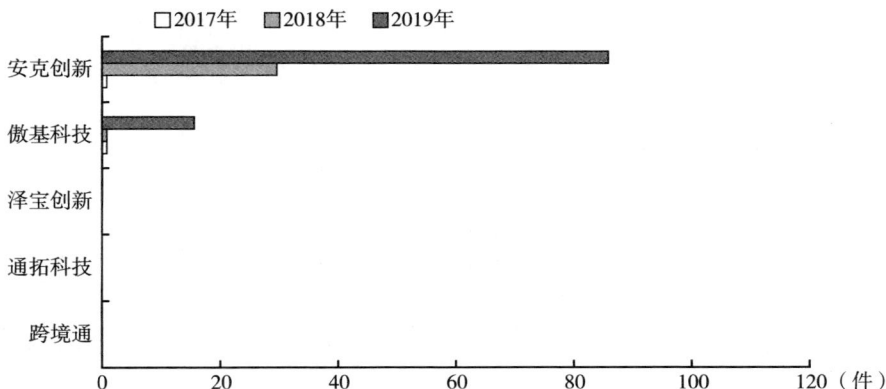

**图39　头部电商企业发明专利的授权数量对比**

资料来源：安克创新上市招股书、国家知识产权局。

安克创新在跨境领域已经非常优秀，但是横向对比中国其他品牌商，发明专利的授权数量就显得非常少了，不足海尔和美的的1%。即使消除销售额的影响，以每亿元对应的发明数量来看，安克创新的指标也只有0.8件，而几大著名品牌商的发明数量都在2件以上，和安克创新比要高2~5倍，完全不属于同一个量级（见图40、图41）。由此可见，对于众多跨境电商企业来说，走重精品、持续投入产品研发的道路并不容易。

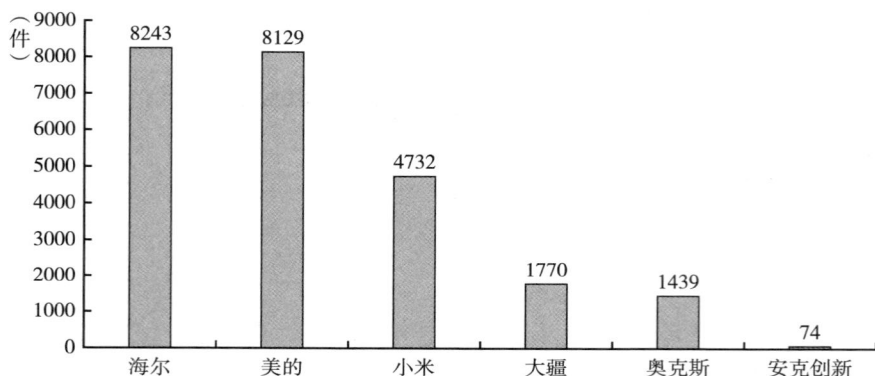

**图40　2020年发明专利授权数量**

资料来源：上市公司披露资料、国家知识产权局。

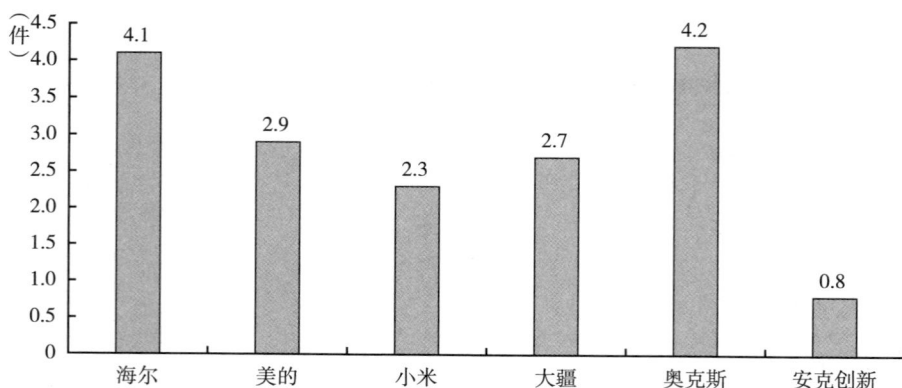

**图41　每亿元销售额对应的发明专利数量**

资料来源：上市公司披露资料、国家知识产权局。

## （三）轻精品模式：如何通过销量预测、精准选品提升选品成功率

轻精品模式持续增长的关键是通过建立销量预测、精准选品能力，提升选品成功率。那么我们应该如何洞悉国外消费者的需求，进而建立销量预测、精准选品的核心竞争力呢？最有效的方式是从 C 端用户出发，找准产品开发方向。

首先，建议选择基于欧美 C 端消费者评论分析数据为基础的选品软件。目前市面上大部分的选品软件都是基于 B 端竞争对手的产品市场分析数据，而真正基于欧美 C 端消费者评论分析数据进行选品的工具并不多。其中，易芽选品 SaaS 工具是一个典型代表，以图 42 为例，易芽选品可以通过关键

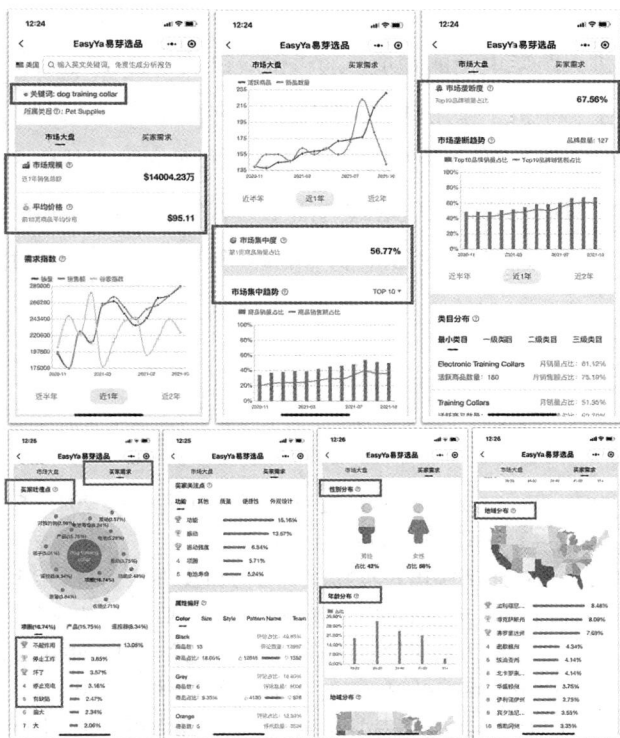

**图 42　易芽选品的使用界面**

资料来源：根据微信小程序"易芽选品"截图。

词迅速地找到相关的市场规模、市场价格、市场趋势以及最重要的买家需求。通过买家的评论反馈、关注点分析、消费者画像，跨境电商卖家可以更好地把握产品研发的方向，提升轻精品的成功率。

其次，走轻精品路线的跨境电商卖家，还需要注重"精准选品—精品供应链—精控运营"的"三精"综合打法，注重与产品设计公司、产品定义公司、精品供应链团队（如易芽跨境研习社）的及时交互，才能打造有创意的精品，实现单点突破，打造成功的爆品。

# 八　总结

2022 年将是跨境电商卖家的合规元年、研发元年和独立站元年。未来将会有更多的企业进入跨境电商的赛道，通过供应链的整合加强产品力的优势，在家用式消费电子、手机、家用电器、鞋服和宠物护理品类加强创新和研发人员的投入。独立站、自建站和海外仓将成为品牌出海的重要载体和布局的方向。走轻精品路线的跨境电商企业应通过选品工具软件等方式专注于了解海外用户的精准需求，从而打造核心的品牌优势，在跨境电商的跑道上取得更好成绩。

**参考文献**

网经社：《2021 年（上）中国跨境电商市场数据报告》，2021 年 8 月，http：//www. 100ec. cn/home/detail-6598833. html。

罗兰贝格：《疫情背景下中国跨境物流新机遇白皮书》，2021 年 10 月，https：//www. rolandberger. com/publications/publication_ pdf/RB_ PUB_ TCC. pdf。

亿欧智库：《2021 中国出口跨境电商发展研究报告》，2021 年 4 月，https：//pdf. dfcfw. com/pdf/H3_ AP202105081490449413_ 1. pdf？1620480188000. pdf。

Google& 德勤：《2021 中国跨境电商发展报告》，2021 年 3 月，https：//pdf. dfcfw. com/pdf/H3_ AP202103301478368213_ 1. pdf？1617119027000. pdf。

亿邦智库：《预见风险——2021 跨境电商发展报告》，2021 年 10 月，http：//oss. anhuiec. com/20211020/0. 7450954212700207. pdf。

# B.20
# 跨境电商供应链本地化

## ——基于致欧家居科技股份有限公司的案例分析<sup>*</sup>

潘 勇<sup>**</sup>

**摘 要：** 随着全球经济的持续发展，未来企业间的竞争，将是供应链之间的竞争。对于跨境电商企业而言，优质的供应链体系是高效率地将产品设计转化为高品质产品和服务并投放目标市场的重要保障。本文以致欧家居科技股份有限公司跨境电商供应链为例，探讨了该公司跨境电商供应链在国际品牌、仓储物流、生产及采购、销售渠道、目标市场经营等方面的本地化运营，并对未来跨境电商供应链发展提出策略建议。

**关键词：** 跨境电商 供应链 海外仓 柔性化 本地化 致欧家居

## 一 前言

近年来，全球电商渠道交易规模不断增长，电商渗透率持续提升。2020年，新冠肺炎疫情为全球经济带来巨大冲击，国际贸易面临严峻挑战。作为新兴贸易业态，跨境电商凭借其线上化、多边化、本地化、非接触式交货、

---

\* 本文所使用的数据除特别说明外均来自致欧家居科技股份有限公司《首次公开发行股票并在创业板上市招股说明书》（2021年6月）。

\*\* 潘勇，博士，教授，博士生导师，河南财经政法大学电子商务与物流管理学院院长，中国信息经济学会副理事长，教育部高等学校电子商务类专业教学指导委员会委员，河南省电子商务专业咨询委员会委员，河南国际数字贸易研究院兼职研究员。

交易链条短等优势，呈现高速增长态势，为外贸企业应对疫情冲击发挥了积极作用，成为稳外贸的重要力量、拉动"双循环"新发展格局的关键纽带。根据海关总署数据，2020 年我国跨境电商进出口总额达 1.69 万亿元，按可比口径计算增长 31.1%；2021 年我国跨境电商进出口总额达到 1.98 万亿元，同比增长 15%。[①] 以美国、英国、德国、西班牙及法国为代表的成熟市场，经历数十年的发展，已经形成良好的电子商务生态，为我国出口跨境电商提供了广阔的海外市场空间。

跨境电商作为外贸发展的新业态，是全球市场配置资源的重要载体。对于海外消费者而言，与传统贸易模式相比，出口跨境电商更具价格优势、实时性更强、消费体验更好。对于出口企业而言，传统贸易存在冗长的中间环节，经历国内工厂、国内贸易商、目的国进口商、目的国分销商、目的国零售商的链条才能最终将产品送达消费者手中；而跨境电商扁平化的交易模式使其能直通终端买家，大大降低了流通成本。当前中国很多地方都拥有诸如家具家居等特色产业带经济，国内的传统优势产业正在赋能跨境电商更好更快发展。我国企业也在跨境电商打破传统渠道垄断、减少交易中间环节、节约交易成本的背景下拥有了更大的发展空间。跨境电商背后是我国庞大产业链的支持，如今的"中国制造"不再是以往低附加值、粗加工的低价产品，而是具备自主产权、精细制造的高性价比产品。对于跨境电商企业而言，优质高效的供应链体系是高效率、低成本地将产品设计转化为高品质产品和服务并投放目标市场的重要保障，因此跨境电商供应链的本土化就显得更加重要。

致欧家居科技股份有限公司（简称致欧家居）主要从事自有品牌家居产品的研发、设计和销售，主要包括家具系列、家居系列、庭院系列、宠物系列等品类，是全球知名的互联网家居品牌商。在跨境电商供应链总体布局和发展战略上，致欧家居重点布局产品的研发设计、运营销售等高附加值业

---

[①] 《国新办举行 2020 年全年进出口情况新闻发布会》，http：//www.scio.gov.cn/xwfbh/xwbfbh/wqfbh/44687/44744/index.htm。

务环节，背靠中国完善的供应链制造体系和优质的家具家居产业集群，主要采取自主研发或合作开发、外协生产的产品供应模式，通过"国内外自营仓+平台仓+第三方合作仓"的跨境仓储物流体系，以亚马逊、ManoMano、Cdiscount、eBay 等海外知名电商平台为主要销售渠道，通过产品研发与设计、外协生产及采购、跨境运输及仓储、线上销售及客户服务等业务环节链接上游供应商，直接触达遍及欧洲、北美和日本等国家或地区的终端消费者。公司通过与家具家居行业领域具有优势的本地供应商进行战略合作，形成长期稳定的合作关系。通过自建海外仓，致欧家居能够在整个仓储物流端实现高效管理，提高销售效率与库存周转能力，提高疫情等公共突发事件的应对能力。公司多年来不断建设和优化供应链体系，已具备了快速响应的柔性供应链管理能力。

## 二　国际品牌的本地化

品牌是企业研发设计、运营推广、产品质量、综合服务等多方面因素构筑的竞争力综合体现。因家居行业集中度低、国际性和区域性品牌众多，品牌知名度成为消费者决策的重要因素。同时，线上零售方式为消费者提供了广阔多元的选择空间，消费者在产品的选择上更关注产品背后的品牌影响力。品牌文化是品牌的精神内核，品牌文化在物质丰富的时代成为品牌识别与偏好的核心要素。中国跨境电商品牌进入海外市场，要与当地的文化紧密结合，引发当地消费者的关注和喜爱，充分体现国际化品牌发展的多元、包容、平等、开放理念，强化对环境的保护、对弱势群体的关心，积极参与当地城市文明建设，合理融入当地社会文化元素，加强与当地消费者的情感联系。

致欧家居创始人宋川，早年在德国留学，利用留学生资源做起了外贸生意，2007 年在德国汉堡注册的公司名为"致欧"，在德语里就是"目标"的意思。2010 年从德国回到家乡郑州，注册了郑州致欧进出口贸易有限公司（公司前身），并在 2012 年就开始推出了首个家居品牌 SONGMICS。因为有在德国留学的经历，宋川对德国的风俗习惯、家居爱好有深刻的理解，所以致欧家居最开始的市场是德国，然后是欧洲、北美等地区，如今欧美地区依旧是致欧家居的主要销售市场。

致欧家居主要经营 SONGMICS、VASAGLE、FEANDREA 三大自有品牌家居产品的研发、设计和销售（见表1）。家具系列产品分为生活家具和办公家具细分品类。家居系列产品分为收纳类、用具类和装饰类。庭院系列产品分为庭院家居类、休闲类和运动类。宠物系列分为宠物家具、宠物家居细分品类。其他产品主要包括橱窗展示道具、灯饰类产品等。该公司产品已在欧美等多地市场获得了消费者的青睐和认可，多款产品常年位列亚马逊等第三方电商平台畅销榜前列，多次获得亚马逊等平台授予的卖家荣誉奖项。2017年公司荣获"亚马逊全能卖家"称号，2019年公司获评"亚马逊年度最受欢迎品牌卖家"，同年公司的 SONGMICS 和 VASAGLE 两大品牌同时入选"亚马逊全球开店中国出口跨境品牌百强"。

**表1 致欧家居三大自主品牌介绍**

| 品牌 | 品牌介绍 |
| --- | --- |
| SONGMICS | SONGMICS 定位为家居品类，通过产品团队精心的选品、设计师差异化的设计，以及专业的场景化打造，使客户在面临众多的终端产品选择时，有值得依赖的确定感 |
| VASAGLE | VASAGLE 定位为家具品类，通过深入洞察消费者需求、通过精益求精的产品设计和品质管控，以扁平化包装方式，为客户提供优质、环保且有设计感的全屋家具产品 |
| FEANDREA | FEANDREA 定位为宠物家居品类，通过对宠物心理的精准把握，为宠物提供快乐、舒适又有趣的产品与生活，做"以家居为核心的人宠生态" |

随着出口跨境电商的同质化竞争加剧和国内跨境电商供应链的完善，品牌化越来越成为中国出口跨境电商提高国际竞争力的关键因素。致欧家居将经营资源集中于高附加值的研发设计端及运营销售端，强化"微笑曲线"上游的研发迭代和设计创新，以及下游的品牌运营和销售渠道，生产制造环节则全部委托给外协厂商进行。通过出口跨境电商新业态、新模式与我国传

统家具家居制造行业的深度融合，在促进公司业绩快速增长和推动行业持续发展的同时，实现"中国制造"向"中国品牌"的转型升级。

致欧家居坚持自有品牌的发展战略，已建立起一套适合线上销售快速响应的前端产品研发和信息系统开发体系，以及协同高效的覆盖中后端跨境产品采购、仓储物流等环节的供应链体系，为公司的持续、健康、稳定发展提供了有力保障。公司基于自身完整、协同、高效的技术研发、产品设计、品质控制、供应链管理和仓储物流体系，通过亚马逊等海外知名电商平台，将颇具竞争优势的自有品牌家居产品销往欧美日等国家和地区。

致欧家居的核心产品主要通过自主研发完成，公司市场部及产品部根据海外销售产品历史销售数据、消费者偏好和习惯数据、用户评价反馈数据、市场公开数据及行业数据等，尤其是涉及用户的反馈信息和改进建议，对其做重点统计和深入分析，从中分析现有产品的不足，明确改进方向或发现现有产品、功能的空白。同时，公司重点分析竞品销售状况、竞争对手新品宣发上架动态、替代品的出现或热销等情况，明确细分领域、具体产品的竞争状况。此外，公司也会通过网络红人调研、国际国内行业展会等直接了解消费者相关需求，直面行业发展趋势。公司获取前述内外部信息，利用完善的信息处理系统和大数据技术进行广泛搜集、整理与深度处理，最终确定待开发产品品类。公司产品部确定待开发产品品类后，会同设计部汇总并分析该产品主要消费人群的偏好与需求，进行产品设计的前期分析，其后再结合市场端的数据表现调整、细化、完善具体的设计方向，在此基础上开展产品外观和功能的设计与创新、结构调整与优化、最终产品 3D 打印打样等工作，输出全套产品工艺图纸。设计部和产品部联合法务部对新开发产品进行知识产权核查，并协同品质部对新开发产品进行产品标准核查及产品质量检查，确认无知识产权障碍、产品质量与安全标准符合目标市场法律法规、现有生产工艺能够保证产品量产及质量后，选择供应商进行试产，在试销后正式进入量产阶段。截至 2021 年 3 月 31 日，公司及其子公司拥有 293 项专利技术。

# 三 仓储物流本土化

为适应致欧家居业务快速发展的需要，满足致欧家居产品储存运输以及国外多电商平台的销售需求，完善致欧家居实体仓库多点布局，进一步缩短客户下单后的配送时间、提升客户满意度，实现"本土化"经营，致欧家居不断加大海外自营仓建设力度，持续完善仓储物流体系，提高终端消费者的购物体验。

目前，海外自营仓发货已成为致欧家居主要的仓储物流方式。截至2021年3月31日，公司位于德国、美国的海外自营仓面积合计超过170000平方米。此外，公司不仅使用诸如亚马逊FBA仓等平台提供的仓储物流服务，而且以第三方专业物流服务商提供的仓储物流服务作为有效补充，从而实现海外各地消费者发货需求的及时响应。致欧家居仓储物流管理的主要流程如图1所示。

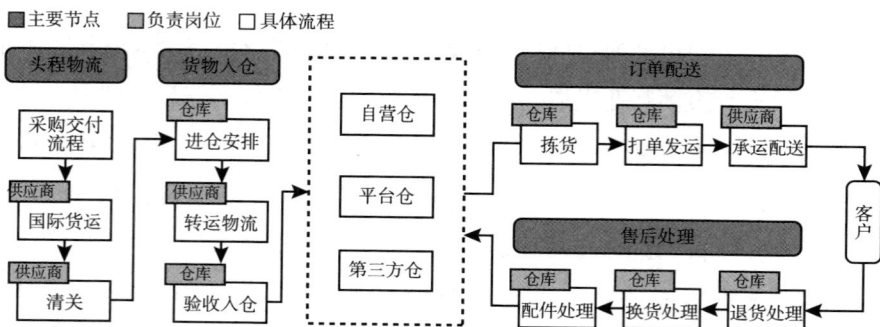

**图1 致欧家居仓储物流管理流程**

## 1. 自营仓模式

目前，致欧家居海外自营仓主要分布于德国、美国等地；国内自营仓则位于东莞，主要用于部分境内存货采购后的仓储及中转。自营仓模式下，致欧家居将产品通过海运等方式运抵至位于德国、美国等地的自营海外仓后，由海外仓进行产品储存、拣货、派发、客户退换货等后续仓储物流服务。海外自营仓严格执行各个电商平台的订单管理要求，并已建立完善的仓储配送检查监督机制，确保销售订单的顺利发运，提高售前售后终端消费者购物体验。此外，致欧家居定期对自营仓进行库存盘点，确保库存实物准确性及与系统库存数据的一致性。

### 2. 平台仓模式

平台仓模式下，致欧家居产品由电商平台负责仓储管理及物流配送，相关仓储物流费用由平台从终端客户支付款中直接扣除。亚马逊平台是致欧家居主要的线上 B2C 销售平台，亚马逊 FBA 仓是致欧家居最主要的平台仓。致欧家居通过海运等方式将产品运抵至亚马逊位于欧洲、北美及日本等地的 FBA 仓，待 FBA 仓验收通过后，库存信息会在亚马逊后台进行实时更新，致欧家居信息管理系统会定期通过数据接口获取 FBA 仓的存货信息。致欧家居存货由亚马逊统一进行管理，产品储存、派发、终端配送、客户退换货等环节均由亚马逊 FBA 仓负责。根据致欧家居与亚马逊签订的 FBA 服务协议，若因亚马逊保管不善而造成致欧家居相关产品毁损灭失，亚马逊将按照商品售价扣除销售佣金、配送费等费用后的金额对致欧家居进行赔偿。

### 3. 第三方合作仓模式

第三方仓储模式下，致欧家居产品由第三方仓储物流服务商负责仓储管理及物流配送。致欧家居主要的第三方仓储物流服务商包括 SLM Group Holdings、Luno Fashion Limited 等。致欧家居将产品运抵位于欧洲、北美及日本等地的第三方合作仓后，由第三方合作仓进行产品后续仓储物流服务，致欧家居定期与第三方仓储物流服务商对账结算。随着致欧家居销售规模的持续扩大，对全球各地仓储的需求不断提升，第三方合作仓作为致欧家居自营仓和平台仓的有力补充，较好地解决了致欧家居部分仓储配送需求问题。

## 四 生产及采购本地化

家具家居产品通常具有体积和重量较大、形状各异的特征，产品的仓储、运输及安装等问题使该类产品在电商渠道销售颇具挑战。公司从产品的包装重量和易组装性出发，同时兼具产品的外观、功能，持续对体积、重量较大的家具家居产品的尺寸、重量、结构、安装等进行开发设计。为了更好地解决产品包装和运输问题，公司对大件家具家居产品一般采用更加节省空间和包材的平板包装方式，公司向客户提供产品主材、配件、安装说明书，客户自行完成安装。致欧家居供应链流程如图2所示。

**图2　致欧家居供应链流程**

### 1. 供应商管理

致欧家居制定了较为完善的供应商管理及评价体系，建立了包括供应商准入、初期考核、日常考核、淘汰、质量监控、信息反馈和协助品控改善等完整的供应商管理机制。

### 2. 产品采购与交付

致欧家居设置采购管理部负责或协同其他部门完成采购业务的订货需求、采购订单及出货计划、外协生产及货运安排、验货装柜、报关、对账结算等环节。

### 3. 产品质量管理

产品质量是致欧家居赖以持续发展的基础，致欧家居设置品质部，根据不同品类和目标市场的法律要求，制定了对应的质量检测标准文件，建立了适合致欧家居业务特点的全流程质量控制体系，做到问题可预防、过程可监控、结果可追溯，从而保证致欧家居能够为全球消费者带来安全、可靠、品质优良的产品。

# 五 渠道本地化

按照销售渠道的不同，致欧家居的销售模式主要包括线上 B2C 及跨境出口 B2B 两种模式。

## 1. 线上 B2C 模式

在线上 B2C 模式下，致欧家居主要通过亚马逊、Cdiscount、ManoMano、eBay 等第三方电商平台以线上零售方式将产品销售给终端消费者。2018~2020 年，致欧家居通过 B2C 模式实现的销售收入分别为 150588.46 万元、202011.74 万元和 329065.06 万元，占主营业务收入的比例分别为 94.46%、86.99% 和 82.93%，是致欧家居最主要的销售模式。具体而言，消费者登录亚马逊等电商平台选购商品，填写产品订单并完成付款；然后电商平台将支付完成的订单信息通过网络接口传输至致欧家居信息管理系统，信息管理系统会通知致欧家居仓储物流部门安排拣货配送或由电商平台仓库、第三方合作仓直接发货；商品售出后，第三方平台扣除相应佣金费用，按照协议约定将货款支付至致欧家居收款账户；后续消费者如对产品质量、产品使用等方面存在问题，致欧家居客服人员或第三方平台客服人员会及时根据消费者反馈的问题进行处理。

## 2. 跨境出口 B2B 模式

在 B2B 模式下，客户向致欧家居下单采购产品，致欧家居将产品运送至 B2B 客户的指定地点，终端消费者直接向致欧家居 B2B 客户发出商品购买需求，致欧家居 B2B 客户通过其自有物流或第三方物流向终端消费者直接发出货品。致欧家居的 B2B 销售业务包括线上 B2B 业务和线下 B2B 业务。其中，线上 B2B 客户主要包括亚马逊 Vendor、Wayfair 等电商平台客户，由其作为产品的销售方向终端消费者提供商品；线下 B2B 客户主要为贸易商客户，由其通过自营渠道对外销售商品。

公司主营业务收入按销售模式及平台或渠道划分情况如表 2 所示。

**表 2 致欧家居主营业务收入情况**

单位：万元，%

| 模式 | 平台/渠道 | 2020 年 | | 2019 年 | | 2018 年 | |
|---|---|---|---|---|---|---|---|
| | | 金额 | 比例 | 金额 | 比例 | 金额 | 比例 |
| B2C | 亚马逊 | 284898.50 | 71.80 | 188400.99 | 81.13 | 142392.66 | 89.32 |
| | ManoMano | 12199.61 | 3.07 | 4154.15 | 1.79 | 1525.15 | 0.96 |
| | Cdiscount | 9287.45 | 2.34 | 4743.41 | 2.04 | 4006.69 | 2.51 |
| | eBay | 5805.49 | 1.46 | 2736.76 | 1.18 | 2505.86 | 1.57 |
| | 其他线上 B2C 平台 | 16874.01 | 4.25 | 1976.42 | 0.85 | 158.10 | 0.10 |
| | 小计 | 329065.06 | 82.93 | 202011.74 | 86.99 | 150588.46 | 94.46 |
| B2B | 亚马逊 Vendor | 33528.20 | 8.45 | 19519.97 | 8.41 | 6261.85 | 3.93 |
| | Wayfair | 17092.83 | 4.31 | 4506.71 | 1.94 | 671.11 | 0.42 |
| | 其他线上 B2B 平台 | 203.69 | 0.05 | 309.48 | 0.13 | 130.21 | 0.08 |
| | 线下 B2B | 16897.01 | 4.26 | 5875.43 | 2.53 | 1768.09 | 1.11 |
| | 小计 | 67721.73 | 17.07 | 30211.59 | 13.01 | 8831.26 | 5.54 |
| 合计 | | 396786.79 | 100.00 | 232223.33 | 100.00 | 159419.72 | 100.00 |

# 六　目标市场经营本地化

致欧家居的销售市场主要位于欧洲、北美和日本等地，并分别在德国、美国和日本设立了全资子公司 EUZIEL、AMEZIEL 和 ZIELJP，实现了本地化经营。在目标市场设立分支机构，公司能够更好地触达终端消费者，有助于公司深刻洞察消费者需求，及时跟踪掌握市场动向。同时，通过境外子公司开展经营活动，公司可以更好地适应当地相关法律法规的监管要求，进而保障公司业务稳定、健康、持续发展。

致欧家居立足欧洲、北美等海外及国内自营仓,辅之以海外平台仓、海外及国内第三方合作仓,实现了仓储管理的流程化、本土化、多点化布局;致欧家居强化与跨境物流服务商良好的合作关系,保证采购发货时效,从而打造了较为完善的跨境仓储物流体系。与此同时,为了保证高效、精准的库存管理,提高仓储物流的运营管理效率和服务时效性,致欧家居自主开发了仓储管理(WMS)系统,结合内部仓储动态仓位、发货路径优化等技术,实现了仓储物流效率的优化,提升了消费者购物体验,提高了终端销售配送时效。

公司在欧洲、北美和日本等国家和地区主营业务收入情况如表 3 所示。

表 3　致欧家居在欧洲、北美和日本等国家和地区主营业务收入情况

单位:万元,%

| 地区 | 2020 年 | | 2019 年 | | 2018 年 | |
|---|---|---|---|---|---|---|
| | 金额 | 占比 | 金额 | 占比 | 金额 | 占比 |
| 欧洲地区 | 239102.53 | 60.26 | 137409.40 | 59.17 | 97716.14 | 61.29 |
| 北美地区 | 154510.51 | 38.94 | 93057.21 | 40.07 | 59945.04 | 37.60 |
| 日本地区 | 3086.73 | 0.78 | 1621.45 | 0.70 | 1553.44 | 0.97 |
| 其他地区 | 87.02 | 0.02 | 135.27 | 0.06 | 205.09 | 0.13 |
| 合计 | 396786.79 | 100.00 | 232223.33 | 100.00 | 159419.72 | 100.00 |

注:其他地区主要包括澳大利亚、沙特阿拉伯、塞浦路斯、韩国等国家和地区。

# 七　启示与建议

中国是当前全球最大的家具生产国和出口国。中国家具产业历经改革开放 40 余年来的高速发展,已从传统手工业发展成为以机械自动化生产为主的现代化大规模产业,家具企业也积极运用互联网、智能制造、绿色生产等技术提升行业制造水平,推动我国家具行业进入结构调整的关键阶段。近年来,国家陆续出台了《轻工业调整和振兴规划》《中国家具行业知识产权保护办法》《中国家具行业"十三五"发展规划》等政策,促进家具制造行业

向高质量制造、研发高科技材料与提升设计能力的方向发展，进一步推动国内家具产业的整合升级，以适应全新的国际形势，提升产品附加值和对外贸易水平，促进对外贸易额的增长。

虽然 2020 年全球疫情的蔓延以及中美贸易摩擦等不利外部因素一定程度影响了家具行业的贸易情况，但我国家具出口额仍保持着增长态势。根据商务部发布的《中国电子商务报告 2020》，2020 年我国家具及其零件累计出口金额达 584.06 亿美元，同比增长 11.8%。[①] 从长期来看，全球家具行业将进一步整合，形成品牌集中度提速、头部企业规模优势渐强的格局，行业的整体发展质量进一步提升。致欧家居的发展给我们带来了以下的启示。

## （一）塑造企业自有国际品牌，推动国际品牌本地化

随着全球经济的持续发展，居民收入和生活水平不断提升，消费者对家具产品不再满足于基本的功能，更加注重产品的品牌与使用体验。为了适应消费者需求，家具制造商对产品设计、品牌塑造的投入持续提高，不断提升产品的美感和使用体验，提高品牌在消费者心中的认知度。同时，年轻一代消费群体逐渐成为主流，他们代表的新生消费力量正向家具市场涌来。随着消费者的迭代、消费痛点变化、获取信息渠道多元化、时间碎片化，消费形态逐渐形成了新规律，这将进一步促进家具品牌化的发展。未来家具企业需更加看重品牌建设与产品设计，以适应和满足消费者对家具产品提出的新需求，家具行业将向新零售、新营销、新服务方向发展。相较于传统出口贸易，出口跨境电商在减少商品流通环节、提高商品流通效率方面具有明显优势，拥有强大品牌、供应链布局的企业增长势能强劲。因此，出口跨境电商应持续强化品牌意识，深度运营产品的创新设计及对产品消费趋势的把控，加强海外客户对自身品牌的认知，拓展销售渠道和完善供应链体系，通过提升产品的品牌溢价构建核心竞争壁垒。

---

① 商务部电子商务和信息化司：《中国电子商务报告（2020）》，http：//images. mofcom. gov. cn/dzsws/202110/20211022182630164. pdf。

## （二）打造柔性供应链，突破供应链管理能力壁垒

从产品设计、生产制造或产品采购、通关运输、仓储配送直到最后送达终端消费者手中，出口跨境电商零售过程中各环节需要紧密的联结与配合。从内部打通各个环节的重要流程中的实物流、信息流和资金流，确保各业务环节运营顺畅，环环相扣。从外部环境看，面对供应商时，企业需建立稳定高效的供应商管理体系，制定完善的产品需求预测、生产或采购计划等；面对客户时，企业需及时获取终端消费者反馈，转化其消费需求并最终落实到企业的战略决策中。随着未来出口跨境电商运营过程中涉及的环节复杂化、用户对产品和服务的要求多元化，科学有效的供应链资源整合能力和快速响应的供应链管理能力将成为企业长远发展的必要条件。

## （三）建立和提升海外仓运营能力，提高跨境电商企业核心竞争力

海外仓作为出口跨境电商新模式被写入 2016 年政府工作报告，此后在政策支持下得到快速发展。2021 年底，我国海外仓数量达到 2000 个，成为支撑跨境电商发展、拓展国际市场的新型外贸基础设施。[①] 与传统的邮政小包、国际快递、专线物流等跨境物流运输方式相比，海外仓因其配送时效高、物流成本低、购物体验好而越来越受出口跨境电商企业的青睐。

随着全球买家对在线购物体验的要求逐渐提高，海外仓的作用日益凸显。当前主流的出口跨境物流方式普遍存在配送慢、易丢包、退换难等问题，而搭建完善的海外仓储体系将有效解决以上问题。通过自建海外仓，跨境电商企业提前完成备货，一方面有助于缩短客户下单后的配送时间、提升客户满意度，进而扩大销量；另一方面有助于跨境电商企业实现"本土化"运营，做到高效率退换货服务，与本地售后服务保持同步，进而提高消费者的消费体验。因此，具备一定技术与规模优势的跨境电商企业应逐步加大海

---

① 商务部：《中国对外贸易形势报告（2021 年春季）》，http：//zhs. mofcom. gov. cn/article/cbw/202106/20210603069385. shtml。

外仓储体系建设力度，提升海外仓的运营能力，实现整个仓储物流端的高效管理，进而提高销售效率与库存周转能力，由此形成自身的核心竞争优势之一，并借此筑起较高的行业壁垒。

### （四）加强供应链本地化建设，突破跨国经营壁垒

由于家具需求受社会经济、住宅、消费能力及消费观念等因素影响，其在发达国家和新兴市场国家所表现出的市场需求有所不同。在欧美日韩等发达国家和地区，城市化程度高，居民消费能力强，消费者通常对居住的舒适条件要求较高，旧房装修及租房家具换新需求较大，对家具有着稳定需求。在新兴市场国家，城市化进程持续推进，城镇人口规模增加导致住房需求扩大，对家具需求提升；同时，新兴市场国家经济快速发展使居民收入提高，对改善居住条件需求提升，对家具的需求也将持续增加。

随着跨境电商行业的快速发展，为进一步贴近消费者，增强企业市场调研、产品研发、品牌推广等各方面的能力，在目标市场国设立子公司成为很多企业的必然选择，大型跨境电商企业将不可避免地成长为小型跨国企业并开展跨国经营。跨国经营需要在不同国家迥异的法律经济环境下开展业务，且跨国企业往往又是监管的重点对象，因此跨国经营面临较高的合规风险。在此基础上，跨国经营需要有效协同各国的资源，同时还要克服语言、文化、时差等多方面的障碍。跨境电商企业要通过互联网平台与不同国家、地区的消费者进行交易，而不同国家、地区的法律政策、社会文化等因素存在较大差异，客观上对跨境电商企业的适应能力提出了较高的要求。不同电商平台和不同国家、地区的法律政策、准入标准存在差异，要求跨境电商企业主动提高规范意识，并配备深谙平台规则和当地法律政策的专业人员，以便及时应对市场变化。

各大电商平台在不同国家、地区的起步时间存在差异，当地消费者对线上卖家的认可程度也有所不同，部分国家和地区尚未建立完整的征信系统，消费者对线上交易尚未建立足够的信任。因此，面对不同国家或地区的文化和政策差异，要提高自身的灵活性，更好地应对差异化挑战。近年来海外主

要国家或地区的法规已经逐渐更新，如 2018 年以来美国大部分州市已相继明确要求电商平台代征代缴销售税（Sales Tax）；英国要求 2021 年起由电商平台代征代缴部分产品的增值税（Value Added Tax，VAT），欧盟也已于 2021 年 7 月 1 日开始执行电商平台代扣代缴增值税（VAT）的政策等，这就要求跨境电商企业要尽快熟悉并适应这些规范的要求，确保企业财务合规。

# B.21
# 跨境电商环境下海外仓的建设与创新

孙宏岭　刘雨平*

**摘　要：** 海外仓作为跨境电商提质增效的有效途径，亟须升级服务功能、创新经营理念和服务产品。传统海外仓向现代海外仓转型需要具备进口集货、出口分拨配送、仓储及库存控制、流通加工和数智能化信息平台等功能；依据海外仓的类型、功能和所承担的任务及其责任，借力"一带一路"倡议，加速构建海外仓网络体系，打造服务于跨境电商的国际物流大通道、国际物流枢纽；海外仓要融入跨境供应链，实施跨境供应链管理，创新经营模式，实现资源、资金、网络链一体化的规模经营，推动跨境电商供应链持续、健康、高效发展。

**关键词：** 跨境电商　海外仓　国际物流　供应链管理

国际贸易活动的复杂性和不确定性日益增强，跨境电商的市场竞争不断加剧，跨境电商海外仓的服务内容及范围，特别是时效性、可靠性、安全性等服务质量的要求倒逼其功能升级，经营理念和服务产品的创新已成为生存和进一步发展的关键。

---

\* 孙宏岭，教授，河南省物流学会常务副会长，河南工业大学物流研究所所长，河南国际数字贸易研究院兼职研究员，主要研究方向为现代物流与供应链管理；刘雨平，郑州财经学院物流管理教研室主任，副教授，中国物流学会理事，河南省物流学会理事，主要研究方向为现代物流与供应链管理。

# 一 海外仓是跨境电商提质增效的有效途径

在如今"买全球、卖全球"时代，我国的国际物流企业密集发力国际货运航线，布局国际运输网络。但面对激烈的市场竞争以及跨境电商72小时全球速达的市场诉求，国际物流必须提档加速，提升全球物流服务能力和效率。海外仓则是国际物流提高服务质量、增强物流效率与效益的有效途径。

## （一）海外仓让世界感受中国速度

"海外仓"指企业为提高履约订单的交付时效，将商品批量出口到企业租赁或自建的境外仓库，拿到订单后，再将商品送达境外的客户及消费者。2015年5月商务部制定的《"互联网+流通"行动计划》中明确指出推动建设100个电子商务海外仓，2016年政府工作报告中提出鼓励跨境电商企业和跨境寄递服务企业在境外建立海外仓。2016年6月15日，广东省出入境检验检疫局为辖区内一家化工企业的韩国海外仓商品签发了中国首份"海外仓"优惠原产地证书。在海外仓模式下，企业出口产品拥有效率和效益的优势；中国企业出海建设海外仓，是中国企业布局国际物流网络体系的关键一环，也是实现双循环新发展格局的重要举措。

目前，百年变局和世纪疫情交织，国内外挑战与机遇并存。我国外贸发展面临很多不确定性风险，特别是中小微外贸企业运营压力增大，"有单不敢接""增收不增利"现象时有发生。而海外仓这种跨境物流形式有利于解决跨境电商各种各样的痛点。当境外客户下单后，跨境电商企业利用海外仓直接发货，缩短了配送时间，降低了清关障碍；出口商品大批量以多式联运方式运达海外仓，降低运输费用，客户收到商品后，不满意可以实现轻松退换货，改善了购物体验，同时消费者也感受了中国速度。

## （二）海外仓面向境外辐射全球

"十三五"期间，我国批复设立了105个跨境电商综合试验区，跨境电商进出口规模增长 9 倍，市场采购贸易出口规模增长 3 倍，共拥有 1800 多个海外仓。① 2020 年新冠肺炎疫情以来，海外仓的重要性进一步凸显，跨境电商货物暂存在靠近目标市场的全球各地海外仓内，大大降低了不确定性带来的风险，同时也满足了疫情下"宅经济"的商品需求。海外仓需求暴涨，加快了我国海外仓全球布局速度，到 2021 年底，我国海外仓超过 2000 个，仓储总面积超出 1600 万平方米，② 业务范围辐射全世界，已成为支撑跨境电商快速发展、拓展国际市场的新型国际物流基础设施。

欧美国家是我国跨境电商出口的主要目标市场，因此欧美国家的海外仓数量快速增长，成我国企业海外仓布局的集中地。此外，2022 年 1 月 1 日《区域全面经济伙伴关系协定》（RCEP）生效，将带动全球近 1/3 的经济体量形成统一的超大规模市场，为海外仓建设带来极为广阔的空间。

2021 年 7 月 9 日，国务院办公厅发布的《关于加快发展外贸新业态新模式的意见》（国办发〔2021〕24 号）提出，要培育一批优秀海外仓企业，完善覆盖全球的海外仓网络。2021 年 12 月 29 日，国务院办公厅印发的《关于做好跨周期调节进一步稳外贸的意见》（国办发〔2021〕57 号）提出要"进一步发挥海外仓带动作用"，积极利用服务贸易创新发展引导基金等，按照政策引导、市场运作的方式，促进海外仓高质量发展。国家不断出台的支持政策进一步奠定了企业布局海外仓的底气和决心。

## 二 海外仓"稳中求进"完善功能创新网络体系

随着跨境电商出口的蓬勃发展，作为跨境电商核心支撑的物流出海成为行业的共同诉求，且"一带一路"倡议的推进为我国的物流业加速出海创造了巨大的市场空间，因此"多功能海外仓""最后一公里配送""门到门快递服务""跨境集疏及运输"等模式成为我国物流企业海外布局的新契

---

① 商务部：《"十四五"对外贸易高质量发展规划》，2021 年 11 月 24 日。
② 《我国海外仓面积超 1600 万平方米》，http：//www. gov. cn/zhengce/2021 - 12/30/content_5665574. htm。

机。抓住这一发展机遇的首要任务是完善海外仓的服务功能，创新国际物流服务网络体系。

## （一）完善国际物流服务功能是跨境电商生存与发展的命脉

目前，国际物流占跨境电商成本的比例在 25% 以上（含企业物流费用），物流成本高、国际物流服务能力弱成为制约我国跨境电商发展的一大因素。跨境电商要"买全球、卖全球"需要中国物流"运全球""送全球""储全球"，"中国制造"也需要"中国服务"协同"走出去"，这些都需要海外仓完善的功能来支撑。然而，传统的海外仓只是以单一的仓储功能为主，服务对象也是以单一的出口商为主，亟须向现代海外仓转型升级。

传统的海外仓向现代海外仓转型升级需要具备以下主要功能。

为进口商服务的集货功能。跨境电商进口商品可能是不同地区、不同批量、不同品类的零散商品，要想大批量以海运、班列为主的多式联运方式运到国内，首先是采购集货，将分散的商品集中到海外仓，经济采购、批量运输节约运输费用。

为出口商服务的分拨配送功能。大批量的出口商品运达海外仓，根据客户订单，如果批量较大，按照客户需求时间和批量，可利用铁路、公路及内河运输将出口商品不进仓库直接分拨运达客户。如果客户需求批量较小或需求时间不定，可将商品放到海外仓暂存，按照客户订单进行分拣配送。

储存与库存控制功能。海外仓的储存功能仍然是主要功能，将出口商品储存在海外仓内，然后根据当地的销售订单，第一时间作出快速响应，及时从当地仓库直接分拣、包装和配送。但是储存量和种类并非越多越好，否则，会出现库存积压；更不能盲目储存，会形成"滞品"，储存积压和滞呆商品将带来高昂的成本代价，所以必须具备库存控制功能。根据市场预测采取经济订货批量，利用 ABC 分类法管理储存，采用"零库存"技术控制库存。特别是服务于跨境电商的海外仓，必须控制好库存，否则会使物流成本不降反增。此外，干线运输载体也可以作为海外仓，也就是说将商品储存在轮船、火车及飞机等运输载体上，运输时间也就是储存时间，到达目的地立即进行分拨运输或越库作业。[①]

流通加工功能。为了方便客户，便利流通，促进销售，在海外仓内进行换装、分割、分选、冷冻、熟化等简单加工，使其增加附加值。

数字化、智能化信息平台。要想提升海外仓物流效率，数字化、智能化的信息平台是刚需和基础。推动海外仓向智慧物流发展，很大程度上依赖于利用大数据、云计算、物联网、区块链等先进信息技术提升平台能级，同时与跨境电商企业信息共享、联动发展，同供应链上的所有节点企业互联互通，共同开展市场预测、采购管理、库存控制、运输调度等，充分利用信息平台进行资源整合，提升"虚拟经营"的能力。

稳中求进，逐步丰富海外仓服务功能，向供应链上下游延伸，发展综合物流服务，扩展服务项目，培育竞争优势，使其成为功能集成化、环节系统化、经营一体化的国际物流系统。

## （二）跨境电商呼唤海外仓创新网络体系

国际物流作为支撑跨境电商企业运作的重要环节，同跨境电商的关系愈发密切。跨境电商需要国际物流加强网络体系建设，创新网络体系发展。强有力的国际物流特别是以海外仓为主要据点的网络体系是其他竞争对手难以快速逾越的屏障，对于跨境电商企业来说，海外仓网络体系建设是其决胜国际市场的关键。海外仓网络体系布局主要依据海外仓的功能及类型。

1. 海外仓的主要类型

从创新发展的角度分析，海外仓将进化为以下几种类型。

（1）海外物流中心（含配送中心）

在沿海港口、国际货运机场、铁路货运站等物流枢纽附近建设功能完善

---

① 越库作业：物品在物流节点内不经过出入库等储存活动，直接从一个运输工具换载到另一个运输工具的作业方式（GB/T18354-2021）。

的物流中心，具有集货、分拨转运、分拣配送、仓储及流通加工等功能，有条件的物流中心也可承担快递分拣等任务。该类型的中心可采用智能化集装箱直接换装的装卸搬运方式及托盘化自动存取的仓储作业，以提高作业效率，降低人工作业费用。

（2）区域性配送中心（兼快递分拣中心）

在海外经济发达、人口稠密、物流需求量大的中心城市近郊建设区域性配送中心（兼快递分拣中心）或者区域性快递分拣中心（兼配送中心）。海外区域性配送中心主要功能是中国出口商品的配送，同时具有快递件分拣功能。这种配送中心也具有流通加工、储存、分拣（含配送分拣及快递分拣）及商品质量追溯等功能；快递分拣中心（兼配送中心）主要功能是中国海外快递件的分拣，同时具有中国出口商品的配送功能，这种分拣中心根据需要和条件，尽可能丰富配送中心其他功能。

（3）海外前置仓

根据中国连锁经营协会 2020 年 4 月 1 日发布的《前置仓管理规范》（T/CCFAGS 016-2020）团体标准，前置仓（prepositon warehouse）是一种通过企业总部线上经营，将商品前置在社区的服务站进行仓储和配送，实现商品快速到达的线上零售和末端配送相结合的业态。前置仓服务站是前置仓经营的基础，主要责任是按照总部的指示和管理、服务规范要求，承担日常商品储存和履约配送服务。

海外前置仓应该承担更多的任务，具备更为完善和丰富的服务功能，同时根据新零售业态及跨境电商对国际物流时效性的追求，从"天级"到"小时级"再到"分钟级"的送达时间，海外配送由"三日达"到"次日达"再到"当日达"，附近客户力争"分钟达"。这就凸显了前置仓的重要性，新零售带来新物流，新物流同新零售相融合。海外前置仓最理想的方式是"前店后仓"，前店主要功能是商品展销，同时兼有快递件收发的功能。后仓主要功能是临时储存和配送。由于具有展览功能，客户可以现场看货或体验，然后网上下单，降低退货换货的概率，进而减少逆向物流费用。海外前置仓也可考虑设在销售中国商品较多的超市附近。

## 2. 海外仓网络体系构建

依据海外仓的类型、功能和所承担的任务及其责任，创新构建海外仓网络体系。对消费者而言，新零售下国际物流链条变短，更短链条背后是更为完善的网络体系、更精细的物流分工。中国出口商品从工厂利用国际运输（海洋运输、航空运输、铁路运输等）到达海外物流中心，再分拨到区域配送中心，从配送中心运至前置仓，再由前置仓的即时物流送达消费者手中，主要靠大数据预测，否则，虽然时效性增强，由于"牛鞭效应"会造成库存积压和"滞呆商品"。海外仓网络体系的构建详见图1。如图1所示，未来服务于跨境电商的国际物流大通道、国际物流枢纽、国际物流集群将会加速出现。

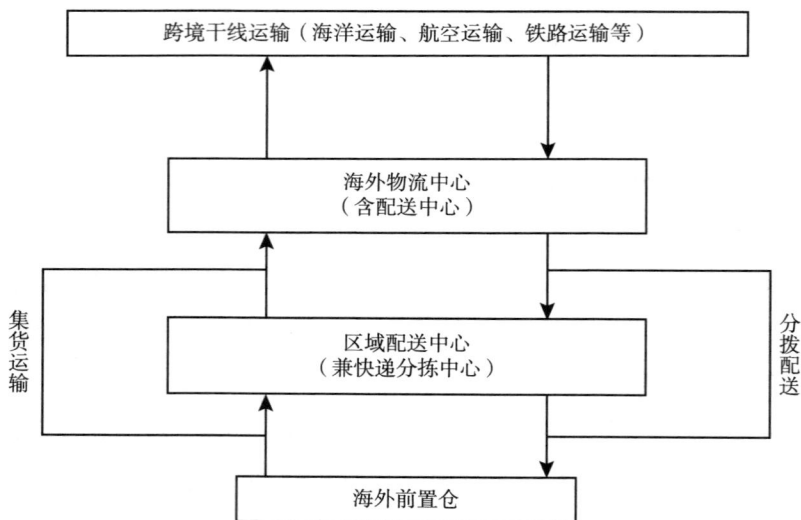

图 1　服务于跨境电商海外仓网络体系示意

## 3. 借力"一带一路"加速构建海外仓网络体系

随着传统贸易方式的转型升级，跨境电商发展潜力将得到进一步释放，然而我们也必须清醒认识到：我国物流企业在布局国际物流网络方面做了许多尝试，但尚未形成网络体系。面对各种各样的挑战，海外仓企业必须借力"一带一路"倡议，加速构建海外仓网络体系，布局全球化的物流网络，中国物流企业"出海"正当时。物流"走"到哪里，国货就卖到哪里，国人就买到哪里，海外物流网络体系的建设将推动跨境电商的快速发展。

众所周知，"一带一路"倡议愿景有六条陆路通道、两条水路通道及"空中丝绸之路"，中欧班列通往欧洲、非洲及东南亚，但如果仅仅是干线运输通道，则很难达到预期目标，需要形成物流通道，而物流通道是"干线运输+物流据点"，服务于跨境电商最有代表性的物流据点当数各种类型的海外仓。干线运输的国际运输通道经过各国，根据市场预测建设不同类型的海外仓，构成全球性海外仓网络体系，为跨境电商企业本土化运营提供新的贸易网络，是实现市场化、可持续、高质量发展的重要一步。同时，海外仓网络体系促进沿线国家经济合作，也架设一座相互了解、缔结友谊的桥梁。各种类型的海外仓同"一带一路"无缝对接，构成服务于跨境电商等企业的物流大通道。

## 三 海外仓融入跨境供应链，创新经营模式

服务于跨境电商的海外仓全面融入跨境供应链，以专业化的供应链服务建立跨境电商核心竞争力。通过集中资源、密集营销，借鉴第三方物流经营方式，发挥"虚拟仓库"的作用，同境内外上下游企业合作共同建设供应链信息平台，逐渐实现资源、资金、网络链一体化的规模经营。

### （一）融入跨境供应链是我国的国策

早在2017年10月5日，国务院办公厅印发的《关于积极推进供应链创新与应用的指导意见》（国办发〔2017〕84号）就提出，积极融入全球供应链网络，提高全球供应链安全水平，参与全球供应链规则制定，努力构建全球供应链。全球供应链的建立就是借助"一带一路"等加快海外分销和服务网络以及海外物流中心（含配送中心）的建立，进而实现全球性的联动发展。

## （二）跨境供应链管理策略

跨境供应链是企业为降低成本、提升企业竞争力，与世界各国各地区的合作企业共建的供应链。跨境供应链管理是根据市场和客户的需求，各节点企业通力合作，实现供应链上原材料、在制品、产成品在全球范围的流动，从而提高市场占有率和客户满意度，并且使利润最大化。融入海外仓的跨境供应链管理采用以下管理策略。

### 1. 不同国家和地区的供应商管理下游企业的库存

为了使供应链综合成本最低，基于下游客户的生产经营、库存信息，供应商等上游企业对下游客户的库存进行管理和控制。这是一种供应链集成化运作的决策代理模式。采用这种模式可以实现"零库存"的追求目标，同时海外仓运作能够做到先进先出和快进快出，加快库存周转率进而获取更大效益。

### 2. 跨境供应链成员企业之间的快速反应

融入跨境供应链的物流企业，面对多品种、小批量的买方市场，不是储备产品，而是准备了各种要素，在客户提出要求时，以最快的速度抽取要素，及时组装，提供产品或服务。目标是提高客户服务水平，在准确的时间、准确的地点，以准确的商品质量和数量响应消费者的需求，降低跨境供应链成本，增加销售额，提高获利能力。这是缩短交货周期、提高顾客服务水平和企业竞争力的管理策略。

### 3. 跨境供应链管理的有效客户反应

以满足客户需求和最大限度降低物流费用为准则，及时作出准确反应，使物品供应或服务流程最佳化，目标是清除整个跨境供应链运作流程中没有为客户加值的成本。这是一种提高供应链经济效益和服务质量的管理策略。

## （三）融入海外仓的供应链经营创新

过去十多年电商成就了"四通一达"（中通、申通、圆通、百世汇通、韵达）及顺丰等快递企业，这充分说明了物流业的改变来源于新零售带来的供应链经营创新。目前，跨境供应链经营创新首先是海外仓的转型，海外仓由单一仓储服务拓展为包括流通加工、配送在内的多种物流服务，在强化供应链网络体系建设中发挥其完善的物流网络优势，借助供应链的核心竞争力形成海外仓自身的竞争优势。

跨境供应链管理的使命是创造价值，跨境供应链经营的最高境界是内外协同，通过端到端的协同，为客户和节点企业创造价值。协同就是围绕采购管理、计划管理、生产管理、物流管理及监控管理等流程，基于突发事件而快速响应的决策机制等，同时更新或升级流程，让供应链具有自我修复创新的能力。提升数字化、智能化水平，建设与跨境供应链上下游节点企业联动、共享的信息平台。创新供应链金融服务，提供高质量一站式通关服务、定制个性化服务，结合实际，加强制度、管理和服务创新，推动融入海外仓的供应链持续、健康、高效发展。

## 参考文献

国务院办公厅：《关于积极推进供应链创新与应用的指导意见》（国办发〔2017〕84 号），2017 年 10 月 5 日。

国务院办公厅：《关于做好跨周期调节进一步稳外贸的意见》（国办发〔2021〕57 号），2021 年 12 月 29 日。

王小艳、王永刚：《跨境电商海外仓发展现状和策略》，载张大卫、喻新安主编《中国跨境电商发展报告（2020）》，社会科学文献出版社，2020。

孙宏岭、刘雨平：《跨境电商与国际物流融合发展推进构建双循环新发展格局》，载张大卫、徐平、喻新安主编《中国跨境电商发展报告（2021）》，社会科学文献出版社，2021。

罗珊珊：《两千海外仓，辐射全世界》，《人民日报》2022 年 1 月 19 日。

商务部：《首批优秀海外仓实践案例好经验好做法》（商办贸函〔2020〕433 号），2020 年 12 月。

# B.22
# 加快推进山东省跨境电商
# 综试区考评的思路与建议

张夏恒[*]

**摘　要：** 山东省获批9个跨境电商综试区，各综试区建设发展水平参差不齐，但未来发展空间广阔。为更好地推动山东省跨境电商综试区建设与发展，需要尽快启动跨境电商综试区考评工作，实现以考促建的目的。为此，山东省及9个跨境电商综试区所在城市应高度重视综试区建设及考评工作，加快制定出台山东省跨境电商综试区考评指标体系及方案，成立山东省跨境电商综试区考核工作专班推动相应工作的高质量开展，同时要注重打通跨境电商综试区考核的数据瓶颈，并应用好跨境电商综试区考核结果。通过一系列相应工作的推进，更好地促进山东省跨境电商综试区的建设与发展。

**关键词：** 跨境电商综试区　山东省　考核工作

## 一　引言

据《中国统计年鉴》数据，2014年我国货物进出口贸易规模为26.4万亿元，2019年规模为31.6万亿元，增长率为19.7%；传统外贸进出口

---

[*] 张夏恒，博士，硕士生导师，山东省跨境电子商务研究院副秘书长、特聘研究员，西北政法大学商学院教授，主要研究方向为跨境电子商务。

增速放缓，甚至 2015 年、2016 年均出现负增长。中国电子商务研究中心的统计数据显示，2014 年我国跨境电商交易规模为 4.2 万亿元，2019 年规模为 10.5 万亿元，增长率为 150%。通过对比我国货物进出口贸易与跨境电商同口径交易规模增速，发现近年来我国传统进出口贸易增速与跨境电商呈现显著的反差。受新冠肺炎疫情在全球范围持续蔓延的影响，2020 年我国货物贸易与跨境电商的反差更加突出。海关统计数据显示，2021 年我国跨境电商进出口 1.98 万亿元，增长 15%；其中出口 1.44 万亿元，增长 24.5%。在跨境电商发展一片向好趋势下，国务院在 2015 年 3 月 7 日批复设立杭州跨境电商综试区，由此拉开了我国跨境电商综试区发展序幕。截至 2022 年 2 月 8 日，国务院先后六批次设立 132 个跨境电商综试区，覆盖 30 个省区市。跨境电商综试区在推动跨境电商发展、外贸转型、产业升级等方面的作用日益凸显。因此，国务院办公厅《关于加快发展外贸新业态新模式的意见》（国办发〔2021〕24 号）明确提出，将进一步扩大跨境电商综试区试点范围。2021 年 12 月 23 日李克强总理召开国务院常务会议也明确提出增设跨境电商综试区。这意味着跨境电商综试区越发被重视，成为激发外贸主体活力、稳定外贸产业链供应链的重要载体。

山东省跨境电商经过近几年的发展，取得了诸多喜人成绩。截至 2022 年 2 月，山东省陆续获批了青岛、威海、济南、烟台、东营、潍坊、临沂、淄博与日照 9 个跨境电商综试区，数量位居全国省份第 4 位。2020 年，山东省获批济南、烟台、潍坊、日照、临沂 5 个跨境电商零售进口试点城市。2021 年，山东省共有 4 所本科院校获批了跨境电商本科专业。这些利好措施都助力了山东省跨境电商发展。但是，无论是与广东、浙江、江苏等东部沿海省份比较，还是与河南等内陆先发省份比较，山东省跨境电商发展仍存在较大差距；目前 9 个跨境电商综试区建设发展水平参差不齐，尚未形成特色、创新与样板。山东省作为传统外贸大省与制造业大省，面临的跨境电商发展压力日益严峻。此外，国务院办公厅《关于加快发展外贸新业态新模式的意见》（国办发〔2021〕24 号）明确提出，2021 年跨境电商综试区将建立考核评估与退出机制，并组织开展跨境电商综试区的首次考核评估，促进优胜劣汰。2021年商务部完成了跨境电商综试区的考评工作，虽然考评结果并未对外发布，但山东省跨境电商综试区的整体表现有待提高。因此，建立及加快推进山东省跨境电商综试区考评工作显得格外重要。

## 二 文献综述

我国研究跨境电商已十年有余，相关研究成果很多，此处不再赘述。跨境电商综试区发展也六年有余，虽然学界产出了一些研究成果，但是整体研究关注度不高，研究成果偏少。一些学者肯定了跨境电商综试区的价值，代表性成果主要有：韦大宇和张建民认为我国跨境电商综试区经过四年多建设，取得了积极成效，形成了一套适应跨境电商发展的政策体系、一批可面向全国复制推广的经验做法和一套引领全球跨境电商发展的规则；王瑞等认为跨境电商综试区的建设推动了跨境电商基础设施和全行业蓬勃发展，并促进了贸易便利化，进而对城市跨境电商贸易具有显著正向影响。

有学者聚焦跨境电商综试区影响因素及存在的问题，如肖亮和柯彤萍提出产业发展与制度环境的冲突是推动跨境电商综试区创新演化的重要动力；张正荣等认为跨境电商综试区的设立是多个条件共同作用的结果，并存在不同路径实现这一结果，且政策、外资参与度与区域贸易集中度对跨境电商综试区的设立和推广具有不可替代的作用；朱贤强和王庆认为跨境电商综试区在核心竞争力、监管服务创新、引导产业有序发展等方面仍然存在诸多问题。

还有一些学者通过构建评价指标体系，对跨境电商综试区的经济效应、区位价值及发展水平进行测度与评价。在经济效应评价方面，王利荣和芮莉莉从对外贸易水平、经济增长和产业结构三方面来评估跨境电商综试区的经济效应，发现第一批杭州跨境电商综试区对地区经济增长、对外贸易水平以及产业结构升级均有显著的促进作用；而第二批跨境电商综试区的经济效应主要体现为对外贸易水平的促进作用上，对地区经济增长和产业结构升级的效果不明显；内陆地区跨境电商综试区对外贸易的促进作用显著高于沿海地区。

在区位选择及区位价值评价方面，张正荣和杨金东选取政府规模、产业结构、交通条件、人力资源、外资参与度、电商发展基础、区域贸易集中度等7个前因条件，分析了跨境电商综试区的区位选择影响因素；张晓东从经济实力、电商基础、贸易网络、发展核心四大因子分析了跨境电商综试区的区位价值。在发展水平评价方面，苏为华和王玉颖从基础能力水平、服务支撑水平和发展潜力水平三个维度构建了12个二级指标评价体系，进而对我国13个跨境电商综试区发展水平进行了评价；张夏恒和陈怡欣从基础绩效、服务绩效、成长绩效三个维度入手，建立了包含3个二级指标和11个三级指标的评价指标体系，构建跨境电商综试区运行绩效评价模型，并发现基础绩效指标与服务绩效指标是影响跨境电商综试区运行绩效的主要因素。

上述文献对制定山东省跨境电商综试区评价体系与评价方法具有一定的参考价值，但是上述评价指标是否适合山东省实情，是否匹配当下的跨境电商综试区现状，都是值得深思的问题。

## 三　山东省跨境电商综试区发展现状

据山东省商务厅数据，2020年山东省跨境电商整体进出口138.3亿元，同比增长366.2%，其中，网购保税进口22.5亿元，同比增长484.4%；跨境直购出口50.4亿元，同比增长101.6%；2021年全省跨境电商进出口、市场采购贸易出口实现"双过千亿元"，为外贸增长注入新动能。因淄博与日照是新获批跨境电商综试区，故暂不统计其年数据。从各市情况看，如表1所示，青岛与威海一马当先，占据了山东省跨境电商进出口绝对的份额，但烟台、潍坊的增长态势很好。

表1　2020年山东省主要地市跨境电商发展情况

单位：亿元，%

| 地市 | 进出口总额 | 增长率 | 出口额 | 增长率 | 进口额 | 增长率 |
|---|---|---|---|---|---|---|
| 青岛 | 54.2 | 688 | 36.2 | 336.3 | 18 | 382.4 |
| 威海 | 34.6 | 74.7 | 33.9 | 72.3 | 0.7 | 542.3 |
| 烟台 | 18.4 | 188600 | — | — | — | — |
| 潍坊 | 1.41 | 527 | 1.38 | — | 0.03 | — |
| 东营 | 13.4 | — | 13.4 | — | — | — |
| 济南 | 3 | 25 | 2 | — | 1 | — |
| 临沂 | 9.2 | — | 8.8 | — | 0.4 | — |

资料来源：根据山东省商务厅数据整理。

从跨境电商平台上看，山东省跨境电商呈现显著的多元化趋势。在跨境电商出口方面，以阿里巴巴国际站、亚马逊、全球速卖通、中国制造网等为代表的跨境电商第三方平台成为山东省跨境电商出口的主要渠道。在跨境电商进口方面，山东省主要依托京东国际、唯品国际等大型跨境电商进口平台完成进口业务，该类平台进口业务量占比甚至高达八成，已成为山东省跨境电商进口的主要渠道，其他进口业务多是由山东省本土企业完成的。从跨境电商进出口国家及地区看，山东省跨境电商出口市场主要集中在韩国、东盟、美国、欧盟、澳大利亚等，而跨境电商进口则主要来自韩国、日本、欧盟、澳大利亚、美国等。从跨境电商交易商品看，山东省跨境电商出口商品以劳动密集型产品、机电产品为主，跨境电商进口商品则以消费品为主。

# 四　山东省跨境电商综试区考评有待完善之处

（一）对跨境电商综试区重视度有待提升，跨境电商综试区实施方案创新有待加强，对商务部关于跨境电商综试区动态调整的认知有待提高

我国从2015年起，先后六次批复设立了132个跨境电商综试区，并且

覆盖到 30 个省区市，旨在充分发挥跨境电商综试区的引领、带动与辐射效用，探索不同类型、不同区域的跨境电商综试区发展经验、样本与创新成果。虽然山东省青岛市作为第二批的 12 个跨境电商综试区之一，且后续每批次山东省都有城市入围，综观山东省现有的 9 个跨境电商综试区建设情况，整体建设结果仍有较大改进空间，尤其是前 7 个跨境电商综试区实施方案作为其跨境电商综试区发展的核心内容，重复性内容略多，方案创新性有一定的改善空间。

国务院办公厅《关于加快发展外贸新业态新模式的意见》（国办发〔2021〕24 号）明确提出，扩大跨境电商综试区试点范围，建立跨境电商综试区考核评估和退出机制，2021 年组织开展考核评估。2021 年 12 月 23 日李克强总理召开国务院常务会议也明确提出增设跨境电商综试区。2021 年下半年商务部约谈了 20 多个跨境电商综试区，指出这些跨境电商综试区存在较多建设问题。但从这几年笔者在山东省多地调研看，山东省多个地市及跨境电商综试区管理单位对其认知仍有较多提升空间，如曾于 2019 年调研济南跨境电商综试区时提出，要尽快制定与实施跨境电商综试区考核方案、出台各地市跨境电商景气指数等建议，但时隔两年多，仍未有具体推进。

**（二）对山东省跨境电商综试区工作考核关注有待强化，并未制定与实施跨境电商考核机制，降低了各跨境电商综试区责任单位的工作主动性**

截至目前，山东省尚未出台跨境电商综试区的考核方案，也没有建立跨境电商综试区考核机制。从青岛作为山东省第一个跨境电商综试区起，山东省跨境电商发展已经历六年光景，但仍未有一套切实可行的考核方案，这也反映了山东省跨境电商综试区实际考评并未实施。由于政策对跨境电商综试区具有显著的导向作用，通过考核政策的驱动，势必能够有效提升各地对跨境电商综试区的重视度。这也综合反映出山东省市层面对跨境电商综试区建设工作关注度有一定的提升空间，且认识存在参差不齐的状态。虽然山东省商务厅曾提出要建立相关的考评方案，但仍未实际落地。从 2021 年"山东省商务厅 2021 年重点任务公开承诺落实情况""《政府工作报告》重点工作分工立项表"等资料看，虽有涉及跨境电商方面事务，但并未体现出跨境电商综试区考评事项。诸多工作只有在考评约束下，才能有更好的推进效果。正由于山东省缺少跨境电商综试区的考核机制，各跨境电商综试区责任单位会降低对其综试区建设的重视度、积极性与主动性，进而影响跨境电商综试区发展与建设成绩。

## （三）制定切实可行的山东省跨境电商综试区考评指标体系有待推进，各个跨境电商综试区发展压力缺失、动力不足

2021 年 7 月，商务部发布了《关于开展跨境电商综试区考核评估工作的通知》，并制定了"跨境电商综试区考核评估指标体系"，该体系设计 7 个一级指标和 38 个二级指标，但该体系及办法面向全国 105 个跨境电商综试区，存在不同批次、不同地区的考核标尺统一的情况。苏为华和王玉颖、张夏恒和陈怡欣分别提出了跨境电商综试区评价指标体系，也都从多个维度构建出十几个二级指标，并对多个跨境电商综试区进行了实际测度。但是这两个指标体系分别于 2017 年、2019 年提出，再加之跨境电商及跨境电商综试区发展飞快、变化较大，几年前的跨境电商综试区评价指标体系能否适用于当下的跨境电商综试区，也有待推敲。且这两个跨境电商综试区评价指标体系是面向全国的，虽然通过实际测度进行了校验，但能否适合于山东省跨境电商综试区，这也是存疑的。不仅如此，山东省现有的 9 个跨境电商综试区也存在批次不同、区位不同、基础不同、定位不同等情况，且这 9 个跨境电商综试区所在的城市同样存在区位不同、产业结构不同、外贸基础不同、基础建设水平不同等情况，如沿用该评价体系，也会导致山东省 9 个跨境电商综试区一刀切，造成山东省各跨境电商综试区只为应对国家层面的考核，降低了本地的适用性与可行性。

## （四）跨境电商综试区考核所涉主要指标存在获取瓶颈，跨部门协同性欠缺，影响考核方案的有效实施

从目前的多个跨境电商综试区评价指标体系看，无论是商务部的考核指

标体系还是前面所提及多个学者的考核体系，都会涉及众多跨境电商综试区业务管理部门，如商务局、海关、发改委、口岸办、税务局、园区、统计局、教育局、人社局等。这些部门既有地方政府管理机构，也有中央部委垂直管理机构。这就导致信息对接存在横纵交错的复杂情况。跨境电商综试区考核指标是一个多维度、多部门、多层次的集合，势必涉及跨部门协同、多数据归口等问题。近两年笔者与山东省市多个层面进行跨境电商业务交流时，明显感受到指标数据存在很大的获取瓶颈，这也是缺少跨境电商综试区考核专班或小组原因所导致，进而造成跨部门缺乏协同、数据难获取及获取不及时，进而影响后续出台的跨境电商综试区考核方案的具体实施。跨境电商综试区考评在确定了可行的评价指标体系后，更需要能够比较合理的量化评价，而量化评价的基础就是数据的可获得性。即便跨境电商综试区评价指标体系确定得再全面、再充分、再合理，但若遇到数据的困扰，尤其是无法及时有效地获得必需的跨境电商相关数据，那么就无法真实有效地进行山东省跨境电商综试区的评价工作。

# 五　加快推进山东省跨境电商综试区考评的建议

山东省应加快出台跨境电商综试区考核评价方法与政策，这不仅关系到更好地推动山东省跨境电商综试区建设，进而促进山东省跨境电商发展、外贸创新及传统产业转型发展，还能够有效提升山东省跨境电商综试区在商务部综试区考评中的成绩。借助跨境电商综试区考评工作，尤其是在制定跨境电商综试区考评方法时，能够充分权衡各方利弊、充分调研各跨境电商综试区及其相关业务部门，不仅能够摸清山东省 9 个跨境电商综试区的实际情况，还能够了解这些跨境电商综试区的实际诉求，更能增加这些跨境电商综试区的实际参与度，进而刺激山东省跨境电商综试区反思问题、总结经验、奋力发展。因此，针对山东省跨境电商综试区考核方案及考核指标的制定与实施工作，提出如下建议。

## （一）尽快出台跨境电商综试区考核及实施方案

需要省市层面从主观上增强对跨境电商综试区考核工作的重视，尤其是对商务部动态调整趋势的重视，加强对跨境电商综试区摘帽风险的关注。国家已经批设了 132 个跨境电商综试区，并出台了系列政策以推动跨境电商综试区建设，后续仍会增加跨境电商综试区的数量，但这并非是无休止的增加，更会对已有跨境电商综试区建设情况进行总结与评价。从国家释放出动态调整的信号来看，跨境电商综试区不仅会新增，更会被取消。山东省需要对这一信号高度重视，明确跨境电商综试区考核工作的重要性，通过考核来推动山东省跨境电商综试区的建设工作。因此，山东省有必要尽快出台跨境电商综试区考核方法与制度，并由山东省商务厅牵头负责，推动跨境电商综试区考核专项工作，组建跨境电商综试区考核工作团队。建议由山东省跨境电商研究院负责组织专家团队编制跨境电商综试区考核及实施方案，抑或通过揭榜挂帅模式进行山东省跨境电商综试区考核方案的编制工作。结合商务部及学界相关方案与资料，制定切实可行的山东省跨境电商综试区考核方案，并将该项工作纳入 2022 年重点工作，工作落实到单位、部门及岗位，明确重要的时间节点，以此来尽快完成山东省跨境电商综试区考核方案的编制工作。

## （二）制定切实可行的跨境电商综试区考核指标

跨境电商综试区考核指标体系是重点，因此需要拟定适合山东省跨境电商综试区实际情况及发展所需的考评指标体系。跨境电商综试区发展是一项系统工程，涉及众多的影响因素。结合前期在山东省的调研工作，以及影响跨境电商综试区发展的核心因素，本文提出山东省跨境电商综试区考核指标由一级指标与二级指标构成，其中一级指标包含交易规模指数、成长潜力指数、产业基础指数、支撑环境指数、平台集聚指数五个指标。该指标体系不仅能覆盖跨境电商综试区的核心工作，也能囊括影响跨境电商综试区发展的重要因素；此外还考虑到山东省 9 个跨境电商综试区的设立批次差异、区位差异、产业基础差异等情况，既能体现跨境电商综试区的建设水平，还能体现出跨境电商综试区的发展潜力与前景。不仅如此，该指标体系既综合了定量考核的优势，又可以规避单纯的数据导向。在拟定的五个一级指标基础上，细化出匹配的二级指标。具体二级指标的确定需要在出台指标体系初稿后，通过对山东省跨境电商综试区主要参与主体的调研后再行确定。通过层次分析法明确了山东省跨境电商综试区考核指标体系后，接下来的工作就是要确定各指标的权重。本方案规避了各指标固定占比系数的弊端，建议采用专家意见小组法，通过选取合适的专家进行指标赋权。指标赋权时，既需要发挥专家作用，也要深入各跨境电商综试区进行调研，组成多方的专家意见小组，计算出合理的指标权重，避免直接的人为赋权。

## （三）组建跨境电商综试区考核实施专班或小组

根据山东省跨境电商综试区管理工作的归口负责原则，跨境电商综试区考核工作由山东省商务厅牵头负责，组建山东省跨境电商综试区考核工作实施专班，通过工作专班形式加以推进。由山东省商务厅负责跨境电商业务的副厅长担任专班组长，并由山东省9个跨境电商综试区所在城市的商务局、统计局、海关等核心部门主要负责人以及山东省省级层面的相关部门主要负责人担任专班的相关职责。山东省跨境电商综试区考核专班主要负责组建跨境电商综试区考评工作模式、工作内容、承担单位及定期推动工作，同时建立起日常的跨境电商综试区考核专班运行机制，确定跨境电商综试区考核专班的碰头交流频次及形式，明确跨境电商综试区考核专班中各部门的工作职责。山东省跨境电商综试区考核专班的组建及人员构成既要体现出核心部门参与、核心人员参加的原则，还应挑选出合适的、有担当的人员，以期能够更好地推动山东省跨境电商综试区考核专班的工作开展。此外，还应该拟定跨境电商综试区考评专班的评价机制与考核措施，要做到对参与工作人员的激励，还应规避跨境电商综试区工作专班流于形式的风险，进而避免跨境电商综试区考核专班走形式、无产出的结果。

## （四）打通跨境电商综试区考核数据的获取通道

如前文所述，跨境电商综试区考核工作的重点与难点是跨境电商综试区考核指标的数据获取。首先，在拟定跨境电商综试区考核指标时，需要综合考虑到所要确定的考核指标的数据获取问题，尤其是选择与能够获取的、有效获取的、及时获取的数据相关联的指标，将这些指标作为跨境电商综试区考核指标。其次，针对跨境电商综试区考核指标必须包含但存在数据获取难度的，建议采用替换指标或者替换数据加以解决。再次，拟定跨境电商综试区考核指标时，需要明确各指标相关数据的来源、责任单位及责任岗位或责任人，做到数据可查。又次，跨境电商综试区考核指标的关联数据要采用单一窗口制度，即各数据要明确单一的提供来源，当出现多个源头的情况时，要根据主要归口原则，确定提供单位及辅助单位；此外，还要明确跨境电商综试区考核指标所需数据的提供时间节点与提供周期。最后，将上述工作纳入跨境电商综试区考核专班的工作考核内容，并定期进行通报，以此打通跨境电商综试区考核存在的数据瓶颈。

## （五）加强跨境电商综试区考核结果的应用

对山东省跨境电商综试区进行单纯的考核并非目的，更重要的是根据考核结果展开跨境电商综试区的相应工作，总结出山东省跨境电商综试区发展经验、创新成果及存在问题，尤其是依据现存问题制定相应的应对措施。同时，建议采用季度考核的模式，这样既能避免月度考核太过频繁，也能避免年度考核缺乏实效性。2022 年山东省跨境电商综试区采用季度考核，并视山东省跨境电商综试区考核方案出台的时间开展相应的季度考核，后续再根据实际情况进行周期调整。在山东省跨境电商综试区考核结果的应用方面，每次考核工作完毕后，既要对山东省 9 个跨境电商综试区考核结果进行排序，同时对各一级指标的评价结果进行单项排序，通过多种维度的考核结果全面反映山东省 9 个跨境电商综试区的建设情况。依据山东省 9 个跨境电商综试区考核结果，除梳理出排名前列的跨境电商综试区建设成果、经验外，更应该针对排名后列的跨境电商综试区及其单项排名不佳的跨境电商综试区进行问题的反思与总结，找出这些跨境电商综试区存在的短板与不足，并对其进行重点分析，以期找到问题产生的原因与资源的短板。每次跨境电商综试区考核结果需要在规定的时间内及响应的范围内进行通报。此外，跨境电商综试区考核结果纳入各跨境电商综试区及所属商务局的年度工作绩效，并作为相关扶持政策的投入依据。

# 六　结论

我国从 2015 年起，先后六批次设立了 132 个跨境电商综试区，并覆盖了 30 个省区市，这足以看出跨境电商综试区的重要性及国家对其的重视度。山东省先后获批了 9 个跨境电商综试区，从省级层面看也凸显了国家对山东省跨境电商发展的重视。但从近几年山东省跨境电商综试区发展看，跨境电商综试区的建设仍不够理想，与跨境电商优势地区仍存在较大差距。尤其是商务部在 2021 年开展了全国层面的跨境电商综试区考核工作，并释放了对跨境电商综试区实行动态调整的信号，这也为山东省跨境电商综试区工作带来了较多压力。目前看，山东省对跨境电商综试区建设的重视度仍有待提升，应尽快出台及实施跨境电商综试区考评工作。通过以考促建，不仅能够加强山东省及 9 个跨境电商综试区所在城市对跨境电商综试区的重视，还能够全面梳理山东省 9 个跨境电商综试区建设现状、经验及问题，进而更有针对性地推动山东省跨境电商综试区建设。为此，应尽快制定切实可行的山东省跨境电商综试区考评指标及方案，通过成立跨境电商综试区考评工作专班来推进考评工作的尽快展开与完成，还应该解决跨境电商综试区考评存在的数据问题，并注重对跨境电商综试区考评结果的应用。上述一系列工作的开展与实施，能够更好、更快地完成山东省跨境电商综试区考核工作，进而有效推动山东省跨境电商综试区建设。

## 参考文献

韦大宇、张建民：《中国跨境电商综合试验区建设成果与展望》，《国际贸易》2019年第7期。

王瑞、顾秋阳、钟冰平：《跨境电商需要什么样的贸易便利化？——来自中国35个城市跨境电商综试区的证据》，《浙江学刊》2020年第4期。

肖亮、柯彤萍：《跨境电商综合试验区演化动力与创新实现机制研究》，《商业经济与管理》2020年第2期。

张正荣、杨金东、魏然：《跨境电商综合试验区的设立模式与推广问题——基于70个城市的定性比较分析》，《软科学》2020年第5期。

朱贤强、王庆：《跨境电商综合试验区创新实践与推进策略》，《经济纵横》2019年第8期。

王利荣、芮莉莉：《跨境电商综合试验区对地区经济的影响及差异性分析——基于"反事实"视角》，《南方经济》，https://doi.org/10.19592/j.cnki.scje.391409。

张正荣、杨金东：《跨境电商综试区的区位选择与推广路径研究——基于70个案例的模糊集定性比较分析》，《技术经济》2019年第10期。

张晓东：《跨境电商综合试验区区位价值影响因素研究》，《技术经济》2019年第9期。

苏为华、王玉颖：《我国跨境电商综试区发展水平的统计测度》《商业经济与管理》2017年第6期。

张夏恒、陈怡欣：《中国跨境电商综合试验区运行绩效评价》，《中国流通经济》2019年第9期。

# B.23
# "一带一路"倡议下跨境物流
# 联盟体系构建分析

何　惠[*]

**摘　要：** 在"一带一路"倡议下，跨境电商与跨境物流发展成果显著，国际物流的联盟化发展有利于深化"一带一路"沿线的国际合作。跨境电商物流联盟是跨境电商领域的国际物流联盟，可以从联盟主体、制度规则、合作机制与形式、产品及组合、数据系统与平台、安全体系、资源共享等方面构建跨境物流联盟体系，但在建设过程中需要特别关注推动海关监管国际合作、建设技术联盟、构建虚拟物流联盟、做好联盟风险管理等内容。

**关键词：** "一带一路"　跨境电商物流　国际物流联盟　跨境物流联盟体系

截至 2021 年 12 月，中国与共建"一带一路"国家签署了 200 多个涉及海运、空运、邮政领域的双边和区域运输协定。"一带一路"沿线物流设施建设和服务能力提高进一步促进了贸易便利化，节约了沿线国家的国际贸易时间，降低了贸易成本。[①] 与此同时，跨境电商作为推动中国国际贸易增长的新业态新模式，进入了快速发展期，对跨境电商物流服务的需求也迅速增长。为持续支撑"一带一路"沿线跨境物流降本增效、缩短物流时间和提

---

[*] 何惠，教授，硕士生导师，河南财经政法大学电子商务与物流管理学院副院长，主要研究方向为国际物流与供应链管理和跨境电子商务。

[①] 康文梅：《贸易便利化提高的国际经贸影响研究》，《价格月刊》2022 年第 3 期。

升服务水平，需要有关国家和企业进一步深化开放合作关系，在增强互联互通、加强资源整合、改革通关模式等方面不断探索。跨境电商物流在国家之间和企业之间的联盟化发展将成为重要趋势。

# 一 "一带一路"倡议下的跨境电商与跨境物流

## （一）"一带一路"倡议与对外开放

"一带一路"是"丝绸之路经济带"和"21世纪海上丝绸之路"的合称，是习近平主席于2013年提出的合作倡议，旨在扩大中国对外开放，与沿线国家创新政策沟通、设施联通、贸易畅通、资金融通和民心相通的合作模式。秉持"一带一路"倡议持续开放、深入合作和模式创新的指导思想，中国推行了一系列制度型开放与合作。

## （二）"一带一路"区域跨境电商与物流协同发展

2015年，中国发布共建"一带一路"的愿景与行动，提出要创新贸易方式，发展跨境电商等新业态。在全球经济备受疫情打击的背景下，2020年中国跨境电商市场规模达12.5万亿元，同比增长19.04%。[1] "一带一路"倡议提出以来，中国积极与沿线国家开展共建合作。截至2021年1月，中国与140个国家和31个国际组织签署了205份合作文件。[2] 电子商务合作机制和遍及五大洲的合作伙伴关系有效推动"一带一路"区域的跨境电商与跨境电商物流（简称跨境物流）发展。"丝路电商"成为经贸合作的新渠道和新亮点。2020年中国跨境电商交易规模占我国货物贸易进出口总值的38.86%，成为国际经贸发展最有活力的部分，也是驱动共建"一带一路"

---

① 网经社：《2020年度中国跨境电商市场数据报告》，https：//www.100ec.cn/zt/2020kjdsbg/。
② 《我国已签署共建"一带一路"合作文件205份》，中国政府网，http：//www.gov.cn/xinwen/2021-01/30/content_ 5583711.htm。

国家深入开放合作与互联互通的主要力量。①

随着"一带一路"区域国际物流设施投资力度加大，跨境电商物流企业加快国际化转型，在传统的邮政小包、国际专线和国际快递等模式基础上，在海外布局物流网点，建立海外仓，转向规模化离岸运营。转型过程中，跨境电商与跨境物流的协同能力受到普遍关注。在跨境电商与快递服务的协同性方面，研究发现：电商平台对跨境物流服务监督力度与物流通关能力、增值服务能力具有反方向关系，监督成本与合作行为具有反方向关系；电商与物流的信息不对称程度与合作行为密切相关；电商与物流的协同关系及收益与客户评价具有相关性。在物流便利化对跨境电商的影响方面，研究发现：共建"一带一路"国家GDP、人口规模等对通过跨境电商连接各新兴国家市场具有正向影响；物流便利化与国际合作对中国出口跨境电商具有积极影响，其中信息化水平正向影响最强，教育水平具有显著正向影响。因此，"一带一路"背景下跨境电商物流服务的产业链正在形成，协同与合作将在企业之间、国家之间不断深化。

### （三）"一带一路"深度开放合作与高质量发展

中国"一带一路"倡议及有关国家互联互通政策的实施为跨境电商和跨境物流转型发展提供了机遇，验证了国家之间制度型开放与经贸活动深度合作发展的良性互动。但是，"一带一路"区域跨境电商与跨境物流仍然面临国别政策冲突，甚至保护主义的挑战，跨境业务和离岸模式也受到诸如设施建设滞后、技术标准通用性不高、通关监管及物流作业无缝衔接效率低下的限制。一方面，得益于中国电子商务的快速增长，以及2020年以来全球新冠肺炎疫情对国际贸易及全球供应链的严重冲击，跨境电商成为国际市场上最具活力的国际贸易新业态；另一方面，一些国家的贸易保护措施以及新冠肺炎疫情下运输领域频繁的拥堵和熔断事件，对跨境物流提出更高要求。要实现"一带一路"沿线跨境物流领域的深度开放与合作，推动"一带一

---

① 网经社：《2020年度中国跨境电商市场数据报告》，https://www.100ec.cn/zt/2020kjdsbg/。

路"高质量发展，需要加强研究"一带一路"倡议下各国深度开放的制度创新以及经贸合作的新型关系构建，指导多层次、数字化的创新型跨境物流联盟体系的构建与运行。

## 二 国际物流联盟与"一带一路"区域国际合作

跨境物流联盟是跨境电商领域的国际物流联盟，需要分析研究国际物流联盟的机制和制度，为构建跨境电商物流联盟体系提供制度基础和经验借鉴。

### （一）国际物流联盟及其机制

狭义的国际物流联盟是国际物流企业之间构建的战略合作机制，具有稳定的契约关系，是优势互补、利益共享、风险共担的国际企业联合体。其运作机制是：①节约国际物流服务的交易费用，如节省搜寻和信息费用、决策费用、监督和执行费用，取得价格折扣等；②获得协同效应，包括规模经济效应、范围经济效应和共生经济效应；③联盟内部建立沟通、协作、约束和惩罚的合作机制，成员企业获得预期的绩效。

与国际物流企业联盟关系密切的还有国际虚拟物流联盟。世界各国信息化、网络化和数字化技术的应用进一步提高了国际市场交易效率，扩大了国际市场规模。国际虚拟物流联盟是建立在国际物流企业联盟基础之上的，由资源互补的物流企业根据物流目标和任务，在特定时间和市场条件下组建的数字化虚拟物流联盟，共同完成物流任务，各自获取溢价报酬之后就回归到原来的物流组织。这种联盟是灵活的学习型组织，具有虚拟性和开放性（也称无界性）。

广义的国际物流联盟是国家之间、地区之间建立的官方或非官方国际物流开放制度与合作关系的框架。其发挥作用的基础是在世界各国之间建立沟通互信机制和共享机制，主要活动内容是签署全球性或区域性的开放与合作公约及协议、一致推行国际贸易便利化措施和国际物流合作政策、联合制定和推广专业化标准化物流业务规则、共同推出国际物流服务产品、进行国际物流业务交流和国际物流专业人才培养。

## （二）国际物流联盟实践

分析国际物流联盟，可从合作组织性质、投资股份控制、开放区域、运输方式等方面进行分类。从实践视角看，国际物流联盟以物流企业为业务主体，以运行规则和国际公约为制度及法律基础，以国家倡议和法规为政策导向，运行机制和合作模式各有侧重。因此，理解国际物流的联盟化发展趋势，不仅要认识联盟组织，还需要认识国际物流联盟体系。

本文整理了一些不同运输方式下的国际物流企业联盟，如表1所示。

**表1　部分国际物流企业联盟（按运输方式分类）**

| 分类 | 联盟名称 | 概况 |
|---|---|---|
| 国际海洋运输联盟 | 班轮公会 | 是班轮公司限制航线竞争、进行联合经营的国际垄断组织。有百年历史，20世纪70年代是鼎盛时期，全球有375个班轮公会，垄断世界1/3的航线，市场占有率超过90%。采取运价协定、载货分配协定、利益分配制度进行内部合作，通过回扣与联运协定开展对外合作，在维护航运秩序中发挥了重要作用。随后因联合国和欧盟鼓励发展中国家船公司成长，班轮公会受到制约，逐渐被航运联盟取代 |
| | 航运联盟 | 是集装箱运输时代，班轮企业以差异化和专业化合作为前提组成的联合经营组织，是班轮企业的主要合作形式。主要开展舱位租赁、舱位互换、联合派船、网络重组、内陆运输合作等运作层面的合作。大型联盟有新世界联盟、伟大联盟、中远—川崎—阳明、长荣联盟和马士基海陆等 |
| | 丝路海运联盟 | 是中欧贸易的海上航线服务联盟，2018年在福建厦门开始运行，有100多家大型港航企业、行业协会及科研机构支持。是首个以海上丝绸之路命名的国际物流联盟品牌，致力于国际港航合作，与马来西亚、新加坡、澳大利亚、韩国、巴拿马等港口签订合作协议 |
| | 海洋联盟 | ①美国印太海洋联盟，是美国主导的双边海上合作组织，主要应对共同的海上安全问题，结构较为松散。建立"核心—盟友—次盟友"的等级体系，视中国为战略威胁，是对中国"一带一路"倡议的战略性反应<br>②中国主导的海洋联盟，2017年由中远海运集运、达飞轮船、长荣海运和东方海外组成，汇集成员的高品质航线产品，跨越太平洋、远东—欧洲地中海、远东—中东/红海和大西洋航区，追求更高效率、更广范围、更大规模和更高频率的优质服务<br>③2M联盟，由全球最大的两家航运公司——马士基航运、地中海航运组成，运力最强大，港口优势是最大特色<br>④THE联盟，由赫伯罗特、阳明海运、商船三井、日本邮船、川崎汽船组建，在跨太平洋和亚欧航线具有显著服务优势，成员使用统一精准命名的航线，运力强大，航次计划周密 |

| 分类 | 联盟名称 | 概况 |
|---|---|---|
| 国际铁路运输联盟 | 中欧中亚班列合作 | 2014年中国将铁路运输重新细分,打造中欧班列、中亚班列专线,使铁路出口货运量大幅度增长,极大推动了沿线国家国际铁路合作。但是沿线铁路轨距不统一,货物换次数多,返程空箱多,政府补贴支出较大,城市间班列线路竞争激烈,加剧了新欧亚铁路与西伯利亚铁路的竞争 |
| | 大湄公河次区域铁路联盟(GMRA) | 2014年在大湄公河次区域交通一体化基础上,由亚洲开发银行主导成立GMRA,促进6个成员国加快跨境铁路设施建设和运输的互联互通。在"一带一路"开放中,通过铁路网络骨架的顶层设计规划推进次区域经济走廊建设和加快泛亚铁路建设 |
| 航空运输联盟 | 双边协定、开放天空与区域航空一体化 | 1946年英国与美国的百慕大协议制定了双边航空运输市场准入规则,双方共同确定航空公司、通航点、航班运力、航权等,具有严格管制的市场特征。1979年美国放松管制,实施航权授予自由化和国内国际市场一体化,1992年与荷兰制定"开放天空"双边协定,给予反垄断豁免,该模式扩展到北美、欧洲、大洋洲国家。欧盟的改革采取更加积极的自由化政策,以共同体承运人替代国家承运人,更加充分授予国际航权,实行欧盟区域航空一体化,完全自由化经营 |
| | 国际航空运输协会(IATA) | 是由各国航空公司组成的大型国际协同组织,由航空承运人组成,管理民航运输中的票价、危险品运输等事宜。在100多个国家设有办事处,拥有遍及180多个国家的280家会员航空公司 |
| | 国际航空企业联盟 | 由航空公司通过联盟方式构建中枢轮辐式网络,提供更低成本更大范围的运输服务,获取网络经济。联盟方式有:共享共同显示代码;在销售、运营和机队维护等方面资源共享;统一采购;共享营销网络及服务体系;共同分摊航班衔接费用,降低票价等。全球三大航空联盟分别是星空联盟、天合联盟和寰宇一家,几乎囊括了全球主流航空公司 |
| 公路联盟 | 国际公路运输联盟(IRU) | 1948年由75个国家协会的180多个会员企业组成,制定卡车、面包车、大客车和出租车的车队、司机业主的最高专业标准,关注可持续发展。联盟的目标是改进公路运输安全性和环境,确保人员和货物流动 |
| 国际多式联运联盟 | 新亚欧陆海联运通道自由贸易试验区联盟 | 2021年在连云港成立,成员包括江苏、河南、陕西、安徽的9个自贸片区及霍尔果斯、阿拉山口2个重点口岸。旨在推进最高开放平台联合发展陆桥运输,打造新亚欧陆海联运优势。发展方向是在政策创新、协同开放上进行探索,打造共建共用的新合作模式(物流一体化、通关便利化、信息共享共用机制) |
| | 俄白哈关税联盟与物流合作 | 俄罗斯、白俄罗斯和哈萨克斯坦成立俄白哈关税同盟,共同加快道路交通设施建设,确立车辆运输体系。已有以西伯利亚铁路为主的运输方式,空运与管道运输比例增长较快,海运变化不大 |

| 分类 | 联盟名称 | 概况 |
|------|---------|------|
| 国际多式联运联盟 | 中国—东盟多式联运联盟 | 面向中国与东盟的"一带一路"经贸发展,完善多式联运顶层设计,促进物流大通道建设。示范项目有:"东盟—广东—欧洲"公铁海河多式联运工程、"西南—北部湾—东盟/中国沿海"境外多式联运工程,2021年12月中老铁路开通是最新成就 |
| | 大湄公河次区域交通一体化 | 以大湄公河次区域经济合作为背景,由中国与东南亚等6个国家组成的交通一体化合作形式,开展公路、航空、海运、铁路等运输方式的紧密合作 |

资料来源:根据公开资料整理。

由上可见,国际物流企业联盟具有以下特征:①以专业化物流业务为基础建立合作关系,如在不同国际运输方式上都有物流联盟,国际多式联运联盟起步晚,处于尝试阶段;②联盟的产生和演变与所在国家地区的经贸政策导向和发展环境联系密切,以满足运输线路周边的物流需求为出发点,对专线服务产品和合作方式进行顶层设计;③合作形式灵活丰富,成员在合作期可以加入或退出,在合作期满后可进行重组;④联盟的合作有松散型的,也有紧密型的,也可以互相进行投资与股权控制,结成企业联合体;⑤中国逐步在海上丝路及有关航线开展联盟化运营,提高了竞争优势。

非政府性质国际物流联盟为国际物流运作提供理论支持、运行规范与技术指导,本文搜集了部分此类组织及其规则标准,如表2所示。

表2  一些非政府国际物流联盟组织及其物流相关业务标准

| 分类 | 物流联盟 | 组织概况及规则标准 |
|------|---------|------|
| 货代联盟 | 国际货运代理协会联合会(FIATA) | 代表全球4万多家货运代理和物流企业,具有联合国顾问资格,是国际运输领域最大的非政府机构。设有货物空运研究所、安全事务咨询机构、客户事务研究所、多式联运研究所、法律事务咨询机构和职业培训咨询机构。创建页头带有会徽的文件表格成为货代文件标准格式,促进了国际物流业务衔接与合作,支持改进服务质量 |

续表

| 分类 | 物流联盟 | 组织概况及规则标准 |
|------|---------|------------------|
| 经贸合作组织 | 国际商会（ICC） | 是1919年由100多个国家参加的经济联合会,包括商会、工业、商业、银行、交通、运输等行业协会,为联合国提供一级咨询。不断推动贸易自由化,促进会员之间开放合作,协助解决贸易争端,制定非强制性的国际贸易标准术语、国际托收规则、国际联运单证统一规则、跟单信用证统一惯例等,为各国普遍接受和采用 |
| 运输联盟 | 国际铁路联盟（UIC） | 简称铁盟,是欧洲国家主导的国际铁路技术标准研制推行机构和铁路合作组织,开展铁路技术和运营方式的科学研究,规定铁路设计、建造、运营和维护的通用性安全要求,受到广泛关注。与欧洲标准化协会、欧洲电工标准化协会、欧洲电信标准协会开展标准化合作 |
| 仓储联盟 | 国际仓库协会联盟 | 1973年成立的世界仓储行业的民间组织,是连接各国仓储业界的纽带,致力于建立友好关系,加强同业间信息和经验沟通 |

资料来源:根据公开资料整理。

　　一般地,非政府国际物流联盟是介于政府间合作组织与企业联盟的国际组织框架,更加符合区域经贸活动对开放与合作的需要。其规则建立在基础研究之上,适应运输技术和国际物流作业方式衔接的演变趋势,更加注重专业技术和标准术语的应用与推广,其工作对于国际物流不同环节不同行业具有指导性。

　　具有联合国及各国政府背景的开放型组织是国际物流合作的更为广泛的基础,本文整理了部分相关的政府间组织及其制度框架,如表3所示。

**表3　一些政府间国际物流合作相关组织框架与制度规则**

| 分类 | 联盟组织 | 组织演变与法规体系 |
|------|---------|------------------|
| 国际经贸组织及规则 | 世界贸易组织（WTO） | 前身是关税与贸易总协定,独立于联合国,是当代最重要的永久性国际经济组织。其规则体系是国际贸易体制的组织基础和法律基础,管理监督全球主要贸易协定和缔约国的贸易政策法规,提供解决贸易争端和进行谈判的场所。中国2001年加入该组织 |
| | 世界海关组织（WCO） | 前身是海关合作理事会,与WTO具有相对应的国际地位,是全球唯一专门研究海关事务的国际政府间组织,旨在改善各成员海关工作效益,提高海关监管效率,促进海关执法领域的国际合作与创新 |

续表

| 分类 | 联盟组织 | 组织演变与法规体系 |
|------|---------|------------------|
| 国际邮政联盟 | 国际邮政联盟（万国邮政联盟） | 其国际邮政联盟理事会是联合国处理国际邮政事务的专门机构,有关决议和国际邮政公约是各国邮政协定的基本原则。涉及业务有:邮件分类、付费办法、衡量制度、补偿办法、终端费制度、邮政通关、处理无法投递邮件、推广汇兑、办理快递、推进普遍服务、服务创新等 |
| 国际运输合作组织及规则 | 国际道路运输联盟（IRU） | 联合国授权IRU管理全球唯一的跨境货运海关通关系统——国际公路运输系统(TIR系统),提升了全球贸易便利化和国际运输安全水平。2017年IRU与中国国家发改委和海关总署签署战略合作文件,制定行动计划以促进"一带一路"国际物流大通道建设 |
| | 国际铁路运输政府间组织（OTIF） | 具有国际法人地位,旨在确保欧亚非大洲国际联运技术及设备互通,提高便利性。成员中有28个国家为共建"一带一路"国家,与中国的互联互通情况良好。合作方向是法规、铁路技术、联运运单和合作机制联通 |
| | 铁路合作组织（OSJD） | 简称铁组,旨在建立欧亚地区统一的铁路运输空间,设置运输政策和发展战略、运输法、货物运输、旅客运输、基础设施和机车车辆五个常设专门委员会。实行政府级别和铁路级别国际合作,与全球经济贸易组织积极开展合作 |
| 国际运输合作组织及规则 | 国际铁路运输公约 | 也称国际货约,1890年由欧洲各国在瑞士伯尔尼的铁路代表会议上制定,1938年改称国际铁路货物送公约,1980年修改为国际铁路运输公约。适用于跨越两个以上缔约国的铁路运输及联运提单业务,包括国际铁路客运和行李托运协定 |
| | 国际铁路货物联合运输协定 | 也称国际货协,由苏联等八国及中国、朝鲜、越南、蒙古国等国组成。在亚欧大陆桥集装箱铁路运输中应用广泛,适用于两个以上缔约国之间直通货物的国际铁路联运,实行统一责任制。中国对朝鲜、蒙古国、俄罗斯、西亚等国家的部分进出口货物采用国际铁路联运方式 |
| | 国际公路货物运输公约 | 1956年由欧洲国家在日内瓦成立,制定了公路提单/托运单、承运人责任制等规则。当合同上的货物接收地和交付地涉及公约签订国时,公约就生效。适用于一切有偿的汽车运输合同 |
| | 国际海事组织（IMO） | 是联合国海事技术咨询和航运海事的立法机构,有关国际公约称IMO公约。后续有国际集装箱安全公约等。中国是IMO的A类理事国 |
| | 国际民航组织（ICAO） | 是联合国专门负责监管航空安全、执行航行规则的机构。国际民用航空公约又称芝加哥公约,包括空中航行、国际民用航空组织、国际航空运输和最后条款等四部分 |
| | 班轮公会行动守则公约 | 1972年根据联合国贸发会和联合国大会的决议而制定,旨在保护发展中国家发展自己的商船队,对抗发达国家通过班轮公会垄断航运,促进班轮运输更有效地为国际贸易服务 |

| 分类 | 联盟组织 | 组织演变与法规体系 |
|---|---|---|
| 海关合作组织及有关公约 | 关税合作理事会 | 1971年制定了关于货物实行国际转运或过境运输的国际货物运输海关公约，与TIR内容相似。主要规范海陆空各种运输方式的国际货物，简化缔约国海关手续，应用范围广。1973年制定简化和协调海关手续的国际公约又称"京都公约"，是简化和协调各国海关手续方面较为全面的规则，对所有国家开放。设置检查程序要求缔约国每三年检查一次本国法规，主要针对曾被提出异议过的标准或惯例 |
| | 欧洲经济委员会（ECE） | 1956年制定集装箱海关公约，对集装箱报关做出规定。1972年制定新的集装箱海关公约增加了国内运输及经营者的规定。1959年制定国际公路运输手册担保下的国际货物运输海关公约，简称国际公路车辆运输公约。成员从欧洲各国发展到美国和日本等。为公路运输中途不换装而通过国境的货物办理关税手续提供便利。新公约规定不论使用几种运输方式，凡涉及公路运输时均可办理"TIR手册" |
| 包装联盟 | 世界包装组织（WPO） | 为联合国提供专业咨询，与联合国国际贸易中心（ITC）深入合作，在国际包装行业具有重大影响力，其世界包装大会是重要国际交流平台。与亚洲包装联盟、中国包装联合会、中国出口商品包装研究所、中国包装技术协会和世界包装中心具有密切联系，倡导包装技术创新、绿色包装和绿色快递包装 |

资料来源：根据公开资料整理。

　　可见，由联合国及各国政府缔结的政府间物流联盟及公约和规则，体现了缔约各国在国家制度上的开放倾向，促进了缔约国参与国际物流合作及跨境物流活动，具有更加广泛深入的影响。

　　此类国际组织及其国际公约反映了国际区域之间的竞争与合作关系，对有关国际运输企业的开放态度和合作战略具有较为直接的影响。

　　国家间的联盟及公约要求有关国家在国内政策层面制定相应的法规和产业政策，并按照国际组织的要求定期或不定期进行自查更正。因此，国家间物流联盟组织和规则体系是国际物流企业联盟的制度基础和政策体系，一旦形成国际规则和惯例体系，将成为国际物流合作的制度基础。

### （三）国际物流的联盟化发展有利于深化"一带一路"区域国际合作

关于国际物流联盟实施效果的有以下研究发现。①联盟对企业的财务绩效有积极作用。国际业务成本有所下降，但信息成本有所增加。②国际合作对企业实现范围经济有正向影响。服务范围扩大导致利润增加，物流操作成本下降，中转时间减少。③联盟整体上有助于实现规模经济。目前绝大部分企业处在规模经济阶段，但企业规模和绩效有发生规模不经济的可能。④物流联盟对于环境保护具有突出作用，比如联合运输和改进船舶技术有利于提高燃油效率，减少废气排放。⑤联盟会提高市场集中度，对中小企业产生挤出效应，市场竞争效率可能下降。⑥一些联盟通过规模优势、市场份额、技术和标准先进性等主导国际合作，并具有一定的国家战略背景。中国在航运、铁运及联运方式上开始组建联盟，为"一带一路"沿线的物流提供合作支撑。

从实践来看，国际物流联盟化发展是跨境电商企业和物流企业的主动选择。为了应对跨境贸易伙伴国的物流限制政策，提高在海外市场的规模，降低通关风险，中国已经开始构建跨境物流联盟。2015 年，中国"一带一路"沿线城市的企业和社会组织发布了"一带一路"跨境电商物流合作联盟兰州宣言，倡议建立城市间协同机制，优化跨境电商运输网络和供应链环境，推动联合规划，强化骨干企业作用，建立人才培养机制，统一行业标准。2019 年，中国与共建"一带一路"部分国家结成跨境电商物流联盟，创新合作方式，提供多层次服务，共同应对国外限制措施。因此，中国的国际物流联盟化发展有利于强化国际竞争优势，也深化了"一带一路"沿线的国际物流合作。

## 三　"一带一路"区域跨境物流联盟体系框架

随着跨境电商交易规模膨胀，"一带一路"各国的 B2B 交易中保税仓、海外仓业务对物流合作要求更高，跨境物流企业面临业态创新、技术创新和组织创新的挑战。同时，中国"一带一路"倡议引导企业和有关组织在全球范围探索制度对接，新型跨境物流联盟需要加深认识开放合作的制度与法律基础，在联盟化发展中深入研究跨境物流任务分解和流程衔接能力、利益与风险管理机制、联盟体系稳定性控制手段和联盟化运行效果评价体系。另外，跨境电商物流与数字经济互相促进，跨境物流联盟具有建设虚拟联盟的天然优势。为更好地挖掘跨境电商与物流领域的数字资源，加快适应国际市场，跨境物流联盟体系应重视建设"网上丝路"，提高数字化协同能力。

## （一）"一带一路"跨境物流联盟与合作体系

跨境物流联盟是有关企业的国际合作方式，其具有以下特征：①有利于改善物流资源配置，但涉及多元化物流业务主体，合作机制复杂；②有利于实现规模经济和范围经济，但合作范围广泛，物流系统的风险点增多；③有利于细化物流专业化分工，但联盟内部责任不清晰，作业流程控制难度大。

借鉴国际物流联盟运行的经验，"一带一路"区域跨境物流企业的联盟化发展，不但要构建企业联盟组织，还要利用好相关国际组织的公约法规和制度标准，打造联盟成员交流共享的网络优势。跨境物流企业联盟与相关国际组织、国际公约和规则、各国开放政策、数据支持系统等，共同构成跨境物流联盟体系。

## （二）"一带一路"跨境物流联盟体系的构建框架

"一带一路"跨境物流联盟体系的总体框架包括以下组成部分。

（1）跨境物流联盟主体。"一带一路"跨境物流联盟的主体包括跨境业务链条上的各类厂商、各种组织、有关政府部门（制定政策）、政务机构（行政服务）（见图1）。其中，"若干跨境物流企业"组成跨境物流企业联盟，各类主体组成跨境物流联盟的主体体系。跨境物流企业主体以各自的"跨境物流联盟企业资源及其整合配置"构建跨境物流实体联盟。

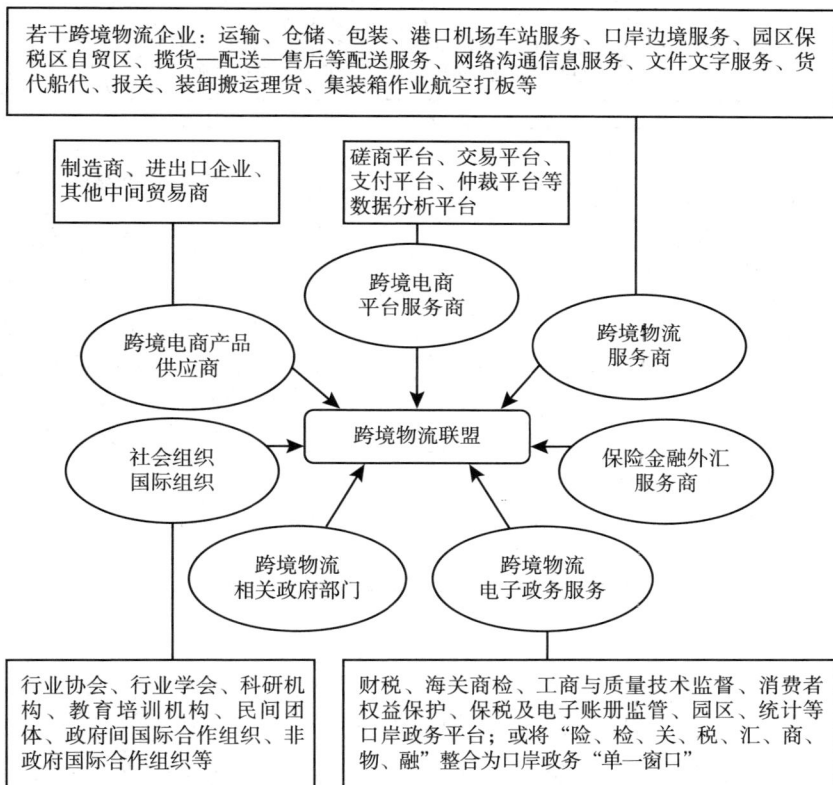

若干跨境物流企业：运输、仓储、包装、港口机场车站服务、口岸边境服务、园区保税区自贸区、揽货—配送—售后等配送服务、网络沟通信息服务、文件文字服务、货代船代、报关、装卸搬运理货、集装箱作业航空打板等

制造商、进出口企业、其他中间贸易商

磋商平台、交易平台、支付平台、仲裁平台等数据分析平台

跨境电商平台服务商

跨境电商产品供应商

跨境物流服务商

跨境物流联盟

社会组织国际组织

保险金融外汇服务商

跨境物流相关政府部门

跨境物流电子政务服务

行业协会、行业学会、科研机构、教育培训机构、民间团体、政府间国际合作组织、非政府国际合作组织等

财税、海关商检、工商与质量技术监督、消费者权益保护、保税及电子账册监管、园区、统计等口岸政务平台；或将"险、检、关、税、汇、商、物、融"整合为口岸政务"单一窗口"

**图 1　跨境物流联盟体系的主体体系**

资料来源：笔者自行绘制。

（2）跨境物流联盟运行规则和物流标准。包括企业联盟的合作规则、跨境物流相关的国家战略和政策、跨境物流相关的国际标准、国际公约法规、国际惯例等。各类法规规则构成跨境物流联盟的"制度层"（见图2）。

（3）跨境物流联盟合作机制与形式。合作机制包括联盟内部的伙伴识别机制、沟通协作机制、利益分配机制、风险控制机制、约束惩罚机制以及

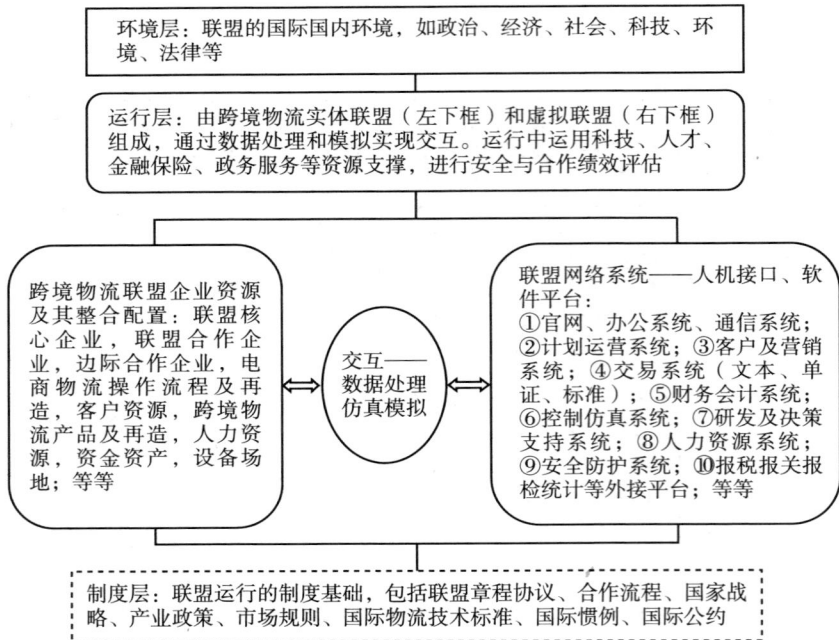

图 2　跨境物流实体联盟与虚拟联盟框架

资料来源：笔者自行绘制。

重组机制，还有联盟与外部的合作协同机制。

（4）跨境物流产品及组合。分为进口业务和出口业务，物流活动分布在跨境物流全过程。将跨境物流业务转化成新业态新模式新组合，能够体现联盟的经营优势。

（5）数据系统与网络平台。任务是构建跨境物流虚拟联盟，包括跨境物流企业数据系统、联盟企业之间信息共享平台、电子政务系统与网络平台、各类组织的信息系统和科研平台等，体现联盟的数字技术优势。跨境物流虚拟联盟与实体联盟共同组成跨境物流联盟"运行层"。

（6）质量、安全与合作绩效评估。质量是联盟的综合目标，包括服务质量、业务质量和合作质量。质量评估是控制联盟发展的依据。安全评估指跨境物流供应链对运行风险及稳定性的判断识别，是联盟持续发展的前提。

合作绩效评估是对执行联盟战略后的利益评价。

（7）科技、人才、金融保险、政务服务等资源。这些资源是扩大合作范围的边界、为提高联盟企业资源使用效率提供进一步支撑。

总之，跨境物流企业通过环境评估选择联盟战略，构建的跨境物流联盟国际合作体系包括实体联盟、虚拟联盟和联盟制度基础。可以选择环境、运行和制度等不同层面作为分析视角，本文主要涉及运行和制度层面分析。

### （三）"一带一路"跨境物流联盟体系整体构成

"一带一路"跨境物流联盟体系整体构成包括：①有关企业组成跨境物流企业联盟，企业及其资源是实体联盟部分；②实体联盟与虚拟联盟构成跨境物流体系，实现运行层的交互；③跨境物流体系对环境层进行研判，实现动态调整；④联盟体系运行遵守"一带一路"区域的开放战略及合作法规政策，需要制度层约束联盟及其成员的行为；⑤跨境物流联盟体系通过跨境物流信息系统组织各类活动，如完成产品供应合作、跨境电商平台合作、进出口物流及国际运输合作，共建"一带一路"国家进行制度合作、开放与创新等。基本框架如图3所示。

## 四 构建"一带一路"跨境物流联盟体系的重点内容

### （一）深入实施"一带一路"倡议和政策体系，加强国际政策沟通

2013年习近平主席提出"一带一路"倡议，2015年中国政府发布《推动共建丝绸之路经济带和21世纪海上丝绸之路的愿景与行动》，各省区市在年度政府工作报告及中长期规划中对基础设施投资建设、金融贸易领域推动合作交流的对外开放工作都做出指导安排，尤其是"一带一路"沿线省区市进一步制定了关于落实"一带一路"倡议的地方法规、实施意见、规划和通知要求，一些省区市成立领导小组并制定行动计划、实施方案。一些

```
┌─────────────────────────────────────────┐
│ 跨境电商产品供应合作：加工组装制造、      │
│ 中间交易、国内运输、履单交货            │
└─────────────────────────────────────────┘
                    ↕
┌─────────────────────────────────────────┐
│ 跨境电商平台合作：厂商管理、商品信        │
│ 息、跨境交易、支付结算、纠纷处理          │
└─────────────────────────────────────────┘
                    ↕
```

跨境物流信息系统：对订单、跨业务单证、支付信息、收发货通知、送货取货通知、货物追踪、退换货信息等进行制作、处理、交换和控制，模拟分析、决策支持

出口物流联盟：国内运输、揽货、验货收货、包装仓储、园区业务、装箱/包、保险、报检报关、制单、发货、启运等

跨境运输联盟：不同运输方式、多式联运、过境中转等

进口物流联盟：卸载、报检报关、拆箱/包、分单、园区业务、国内运输、海外仓保税仓等仓储业务、配送、送货等

出口货代合作

进口货代合作

国际货代联盟

跨境政务平台便利化：单一窗口，等等

共建"一带一路"国家进行制度合作、开放与创新：国际公约、规则、惯例、标准；国家战略、政策、法令、规划；产业政策；联盟章程、合作规则；科研合作、国际交流、人才培养

**图 3　跨境物流联盟合作体系整体框架**

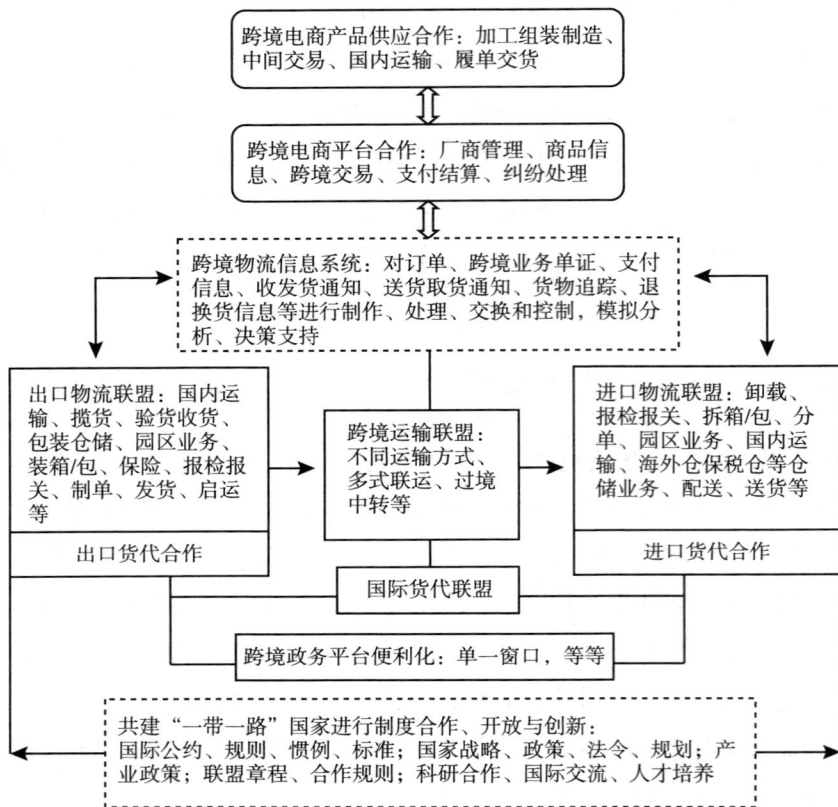

资料来源：笔者自行绘制。

政府直属单位，如国家发改委、海关总署、商务部、交通部、工信部等，也分别制定了关于"一带一路"沿线贸易与跨境电商便利化、国际物流服务质量提升、交通设施建设、国际通道与通信互联互通、跨境通关与快递服务流程简化、"单一窗口"平台建设、口岸及边境站与园区建设等方面的意见、方案、通知、行动计划与思路，等等。

有关研究表明，一方面，我国"一带一路"的政策强度对经济开放度有正向作用，与保障力度有互补关系。政策强度对开放度的影响具有区域差异，西部地区的措施更加细化，有机会改善区域劣势。另一方面，政策沟通

是推动中国政府与沿线国家协调政策的关键因素，未来需要创建行政沟通机制，加强友好诚信网络平台建设，提升沟通效率。需要加强沟通的政策主要包括贸易便利化措施、市场监督措施、与沿线国家共建"单一窗口"平台、加快跨境海关电子系统建设等。

## （二）研究国际合作组织与法规体系，积极融入国际物流联盟

在全球化与逆全球化发展趋势下，发达国家不断促进国际制造体系回流，全球供应链合作更加关注稳健性和安全性，中国需要密切关注国际组织及其合作体系的变化。一方面，要加强国际公约和规则研究，开展广泛合作，利用中国在跨境电商领域的市场优势，探索构建新型跨境物流联盟组织，主导推动新型合作和制度创新。另一方面，要积极推进"一带一路"核心区域、先行区域的基础设施建设，推进贸易便利化进程，从理论和实践上探索跨境物流联盟在核心层、合作层和边际层的合作机制与形式创新。

研究表明，不同国际合作组织的发展方向和宗旨是不同的，中国可采取分而治之的策略积极应对。例如，美国印太海洋联盟对中国建设海上丝绸之路经济带有一定威胁，中国可以用"一国一策"进行分化，建立中美对话机制推动海上安全合作，开展中俄之间海上安全合作，发挥其他多边机制的约束作用；中国对丝路海运联盟创新合作方向是：打造中欧联运物流公共信息平台，协同推进核心区建设，加快通关一体化创新，推广多国整箱拼箱业务，进行技术、投资、税务等综合服务政策支持；对国际铁路运输政府间组织，中国应建立不同组织间的合作协调机制，建立多层面参与机制和高素质人才培养机制。另外，美国认为全球三大海洋联盟控制着全球80%的集运市场，不受反垄断法管辖，因此有权对其发起调查。而三大联盟分别将在2025~2030年合约期满，其后续重组必然影响国际海运格局，也会产生新的机会，值得关注。

## （三）推动海关监管模式国际合作与创新

中国跨境电商产品在一些国家入境时，经常由于国家之间不同的通关标准

和严格监管程序而延长滞留时间,需要在深入研究海关标准基础上推动数据共享、手续简化和标准互认,与共建"一带一路"国家探讨政策程序互联互通、数据平台共建共享。尤其是中国国际贸易"单一窗口"建设经验对东盟国家、独联体国家和东欧国家具有较好的参考,有利于发挥中国的主导作用。

### (四)继续做好"一带一路"沿线基础设施建设与投资

基础设施和国际物流通道建设是推进"一带一路"开放合作的重点内容,一直广受关注。中国和亚洲基础设施投资银行(亚投行)在新亚欧陆海联运通道自由贸易试验区联盟、中国—东盟多式联运联盟、大湄公河次区域交通一体化等国际合作领域取得显著成就,在沿线国家主通道的融资投资、示范性项目规划及建设等方面取得较大进展。未来需要在加强配套物流及通信设施建设、利用海外仓降低物流成本、完善无缝化流程以缩短货物在途时间、提高快件落地配送衔接效率等方面着力。俄白哈关税联盟区域急需加快国际铁路、公路通道建设,海洋联盟国家在推动数字港口建设、流程再造以加快集装箱货物周转、技术研发与人才交流、国际供应链重组等领域也有较好合作前景,中国企业联盟化发展充满机会。

### (五)重视物流领域科学研究,探索建设技术联盟

分析发现,相关的国际合作组织非常重视基础研究,尤其是一些非政府组织对国际物流标准的研究、制定和推广具有先进性、权威性,使一些国家和地区在国际合作中取得主导地位。共建"一带一路"国家在国际铁路联运公约(协定)、铁路轨距等设施标准、通行流程、单证标准化等方面差异较多,中国作为"一带一路"倡议的发起国,需要加强在政府间、联盟间的沟通协调,加大物流基础科学和国际标准的研究投入,联合开展物流技术研发,在"一带一路"建设的先行区和核心区逐步推进物流通道、物流设施、作业流程的标准化和互认互通,在物流网络5G技术应用、"单一窗口"平台共享等工作上发挥主导作用。此外,加大跨境物流专业人才培养,有助于提高研究水平,在国际合作交流中发挥更大影响力。

## （六）打造数字物流、智慧物流，构建虚拟物流联盟

在数字经济时代，跨境物流联盟将以数据为驱动，以技术为支撑，应加快人工智能、数据挖掘、物联网技术、地理信息系统等新技术应用，提高科学决策和数据共享能力。通过构建虚拟物流联盟，合理调度，改进服务环节无缝对接，改善联盟成员的运输及配送效率，优化组合新服务新产品，满足客户柔性化需求。

## （七）建立跨境电商及物流市场监管与质量标准

跨境电商是网络交易，货物实体通过跨境物流作业实现交接的过程较为复杂，业务主体之间出现更多的信息不对称，采购方的风险更大，退换货难度高，采购体验和满意度不稳定。在高速发展阶段，各国对跨境电商和跨境物流的市场监管普遍滞后，监管机构跨国合作更加困难。因此，如何对一些监管灰色地带建立市场监管机制，建立跨境服务质量的标准体系、评价流程和评价结果发布制度，提高质量监管效率，是共建"一带一路"国家需要共同面对的问题。

## （八）做好跨境物流联盟风险控制与安全管理

全球供应链企业高度重视合作风险和产业安全，跨境物流作为供应链环节之间的主要纽带，必然要建立相应的风险管理体系，才能更好地融入国际经济体系。对于合作体系中一些国家的不合作倾向、联盟企业的违约行为、联盟体系的重组及持续发展、绿色联盟合作、虚拟物流联盟的约束机制、建立低碳物流体系以适应东道国环境规制、防疫及跨境作业熔断机制等问题，都需要深入研究，设置前瞻性的合作规则。

**参考文献**

中国社会科学院"一带一路"研究中心、中国社会科学院—上海市人民政府上海研究院：《"一带一路"蓝皮书："一带一路"建设发展报告（2021）》，社会科学文献出

版社，2021。

付帅帅、陈伟达等：《跨境物流联盟稳定性研究》，《计算机应用研究》2020 年第 10 期。

曹允春、郑莉萍等：《"一带一路"倡议下我国跨境电商物流联盟构建研究》，《铁道运输与经济》2020 年第 10 期。

邢光远：《"一带一路"倡议下中国跨境电商的政策演进与发展态势》，《西安交通大学学报》（社会科学版）2020 年第 5 期。

陈升、顾娟等：《"一带一路"相关文件政策强度与省域经济开放度关系研究》，《重庆大学学报》（社会科学版）2021 年第 2 期。

# B.24
# "三重压力"背景下郑州建设
# 国际消费中心城市的路径研究

王岳丹　张兰生*

**摘　要：** 国际消费中心城市建设是新形势下我国赋予城市新功能定位、服务构建新发展格局的一项重要举措。郑州作为国家中部地区崛起战略、黄河流域生态保护和高质量发展战略的重要组成部分，如何发挥自身优势、补齐自身短板，参与谋划建设国际消费中心城市，从而促进郑州加速融入国家双循环新发展格局、推动河南经济高质量发展，值得认真探索和研究。本文通过分析"三重压力"背景下，郑州市建设国际消费中心城市的主要意义，从区位优势、消费规模、产业基础、文旅资源、对外开放、政策环境等方面全面分析郑州国际消费中心城市建设的优势和挑战，并提出了郑州建设国际消费中心城市的重点方向和措施建议。

**关键词：** 国际消费中心城市　对外开放　郑州

"十三五"以来，面对不断变化的国际政治和国内经济形势，国家陆续出台多项举措稳定经济增速、优化经济结构，推动我国经济高质量发展。其中，消费作为拉动经济增长的"三驾马车"之一，成为挖掘内需潜力、提

---

\* 王岳丹，河南国际数字贸易研究院办公室副主任，主要研究方向为跨境电商、数字贸易、数字经济；张兰生，河南国际数字贸易研究院助理研究员，主要研究方向为跨境电商、数字贸易、国际物流。

升经济发展动力的重要抓手。2018 年 9 月，《中共中央国务院关于完善促进消费体制机制进一步激发居民消费潜力的若干意见》首次提出要"建设若干国际消费中心城市"；2019 年 10 月，商务部等 14 部门联合出台《关于培育建设国际消费中心城市的指导意见》，提出利用 5 年左右时间，基本形成若干立足国内、辐射周边、面向世界的具有全球影响力、吸引力的综合性国际消费中心城市，带动形成一批专业化、特色化、区域性国际消费中心城市；2021 年 7 月，商务部宣布在上海市、北京市、广州市、天津市、重庆市率先开展国际消费中心城市培育建设工作，我国国际消费中心城市建设正式拉开帷幕。

2020 年，受新冠肺炎疫情影响和国际形势的剧烈变化，全球经济遭受严重打击，面对新形势和新挑战，中央提出构建"双循环"新发展格局，着力提升我国经济发展的内生动力。在这种形势下，消费成为拉动经济增长的主导力量，国际消费中心城市建设工作将成为未来城市发展的重要机遇。郑州市立足河南省庞大的人口和中部地区重要交通枢纽优势，集聚国际消费中心城市培育建设的基础和条件，如何紧抓发展机遇、充分发挥自身优势、弥补自身短板，逐步打造国际消费中心，成为新形势下推动郑州经济高质量发展的重大战略。

# 一 "三重压力"背景下国际消费中心城市建设意义

世纪疫情冲击下，百年变局加速演进，党中央立足日益复杂的国际政治形势、动荡不安的国际经济形势，作出"我国经济发展面临需求收缩、供给冲击、预期转弱三重压力"的重要判断。在此形式下，高标准规划建设国际消费中心城市，是我国主动适应世界经济变化，通过激发消费需求、释放消费潜力、构建双循环新发展格局的重要战略举措。国际消费中心城市建设应"立足全省、辐射全国、面向全球"，既要满足国内消费增长和升级的需求，提升国内消费规模和质量，也要通过消费带动国内供给侧改革，激发国内经济增长动力，与区域经济、世界经济产生更加良性的互动，这与基于

"三重压力"背景下构建"双循环"新发展格局的整体思路是契合的，符合当前国内经济发展需要，在此情形下，建设国际消费中心城市面临重大发展机遇。

## （一）激发国内外消费需求潜力

一方面，国际消费中心城市建设能够发挥我国超大规模人口和旺盛消费需求优势，激发国内消费潜力，不断提升我国经济发展动力。第七次全国人口普查结果显示，我国总人口已达 14.12 亿人，其中有超过 4 亿的中等收入群体，消费需求纷繁多样。国际消费中心城市建设能够集聚更多全球优质商品和品牌，满足多元化、升级化的国内消费需求。另一方面，数字经济时代，全球疫情的反复阻隔了人员流动，加速了网络购物、移动支付、线上线下融合等新业态新模式的快速发展，国际消费中心对国际消费需求刺激不再受物理空间限制。数据显示，2020 年，全球零售总额总体呈下降趋势，降幅 3%左右，但网络零售贸易不降反增，网络零售总额 4.3 万亿美元，增长率达 27.6%。[①]

## （二）防范化解国内外供给冲击

建设国际消费中心城市，不仅依赖庞大的消费规模，更需要高质量的消费水平，而创造高质量消费水平的关键在于畅通国内供给侧。"十三五"以来，供给侧改革成为党和政府调整经济发展最主要的议题和手段，旨在整合利用各地资源禀赋条件，调整区域产业和经济结构，实现要素资源的最优配置，带动产业升级、丰富供给种类、提升供给质量，打造供需匹配、适应性高、灵敏性强的供给侧体系，让经济发展更好地适应民众不断增加的消费需求，以此稳固经济增长速度，确保经济增长的规模和质量。在双循环新发展格局和"三重压力"背景下，供给侧的改革和升级，将成为助力我国消费

---

① 中华人民共和国驻法兰克福总领事馆经济商务处：《2020 年全球在线零售贸易增长 27.6% 至 4.3 万亿美元》，中华人民共和国商务部，2021 年 3 月 22 日。

升级和消费质量提升的关键环节，而高质量的消费也将为国际消费中心城市的建设提供坚实的保障。

### （三）完善国内外消费支撑体系

双循环新发展格局首先是立足国内循环基础，而后延伸至国际循环。这就首先要保证国内大循环的畅通无阻，要打通各种生产要素在生产、分配、流通、消费等各个环节的流转，为国际消费中心城市建设提供优越的支撑环境。一是高效的物流运输交通体系。消费连接着商品的生产端和消费端，高效的物流运输保证商品的时效性，是国际消费中心城市建设中强大商品供应的基础保障。同时便利快捷的交通出行体系，将为国际消费中心城市吸纳更多消费者，加速消费者在城市内部消费的流转速度。二是有力的政策保障体系。现阶段消费依旧是稳定经济发展的"压舱石"，国际消费中心城市的建设是大势所趋，已经成为评判城市国际化、开放程度和发展阶段的重要指标。新发展格局和"三重压力"背景下，国际消费中心城市的建设是培育内需体系、释放和激发国内居民消费需求、提升消费能级、提振发展预期的重要手段，因此能够在供需两侧、消费两极政策制度层面形成强有力的支持保障体系。

## 二 郑州建设国际消费中心城市的优势及挑战

"十三五"以来，郑州在党中央和省委省政府的坚强领导下，开放程度不断加深，产业结构趋于合理，经济发展稳步提升，人民生活水平和幸福感明显增强，已经站在了历史的新发展起点。国际消费中心城市的建设，是党中央立足国内发展实际、着眼未来发展做出的战略性安排，对加快推进城市发展的国际化进程、拉动城市经济增长具有重要作用。郑州作为河南省会、特大型城市、中原城市群核心城市，产业基础扎实、消费需求旺盛、对外开放程度高，具有坚实的国际消费中心城市建设基础和发展优势。

## （一）基础优势

### 1. 地理位置优越，发展基础坚实

郑州地理位置优越，承东启西、连南贯北，是国家重要的陆港型、空港型、生产服务型、商贸服务型综合交通枢纽，为国际消费中心城市的建设奠定了坚实的基础。一方面，郑州拥有强大的物流运输保障体系。陇海铁路、京广铁路两大干线在这里十字交汇，8 条国家高速公路和 9 条普通国道穿城而过、纵横交汇，拥有"亚洲最大的列车编组站"郑州北站、全国首个国家级航空港综合试验区。另一方面，郑州还具备完善的城市交通出行体系。郑州"米字形"综合高铁网络基本建成，呈现覆盖中部、辐射全国的态势，已形成辐射全省、通抵周边省会、通达全国主要城市的"123"小时经济圈；郑州新郑国际机场是中国八大区域性枢纽机场之一，开通客运航线 194 条，通航城市 132 个，成为连接国内外乘客的重要交通枢纽。

### 2. 消费规模攀升，消费结构改善

作为人口大省的省会城市，郑州市有着旺盛的消费需求和消费潜力，近年来随着经济社会的不断发展，整体消费规模逐渐攀升，已初步具备建设国际消费中心城市的条件。一是消费规模不断攀升，消费动能持续强劲。2015~2019 年，郑州市社会消费品零售总额增加 2029.7 亿元，年均增速 12.75%。[①] 2020 年以来，受新冠肺炎疫情的影响，全市消费需求回落，社会消费品零售总额同比略有下降（见图 1）。二是郑州市人口规模不断增长，消费潜力巨大。2015~2020 年，郑州市常住人口总数呈逐年递增态势，第七次全国人口普查结果显示，2020 年郑州市常住人口为 1260.06 万人，比第六次人口普查增长 46.1%，年平均增长率为 3.86%。[②] 此外以郑州为中心的郑州都市圈覆盖人数超 2500 万人，[③] 随

---

① 郑州市统计局：《历年社会消费品零售总额》，http://tjj.zhengzhou.gov.cn/ndsj/3093267.jhtml。
② 郑州市统计局：《郑州市第七次全国人口普查公报（第一号）》，2021 年 5 月 15 日。
③ ③河南省委办公厅、河南省人民政府：《郑州大都市区空间规划（2018~2035 年）》，2019 年 8 月 16 日。

着疫情形势的好转，郑州经济社会逐步复苏，内部强大的消费潜力将得到充分释放（见图2）。

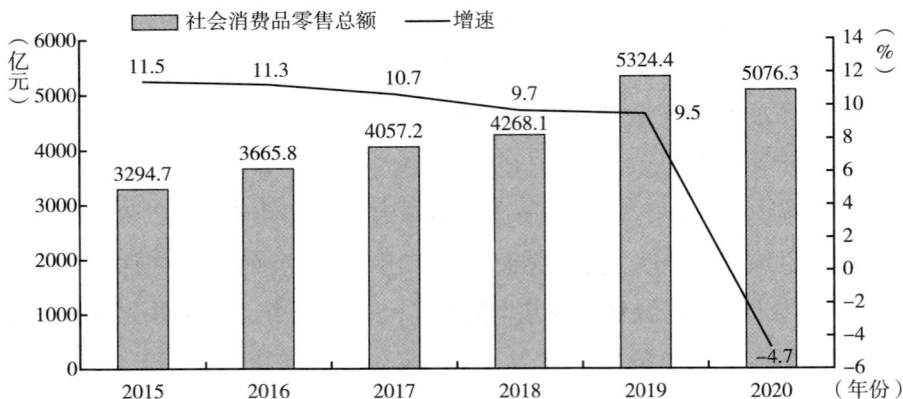

**图1  2015～2020年郑州市社会消费品零售总额及增速**

资料来源：根据2015～2020年郑州市统计局公布数据综合整理。

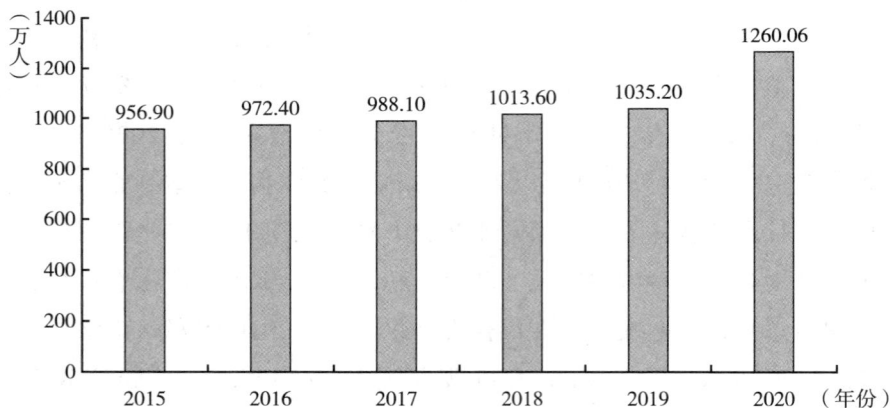

**图2  2015～2020年郑州市常住人口数量**

资料来源：根据2015～2020年郑州市统计局公布数据综合整理。

### 3.产业结构优化，产业支撑充分

近年来，郑州充分发挥现有优势产业基础，加速推动传统产业的转型升级，通过调整和优化制造业结构，完善构建现代产业体系，形成了电子信息工业、新材料产业、生物及医药产业、现代食品制造业、家居和品牌服装制造业、汽车及装备制造业、铝及铝精深加工业七大主导产业，打造了电子信息和汽车及装备制造两个 5000 亿级规模的优势产业集群。2020 年，全市全年生产总值达 1.2 万亿元，同比增长 3%（按可比价计算），① 增速高于全省和全国。在产业结构方面，主导产业和重点产品总体呈稳定增长态势，战略性和高技术产业比重上升，而传统支柱产业和高耗能行业占比持续下降，全市生产效益稳固，现代化的产业体系已初步形成，能够有力支撑郑州市国际消费中心城市建设。

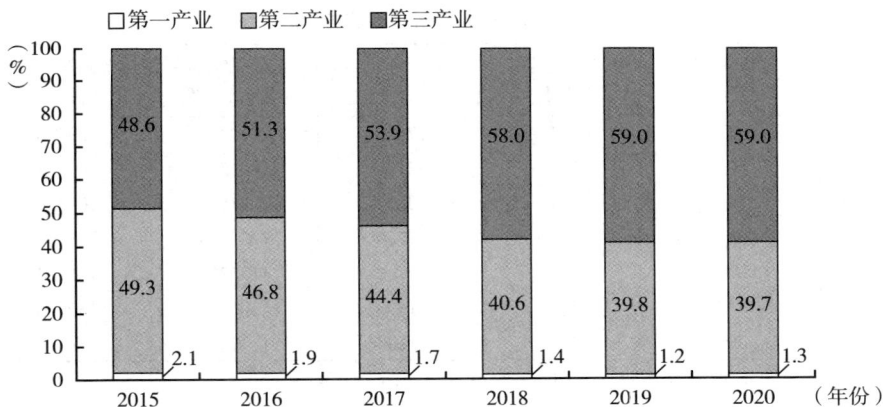

图 3　2015~2020 年郑州市产业结构

资料来源：根据 2015~2020 年郑州市统计局国民经济和社会发展统计公报数据综合整理。

**4. 文旅资源丰富，商圈活力充沛**

郑州是中华民族文明的发祥地，作为连接省内重要文旅景点的枢纽，具有强大的文旅带动消费能力（见表 1）。郑州不仅是黄河文化、商都文化、武术文化以及戏曲文化等中华文化的发源地，黄帝故里、商城遗址、

---

① 郑州市统计局：《2020 年郑州市国民经济和社会发展统计公报》，2021 年 3 月 14 日。

少林寺等传统历史文化资源也极其丰富，建业华谊兄弟电影小镇、郑州海昌海洋公园、"只有河南"等大型现代文旅项目的影响力不断凸显。此外，郑州作为中部地区重要交通枢纽，与洛阳、开封、安阳等文明古都联系紧密，公路、高铁三小时车程覆盖周边地区和省市众多文化旅游景点。除自然文化旅游资源外，郑州市现代商业也蓬勃而起，成为带动消费和经济增长的重要支撑。丹尼斯大卫城、正弘城、国贸360、万达广场等商圈人潮涌动，2015 年开业的丹尼斯大卫城 2020 年销售额超 70 亿元①；德化步行街、二七广场周边特色餐饮、休闲娱乐等场所消费需求旺盛，成为节假日休闲消遣的重要场所。

表 1　郑州市旅游业相关情况

| 年份 | 星级宾馆（个） | 接待入境游客（万人次） | 旅游外汇收入（万美元） | 接待国内旅游人数（万人次） | 旅游总收入（亿元） |
|---|---|---|---|---|---|
| 2014 | 45 | 45.1 | 17100 | 7720.9 | 892.6 |
| 2015 | 40 | 47.3 | 18100 | 8627.1 | 1004.2 |
| 2016 | 89 | 48.1 | 18800 | 8885.5 | 1053.9 |
| 2017 | 84 | 50.3 | 19710 | 10041.8 | 1195 |
| 2018 | 80 | 52.7 | 20700 | 11357.3 | 1387.4 |
| 2019 | 75 | 55.4 | 21800 | 13004 | 1598.6 |
| 2020 | 70 | 23.1 | 11500 | 11304 | — |

资料来源：根据 2014~2020 年郑州市统计局公布数据综合整理。

### 5. 对外开放加深，国际化程度提升

郑州对外开放和国际化程度不断提升，成为河南省以及中部地区对外开放重要窗口。一是进出口总量持续高位。2020 年郑州市进出口总额 4946.4 亿元，比上年增长 19.7%，五年来进出口总额持续保持高位、稳中有升（见表 2）。二是"四路协同"助力郑州对外经济腾飞。目前郑州新郑国际机场开通全货机航线 48 条，国际通航城市 42 个，2020 年货邮吞吐量增速

---

① 《大卫城 70 亿、正弘城 35 亿……郑州 24 个 mall2020 年业绩曝光！》，http：//news. winshang. com/html/068/0827. html？ivk_ sa = 1024320u。

居全国大型机场首位，货运规模入列全国六强①；中欧班列（郑州）网络覆盖全球 30 多个国家和地区 130 多个城市，开行班次、质量稳居全国第一方阵②；成功举办全球跨境电商大会，入选全国跨境电商 B2B 出口监管试点城市，跨境电商发展指数居全国综试区城市第五；"郑州港"国际代码获批，与青岛、上海等五个港口无缝衔接。三是国际化程度不断增加。根据 GaWC《2020 年 GaWC 世界城市名册》，郑州从 2018 年的 153 名提升到 116 名③，跃进全球二线城市行列，郑州正朝着国际化方向逐步迈进。

表 2　2015~2020 年郑州市进出总额和利用外资

单位：万美元

| 年份 | 进出口总额 | 出口总额 | 实际利用外商直接投资 |
| --- | --- | --- | --- |
| 2015 | 5702633 | 3124586 | 382661 |
| 2016 | 5502878 | 3169974 | 403305 |
| 2017 | 5963545 | 3456133 | 404969 |
| 2018 | 6150725 | 3860020 | 421080 |
| 2019 | 5951255 | 3858157 | 440542 |
| 2020 | 4946.4 | 2948.8 | 465851 |

注：2020 年进出口数据为人民币口径，单位为亿元。
资料来源：根据 2015~2020 年郑州市统计局公布数据综合整理。

### 6. 政策环境优，发展定位高

2021 年 7 月，《关于新时代推动中部地区高质量发展的意见》印发，进一步强化了郑州作为中部地区重要城市的发展定位和发展方向。2021 年 4 月，河南省"十四五"规划纲要发布，明确指出"加强高品质步行街、商业综合体、新型商圈建设，支持郑州、洛阳建设国际消费中心城市，培育区域消费中心"。2021 年 5~6 月，河南陆续出台《关于进一步扩大消费的若

① 《郑州片区，多式联运助推物流全球（河南自贸试验区这五年）》，《河南日报》2022 年 4 月 1 日，https：//finance.eastmoney.com/a/202204012330951852.html。
② 《中欧班列（郑州）连通境内外，辐射东中西》，新华网，2021 年 7 月 27 日。
③ 全球化与世界城市研究机构（Globalization and World Cities Study Group and Network，GaWC）：《2020 年 GaWC 世界城市名册》，2020 年 8 月 25 日。

干意见》《关于以新业态新模式引领新型消费加快发展的实施意见》，提出支持郑州国际消费中心城市建设，通过消费升级带动经济增长，打造区域消费的增长极。郑州参与国际消费中心城市建设，不仅是推动经济发展、实现经济腾飞的需要，更成为河南高质量发展和国家重大战略得以实施的重要一环。

## （二）郑州建设国际消费中心城市的挑战

### 1. 国际化水平较低，外源性消费较弱

近年来，郑州紧抓中部地区崛起、郑州国家中心城市建设的发展机遇，不断提升城市现代化、国际化和生态化水平，有效扩大了郑州的全球知名度和影响力，郑州曾入选"2019年入境游二十大国内热门城市"。[①] 但郑州境外游客的体量和本地消费规模均较小，2017年郑州入境旅客仅50万人次，与副中心城市洛阳差距达80万人次；[②] 2019年郑州虽入选入境游二十大国内热门城市，但入境消费占比未入围"入境消费占比前二十名城市"。[③] 2020年以来，受疫情影响，郑州新郑国际机场为分担全省乃至全国入境防疫任务，提高了入境旅客的防疫检查要求，入境旅客及入境消费受到较大冲击。此外，留居郑州的境外人士主要集中在本地大学和医院的国际医疗部，总人数极少。总的来说，目前郑州国际化生态有待完善，国际游客和专业人才的吸引力也需进一步提升，以此扩大郑州外源消费规模和质量。

### 2. 消费群体差异大，内源性消费不足

郑州市居民的消费意识有待提升，整体消费支出占比小。据郑州统计局郑州市第七次全国人口普查数据，郑州市常住人口总量位居全国城市第10

---

① 《"老家河南"撩动了谁？2019年有近三成访豫游客是独自一人》，//baijiahao. baidu. com/ s？id=1654581305545010799&wfr=spider&for=pc。
② 《河南最受外国游客喜爱的城市：力压郑州、焦作，旅游收入超千亿》，https：//baijiahao. baidu. com/s？id=1606605931273055513&wfr=spider&for=pc。
③ 《2019中国跨境旅行消费报告出炉！最能花钱的竟然是……》，腾讯网，https：// new. qq. com/omn/20191211/20191211A0N9LD00. html。

位，达 1260.06 万，增加 397.4 万人，增长率约为 46.1%,[①] 超越中部地区最大城市武汉，成为中部城市常住人口增量"领头羊"。但受人口基数大、收入水平低以及传统消费观念根深蒂固等因素影响，全市人均消费支出占比长期保持在 47%左右，且城镇居民与农村居民的结构和消费支出结构不平衡。其中，城镇人口占比 78.4%、人均消费支出占可支配收入比重的 59.34%，农村人口占比 21.6%、人均消费支出占可支配收入比重的 70.69%。[②] 此外，郑州是跨境电商零售进口试点和跨境电商综试区，经过近十年的积累沉淀和创新发展，已成为国内最大的进口化妆品、保健品、食品跨境电商交易基地，依托移动互联网技术和郑州完善的物流运输网络，本地城镇居民中高收入群体对来自海外国家的中高端品牌产品的青睐度高、需求大，一定程度上冲击了郑州内源性消费对本地供给侧高端商品的消费需求。

**3. 本土品牌产品缺乏，全球影响力有待提升**

消费自信作为国际消费中心城市建设的标志之一，是推动本土品牌发展、形成消费理念本土化取向的主要路径。因此，国际消费中心城市的建设，不能仅聚焦在打造国际中高端消费品和奢侈品的销售中心，而是立足国内、辐射国际，既需要拥有"大而全"的全球产品，也需关注推动提升本土产业链供应链，打造中国优质、郑州特色的本土特色品牌，促进本土产业和品牌发展，提升本土消费者的消费自信。但目前郑州本土知名商品和品牌主要集中在日常生活消费品类，如主打速食品行业的思念、三全食品，肉制品行业的雏牧香，红枣产品的好想你，品牌知名度和商品价值较低，商品结构不均衡。此外，在高技术终端产品领域和新兴消费业态领域，全国乃至全球知名的郑州品牌数量不足。因此，在广范围邀商国际高端品牌，打造中部地区"首店"经济集聚地的同时，更要不断夯实本土品牌和产业基础。

**4. 商业街区分布较为分散，特色消费中心尚未形成**

商业街区、商圈作为国际消费中心城市的消费集散地，不仅是国际国内

---

① 郑州市统计局：《郑州市第七次全国人口普查公报（第一号）》，2021 年 5 月 15 日。
② 根据 2021 年 3 月 18 日郑州市统计局发布的《2020 年郑州市国民经济和社会发展统计公报》数据测算。

品牌"首店""旗舰店"的首选地，也是国际消费中心城市的代表性地标，如纽约的第五大街和时代广场、巴黎的香榭丽大街、日本的银座。郑州的商业街区主要是位于郑州火车站周边二七商圈的百年德化街，其次是分布在东区的 CBD 商圈、金水区的国贸商圈、中原区的万达商圈，其中除金水区国贸商圈的正弘城、二七商圈的德化街知名度较高，在国内社交媒体上出现频次较多外，其他商圈的影响力有限。但金水区国贸商圈、二七商圈在国内的影响力、品牌集聚等方面，远不足北京王府井大街、上海南京路步行街、广州北京路商业街等街区，与屡屡缔造网红消费品牌的商圈"黑马"长沙五一广场的差距也在逐步扩大，与培育孵化了茶颜悦色、文和友、墨茉点心局等一众长沙本地品牌的长沙五一广场商圈相比，郑州二七商圈孵化的品牌目前仅有蜜雪冰城，品牌数量和体量均处于弱势。

# 三 郑州建设国际消费中心城市重点方向

## （一）加快推进国际"文旅融合"创新发展示范城市建设

现代文明传承优秀历史文化能够增强文化底蕴，优秀历史文化融入现代文明能够焕发无限生机，两者的有机结合，能够进一步加速推动"历史文化+"旅游、产业、餐饮、民俗、农业等领域融合发展，打造历史文化和现代文明融合发展的典型城市。以郑州国际消费中心城市建设为契机，打造历史文化和现代文明融合发展典型城市，是郑州在新阶段化解"三重压力"，融入"双循环"新发展格局，提高郑州文旅品牌影响力，打造郑州国际化城市定位和国际文旅消费新地标，激发内外源性消费需求，助力郑州提升国际消费能级的有利举措。

一是创新文旅消费新模式新业态，激发历史文化消费需求。郑州作为我国古都之一，其历史文化地位的国际影响力水平，对拉动郑州内外源性消费能级有着重要作用。二是挖掘拓展"大遗址+文创"及周边产业，延伸文旅消费产业链条。近年来，随着我国国民文化自信不断增强，以及在提倡素质教育、大力推动"双减"政策落地的背景下，历史文化产品的消费意识不断增强。提升历史文化展馆基础设施建设改造、创造多元文化消费产品，将有助于激活历史文化产品的消费市场。三是高品质打造开放式文旅街区，提升文旅消费品质。随着我国逐步迈入以Z时代年轻人为主体的数字经济时代，国际消费中心城市的建设应精准覆盖新时代年轻消费群体的需求，充分利用现有商业街区，以新国潮兴起为契机，探索提升文旅消费品质，发挥商业街区的最大效能，打造郑州国际性商业街区和消费中心新地标。

### （二）完善构建国际数字化产业链供应链支撑体系

在互联网全面渗透的数字经济时代，构建覆盖设计、生产、制造和品牌的全链条的生产链、供应链体系，有利于转变传统供给端设计、批量化生产制造和传播的碎片化使传统生产销售效果急速下降的发展困境，利用其扁平分散渠道、去中间化销售反馈、圈层分化用户人群等特征，推动传统产业链供应链向个性化设计、智能化生产、柔性化制造、IP化发展、供应链协同的新模式转变。因此，分门别类，从消费品、生产制造等企业角度着手，差异化构建高品质产业链供应链体系，是提高本地产业和企业水平，探索数字经济时代打造国际化品牌IP路径样本，补齐郑州品牌缺失、品牌影响力有限短板，打造国际消费品牌集聚地的关键一步。

一是创新应用"网上技术交易市场"建设工程，持续提升产品创新链水平。深入洞悉和紧跟新时代未来发展趋势，提高用户需求对产品创新的参考比重，持续加大产品研发创新投入，提高企业产品核心竞争力。从公共服务和产业发展网上交易市场两个角度出发，探索搭建郑州产业创新公共服务平台和产业市场两大平台，丰富国际消费中心城市功能内涵。二是全力推进"工业互联网+"智造链赋能工程，逐步提升制造链能级，探索构建"N"个行业工业互联网平台，打造具有国际水平的郑州工业互联网产业带。三是探索实施"商务+IP"品牌化发展工程，助力企业高端化发展。支持企业结合自身风格、文化、产品特质、品牌气质等方面，借助成熟品牌运营公司或自主打造企业独有的品牌化 IP，打造品牌私域流量，提升产品价值、扩大产品销量。

### （三）持续优化电子商务和现代物流体系

电子商务作为数字经济时代数字贸易的主要表现形式之一，是推动内外贸发展和国内国际物流网络体系建设的重要抓手。郑州国际消费中心城市建设应利用好郑州区位交通物流优势和跨境电商等外向型发展基础，发挥郑州国家中心城市和国际物流中心优势，打造全球商贸物流中心。

一是加强内外贸电商主体扶持力度。加大进出口电商平台、企业、服务商等各类主体引育和支持力度。引导跨境电商企业加强自主品牌培育，搭建跨境电商平台店铺、独立站，拓展社交媒体、搜索引擎、跨境直播、视频制作等销售渠道。挖掘老字号品牌、地理标志、专业批发市场潜能，搭建垂直电商平台，实现数字化转型、内外贸一体化发展。

二是优化电商仓储物流体系。以中欧班列郑州集结中心建设，中原龙浩航空有限公司、郑州新丝路国际港务投资有限公司成立为契机，聚力打造适应新型国际贸易发展的公海铁空"多式联运"物流通道；加快推进跨境电商出口货运包机、中欧班列跨境电商专列、TIR 中欧卡车航班发展，探索中欧卡航班列，支持开辟更多跨境电商专线。加快推进郑州—卢森堡"空中丝绸之路"建设，形成亚太—欧美双向物流集散分拨基地。加大国际航线开发力度，培育引进国际龙头快递物流服务商，鼓励集货仓建设，支持发展保税仓直播销售等新模式。进一步提升本土基地航空公司运能运力，支持中原龙浩加强与国内外知名电商平台合作，发挥郑州国际物流中心优势。鼓励电商、平台、货代、仓储、服务等企业通过自建或租赁等方式建设海外仓，谋划搭建市级公共海外仓服务平台，整合企业现有仓储资源。支持本地有实力的物流快递企业通过境外合作、并购、收购等方式，拓展国际干线集疏分拨、国际终端物流配送等业务，对标 UPS 等国际物流巨头，打造国际性综合物流集成服务商。

三是持续创新驱动产业发展。加快推进跨境电商零售进口药品试点建设进度，以进口药品试点建设为突破，打破进口增长乏力现状，探索在药品零售进口领域的监管流程、商业模式上取得突破性创新进展。研究利用电子信息、纺织服装、户外家居等郑州本地优势产业或本地电商企业主导产品，申请专业市场采购贸易试点，以市场采购贸易试点政策优势，反向吸引和集聚相关企业。以郑州跨境电商 B2B 出口试点及装备制造产业为基础，探索研究装备制造等品类在跨境电商 B2B 出海模式下面临的"财税汇商务融"问题，定点研究、专项突破，切实打破跨境电商模式下大件产品出海困境，为全国跨境电商 B2B 出口产业发展提供复制推广经验。

### （四）着力打造全球开放型经济中心

以大型综合购物中心、百货商场和超市为主要组成的城市商贸业发展水平，是衡量城市消费水平、消费能级的重要指标，也是国际消费中心城市的应有之义。而以国际性商务会展、国际赛事活动举办为代表的商业活动，是衡量城市国际化、开放度、代表性的重要标准，通过各类商业活动拉动餐饮住宿、文旅娱乐、交通运输等消费性经济，对提升城市国际化水平和消费能级具有重要意义。因此，城市商贸和会展赛事行业发展水平是国际消费中心城市建设的基础。

一是资源整合，推动商贸会展深度融合。其一，推动综合性购物中心发展。整合各区大型商业中心和购物中心资源，结合不同购物中心的规模体量、商业布局和用户差异，持续优化和调整购物中心的功能定位，形成差异互补、多点开花的商贸业发展格局。其二，探索打造"免税+保税经济"发展新热点。探索开展"保税+免税+一般贸易"融合的"一店多模式"进口体验中心发展；探索设置本土免税/退税商品清单目录，鼓励免税店预留一定比例国产或本土品牌免税销售区域，打造国产品牌免税销售平台。其三，创新"会展+"活动内容形式。依托郑州会展活动资源，通过挖掘各主题活动内涵，增加展示展览功能，实现"商会展"融合发展，发挥展会活动资源对接作用。

二是技术融合，探索"云上商展赛"新模式。其一，加大对商贸会展活动中大数据、5G、虚拟现实、人工智能等新技术的应用，实现展会活动的"智慧+"赋能。其二，以会展赛为牵引，谋划搭建"会展赛科技创新平台"，加强与全国高校学会、科研机构、行业协会等的交流合作，建立科技创新的长效合作机制，以会展赛为平台，集聚境内外高端智库、科技人才等顶级资源，并辅以相关人才"招引落户"配套政策和国际宜居宜商的环境打造，从而推动郑州市由商务资源集聚型中心向科技人才资源集聚型中心转变，打造亚洲地区"中国硅谷"。

三是政策保障，全力打造对外开放经济中心。其一，制定国际消费中心城市建设专项政策。围绕国际消费中心城市建设的商贸、文旅、消费、电商、物流等多个产业领域，全面梳理已有政策文件，查缺补漏，研究出台专项支持政策，为国际消费中心城市建设提供政策保障。其二，提升市内居民消费政策。以"共同富裕"为目标，促进民营经济发展，研究建立收入增长机制，完善"三次分配"机制和政策制度，增加居民收入，提高消费能力。其三，完善招才引智、出入境管理制度。优化入境旅游通关政策，完善境外优秀人士的购房、医疗保障、子女教育等配套保障性政策。

## 参考文献

王微：《从供给侧建设国际消费中心城市》，《经济》2021年第332期。

刘元春、张杰：《聚焦国际消费中心城市建设》，人大重阳网，2021年6月7日，http：//www. rdcy. org/index/index/news_ cont/id/688161. html。

杨欢、刘艳美：《18座备选城市，谁配得上"国际消费中心"》，《每日经济新闻》2019年11月21日。

赵航：《以业态升级为抓手推进文旅融合发展——〈"十四五"文化和旅游发展规划〉解读》，《人文天下》2021年第10期。

曾繁文：《文旅产业四维融合》，《中国名牌》2021年第8期。

# 附　　录

Appendices

## B.25
## 2021年我国跨境电商行业大事记

2021年2月21日，《亚洲及太平洋跨境无纸贸易便利化框架协定》正式生效，涵盖跨境无纸贸易便利化、发展单一窗口系统、电子形式贸易数据和文件的跨境互认等内容。

2021年3月5日，十三届全国人大四次会议在人民大会堂开幕，国务院总理李克强在政府工作报告中指出：发展跨境电商等新业态新模式，支持企业开拓多元化市场。

2021年3月13日，中央人民政府印发的《中华人民共和国国民经济和社会发展第十四个五年规划和2035年远景目标纲要》明确提出，加快发展跨境电商、市场采购贸易等新模式，鼓励建设海外仓，保障外贸产业链供应链畅通运转。

2021年3月18日，由商务部电子商务和信息化司指导，福建省商务厅主办的"首届中国跨境电商交易会（春季）"在福州开幕，同期举办2021"丝路电商"国际合作论坛、中国跨境出口电商行业指数和蓝皮书发布会、跨境电商金融资本高峰论坛等活动。

2021年3月18日，商务部、国家发改委、财政部、海关总署、国家税务总局、国家市场监管总局等六部门联合印发《关于扩大跨境电商零售进口试点、严格落实监管要求的通知》（商财发〔2021〕39号），将跨境电商零售进口试点范围扩大至所有自贸试验区、跨境电商综试区、综合保税区、进口贸易促进创新示范区、保税物流中心（B型）所在城市（及区域）。

2021年3月25日，国务院印发《关于落实〈政府工作报告〉重点工作分工的意见》（国发〔2021〕6号），明确积极发展跨境电商等新业态新模式。

2021年4月15~24日，第129届广交会在网上举办，继续设立跨境电商专区，且不向参与同步活动的跨境电商平台收取任何费用。

2021年4月19日，全国电子商务质量管理标准化技术委员会2021年度工作会议召开，会议表决审查《跨境电子商务产品质量评价结果交换指南》等5项国家跨境电商标准。

2021年5月7~10日，第一届中国国际消费品博览会在海口举行，国家主席习近平向首届中国国际消费品博览会致贺信。展会期间，京东、考拉、洋葱、全球精品（海口）免税城等大型跨境电商平台纷纷举办专场活动，链接全球知名品牌。

2021年5月9日，全国首个跨境电商医药论坛在郑州举行，深入探讨医药零售创新模式。

2021年5月10日，由河南省商务厅、郑州市人民政府、中国国际电子商务中心、中国服务贸易协会联合主办的"第五届全球跨境电子商务大会"在郑州成功举办。

2021年5月12日，国务院印发《关于同意在河南省开展跨境电子商务零售进口药品试点的批复》（国函〔2021〕51号），批准在河南省开展跨境电子商务零售进口药品试点。

2021年6月22日，国务院总理李克强在主持召开的国务院常务会议上指出，要完善跨境电商发展支持政策，扩大跨境电商综试区试点范围，优化跨境电商零售进口商品清单，积极推动海外仓发展。

2021年6月22日，海关总署发布《关于在全国海关复制推广跨境电子商务企业对企业出口监管试点的公告》（公告〔2021〕47号），跨境电商B2B出口监管试点全国放开。

2021年6月30日，商务部印发《"十四五"商务发展规划》，支持开展跨境电商"十百千万"专项行动、规则和标准建设专项行动、海外仓高质量发展专项行动等，推动外贸创新发展。

2021年7月9日，国务院办公厅印发《关于加快发展外贸新业态新模式的意见》（国办发〔2021〕24号），支持跨境电商、海外仓、市场采购贸易等外贸新业态新模式发展。

2021年7月21日，李克强主持召开的国务院常务会议指出，支持海外仓建设，完善跨境电商出口退货政策。

2021年7月27日，海关总署发布《"十四五"海关发展规划》，提出按照包容审慎原则，创新适应跨境电商、海外仓等新业态发展的通关便利化措施，推动跨境电商零售进口试点开展。

2021年8月23日，由国家发展和改革委员会、科技部、工业和信息化部、商务部、上海合作组织秘书处和重庆市人民政府联合主办的"中国—上海合作组织数字经济产业论坛电子商务分论坛"在重庆举办，其间各国代表共同签署《共建跨境电商平台合作备忘录》。

2021年9月3日，国务院印发《关于推进自由贸易试验区贸易投资便利化改革创新若干措施的通知》（国发〔2021〕12号），允许具备条件的自贸试验区开展跨境电商零售进口部分药品及医疗器械业务。

2021年9月10日，海关总署发布《关于全面推广跨境电子商务零售进口退货中心仓模式的公告》（公告〔2021〕70号），推广"跨境电商零售进口退货中心仓模式"。

2021年9月15日，商务部印发《关于进一步做好当前商务领域促消费重点工作的通知》（商消费函〔2021〕491号），促进跨境电商进口健康持续创新发展，扩大优质消费品进口。

2021年9月24日，由中国对外贸易中心（集团）、商务部外贸发展事务局主办的"2021中国跨境电商交易会（秋季）"在广州举行。

2021年10月9日，商务部、中央网信办、国家发展和改革委印发《"十四五"电子商务发展规划》，支持跨境电商高水平发展。

2021年10月22日，国家市场监督管理总局以"标准提升高品质生活"为主题，在浙江义乌发布了《跨境电子商务产品质量评价结果交换指南》等34项重要国家标准。

2021年11月5~10日，第四届中国国际进口博览会在上海举办，国家主席习近平通过视频发表主旨演讲。

2021年11月18日，中共中央政治局常委、国务院总理李克强主持召开经济形势专家和企业家座谈会指出，完善进出口支持政策，支持发展跨境电商、海外仓等外贸新业态。

2021年11月23日，商务部印发的《"十四五"对外贸易高质量发展规划》提出，促进跨境电商持续健康发展。

2021年11月25日，河南省人民政府办公厅印发《河南省开展跨境电子商务零售进口药品试点工作实施方案》，跨境电商零售进口药品试点工作正式启动。

2021年12月9日，《跨境电子商务海外仓运营管理要求》国家标准启动会顺利召开，全国首个跨境电商海外仓国家标准正式启动。

2021年12月23日，李克强主持召开国务院常务会议，确定跨周期调节措施，推动外贸稳定发展等。会议指出要进一步鼓励跨境电商等外贸新业态发展，增设跨境电商综试区。

# B.26
# 2021年全国跨境电商综试区
# 重点政策和重大活动

2021年1月30日，江苏省人民政府下发了江苏省商务厅、市场监管局、南京海关等部门发布的《关于促进全省跨境电子商务高质量发展工作意见的通知》（苏政办发〔2021〕5号），推动全省跨境电商加快发展、创新发展和高质量发展。

2021年3月29日，广州市商务局发布《广州市把握RCEP机遇促进跨境电子商务创新发展的若干措施》，推进广州跨境电商综试区建设，抢抓《区域全面经济伙伴关系协定》（RCEP）机遇。

2021年4月14日，连云港市人民政府办公室发布《关于推进连云港市跨境电子商务高质量发展的实施意见》，培育外贸发展新动能。

2021年5月11日，在西安举办的第五届丝绸之路国际博览会暨中国东西部合作与投资贸易洽谈会——2021"丝路电商"合作（西安）圆桌会上，发布了《中欧班列长安号跨境电商全国集结中心发展三年行动计划》。

2021年5月20日，菏泽市人民政府办公室发布《关于加快跨境电子商务发展的实施意见》（菏政办字〔2021〕20号），推动跨境电商高质量发展。

2021年5月28日，济南市人民政府引发《关于加快跨境电子商务发展的意见》（鲁政字〔2020〕84号），实施"六大工程"推动跨境电商高质量发展。

2021年6月21日，湖北省商务厅、武汉海关联合发布《关于促进跨境贸易便利化若干措施的公告》，提升湖北跨境贸易便利化水平。

2021年6月21日，浙江省人民政府办公厅《关于印发浙江跨境电子商

务高质量发展行动计划的通知》（浙政办发〔2021〕32号）

2021年6月21日，深圳市商务局印发《〈深圳市关于推动电子商务加快发展的若干措施〉实施细则》的通知，大力推进全市跨境电商发展。

2021年6月25日，宁波市商务局发布《宁波市支持跨境电子商务高质量发展的若干政策意见》（甬跨境办〔2021〕1号），出台9条21项政策意见，提出三年打造全国跨境电商标杆城市。

2021年6月25日，沈阳市商务局会同市财政局发布《沈阳市支持跨境电子商务发展的若干政策措施》，最高补助1000万元，加速完善沈阳特色跨境电商生态链。

2021年6月25日，厦门市政府出台《关于进一步降低物流成本促进现代物流产业高质量发展的若干措施》（厦府规〔2021〕3号），对跨境寄递服务企业最高给予100万元奖励。

2021年8月2日，淮安出台《促进中国（淮安）跨境电商综试区发展的十条政策》，从支持跨境电商产业集聚发展、跨境电商重点企业引进、开展跨境电商专项活动等10个方面全力优化跨境电商生态圈。

2021年8月5日，浙江省出台《关于金融支持浙江省跨境电子商务高质量发展的指导意见》，支持跨境电商健康发展。

2021年8月5日，深圳市商务局发布了《关于组织开展2021年度中央外经贸发展专项资金支持事项申报工作的通知》，跨境电商独立站单个项目可申请200万元补贴。

2021年8月12日，广州南沙印发《广州市南沙区促进跨境电商、国际集拼分拨业务发展的若干措施实施细则》，支持跨境电商、国际集拼业务发展。

2021年8月13日，三亚市印发《三亚市跨境电子商务专项资金暂行管理办法》，支持跨境电商企业发展。

2021年8月16日，惠州市出台《惠州市鼓励跨境电子商务高质量发展若干措施》，出台13项举措支持跨境电商发展。

2021年8月23日，佛山市商务局公布《佛山市推进外贸高质量发展若干措施（征求意见稿）》，跨境电商平台型企业可获得千万元支持。

2021年8月26日，郑州市商务局、郑州市财政局联合出台《关于支持跨境电商企业纾困的通知》，惠及中小企业，助力跨境电商企业可持续发展。

2021年9月10日，北京市商务局、北京市财政局发布《关于印发〈北京市外经贸发展资金支持北京市跨境电子商务发展实施方案〉的通知》（京商财务字〔2021〕34号），对跨境电商给予激励性补贴政策，单个项目支持资金最高不超过500万元。

2021年9月17日，南阳市印发《南阳市鼓励跨境电子商务发展暂行办法》，推动跨境电商发展。

2021年9月18日，河南省商务厅、财政厅印发《关于明确支持企业开拓国际市场有关政策的通知》（豫商外贸〔2021〕21号），对企业开拓市场线上线下展会给予一定资金补贴。

2021年9月22日，襄阳市人民政府发布《关于促进跨境电商突破性发展的实施意见》，推动全市跨境电商发展。

2021年10月15日，上海发布《关于本市加快发展外贸新业态新模式的实施意见》。

2021年12月1日，江门市商务局印发《江门市跨境电子商务综合试验区专项资金实施细则》。

2021年12月2日，广东省人民政府办公厅印发《关于推进跨境电商高质量发展若干政策措施的通知》（粤办函〔2021〕328号），加快推进跨境电商高质量发展。

2021年12月7日，重庆海关印发《关于规范跨境电商零售进口申报商品条码的公告》，促进跨境零售进口业务健康发展。

2021年12月7日，广州市黄埔区人民政府、广州开发区管委会联合印发《关于进一步促进广州市黄埔区、广州开发区跨境电子商务产业发展若干措施的通知》，升级出台跨境电商扶持政策2.0版。

2021年12月9日，天津市人民政府办公厅发布《关于印发天津市加快发展外贸新业态新模式若干措施的通知》（津政办发〔2021〕46号），支持跨境电商创新发展。

# Abstract

*Annual Report on the Development of Cross-Border E-Commerce in China* (2022) is the third annual blue book to study the development of cross-border e-commerce in China which is organized and researched by Henan World Electronic Trade Research Institute and Global (Zhengzhou) Cross-Border E-Commerce Research Institute. Under the impact of the epidemic in the century and the accelerated evolution of the changes in a century, the international environment is becoming more complex and severe. China's economic is marked by the "Triple Pressure". How to conform to the new situation and break the blockage of cross-border e-commerce by institutional opening-up that is an significant practical issue to make the better China's cross-border e-commerce. Focusing on the theme of "Promoting the Development of Cross-Border E-Commerce with Institutional Opening-up", the book comprehensively summarizes the new environment, the new characteristics and the main challenges of China's cross-border e-commerce in 2021, and deeply analyzes the development trend of China's cross-border e-commerce in 2022. It puts forward suggestions on how cross-border e-commerce can break the blockage of development with institutional opening-up in the new situation in order to build the new digital trade policy and standard rule system represented by cross-border e-commerce to serve to the high-quality development and high-level opening-up of China's economy. The book is deeply integrated with the new ideas, the new proposals, the new requirements of The 2021 Central Economic Workling Conference, *The 14th Five-Year Commerce Development Plan*, *The 14th Five-Year E-Commerce Development Plan*, *The 14th Five-Year Foreign Trade High-Quality Development Plan*, and provide the theoretical reference and intelligence support for stabilizing the industrial supply chain of cross-border e-commerce in the new situation and improving the institutional opening-up.

The book consists of the General Report, the Thematic Reports, the Cases Reports, the Exploratory Reports and Appendices. The General Report deeply analyzes the environment of development and the existing problems of China's cross-border e-commerce in 2021, and summarizing the development trend of cross-border e-commerce in the next stage from the international perspective. It expounds the significant development opportunities and important historical responsibilities in building the "Dual Circulation" Development Pattern, and creating the safe, independent and controllable industrial supply chain system of cross-border e-commerce. The Thematic Reports focus on the national supply chain system, the digital service tax, the cross-border data flow system, the international rules of digital trade, the digital platform and discuss how cross-border e-commerce institution improve the global competitiveness and rule-making ability of digital trade. The Cases Reports focus on the cross-border e-commerce comprehensive test area of Tianjin, Nanjing, Nanyang, Quanzhou, Weihai, and the innovation demonstration industrial zone of Xuchang hairpieces industrial zone, Ningbo home appliance industrial zone, Changshu clothing industrial zone which summarizes and refines the innovative reform achievements and typical experiences of cross-border e-commerce comprehensive test area and cross-border e-commerce industrial zone, so as to provide reference for the development of other cross-border e-commerce comprehensive test areas and industrial zone in China. The Exploratory Reports are based on the forefront of theoretical research and practical exploration of cross-border e-commerce industry. Experts and scholars have explored the hot issue in the development process of cross-border e-commerce from the aspects of the logistics of cross border e-commerce in the era of great changes, the cross-border e-commerce development mode in the post-pandemic era, the blockchain and cross-border payment, the localization of cross-border e-commerce supply chain. The reports put forward the thinking and measures for the sustainable and healthy development of cross-border e-commerce. The appendices are the summary of the main events of the cross-border e-commerce industry in 2021 and the key policies of the cross-border e-commerce comprehensive test area. Hope to provide the basic information for the relevant government departments and practitioners of cross-border e-commerce industry.

In 2021, the cross-border e-commerce industry experienced a sudden change cycle. The changes of internal and external environment also make the cross-border e-commerce present new characteristics in China. The scale of cross-border e-commerce market continues to expand. The import and export volume of cross-border e-commerce reached CNY 1.98 trillion and an increase of 15% year-on-year in 2021. It played an important role of stabilizing foreign trade under the impact of the epidemic. Cross border e-commerce has increased the channels of going overseas. New ways of social e-commerce are emerging rapidly such as short videos, live broadcasting, and stand-alone website. Meanwhile, The cross-border logistics supply chain system is becoming more and more consummate. In 2021, the number of overseas warehouses exceeded 2000 in China. The most important is that China Logistics Group was officially established, which is the "national team" of China's logistics market. It will break the dependence of China's cross-border e-commerce industry on the international logistics giants. In addition, cross-border e-commerce is further integrated with medical services, agricultural products, cultural tourism and other fields. In addition, cross-border e-commerce is further integrated with medical services, agricultural products, cultural tourism and other fields. Henan Province has been approved as the first retail import drugs pilot of cross-border e-commerce. The new forms of cross-border e-commerce plus will emerge constantly.

Under the impact of the evolution of the changes in a century and the epidemic in the century, the situation of the world economic and the market environment have changed rapidly. The global industrial chain, value chain, supply chain and service chain has accelerated reconstructed. The new form and the new mode have risen rapidly represented by cross-border e-commerce. It has become the main trend of international business and the important engine of global economic recovery. The recovery of the global economy is struggling in the battle between human anti-epidemic and the mutation of virus. The recurrence of the epidemic has caused the congestion in the global supply chain and threaten to the global economy. Cross-border e-commerce is also experiencing a sudden change cycle. However, because of "no destruction, no inception", the cross-border e-commerce industry has created the compliant operation and the steady growth of cross-border e-commerce. The long-term plan is "brand going overseas" which has achieved the consensus of industry. The competition of cross border e-commerce has shifted from the front-end flow competition to the back-end supply chain competition. Whether the perspective of the security of national supply chain or the long-term healthy development of enterprises, the establishment of the flexible supply chain with rapid response to demand will become the important force for enterprises resisting the future risks and building the core competitiveness.

**Keywords**: Cross-Border E-Commerce; Institutional Opening-Up; Digitial Trade; Supply Chain

# Contents

## I    General Report

**Abstract:** Under the impact of the epidemic in the century, century-old changes are accelerating, and the external environment is becoming more complex, severe and uncertain. The development of China's economic is facing "triple pressure". They are big realistic problems to promote the better and faster development of China's cross-border e-commerce are how to adapt to the new development situation and overcoming the development blockage of cross-border e-commerce by institutional opening-up. On the basis of the current economic development internally and externally, this report analyzes the new development environment, current situation and challenges of China's cross-border e-commerce from 2021 to 2022, and summarizing the development trends that cross-border e-commerce has entered a new era of brand go-overseas, the market entities have accelerated the layout of multi-channel and multi-platform, cross-border e-commerce and new forms of foreign trade have accelerated the integration, the synergistic effect of cross border e-commerce and industrial cluster has become more significant, cross border e-commerce brand go-overseas has become a new market for capital, and the regional trade cooperation has brought new opportunities for cross-border e-commerce. Based on the new stage of development, China should strengthen the top-level design of cross-border e-commerce rules and regulations from six aspects which are actively participating in the negotiation and design of global e-commerce rules, promoting the coordinated development of cross-border e-commerce comprehen-sive test areas and pilot free trade zones, continuously improving cross-border financial services, improving the standardization management of digital platforms, optimizing the protection mechanisms of intellectual property, and improving the systems of cross-border data flow. Build a new digital trade policy and rule system by cross-border e-commerce to promote high-quality development and high-level opening-up of China's economy.

**Keywords**: Cross-Border E-Commerce; Rules and Regulations; Institutional Opening-up

# Ⅱ   Thematic Reports

**B**.2   The Construction Strategy of National Supply Chain System:
How to Break the Bottlenecks in Development of Cross-Border
E-Commerce                                    *Zhang Dawei* / 044

**Abstract**: At present, Cross-border e-commerce has become the most active and inclusive trade mode in digital trade, which can best represent the characteristics of technological progress. It has played an important role in building a safe, reliable, independent and controllable industrial industrial supply chain, and consolidating China's status as a major trading country. However, at the stage of in-depth development of China's cross-border e-commerce, it also met five development bottlenecks: trading platform, cross-border logistics and payment, industrial ecology and regulatory policies. The next step is to further promote the global competitiveness and rule making ability of China's cross-border e-commerce in the respects of guiding the development of comprehensive test area, promoting the construction of eWTP, cultivating the leading international express enterprises, improving the development environment and policy system.

**Keywords**: Cross-Border E-Commerce; Digital Trade; Supply Chain System

**B**.3 International Practice of DST and China's Countermeasures
in the Digital Economy Era *Zhang Yukun* / 055

**Abstract**: With the development of digital technology and the innovation of business model, the great development potential of digital economy also gradually appears. The original business model and transaction radius have been breached, and some income of large multinational technology enterprises is out of the tax administration, causing the problem of tax erosion and unfair tax burden. At present, the development of China's economic is facing the "Triple pressure" of contracting demand, supply shock and weakening expectation. Active the driving force of the market development by formulating effective tax policies and strengthening institutional opening. The report introduces the characteristics and challenges of taxation in the context of digital economy, comparing the background and countermeasures of unilateral DST in EU countries. Based on the development status of China's digital economy and the characteristics of tax system, the report puts forward the short-term and long-term tax policy and path of China's digital economy. Finally, the importance of a multilateral cooperation DST is clarified, and China's active participation is beneficial to the international tax reform.

**Keywords**: Digital Economy; Digital Service Tax; International Taxation Rules

**B** . 4   Exploration and Improvement of China's Cross-Border

Data Flow System in the Digital Trade Era

*Zhang Lansheng* / 078

**Abstract**: With the constant development of digital trade, data information has become the focus of competition for strategic resources in global gradually. The cross-border flow of data and the establishment of rule system have also become an important breakthrough for countries to participate in the digital economy. Firstly, the report summarizes the main rules of the international cross-border data flow. Then, it combs the construction of China's cross-border data flow system from three aspects which are legislation and traceability, practical exploration and future trends. And, It also analyzes the existing shortcomings and challenges. The point of view are that we should participate in the formulation of international rules and adapt to the international trade system actively at the international level. We should take multilateral trade as the key breakthrough to deepen the international cooperation and win-win. At the domestic level, we should reinforce data protection continuously, improving the construction of the cross-border data flow system and a further implementation to explore China's practical plan with the cross-border data flow. Making fully use of the main role of enterprises in the digital economy market, we should improve the foundation of the digital trade, and setting up a better development environment of digital economy.

**Keywords**: Cross-Border Data Flow; Regulation; Legal system; Digital Trade

**B** . 5   Comparative Analyze the International Rules of Digital Trade

*—Based on the Text of the Regional Trade Agreement*

*Hou Dongwei* / 095

**Abstract**: The regional trade agreement have become the preferred choice for consensus on digital trade rules. The report summarized the current digital trade rules including the market admittance and trade facilitation, data flow and data security, the protection of consumer's right, cooperation and domestic regulatory framework. It has six trends which include creating the more liberal digital products and service trade environment, advocating hierarchical classification administration of cross-border data flow, paying attention to the protection of consumers' rights, digital rights, and the network security, unifying the international rules of digital trade. China should promote the facilitation of digital trade actively, balancing the data flow and security, paying attention to the protection of consumer rights, participating the negotiations and cooperation of the international digital trade rules.

**Keywords**: Digital Trade; Digital Rules; Digital Governance; Regional Trade Agreement

# **B**.6　The Connotation and Extension, Supervision and Regulations, and System Construction of Digital Platform

*Wang Yuedan* / 112

**Abstract**: The world is undergoing profound changes over the past century. The renewed scientific and technological revolution have deep development with industrial revolution. The world is entering the digital economy era by the digital revolution. Digital platforms have become an important part of the digital economy era. Exploring and improving the supervision and governance system of digital platform is significant to promote the development of digital economy from the flow of elements to the institution opening-up. As new forms and models of digital economy, digital platforms are showing exponential development with the iteration of information technology and the massive hash-rate. However, there have been some problems such as the non-standard development of platform, the defective social insurance of employee, the improper data supervision and privacy protection, the disorderly expansion and malicious public opinion. The report analyzes the current problems of the development of platform economy by summarizing the internal logic and external performance of digital platform. And the author puts forward the targeted suggestions and measures based on the current supervision system of China's digital platform and platform economy.

**Keywords:** Digital Platform; Platform Supervision; Rules of Platform

# Ⅲ   Cases Reports

**B** . 7   Tianjin Comprehensive Test Area: Gathering Energy and
Entering a New Stage of High-Quality Development of
Cross-Border E-Commerce            *Wang Yujing , Zeng Tao* / 127

**Abstract:** Tianjin is one of the earliest pilot cities to carry out the imported retail of cross-border e-commerce. In recent years, remarkable achievements have been made in promoting the rapid growth of cross-border e-commerce in imports and exports, and building a new engine for foreign trade. Tianjin has made good progresses in the import and export of cross-border e-commerce, building comprehensive information service platform and bonded warehouse. It has achieved full coverage of four customs clearance modes of cross-border e-commerce. In 2021, it has been reviewed three city-level demonstration zones. Cross-border e-commerce has become a new driving force for digital trade. In the future, Tianjin will insist on the concept of differentiated development, building a industry cluster of cross-border e-commerce with different characteristics, exploring the market of "The Belt and Road" actively , striving to cultivate the main local e-commerce platform enterprises, and improving its regulatory system.

**Keywords:** Cross-Border E-Commerce; Digital Trade; Tianjin Comprehensive Test Area; Regulatory System

**B** . 8    Nanjin Comprehensive Test Area: Create New Engines of
Foreign Trade by Taking Multiple Measures, Explore New
Drivers of Development

*Jiang Shumei, Deng Wenquan and Zhou Yunlu* / 142

**Abstract:** Nanjing took the advantages and characteristics and walk out a
new distinctive development way of cross-border e-commerce, approved by cross-
border e-commerce comprehensive test area. Firstly, the report introduced the
development situation of Nanjing comprehensive test area and the development
pattern of "5 + N". Secondly, it summarized the working results of Nanjing in
some ways which included improving the statistical monitoring system of cross-
border e-commerce, building the multi-functional overseas marketing center,
promoting the digital transformation of traditional foreign trade, establishing the
import goods traceability system, and supporting the postal services of cross-border
e-commerce. Finally, it suggested that Nanjing comprehensive test area should
persist in the four-in-one development idea of "enterprise + project + data +
ecology". Focus on the cultivation of subject , building platform and serving the
construction of ecological system to promote the deeper development of cross-
border e-commerce.

**Keywords:** Nanjin Comprehensive Test Area; Foreign Trade; Cross-
Border E-Commerce

**B** . 9    Weihai Comprehensive Test Area: Meet the Transformation
of Modern Logistics, Build a New Pattern of Cross-Border
E-Commerce Logistics Industry Chain

*Yin Ganlin, Zhuang Lintao and Sun Jian* / 152

**Abstract:** Weihai is located at the eastern of Shandong peninsula and in the
center of the Northeast Asia economic rim. It is the first opening-up cities of coastal

414

regions in China. In recent years, Weihai has played a part in the regional advantages of economic and trade "bridgehead" in Japan and South Korea, promoting the development of cross-border e-commerce industry which help Weihai with high-quality opening-up. Based on modern logistics, the report combs the current situation of Weihai comprehensive test area, summarizing the new model and experience of cross-border e-commerce logistics industry chain, analyzing the difficulties and pain points, expounding that the next development step of the comprehensive test area will focus on the construction of cross-border e-commerce two-way distribution center, building the cross-border e-commerce logistics hub in Northeast Asia, and promoting the innovative development of new cross-border retail.

**Keywords:** Weihai Comprehensive Test Area; Cross-Border E-Commerce; Four Port Linkage

**B**.10　Quanzhou Comprehensive Test Area: "Made in China" Go Overseas, Extend the Glories of New Silk Road With "Internet +"　　　　　*Wu Yuefang* / 166

**Abstract:** Quanzhou's total economic output has led all cities in Fujian province for 22 years, and entered the ranks of cities with trillion GDP in 2021. Quanzhou takes the "Internet +" opportunity actively, promoting the integration development of traditional foreign trade and internet innovation, and cultivating new foreign trade by cross-border e-commerce. At present, Quanzhou has 9 hundreds of billions industrial clusters such as textile and garment industry, footwear industry, construction materials and furnishing industry, and craft products industry, which correspond to the high demand of footwear and clothing consumption categories in overseas markets, and it has the industrial advantage of cross-border e-commerce. The report summarizes the development status of Quanzhou cross-border e-commerce comprehensive test area from the aspects of economic development, cross-border e-commerce data and the incubation of ecological. It analyzes the advantages, experience and opportunities of Quanzhou's cross-border e-commerce. And, it put forward to construct a new ecosystem of cross-border e-commerce from the development of compliance, the cultivation of talents, the establishment of industry funds, the creation of supply chain, and the incubation of unicorn enterprise.

**Keywords**: Cross-Border E-Commerce; Quanzhou Comprehensive Test Area; Pilot Zone of Maritime Silk Road; Made in Quanzhou

## B.11    Nanyang Comprehensive Test Area: Optimizing the Innovative Development of Services, Making Efforts to Build the Central City of Cross-Border E-Commerce in Emerging Regions

*Research Group of Nanyang Cross-Border E-Commerce* / 181

**Abstract**: Located in the inland regions, Nanyang is the sub-central city of Henan province, the emerging economic center of Henan Province, the national comprehensive transportation hub, and the national logistics hub of business service. After approved the comprehensive test area of cross-border e-commerce, Nanyang has improved the policy mechanism in a high standard, strengthening the foundation of the zone, optimizing the public service system, and developing the characteristic industries of cross-border e-commerce. With the rapid growth of market entities and foreign trade, the industrial cluster has been promoted continuously. The ecological system is improving, and it has entered the fast lane of high-quality development. The report summarizes the development achievements of Nanyang cross-border e-commerce. It expounds the innovative measures of Nanyang comprehensive test area from three aspects: optimizing service supervision, integrating characteristic industries and establishing talent support system, carding the existing problems and defects. The report puts forward the development plan of Nanyang cross-border e-commerce in the future from the market, the platform, the brand, the logistic and the industry so as to help Nanyang comprehensive test area to break the bottleneck with innovative development, and making effort to build the central city of cross-border e-commerce in emerging regions.

**Keywords**: Cross-Border E-Commerce; Service System; Nanyang Comprehensive Test Area

**B**.12 Xuchang Hairpieces Industrial Zone: "Hairpieces Capital" Makes Business All Over the World *Liang Jincheng* / 193

**Abstract**: Xuchang hair products industry is the main export-oriented economy. It has a long history and accumulated for a century. It is the earliest distribution center of human hair products in China. In recent years, Xuchang hair products enterprises make full use of the advantages of small volume but high unit price, easy transportation and high repurchase rate with the rapid development of cross-border e-commerce industry. The use of cross-border e-commerce to promote the export of hair products has achieved remarkable results. The scale of cross-border hair products transactions have increased rapidly, and it has became the largest hair products distribution center and export base in China and even in the world. The report analyzes the problems of the cross-border export hair products by sorting out the current situation of the integrated development of the hair product industry and cross-border e-commerce industry in Xuchang. And it puts forward the countermeasures and suggestions from the aspects of implementing the industrial revitalization plan, building the global cross-border e-commerce trading center for hair products, strengthening the compliance management of intellectual property rights, and increasing the training of cross-border e-commerce talents.

**Keywords**: Xuchang; Cross-Border E-Commerce; Hair Products

**B**.13 Cixi Home Appliance Industrial Zone in Ningbo ﹕ Enables the Construction of Cross-Border Brand by the Digital Reform

*Xie Shangwei*, *Ge Zhenlin* / 205

**Abstract**﹕The home appliance industry is one of the mainstay industries of Cixi manufacturing industry in Ningbo. It is also a model of cross-border e-commerce industrial clusters. Based on the long-term research on the cross-border e-commerce home appliance industry zone by Ningbo Cross-Border E-Commerce Association, the report discusses the current situation and future development path of the two new foreign trade patterns with cross-border e-commerce and overseas warehouses. Take the structural reform of supply-front with the manufacturing, trade and consumption as the research direction. We think about the development of cross-border e-commerce industrial zone through the analysis of the current situation and development opportunities of Cixi cross-border e-commerce home appliance industrial zone. Hope to provide experiences and suggestions of the digital transformation and branding development for the cross-border e-commerce industrial zone.

**Keywords**﹕Digitization; Cross-border E-commerce Brand; Home Appliance Industrial Zone; Supply Chain; Cixi

**B**.14 Changshu Clothing Industrial Zone﹕Cross-Border E-Commerce Promotes the Digital Transformation of Clothing Industrial Clusters

*Li Huilong*, *Wang Shan* / 221

**Abstract**﹕The Changshu clothing industry has experienced for more than 30 years which has formed an industrial cluster with a transaction scale of more than one hundred billion in Suzhou. It is the textile and clothing base of the most complete industrial chain and the largest trading scale in eastern China. Suzhou cross-border e-commerce comprehensive test area has been approved. It has promoted the integrated development of Changshu clothing industry and cross-border e-commerce. Meanwhile, it also brings the weakness of marketing, R&D, and manufacturing process when the clothing industry go overseas. The report analyzes the digital transformation of the clothing industrial clusters, the construction of brand, the innovation of marketing and the flexible manufacturing by cross-border e-commerce, and summarizes the path of the transformation of the clothing industry.

**Keywords:** Cross-Border E-Commerce; Clothing Industry; Intelligent Manufacturing; Digital Transformation; Changshu

# Ⅳ Exploratory Reports

**B**. 15 Research Report on Upgrading the Characteristic Industrial
Zone by Cross-Border E-Commerce in Henan Province
*Wang Xiaoyan, Wang Yuedan and Li Haoqiang / 232*

**Abstract:** China's cross-border e-commerce has a strong momentum of development. It has become a new driving force for China's foreign trade and a new international competitive advantage. It is imperative for characteristic industrial zone to realize industrial upgrading and brand going overseas with cross-border e-commerce. Under the background of the rapid development of digital trade, the scale of cross-border e-commerce characteristic industrial zone continues to expand. The industrial ecosystem is becoming more and more perfect. The driving effect of poverty relief is obvious. However, it still faces some problems such as unstable external environment, low added value of products, weak level of brand construction, insufficient guarantee of talents, imperfect industrial ecology and so on. Therefore, the departments of government should strengthen the services and the awareness of opening-up. Promote the transformation and upgrading of characteristic industrial zone by the improvement plan of policies and services, the cultivation plan of "industrial zone + cross-border e-commerce", the brand go overseas plan and the talent cultivation plan.

**Keywords**: Cross-Border E-Commerce; Characteristic Industrial Zone; Henan

**B**.16    Promote the Marketization of Data Elements Based on

Data Capitalization                *He Xinru*, *Mei Guanqun* / 254

**Abstract**: As an important factor of production in the era of digital economy, data presents a "blowout" development trend, while China's data factor market is still in the embryonic stage. Focus on promoting the marketization construction process of data elements through data capitalization so as to help the high-quality development of digital economy. Through the analysis and research of data capitalization which includes clarifying the definition of data, determining the ownership of data, pricing of data assets and trading of data, the report puts forward some suggestions to promote the marketization of data elements which are building a hierarchical and classified right confirmation system of data, using blockchain to register data right, accelerating the establishment of data pricing rules, and exploring the establishment of a "data bank" trading platform.

**Keywords**: Data Capitalization; Data Elements; Digital Economy

**B**.17    Applications and Challenges on Cross-Border Payment

With Blockchain Technology                *Zhang Bing* / 270

**Abstract**: Cross-border payment blockchain solutions have the advantages of low cost, real-time settlement and information traceability, which have a transformative impact on the market and financial system. At present, the strategies adopted by global institutions can be divided into three categories, one is to build a distributed payment network for blockchain-based technology finance companies. The second is that financial institutions accept cryptocurrencies as payments. The third is the cross-border payment experimental project of the central bank's digital currency, exploring the use of the central bank's digital currency for cross-border settlement. Promoting the technology's global use requires the development of relevant standards, regulations, and legal frameworks appropriate to different jurisdictions, cooperation between financial institutions, regulators and innovators to improve the interoperability of blockchain networks, as well as improved digital identities, secure and user-friendly key management systems to ensure the scalability of transactions.

**Keywords:** Blockchain; Cross-Border Payment; Central Bank Digital Currency

## **B**.18 The Logistics of Cross Border E-Commerce in the Era of Great Changes *Research Group of Zong Teng Group* / 285

**Abstract:** Under the great changes in the external environment, the cross-border e-commerce industry is experiencing a sudden change cycle. More and more cross-border e-commerce enterprises choose to stand at the forefront of the change with innovative thoughts and inclusive mentalities, embracing changes and challenges actively. The report focuses on cross-border e-commerce logistics in the period of mutation based on the groups of cross-border sellers. Through the pain points and the logic behind it, and the path and focus point, it reveals the basic situation of cross-border e-commerce industry and logistics market in 2021, exploring the deep causes of supply chain congestion, and predicting the path of cross-border going overseas in 2022.

**Keywords:** Cross-Border E-Commerce; International Logistics; Sudden Change Cycle

**B** . 19   Light Boutique Mode: The Direction of Cross-Border

E-Commerce in the Post-Pandemic Era

*Yu Fei*, *Mao Tianji and Li Pan* / 296

**Abstract**: In 2021, China's cross-border e-commerce experienced the external environmental impact of COVID − 19 and Amazon's large-scale shop closure, but it still showed a high growth. In 2022, it will be the year one of compliance, R&D, stand alone website for cross-border e-commerce sellers. The stand alone website, the official website and overseas warehouses will become an important part for the brand going overseas. Cross-border e-commerce enterprises should focus on understanding the needs of overseas users through product selection tools and software so as to build core competitiveness and achieve better results in the cross-border e-commerce market.

**Keywords**: The Development of Compliance; Brands Going Overseas; Product Selection Tools, Light Boutique Mode

**B** . 20   The Localization of Cross-Border E-Commerce Supply

Chain: A Case Study Based on ZIEL Home Furnishing

Technology Co. , Ltd    *Pan Yong* / 323

**Abstract**: With the development of the global economy, the competition of enterprises will be the competition of the supply chains in the future. A high-quality supply chain system is an important guarantee for high-quality products and services of cross-border e-commerce enterprises. It is also an important guarantee for the target market. The report discusses the localized operation of the company's cross-border e-commerce supply chain in terms of international brand, warehousing and logistics, production and purchase, the channels of sales and the operation of target market by taking an example of the cross-border e-commerce supply chain of ZIEL Home Furnishing Technology Co. , Ltd. It puts forward strategic suggestions for the development of cross-border e-commerce supply chain in the future.

**Keywords:** Cross-Border E-Commerce; Supply Chain; Overseas Warehouses; Flexibility; Localization

**B**.21 Construction and Innovation of Overseas Warehouses Under the Circumstance of Cross-Border E-Commerce

*Sun Hongling, Liu Yuping* / 338

**Abstract:** As an effective way to improve quality and efficiency of cross-border e-commerce, overseas warehouses need to upgrade service functions, innovative idea and serving the products. The transformation from traditional overseas warehouse to modern overseas warehouse needs the functions of import goods, export distributions, inventory controls, circulation distribution processing and the digital information platform. Take "The Belt and Road Initiative" to build the network system of overseas warehouses according to the forms, functions, tasks and responsibilities. It will also build the international logistics channel and hubs serving cross-border e-commerce. Overseas warehouses should be integrated into the cross-border supply chain, implemented cross-border supply chain management, innovated the business model, realized the integrated operation of resources, funds and network chain.

**Keywords:** Cross-Border E-Commerce; Overseas Warehouses; International Logistics; Supply Chain Management

**B**.22 Research on the Thinking and Suggestion of Accelerating the Evaluation of Cross-Border E-Commerce Comprehensive Test Area in Shandong Province

*Zhang Xiaheng* / 348

**Abstract:** Shandong has been approved 9 cross-border e-commerce comprehensive test areas. And the level of development in each comprehensive test area is uneven, but there is still development opportunities for future. It needs to start the evaluation of Shandong cross-border e-commerce comprehensive test area for promoting the development of cross-border e-commerce comprehensive test area in order to realize the construction by examination. Therefore, Shandong have 9 cities of cross-border e-commerce comprehensive test areas where should pay attention to the construction and evaluation of the comprehensive test areas. It will accelerate the planing of the evaluation index system and set up the specific department for the evaluation of Shandong cross-border e-commerce comprehensive test areas. Meanwhile, we should pay attention to breaking through the bottleneck of the data assessment, and use the evaluation results appropriately. We will promote the development of Shandong cross-border e-commerce comprehensive test area through the series of corresponding work.

**Keywords:** Cross-Border E-Commerce Comprehensive Test Area; Shandong Province; Evaluation work

**B**. 23　Analysis on the Construction of Cross-Border Logistics

Alliance System under "The Belt and Road Initiative"

*He Hui* / 361

**Abstract:** Under "The Belt and Road Initiative", the development of cross-border e-commerce and cross-border logistics has achieved remarkable results. The development of international logistics alliance is useful for the international cooperation of "The Belt and Road". Cross border e-commerce logistics alliance is the international logistics alliance of cross-border e-commerce. It can build the system of cross-border logistics alliance from the structure of alliance, the rules of system, the mechanism of cooperation, the combination of product, the data system of platform, the security system, the sharing of resources and so on. It should pay more attention to promoting international cooperation in customs supervision, building technology and virtual logistics alliance, and managing the risk of alliance.

**Keywords:** "The Belt and Road"; Cross-Border E-Commerce Logistics; International Logistics Alliance; Cross-Border Logistics Alliance System

**B.24** Research on the Path of Building an International Consumption Center City under "The Triple Pressure" in Zhengzhou

*Wang Yuedan, Zhang Lansheng* / 381

**Abstract:** The construction of international consumption center city is an important measure to gave the new function and position, the new pattern of service under the new situation. Zhengzhou as an important part with the rise of the central strategies, and the ecological protection and high-quality development of the Yellow River basin, it gives play to its own advantages, picking up its own shortcomings, and participating in the planning of an international consumption center city so as to promote Zhengzhou to integrate into the "Dual Circulation" Development Pattern. And, promote the high-quality development of Henan economy which is worth exploration and research. The report analyzes the main significance of building the international consumption center city under "The Triple Pressure" in Zhengzhou. It also analyzes the advantages and challenges of international consumption center city in Zhengzhou from the advantages of the location, the consumption scale, the industrial foundation, the cultural and tourism resources, the policy environment of opening-up. And, it puts forward the directions and measures for the construction of international consumption center city in Zhengzhou.

**Keywords:** International Consumption Center City; Opening-Up; Zhengzhou

# V   Appendices

社会科学文献出版社

# 皮 书

## 智库成果出版与传播平台

### ❖ 皮书定义 ❖

皮书是对中国与世界发展状况和热点问题进行年度监测，以专业的角度、专家的视野和实证研究方法，针对某一领域或区域现状与发展态势展开分析和预测，具备前沿性、原创性、实证性、连续性、时效性等特点的公开出版物，由一系列权威研究报告组成。

### ❖ 皮书作者 ❖

皮书系列报告作者以国内外一流研究机构、知名高校等重点智库的研究人员为主，多为相关领域一流专家学者，他们的观点代表了当下学界对中国与世界的现实和未来最高水平的解读与分析。截至2021年底，皮书研创机构逾千家，报告作者累计超过10万人。

### ❖ 皮书荣誉 ❖

皮书作为中国社会科学院基础理论研究与应用对策研究融合发展的代表性成果，不仅是哲学社会科学工作者服务中国特色社会主义现代化建设的重要成果，更是助力中国特色新型智库建设、构建中国特色哲学社会科学"三大体系"的重要平台。皮书系列先后被列入"十二五""十三五""十四五"时期国家重点出版物出版专项规划项目；2013~2022年，重点皮书列入中国社会科学院国家哲学社会科学创新工程项目。

# 权威报告·连续出版·独家资源

# 皮书数据库
## ANNUAL REPORT(YEARBOOK)
## DATABASE

## 分析解读当下中国发展变迁的高端智库平台

### 所获荣誉

- 2020年，入选全国新闻出版深度融合发展创新案例
- 2019年，入选国家新闻出版署数字出版精品遴选推荐计划
- 2016年，入选"十三五"国家重点电子出版物出版规划骨干工程
- 2013年，荣获"中国出版政府奖·网络出版物奖"提名奖
- 连续多年荣获中国数字出版博览会"数字出版·优秀品牌"奖

皮书数据库

"社科数托邦"
微信公众号

### 成为会员

登录网址www.pishu.com.cn访问皮书数据库网站或下载皮书数据库APP，通过手机号码验证或邮箱验证即可成为皮书数据库会员。

### 会员福利

- 已注册用户购书后可免费获赠100元皮书数据库充值卡。刮开充值卡涂层获取充值密码，登录并进入"会员中心"—"在线充值"—"充值卡充值"，充值成功即可购买和查看数据库内容。
- 会员福利最终解释权归社会科学文献出版社所有。

社会科学文献出版社 皮书系列
SOCIAL SCIENCES ACADEMIC PRESS (CHINA)

卡号：497149228853

密码：

数据库服务热线：400-008-6695
数据库服务QQ：2475522410
数据库服务邮箱：database@ssap.cn
图书销售热线：010-59367070/7028
图书服务QQ：1265056568
图书服务邮箱：duzhe@ssap.cn

# S 基本子库
## SUB DATABASE

## 中国社会发展数据库（下设 12 个专题子库）

紧扣人口、政治、外交、法律、教育、医疗卫生、资源环境等 12 个社会发展领域的前沿和热点，全面整合专业著作、智库报告、学术资讯、调研数据等类型资源，帮助用户追踪中国社会发展动态、研究社会发展战略与政策、了解社会热点问题、分析社会发展趋势。

## 中国经济发展数据库（下设 12 专题子库）

内容涵盖宏观经济、产业经济、工业经济、农业经济、财政金融、房地产经济、城市经济、商业贸易等 12 个重点经济领域，为把握经济运行态势、洞察经济发展规律、研判经济发展趋势、进行经济调控决策提供参考和依据。

## 中国行业发展数据库（下设 17 个专题子库）

以中国国民经济行业分类为依据，覆盖金融业、旅游业、交通运输业、能源矿产业、制造业等 100 多个行业，跟踪分析国民经济相关行业市场运行状况和政策导向，汇集行业发展前沿资讯，为投资、从业及各种经济决策提供理论支撑和实践指导。

## 中国区域发展数据库（下设 4 个专题子库）

对中国特定区域内的经济、社会、文化等领域现状与发展情况进行深度分析和预测，涉及省级行政区、城市群、城市、农村等不同维度，研究层级至县及县以下行政区，为学者研究地方经济社会宏观态势、经验模式、发展案例提供支撑，为地方政府决策提供参考。

## 中国文化传媒数据库（下设 18 个专题子库）

内容覆盖文化产业、新闻传播、电影娱乐、文学艺术、群众文化、图书情报等 18 个重点研究领域，聚焦文化传媒领域发展前沿、热点话题、行业实践，服务用户的教学科研、文化投资、企业规划等需要。

## 世界经济与国际关系数据库（下设 6 个专题子库）

整合世界经济、国际政治、世界文化与科技、全球性问题、国际组织与国际法、区域研究 6 大领域研究成果，对世界经济形势、国际形势进行连续性深度分析，对年度热点问题进行专题解读，为研判全球发展趋势提供事实和数据支持。

# 法律声明

"皮书系列"（含蓝皮书、绿皮书、黄皮书）之品牌由社会科学文献出版社最早使用并持续至今，现已被中国图书行业所熟知。"皮书系列"的相关商标已在国家商标管理部门商标局注册，包括但不限于LOGO（ ）、皮书、Pishu、经济蓝皮书、社会蓝皮书等。"皮书系列"图书的注册商标专用权及封面设计、版式设计的著作权均为社会科学文献出版社所有。未经社会科学文献出版社书面授权许可，任何使用与"皮书系列"图书注册商标、封面设计、版式设计相同或者近似的文字、图形或其组合的行为均系侵权行为。

经作者授权，本书的专有出版权及信息网络传播权等为社会科学文献出版社享有。未经社会科学文献出版社书面授权许可，任何就本书内容的复制、发行或以数字形式进行网络传播的行为均系侵权行为。

社会科学文献出版社将通过法律途径追究上述侵权行为的法律责任，维护自身合法权益。

欢迎社会各界人士对侵犯社会科学文献出版社上述权利的侵权行为进行举报。电话：010-59367121，电子邮箱：fawubu@ssap.cn。

社会科学文献出版社